역주 목은시고

역주 목은시고

11

여운필 · 성범중 · 최재남

圖書出版 月印

•범 례•

1. 작품 번호

각 작품에는 고유번호를 부여하여 다른 작품과 구별되도록 하며, 이 번호는 색인 등의 작업에 활용한다. 부여 형식은 다음과 같다.

‘**-**-***-**’

이 때 맨 앞의 두 숫자는 역주 시집의 책 번호, 두 번째의 두 숫자는 원래 『목은시고』의 권 번호, 세 번째의 세 숫자는 『목은시고』의 권별 작품 일련번호를 나타내고, 마지막의 두 숫자는 큰 제목 아래 소제목을 가진 작품에서 소제목의 일련번호를 나타낸다. 따라서 마지막의 두 숫자는 특별한 경우에만 부여되는 것이다. 예를 들어, ‘01-02-082’는 역주 시집 1책(v.1)에 실린 것으로, 『목은시고』 권2의 82번째 작품임을 나타낸다. 2책(v.2)에 실린 권3의 43번째 작품 「한산팔영(韓山八詠)」 중 첫 번째인 〈숭정사 바위의 소나무(崇井巖松)〉의 작품 번호는 ‘02-03-043-01’이다.

2. 작품 제목

작품 제목은 번역문을 먼저 드러내 보이되 마지막의 구두점은 찍지 않았으며, 원시 제목은 행을 바꾸어 실었다.

예, 〈공주에서 일찍 떠나다〉
〈公州早發〉

또 번역시의 제목은 대개 완전한 문장 형식(예, 〈공주에서 일찍 떠나다〉)이나 명사형 구문(예, 〈숭정사 바위의 소나무〉)을 원칙으로 하였으나, 부득이한 경우에는 부사형 구문(예, 〈느낌이 있어〉 〈길을 가다가〉 등)을 사용하기도 하였다.

3. 작품 수

한 제목에 1수의 작품이 있는 경우에는 별도로 작품 수를 표시하지 않았다.

같은 제목에 2수 이상의 작품이 있는 경우에 원시에 몇 수라고 표시되어 있을 때에는 그대로 표시하였다.

예, 〈전시 후 스스로 읊다. 2수〉
〈殿試後自詠二首〉

그리고 같은 제목에 2수 이상의 작품이 있는데도 그 수가 제목에 표시되지 않은 경우에는 제목의 번역문 끝에 (○수)라고 표시하였다.

예, 〈과거에 급제하고 느낌이 있어(3수)〉
〈登科有感〉

4. 글자 크기

작품 제목은 12포인트의 진한 글자, 본문은 10.3포인트의 보통 글자, 주석은 8.5포인트, 인용문은 9.3포인트의 보통 글자를 사용하였다. 다만 『목은시고』의 작품 제목이나 본문에 실린 세주(細註)는 다같이 * 표시를 한 다음 9.3포인트의 작은 글자로 표시하였다.

5. 번역문과 원시의 배치

번역문은 한시 1구를 1행으로 번역하고, 원시는 2구를 1행으로 배치하되, 번역문과 원시 사이에는 1행의 공백을 두었다.

6. 한자어의 표기

번역문에 나오는 한자어는 '한자(漢字)', '대한민국(大韓民國)'과 같이 한글을 노출하고 한자는 (　) 속에 표기하였다. 그러나 주석에서는 '漢字', '大韓民國'과 같이 한자를 직접 노출시켰다. 또 한시는 『목은시고』에서 '〃'를 사용한 첩어(疊語)라 하더라도 '處〃', '日〃', '年〃'과 같이 표기하지 않고 '處處', '日日', '年年'으로 표기하였다.

7. 연도의 표시

연도는 연호(年號)나 묘호(廟號) 등을 노출하고 서기는 (　)에 넣어 '태종 2년(1402)', '갑오년(1894)' 등과 같이 표시하였다.

8. 주요 약호의 표시

책　표시 : 『　』　예) 『논어(論語)』
편목 표시 : 「　」　　『논어(論語)』「학이(學而)」
작품 표시 : 〈　〉　　〈행로난(行路難)〉

9. 작품의 통계

각 역주 시집에는 목차 뒤에 그 책에 수록된 〈권별 수록 작품 통계표〉를 실어 작품의 시체별 현황을 한 눈에 살펴볼 수 있도록 하였다. 다만 1제 아래 시체가 다른 시 두 수 이상이 있을 경우, 제수는 첫째 수의 시체를 따랐다.

목 차

■ 목은시고 권지삼십일(牧隱詩藁 卷之三十一)•203

은이 사신의 일로 출타하였으므로 이에 봉선사의 소나무 언덕으로 갔다. 이윽고 포은이 돌아오고, 권주 판사·민제 판사·이호연 판사·이사영 판사가 또 왔는데, 이들은 모두 경지와 약속이 있는 사람들이다. 내가 아들 종학에게 말을 타고 가서 동년 정원재를 모시고 오도록 하였고, 동년 박진록·이석지 판사·계우 최원유 판서·이서원 우윤은 모두 경지의 초대로 모였다. 소나무 아래에는 바람이 많아서 휘장을 쳐서 피하였다. 연구를 짓고 술잔을 날리노라니 저녁이 되려고 하였다. 이판사가 저녁밥을 차리기에 취하고 배가 부르고 나서 달빛을 타고 돌아왔다(三月十二日 六友金敬之 陶隱李子安 邀與韓淸城賞花于鄭陶隱山亭 圃隱以使事出 於是至奉先寺松岡 旣而圃隱回 權判事鑄 閔判事霽 李(李判事士穎又至 此皆與敬之有約者也 僕馳豚犬種學 邀同年鄭圓齋 而同年朴判書晉祿 李判事釋之 契友崔判書元儒 李右尹舒原皆以敬之之招而集 松下風多 帷以避 聯句飛斝 日將夕 李判事設晩食 醉飽 乘月而歸) / 318

11-31-102 송헌 이아상이 문에 와서 술자리에 초대하다(松軒李亞相 臨門招飮) / 322

11-31-103 을사년·기유년·신해년 세 과거의 여러 문생이 내가 좌주라고 하여 술과 음식을 갖추고 와서 대접하였다. 이에 익재 선생의 사자인 개성공을 초대하고, 또 동년 안대부·정정당·선군의 문생 박정당·한첨서를 초대하여 자리에 앉게 하였다. 그리고 이반주는 초은의 손자이므로 여러 문생이 초대하여 오고, 큰 동서 민개성·처남인 권대부도 참여하였으며, 세 과거의 여러 문생은 나이 순서로 섞여 앉았다. 내관이 와서 선온을 하사하기에 절하고 마셨다. 밤이 되자 끝에 가서 나는 이미 취하였다. 말이 자세할 수 없기에 충

▪ 목은시고 권지삼십이(牧隱詩藁 卷之三十二)•361

·권별 수록 작품 통계표·

※ 권30 수록 작품

<table>
<tr><th colspan="3">區分 / 詩體</th><th>題數</th><th>首數</th><th>備考</th></tr>
<tr><td rowspan="5">근체시</td><td rowspan="3">절구</td><td>5언</td><td>9</td><td>11</td><td></td></tr>
<tr><td>6언</td><td>3</td><td>7</td><td></td></tr>
<tr><td>7언</td><td>43</td><td>68</td><td></td></tr>
<tr><td rowspan="2">율시</td><td>5언</td><td>37</td><td>40</td><td></td></tr>
<tr><td>7언</td><td>59</td><td>59</td><td></td></tr>
<tr><td rowspan="2">고체시</td><td colspan="2">5언</td><td>5</td><td>6</td><td></td></tr>
<tr><td colspan="2">7언</td><td>2</td><td>2</td><td></td></tr>
<tr><td colspan="3">합계</td><td>158</td><td>193</td><td></td></tr>
</table>

※ 권31 수록 작품

<table>
<tr><th colspan="3">區分 / 詩體</th><th>題數</th><th>首數</th><th>備考</th></tr>
<tr><td rowspan="4">근체시</td><td rowspan="2">절구</td><td>5언</td><td>4</td><td>5</td><td></td></tr>
<tr><td>7언</td><td>30</td><td>52</td><td></td></tr>
<tr><td rowspan="2">율시</td><td>5언</td><td>23</td><td>25</td><td></td></tr>
<tr><td>7언</td><td>59</td><td>60</td><td></td></tr>
<tr><td rowspan="2">고체시</td><td colspan="2">5언</td><td>3</td><td>5</td><td></td></tr>
<tr><td colspan="2">7언</td><td>10</td><td>10</td><td></td></tr>
<tr><td colspan="3">합계</td><td>129</td><td>157</td><td></td></tr>
</table>

* 권32 수록 작품

<table>
<tr><th colspan="3">區分 / 詩體</th><th>題數</th><th>首數</th><th>備考</th></tr>
<tr><td rowspan="5">근체시</td><td rowspan="3">절구</td><td>5언</td><td>4</td><td>6</td><td></td></tr>
<tr><td>6언</td><td>2</td><td>5</td><td></td></tr>
<tr><td>7언</td><td>20</td><td>35</td><td></td></tr>
<tr><td rowspan="2">율시</td><td>5언</td><td>40</td><td>48</td><td></td></tr>
<tr><td>7언</td><td>52</td><td>54</td><td></td></tr>
<tr><td rowspan="2">고체시</td><td colspan="2">5언</td><td>15</td><td>15</td><td></td></tr>
<tr><td colspan="2">7언</td><td>5</td><td>5</td><td></td></tr>
<tr><td colspan="3">합계</td><td>138</td><td>168</td><td></td></tr>
</table>

목은시고 권지삼십
牧隱詩藁 卷之三十

11-30-001 청풍시. 2수
11-30-001 淸風詩二首

맑은 바람이 때때로 왔다가
가 버리니 누가 좇을 수 있으랴?
문득 뜻하지 않게[1] 부딪혀오면
나의 것[2]인 양 사랑하네.
오래 만나지 못하였다고[3] 나의 마음을 위로하기에
시가(詩歌)를 쏟아내네.
시가는 맑은 바람과 같아서
저절로 사악한 생각이 없다네.[4]

---

1) 無心은 私慾이 없는 마음, 또는 의도·타산이 없음을 뜻한다.
2) 我私는 개인 소유의 땅을 뜻하는데, 『詩經』「大雅」〈大田〉의 "공전에 비를 내리고, 마침내 우리 밭에도 미치네.(雨我公田 遂及我私)"라는 글에서 유래한다.
3) 久闊은 오래 소식이 없거나 만나지 못하는 것이다.
4) 思無邪는 생각에 사악함이 없다는 뜻으로, 『論語』「爲政」에서 孔子가 "『시경』 삼백 편을 한 마디로 말하면 생각에 사악함이 없다는 것이다.(詩三百 一言以蔽之曰 思無邪)"라고 평가한 말에서 유래한다.

누가 곡조를 안배하여[5]
나의 〈청풍시〉를 이을까?

淸風來有時	去也誰能追
無心忽相觸	愛之如我私
久闊勞我心	寫之以歌詩
歌詩如淸風	自然無邪思
何人被琴瑟	賡我淸風詩

맑은 풍도(風度)가 어디에 있는가?
나는 지금 함께 하기를 생각하네.
길보(吉甫)[6]의 찬송[7]은 이미 오래 되었고
「대아(大雅)」[8]는 얼마나 쇠약해졌는가?
자릉(子陵)[9]의 조대(釣臺)[10]가 높았건만

---

5) 被琴瑟은 거문고와 비파의 소리를 알맞게 배치하는 것으로 곡조·음악을 按排함을 가리킨다.

6) 尹吉甫는 周 宣王 때의 賢臣으로 선왕의 중흥기에 왕명을 받들어 북쪽의 玁狁을 정벌하여 太原까지 쫓아내었다고 한다.

7) 吉甫의 讚頌은 『詩經』「大雅」「蕩之什」의 〈蒸民〉을 가리키는데, 〈蒸民〉의 제8장에 "네 마리의 말이 달리니, 여덟 개의 방울이 짤랑거리네. 중산보가 제나라에 가는데, 빨리 돌아오기를 바라네. 길보가 노래를 지으니, 조화롭기가 맑은 바람과 같네. 중산보를 길이 생각하면서, 그 마음을 위로하네.(四牡騤騤 八鸞喈喈 仲山甫徂齊 式遄其歸 吉甫作誦 穆如淸風 仲山甫永懷 以慰其心)"라는 대목이 있다.

8) 「大雅」는 「國風」·「小雅」·「頌」과 함께 『詩經』에 실린 노래의 한 종류로 32편의 시로 이루어져 있는데, 대부분 西周 왕실과 귀족의 연회음악의 가사이다.

9) 子陵은 後漢의 隱士 嚴光의 자이다. 餘姚 사람으로 어릴 때 같이 공부하였던 劉秀가 帝位에 오르자 변성명하고 숨어살았는데, 光武帝가 찾아서 諫議大夫를 제수하였으나 사양하고 富春山에 은거하였으며, 그가 낚시질하던 곳을 嚴陵瀨·釣臺라고 한다.

10) 釣臺는 後漢 光武帝 때의 隱士 嚴光이 낚시질하던 곳으로 옛터가 浙江省 桐廬城 서쪽의 富春山 위에 있다.

한(漢)나라의 구정(九鼎)[11]은 마침내 또 옮겨졌다네.
방두(房杜)[12]가 황각(黃閣)[13]을 탁 트이게 하였거니와
이은 이들은 누구였던가?
슬퍼하노라, 뒤에 오는 이들이
나의 〈청풍시〉를 읽을 것을.

淸風在何處　我今思共之
吉甫頌已久　大雅何其衰
子陵釣臺高　漢鼎終亦移
房杜敞黃閣　繼者知爲誰
悲哉後來者　讀我淸風詩

11-30-002 이응양 *원부[14]이다 을 곡하다(3수)
11-30-002 哭李鷹揚 *元富

형제분[15]들이 잇달아[16] 한 시대의 호걸이 되었는데
응양군[17]의 상장군(上將軍)[18]은 병사 무리[19]의 으뜸이었네.

---

11) 九鼎은 禹王 때 鑄造하여 夏・殷・周 三代에 걸쳐 서로 전하던 솥으로 천자의 권위를 상징한다.
12) 房杜는 唐 太宗 때의 名相 房玄齡과 杜如晦의 합칭이다.
13) 黃閣은 黃閤과 같은 말로 재상의 官署이다.
14) 李元富(1331~1381)는 여말의 무신으로 恭愍王 때의 권신 春富의 아우인데, 『高麗史』에는 鷹揚軍 上將軍으로 있다가 춘부가 辛旽의 당으로 伏誅될 때 유배된 사실만 나타난다.
15) 昆仲은 남의 兄弟를 가리킨다.
16) 聯翩은 이어져 끊어지지 않는 모양이다.
17) 鷹揚軍은 고려시대의 중앙군사 편제인 二軍의 하나로 控鶴軍이라고도 하며, 龍虎軍과 함께 궁성을 호위하는 친위군으로서 한 개의 營을 보유하였다.
18) 上將軍은 고려 중앙군의 최고 지휘관으로, 二軍六衛에 1인씩 소속되어 8인이 편제되어 있었는데, 무반으로서는 최고의 품계인 정3품이며, 그 중에서도 응양

늘그막[20]에는 현릉(玄陵)[21]이 멀리 가신 데 상심하시더니
치아가 점점 듬성듬성해지고 머리털은 반백[22]이었다네.

昆仲聯翩一世豪　　鷹揚上將冠兵曺
傷心落日玄陵遠　　齒漸稀疎鬢二毛

태어나서 쉰한 번째 봄바람을 맞이하였거니와
득실(得失)과 비환(悲歡)은 이미 꿈처럼 공허해졌다네.
가신 뒤[23]에도 가문을 이을 형의 아들이 있으니
저승에서도 응당 시중공(侍中公)[24]께 사례드리리.

人生五十一春風　　得失悲歡夢已空
身後傳家有兄子　　九泉應謝侍中公

널따란[25] 푸른 산에는 물소리가 맑으려니와[26]
하늘 위의 별빛은 땅 밑에 있는 영혼을 굽어보리.
한 곡조 상여노래[27] 소리가 점점 멀어지니

군의 상장군은 특히 班主라 하여 무반 전체의 대표자 노릇을 하였던 것으로 보인다.

19) 兵曺(曹)는 병사들의 무리, 또는 고려시대의 武選·軍務·儀衛·郵驛의 일을 관장하던 관청인 兵部의 별칭이다.

20) 落日은 해가 질 무렵으로 晩年을 비유한다.

21) 玄陵은 고려 제31대왕인 恭愍王의 陵號이다.

22) 二毛는 斑白의 머리, 또는 斑白이 되는 나이의 노인을 가리킨다.

23) 身後는 死後이다.

24) 侍中은 고려시대 門下省·都簽議使司·都簽議府·門下府의 종1품 벼슬인데, 여기에서는 李元富의 형으로 恭愍王 때 시중을 지내고 辛旽의 黨與로 복주되었다가 禑王 때에 告身을 회복하였던 李春富(?~1371)를 가리킨다.

25) 漠漠은 드넓어 아득한 모양, 소리없이 고요한 모양이다.

26) 泠泠은 소리가 맑고 낭랑함을 형용한다.

이승에서는 다시 모습[28]을 볼 수 없게 되었다네.

青山漠漠水泠泠　　天上星臨地下靈
一曲薤歌聲漸遠　　此生無復見儀形

11-30-003 이호연[29]과 함께 자하동[30]에서 놀고 있노라니, 정포은[31] 밀직[32]과 이사위[33] 판서[34]가 술을 가지고 찾아왔기에 저녁이 되어 돌아오다

11-30-003 與李浩然遊紫霞洞 鄭圃隱密直李判書士渭携酒相尋至晩而歸

사면이 높은 산[35]으로 싸인 몇 무(畝)[36]쯤 되는 넓은 곳에
큰 소나무 그림자가 엷고 물소리는 싸늘하네.
문득 이경(異境)[37]이 다른 곳이 아님을 알겠거니와
이미 염관(炎官)[38]이 냉관(冷官)[39]을 피하였음을 보네.

---

27) 薤歌는 〈薤露〉를 가리키는데, 樂府 相和曲의 이름으로 고대의 挽歌나 喪歌이다. 戰國時代 楚나라 屈原의 〈對楚王問〉에 그 이름이 보이고, 晋 崔豹의 『古今注』에 〈蒿里〉와 함께 喪歌의 하나로 실려 있다.
28) 儀形은 모습·形體이다.
29) 浩然은 여말의 문신 李集(1327~1387)의 자이다.
30) 紫霞洞은 개경 松嶽山에 있는 골짜기 이름이다.
31) 圃隱은 여말의 문신 鄭夢周(1337~1592)의 호이다.
32) 密直은 고려시대에 王命의 출납과 宮中의 宿衛·軍機 등에 관한 일을 맡아보던 관아인 密直司, 또는 그 관원의 약칭인데, 여기에서는 密直提學을 가리킨다.
33) 李士渭는 여말의 문신으로 본관은 龍駒, 判官 中仁의 아들이다. 1360년에 등제하여 1390년에 恭讓王이 처음으로 경연을 열었을 때 參贊官이 되고, 密直副使를 거쳐 이듬해에 西海道觀察使를 지냈다.
34) 判書는 고려시대 六司·六部의 장관으로 尙書라고도 하며 품계는 정3품이다.
35) 崔嵬는 돌산, 또는 높고 가파른 모양이다.
36) 畝는 땅의 넓이의 단위로 四方六尺인 步〔오늘날의 坪〕의 百倍에 해당한다.
37) 異境은 奇妙한 地域·境界이다.

근년에는 골짜기 어귀에서 소낙비를 만났고
당시에는 바위 모퉁이에서 급류[40]를 완상하였다네.
사문(斯文)[41]의 모이고 흩어짐은 모두 하늘이 정한 일인데
반쯤 취하여 돌아오노라니 달빛이 안장을 비추네.

四面崔嵬數畝寬　　長松影薄水聲寒
便知異境非他境　　已見炎官避冷官
近歲洞門逢急雨　　當年石角弄飛湍
斯文聚散皆天賦　　半醉歸來月照鞍

11-30-004 우연히 절구 1수를 얻어서 기록하여 맹운[42] 선생께 드리다

11-30-004 偶得一絶 錄呈孟雲先生

이끼의 흔적과 풀의 빛이 모두 파란데
동산의 숲에는 바람이 가득하고 뜰에는 비가 가득하네.
근래에는 깊숙한 골목길에 수레와 말이 드물었기에
오늘 동정(東亭)[43]을 보고서 눈이 환해졌다오.

苔痕草色共靑靑　　風滿園林雨滿庭
深巷邇來車騎少　　眼明今日見東亭

38) 炎官은 神話에 등장하는 불의 신으로 더위를 비유한다.
39) 冷官은 추위를 맡은 관료라는 뜻으로 추위를 비유한다.
40) 飛湍은 急流이다.
41) 斯文은 '이 學問', '이 글'이라는 뜻으로 선비들이 儒學을 가리키는 말이다.
42) 孟雲은 여말의 문신 韓脩(1333~1384)의 자이다.
43) 東亭은 여말의 문신 廉興邦(?~1388)의 호이다.

11-30-005 앞의 운을 써서 스스로 회포를 풀다[44](3수)
11-30-005 用前韻自遣

만리나 떨어진 고향산천이 눈에 들어와 파란데도
문을 닫고 하루 종일 홀로 뜰을 거니네.
늘그막이 되니 문득 귀와 눈의 밝음[45]이 줄어듦을 깨닫기에
신안(新安)[46]으로 머리 돌리며 고정(考亭)[47]께 감사드리네.

萬里鄕山入眼靑　　閉門終日獨行庭
年衰便覺聰明減　　回首新安謝老[48]亭

풀벌레의 울음소리 속에 등불 하나가 파랗더니
꿈을 깨니 창문이 환하고 달이 뜰을 비추네.
하늘과 땅도 내가 더위에 시달림을 가엾게 여기는지
벌써 바람과 이슬로 정자가 서늘하게 하네.

草虫聲裏一燈靑　　夢破窓明月照庭
天地憐吾困於熱　　已將風露作凉亭

자리 아래에는 높고 낮은[49] 여러 봉우리가 푸른데

---

44) 自遣은 스스로 회포를 푸는 것이다.
45) 聰明은 시력과 청력, 또는 듣고 본 것을 오래 기억하는 힘으로, 智慧·才智를 비유한다.
46) 新安은 중국 安徽省에 있던 郡名으로 徽州라고도 하였으며, 南宋의 性理學者 朱熹(1130~1200)의 本貫이다.
47) 考亭은 福建省에 있는 朱熹가 살던 곳의 지명으로 흔히 朱子를 가리킨다.
48) 원전의 '老'는 '考'의 착오인 듯하다.
49) 次第는 等級이다.

달빛을 띤 물결소리가 문 안[50]으로 들어오네.
지금도 봉화가 하늘 끝까지 닿으니
어느 날에나 한산(韓山)[51]에다 다시 정자를 세우랴?

席下諸峯次第青　　潮聲帶月入門庭
如今烽火連天際　　何日韓山更置亭

11-30-006 한공이 1수를 화답하였는데, 끝 구절에서 '문득 몇 년 전의 이 때를 기억해 보니, 곳곳에서 우뚝 솟은[52] 연꽃을 감상하였지.'라고 하였다. 읽노라니 흥취가 일기에 또 3수를 읊어 기록하여 드리다(3수)

11-30-006 韓公見和一首 末句云却憶年前此時節 蓮花處處賞亭亭 讀之興動 又吟三首錄呈

군자께서 나에게 두 눈을 반갑게 하시지만
담박한 교제에도 길과 뜰은 없다네.[53]
꽃 가운데 비슷한 것[54]은 오직 연꽃일 뿐이기에
문득 버드나무 밑에 있는 정자로 찾아가고 싶어지네.

君子於吾兩眼青　　淡交無逕爾無庭

50) 門庭은 대문과 중문 안에 있는 뜰이다.
51) 韓山은 지금의 忠淸南道 舒川郡 韓山面 지역에 있던 郡名으로 목은의 본관이자 향리이다.
52) 亭亭은 우뚝 솟은 모양이다.
53) 無逕無庭은 前漢 哀帝 때 兗州刺史 蔣詡가 王莽이 섭정을 맡자 병을 이유로 귀향하여 문을 닫고, 뜰 앞 대숲 밑에 세 개의 길을 만들고 벗 求仲·羊仲과만 교유했다는 『尙友錄』의 글을 염두에 둔 표현이다.
54) 花中似者는 北宋 周敦頤의 〈愛蓮說〉의 "연은 꽃 가운데 군자이다.(蓮花之君子者也)"라는 구절을 가리킨 말로 군자임을 뜻한다.

花中似者唯蓮耳　　　便欲相尋柳下亭

종이는 서리가 엉긴 듯이 희고 먹은 푸른빛이 생생한데
새 시는 글자마다 『황정경(黃庭經)』[55]의 법첩[56]과 같네.
깨끗이 선 맑은 향기[57]가 여전히 남아 있어서
바람과 이슬이 서로 따르며 띠정자에 가득하다네.

紙白凝霜墨潑靑　　　新詩字字似黃庭
淸香淨植依然在　　　風露相隨滿草亭

곱게 단장한 붉고 흰 꽃들이 짙푸른 잎에 덮혀 있으니
선녀[58]가 황제의 뜰을 거니는 것과 아주 비슷하네.
아름다움을 기리려니 문득 나의 말이 졸렬함이 부끄럽거니와
모름지기 〈낙신부〉[59]와 〈난정집서〉[60]의 글자에 기대야 하리.

艶粧紅白盖深靑　　　恰似仙娥步帝庭
頌美却慚吾語拙　　　須憑洛賦字蘭亭

---

55) 『黃庭經』은 道敎의 經書인 『黃庭內景經』·『黃庭外景經』·『黃庭遁甲緣身經』의 총칭이다.
56) 黃庭은 東晋의 名筆 王羲之가 書寫한 『黃庭經』의 法帖을 가리킨다.
57) 淸香淨植은 北宋의 周敦頤가 〈愛蓮說〉에서 “향기는 멀수록 더욱 맑으며, 우뚝하게 깨끗이 서 있다.(香遠益淸 亭亭淨植)”라고 한 글을 압축한 표현이다.
58) 仙娥는 선녀이다.
59) 〈洛神賦〉는 삼국시대 魏나라의 曹植이 지은 부로 洛水를 지나면서 낙수의 신에 대하여 읊은 散文賦이다.
60) 〈蘭亭集序〉는 永和 9년(353) 3월 3일에 王羲之·謝安 등 당대의 名士 42명이 會稽山 북쪽의 蘭亭에서 曲水流觴하고 詩賦를 지으며 즐긴 놀이를 두고 왕희지가 지은 글로, 글과 글씨가 모두 빼어난 것으로 유명하다.

11-30-007 증각사[61] 서쪽 누각에서
11-30-007 證覺寺西樓

안개와 놀 속에서 종과 풍경 소리가 맑게[62] 들리는데
이 누각은 높아서 흐르는 별[63]에 닿을 수 있으리.
하늘 끝에서 비가 내릴 때에는 즈믄 산이 어둑하더니
구름 사이로 햇빛이 새어나오니 반쯤의 들판이 환하네.
지금 길이 사모함은 바람 속의 나무[64]와 같은데
옛부터 서로 만남은 물 속의 마름과 같다네.[65]
자리에 있는 문생[66]은 세 사람뿐이거니와
간절한데도[67] 뜻을 다하지 못함을 누가 알랴?

縹渺煙霞鍾磬聲　　此樓高可接飛星
雨來天際千山暗　　日漏雲間半野明
永慕今同風裏樹　　相逢昔似水中萍

---

61) 證覺寺는 지금의 경기도 長湍郡 寶鳳山의 華藏寺 위에 있던 절이다.
62) 縹渺는 소리가 매우 맑고 길고 느릿함을 형용한다..
63) 飛星은 流星이다.
64) 風裏樹는 『說苑』「敬愼」의 “나무가 고요하고자 하지만 바람이 그치지 않고, 자식이 봉양하고자 하지만 어버이가 기다리지 않는다.(樹欲靜而風不止 子欲養而親不待)”라는 글을 가리킨 표현이다.
65) 이 두 구절은 益山府院君 李公遂(1308~1366)에 대한 느낌을 말한 것인데, 李穡이 지은 묘지명(『목은문고』 권15)의 글씨를 韓脩가 이곳에 가서 쓴다고 한(06-16-126 〈上黨韓公書南村銘於證覺寺 僕以病餘 無由陪侍 悵然有作〉) 것으로 보아, 무덤이 證覺寺 부근에 있었던 듯하다.
66) 門生은 과거에 급제한 사람이 考試官인 座主에 대하여 자신을 일컫거나, 그 고시관 밑에서 급제한 사람을 가리키는데, 여기에서는 공민왕 4년(1355) 예부시의 지공거인 李公遂의 문생을 가리킨다. 이공수와 安輔가 주관한 이 과거는 榜目이 남아 있지 않고, 급제자 33인 가운데 安乙起(器)・韓方信・李集・鄭習仁・李韌・李寶林・廉國寶・禹玄寶・吳思忠・金九容・楊以時 등을 확인할 수 있다.
67) 區區는 진실하고 솔직한 마음이다.

門生在席三人耳　　　誰識區區不盡情

11-30-008 비를 마주하노라니 문득 연꽃을 감상하고 싶은 흥취가 생기다(3수)

11-30-008 對雨忽起賞蓮之興

아침에 비를 마주하노라니 흥취가 담박하여[68]
홀로 남쪽에 있는 못에 가서 연꽃을 감상하고 싶네.
다만 두려운 것은 천태(天台)[69]의 절이 가까워서
휘파람소리에 놀라 지관(止觀)[70]의 참선을 깨뜨림이네.

朝來對雨興悠然　　　欲向南池獨賞蓮
只恐天台精舍近　　　嘯聲驚破止觀禪

늘그막에도 아직 미친 흥취가 남아 있음을 스스로 느끼거니와
흥이 나면 때때로 문득 문을 나서네.
다만 연꽃을 보고 싶은 평소의 바람이 어긋남이 안타까운데
낙타교(駱駝橋)[71] 밑에서는 물이 달리는 듯하리.

---

68) 悠然은 담박한 모양, 한적한 모양이다.
69) 天台宗은 중국 隋代에 智顗가 浙江省 天台山에서 창립한 불교의 종파로 『法華經』과 龍樹菩薩의 사상을 기본으로 하였으며, 우리나라에서는 중국에서 종지를 배우고 돌아온 義天이 高麗 肅宗 2년(1097)에 國淸寺를 창건하고 天台敎를 강설함으로써 성립되었다. 여기에서는 判天台宗事로 있던 목은의 소년기 이래의 벗인 승려 懶殘子를 가리킨다.
70) 止觀은 불교의 수행방법의 하나로 妄念을 없애고 한결같이 專心함으로써 지혜가 생겨서 事理를 명확하게 변별하게 됨을 가리킨다.
71) 駱駝橋는 開京 保定門 안에 있던 다리 이름으로 원래 萬夫橋였는데, 고려 太祖 때에 契丹이 사신을 보내어 駱駝 쉰 마리를 선물하자, 왕이 거란이 渤海를 멸망시킨 것을 미워하여, 이 다리 아래 묶어 두어 굶겨 죽인 데서 붙은 이름이며 槖

自知狂興老猶存　　遇興時時便出門
只恨賞蓮違素願　　駱駝橋下水如奔

깊숙한 유항(柳巷)[72]에서 한(韓)과 이(李)가 서로 좇으면서
안장을 나란히 하고 가는 데마다 함께 나지막히 읊조린다네.
연꽃을 감상할 때마다 우리 스님과 만나거니와
세 마음이 모두 한 마음과 같음을 누가 알랴?

韓李相從柳巷深　　聯鞍到處共微吟
賞蓮每與吾師會　　誰識三心共一心

11-30-009 자신을 비웃다(3수)
11-30-009 自嘲

소년시절에 금방(金榜)[73]에서 만나 정이 친밀하였고[74]
과명(科名)[75] 또한 을(乙)과 병(丙)으로 비슷하였네.[76]
점점 동진사(同進士)와 같아졌음을 스스로 비웃거니와
늘그막에는 은사(恩賜)[77]가 되어 산이나 바라보는 사람이라네.

駝橋라고도 하였다.

72) 柳巷은 開京에 있던 마을 이름으로 李穡과 韓脩가 살던 곳이다.
73) 金牓(榜)은 科榜과 같은 말로 科擧에 급제한 사람의 성명을 발표하던 榜이다.
74) 親比는 친근하게 의지하는 것이다.
75) 科名은 과거에 합격한 사람의 성적에 따라 분류하던 등급으로, 고려 후기에는 乙科·丙科·同進士의 세 등급이 있었다.
76) 擬倫은 견줌·비교함 또는 동등함이다.
77) 恩賜는 恩賜科로 급제한 사람을 가리키는데, 은사과는 科擧에 열 번 응시하여 합격하지 못한 사람이나 50세가 넘도록 합격하지 못한 사람을 위하여 특별히 베푼 과거로, 宋나라의 恩科에서 유래하며 高麗 穆宗 때부터 시작되었다.

少年金牓比情親　　乙丙科名可擬倫
自笑漸如同進士　　老爲恩賜望山人

서늘한 기운이 생기니[78] 등불을 조금 가까이 할 만한데[79][80]
글을 읽음이 돌아갈[81] 곳은 인륜을 밝힘에 있다네.
늘그막에는 문득 벗들에게서 버림을 받았으니
내가 이제는 또한 망녕된 사람임을 비로소 깨닫겠네.

燈火新凉稍可親　　讀書歸宿在明倫
老年却被交游棄　　始覺吾今亦妄人

본래 기운이 같으면 절로 서로 친해져서[82]
그 냄새는 난초와 같고[83] 말은 윤리에 맞네.[84]
늙은 목은은 크게 뉘우치며 맹자(孟子)께 부끄러워하나니
단정한 사람은 반드시 단정한 사람을 취하였다네.[85]

---

78) 新凉은 초가을의 서늘한 기운, 또는 그 기후이다.
79) 燈火可親은 등불을 가까이 할 만하다는 뜻으로 가을이 되어 날씨가 서늘해져서 글을 읽기 좋음을 비유한다.
80) 이 구절은 韓愈의 5언고시 〈符讀書城南〉의 "가을이 되어 장마가 개니, 새로 생긴 서늘함이 교외의 들판으로 들어오네. 등불을 조금 가까이 할 만하고, 책을 펴 볼 수 있네.(時秋積雨霽 新凉入郊墟 燈火稍可親 簡編可卷舒)"라는 대목을 변용한 표현이다.
81) 歸宿은 歸着點·歸結點이다.
82) 同氣相親은 『周易』 乾卦 「文言傳」의 "소리가 같으면 서로 응하고 기운이 같으면 서로 찾는다.(同聲相應 同氣相求)"라는 孔子의 말을 변용한 표현이다.
83) 其臭如蘭은 『周易』 「繫辭上傳」의 "같은 마음에서 나온 말은 그 냄새가 난초와 같다.(同心之言 其臭如蘭)"라는 글을 인용한 것이다.
84) 言中倫은 『論語』 「微子」의 "말이 윤리에 맞았다.(言中倫)"라는 孔子의 말을 인용한 것이다.
85) 이 구절은 『孟子』 「離婁 下」의 "윤공타는 단정한 사람이니, 그가 벗을 취함이 반드시 단정할 것이다.(夫尹公之他 端人也 其取友必端人也)"라는 글을 인용한 것이다.

由來同氣自相親　　其臭如蘭言□[86]倫
老牧大慚慚孟子　　端人所取必端人

11-30-010 **법화사[87] 남쪽의 작은 못에 연꽃이 있었는데, 흰 것이 대여섯 송이이고 붉은 것이 한두 송이이며, 벌써 피었다가 떨어진 것이 일여덟 송이이고 피지 않은 것이 또 몇 송이여서, 겨우 나의 뜻을 위로받을 만하였다. 읊는 것으로는 그 뜻을 다할 수 없기에 애오라지 짧은 시를 지어 뒷날에 다시 감상할 장본[88]으로 삼는다**

11-30-010 **法華寺南小池有蓮 白者五六 紅者一二 開而落者已七八 未開者又數朶 而止足以慰吾之志 吟咏不能盡其意 聊以短律 爲他年再賞張本**

평소에 법화사(法華寺)의 못은 셈에 넣지 않았는데
문득 이렇게 서로 만남 또한 하나의 기연(奇緣)이리.
벌써 떨어져서 쓸쓸해졌음을 어찌 근심할 것이 있으랴?
아직 피지 않은 것에 노쇠한 마음이 오히려 위로받을 만하네.
안개의 빛과 물의 색깔이 서로 품어서 기르고
달의 그림자와 바람의 향기가 함께 의지하고 믿으리.[89]
아이종이 푸른 연잎[90] 몇 줄기를 가지고 가니
계사년(癸巳年)[91]에 줄을 지어 갈 때와 비슷하다네.[92]

---

86) 원전의 결락된 글자는 '中'이었을 듯하다.
87) 法華寺는 開京에 있던 절로 언제 누가 창건했는지는 미상이며, 『高麗史』에 忠烈王이 1274년과 그 이듬해에 행차하였다는 기록이 있다.
88) 張本은 事前에 취하는 방안이나 계획이다.
89) 夾(挾)持는 의지함, 의지하고 믿음, 양쪽에서 부축함이다.
90) 翠盖(蓋)는 푸른 깃으로 장식한 수레를 덮는 日傘으로 연잎을 비유한다.
91) 癸巳年은 恭愍王 2년(1353)으로 李穡·權仲和 등이 禮部試에 급제한 해이다.

平生不數法華池　忽此相逢又一奇
已落豈容愁寂寞　未開猶足慰衰遲
煙光水色相涵養　月影風香共夾持
翠盖奴僮携數柄　依俙癸巳綴行時

*이 날 은문[93] 익재[94]의 기일에 차린 재에 갔는데, 탐화랑[95] 권화산[96]공이 잎을 쓰려고 일부러 연잎을 잘라서 아이종으로 하여금 들고 앞서서 가게 하였으므로, 계사년에 줄을 지어 갔다는 말을 하였다

*是日赴恩門益齋忌日設齋 探花郎權花山公以葉用 故截荷葉 令僮僕携以前行 故有癸巳綴行之語

11-30-011 혜문[97]형께 받들어 부치다
11-30-011 奉寄惠文兄

거울 속의 얼굴은 모두 변하였을 텐데
글 속의 뜻은 이미 전달받았다오.
서로 좇으며 남은 세월을 보냄이
어느 해에나 있을지 알지 못하겠소.
이끼 낀 곳에서는 향불을 피우고[98]

---

92) 依稀는 방불한 모양, 어렴풋한 모양이다.
93) 恩門은 座主와 같은 말로 과거의 及第者가 試官〔知貢擧〕을 일컫던 말이다.
94) 益齋는 麗末의 문신 李齊賢의 호인데, 그는 恭愍王 2년(1353)에 치러진 禮部試의 知貢擧였다.
95) 探花郎은 고려시대의 禮部試나 조선시대의 文科에서 3등으로 급제한 사람을 가리킨다.
96) 花山은 安東의 옛 이름으로 본관이 안동인 權仲和((1322~1408)를 가리키는데, 06-15-033(〈奉謝洪左使權政堂 携酒見訪〉)의 註 "洪公〔洪仲宣〕亞元 權公〔權仲和〕探花郎"에 따르면, 그는 3등으로 급제하였다.
97) 惠文은 06-17-080(〈奉寄普光兄〉)과 07-19-069(〈普光社主文兄送靑苧〉)으로 보아 普光社의 社主를 지낸 스님의 법명인 듯하다.

푸른 골짜기에서는 밥을 지으리.
오직 바라는 것은 곡봉(鵠峯)[99] 밑에서
두 사람이 흔쾌히 한 번 웃는 일이라오.

鏡裏顏俱變　　書中意已傳
相從送餘日　　不識在何年
爟火蒼苔地　　炊煙碧洞天
唯期鵠峯下　　一笑兩欣然

11-30-012 염동정이 노루고기를 보내면서 '두 늙은 분들께 나누어 드리느라고 매우 적습니다'라고 하였기에 작은 시로 사의를 표하다
11-30-012 廉東亭送獐肉曰 分呈兩老人 故甚小 以小詩致謝

노루의 등심을 늙으신 양친께 나누어 드리고서
또 남쪽 마을의 병을 앓고 난 이에게도 베푸시네.
채소밭은 오랜 동안 양이 밟은[100] 적이 없거니와
햅쌀로 지은 밥에 반찬으로 놓기에는 넉넉하리.

獐背分呈兩老親　　更霑南里病餘人
菜園久矣無羊踏　　足配盤飡玉粒新

---

98) 爟火는 제사를 지낼 때 올리는 불이다.
99) 鵠峯(峰)은 개경의 鎭山인 松嶽의 별칭이다.
100) 菜園羊踏은 三國時代 魏나라의 邯鄲淳이 지은 『笑林』에서 어떤 사람이 늘 채소만 먹다가 갑자기 양고기를 먹었더니, 꿈에 五藏(臟)神이 나타나서 "양이 채소밭을 밟았다.(洋踏破菜園)"라고 했다는 고사에서 유래한 成語인 羊踏菜園을 변용한 표현으로, 채소를 먹는 데 익숙한 사람이 우연히 기름지고 좋은 음식을 먹는 것을 비유한다.

11-30-013 또 1수를 짓다
11-30-013 又作一首

소식(素食)[101]하는 집집마다 소반에는 채소가 가득한 가운데
마른 물고기와 냄새 나는 젓갈이 초라하게[102] 섞이기도 한다네.
홀로 상심함은 금하는 저민 고기[103]를 일찍이 맛보고서도
머리가 희어진 이제까지 갓을 걸지[104] 못함이네.

素食家家菜滿盤　　乾魚臭醢雜寒酸
獨傷禁臠曾嘗得　　白髮如今未掛冠

11-30-014 한유항이 나와 동정에게 적전리[105]의 시골집에서 연꽃을 감상하자고 초대하였는데, 비가 내려 시내가 넘쳐서 가기 어려운데다가, 병이 생겨서 감히 움직일 수 없기에 1수를 길게 읊다
11-30-014 韓柳巷邀僕及東亭 賞蓮藉田村庄 雨作溪漲 難於行 病發不敢動 長吟一首

101) 素食은 과일과 채소 따위의 食物이나 그것을 먹는 식생활이다.
102) 寒酸은 가난하고 군색함, 또는 가난하고 고달픈 선비이다.
103) 禁臠은 저민 고기를 먹지 못하게 하는 일 또는 그런 사람으로, 『晉書』〈謝混傳〉의 "처음에 원제가 건업을 鎭守할 때에 공사간에 궁핍하여, 매번 돼지 한 마리를 얻으면 진귀한 음식으로 여기고 이마 위의 저민 고기 한 점을 특히 훌륭하게 생각하여, 문득 황제에게 바치고 뭇 아랫사람들은 일찍이 먹지 못하게 하니, 이에 저민 고기를 금하는 사람이라고 불리었다.(初 元帝始鎭建業 公私窘罄 每得一㹠 以爲珍鐥 頂上一臠尤美 輒以薦帝 羣下未嘗敢食 於是呼爲禁臠)"라는 글에서 유래하여, 제왕이 아끼고 소중하게 여기는 것을 비유한다.
104) 掛冠은 관료가 갓을 벗어서 걸어 놓는 것으로 辭職함을 비유한다.
105) 藉(籍)田은 임금이 직접 농사짓는 논밭인데, 여기에서는 적전이 있는 마을〔籍田里〕을 가리키는 듯하다.

연꽃을 감상하고 싶은 평소의 뜻[106]을 누가 알랴?
좋아함이 다른 세 사람이 모두 한결같이 빠져든다네.[107]
오직 먼지와 티끌을 안타까워하면서도 씻어내기[108]는 어렵고
다만 바람과 달을 아껴서 따르기를 바란다네.
도성 남쪽의 하늘은 넓고 가을의 경치[109]는 깨끗한데
못 속의 꽃은 환하고 햇살[110]은 쏟아지리.
조물주가 사람에게 인색하여 야외의 흥취를 방해하니
다시 상쾌하게 갠 날을 기다려 날아[111] 보리.

賞蓮雅志有誰知　　異好三人共一癡
獨恨塵埃難抖擻　　只憐風月幸追隨
城南天豁秋容淨　　池上花明日脚垂
造物靳人妨野興　　翶翔更俟快晴時

11-30-015 느낌이 있어
11-30-015 有感

수많은 속세의 일을 얻고 잃는[112] 가운데에서도
몸이 한가해졌다고 꼭 갑자기 마음이 한가해지지는 않는다네.
등불 앞에서는 삼경(三更)에 비가 방울지는데[113]
베개 위에서는 만 겹의 산이 펼쳐지네.

---

106) 雅志는 평소의 뜻과 바람이다.
107) 癡(痴)는 어떤 일에 깊이 빠져드는 것이다.
108) 抖擻는 범어 dhuta의 음역으로 깨끗이 씻어 버리는 것이다.
109) 秋容은 秋色과 같은 말로 가을의 경치이다.
110) 日脚은 구름 사이로 보이는 햇빛이다.
111) 翶翔은 새가 하늘 높이 빙빙 날아다니는 것이다.
112) 得失은 얻음과 잃음, 성공과 실패이다.
113) 點滴은 빗방울, 또는 비가 방울지며 떨어지는 것이다.

가만히 있으면 기심을 잊은[114] 듯 곧 노자[115]를 배우려 하고
움직이면 모두 예가 아니면서도[116] 감히 안자[117]를 바라네.
방명을 남기고[118] 악명을 끼침[119]을 모두 관여하지 않고서
또 한 번 두꺼운 사람과 귀신의 관문[120]으로 침투하네.

世事紛紛得失間　　身閑未必便心閑
燈前點滴三更雨　　枕上縱橫萬疊山
靜似忘機將學老　　動皆非禮敢希顏
流芳遺臭都休管　　更透一重人鬼關

11-30-016 선영에 참배하러[121] 가는 심상의[122]를 받들어 보내다

114) 忘機는 機心·世事를 잊음이다.
115) 老子는 춘추시대 말기 楚나라의 사상가로 성은 李, 이름은 聃이며 생몰연대가 불확실하다. 無爲自然의 道를 내세운 道家思想의 창시자로서 『道德經』을 남겼다.
116) 動皆非禮는 『論語』 「顏淵」에 나오는 孔子가 顏回에게 가르쳤던 非禮勿視·非禮勿聽·非禮勿言·非禮勿動의 네 가지 하지 말아야 할 일〔四勿〕을 염두에 둔 표현이다.
117) 顏子는 顏回의 존칭인데, 그는 春秋時代 말기 魯나라의 학자로 字가 子淵이고, 孔子의 제자로서 十哲의 으뜸으로 꼽히며, 安貧樂道와 德行으로 이름이 높았다.
118) 流芳은 아름다운 이름을 후세에 남기는 것인데, 『十八史略』 「東晉」에 "남자가 꽃다운 이름을 백세에 남기지 못하면, 또한 반드시 악명을 만년에 남긴다.(男子不能流芳百世 亦當遺臭萬年)"라는 글이 있다.
119) 遺臭는 惡名을 남기는 것이다.
120) 人鬼關은 사람과 귀신을 구별하는 관문이라는 뜻으로 誠意에 힘씀을 가리키는데, 『心經附註』 권2의 "뜻을 성실하게 하는 것이 사람과 귀신의 관문이다(誠意是人鬼關)"라는 글에서 유래한다.
121) 拜掃는 조상의 무덤에 參拜하는 것으로 掃墳이라고도 한다.
122) 商議는 고려 말기에 설치된 직제로 宰樞의 관직 뒤에 붙여 그 관직과 동등한 직위를 갖게 하던 것인데, 재추로서 도당에 합좌하여 국정을 의논하였으며, 서열은 職事官보다 아래였다. 沈商議는 1378년에 知門下府事가 되었던 沈德符(1328~1401)를 가리키는 듯하다.

11-30-016 奉送沈商議拜掃先塋

천자[123]가 정민(精敏)하기로는 동갑[124] 중에 으뜸이거니와
어렵고 위태로움을 겪으면서 임금님[125]을 도왔네.
나의 문장에는 기염(氣焰)[126]이 없음이 부끄러운데
그대의 절월(節鉞)[127]에는 광영이 있은 적이 많았네.
방어하던 압록강(鴨綠江)[128]에는 산빛이 합쳐지고
종횡하던 접해(鰈海)[129]에는 햇빛이 밝아졌다네.
선농(先壟)[130]에 분황(焚黃)함[131]에 은혜가 더욱 무거우니
자손들은 응당 가문의 명성을 떨어뜨리지 않으리.

天資精敏冠同庚　　履歷艱危佐聖明
愧我文章無氣焰　　多君節鉞有光榮
鴨江守禦山光合　　蝶[132]海橫行日色明
先壟焚黃恩更重　　子孫應不墜家聲

123) 天資는 天稟과 같은 말로 타고난 자질이다.
124) 同庚은 同甲이다.
125) 聖明은 君王을 가리킨다.
126) 氣焰은 불이 붙기 시작하여 아직 세력을 이루지 못한 불꽃으로 사람이나 사물의 威勢·聲勢를 비유한다.
127) 節鉞은 君王이 적을 치러 가는 장군에게 주는 符節과 도끼이다.
128) 鴨綠江은 白頭山에서 시작되어 우리나라와 중국의 경계를 이루며 황해로 흐르는 강으로 길이는 790km이며 馬訾水라고도 한다.
129) 鰈海는 가자미가 나는 바다라는 뜻으로 西海를 가리키며, 흔히 우리나라의 별칭으로 쓰인다.
130) 先壟은 先塋·先山과 같은 말로 조상의 무덤이 있는 산이다.
131) 焚黃은 나라에서 벼슬이 내려졌을 때 누런 종이에 告由文을 써서 조상의 사당이나 묘소에 告由하고 불사르는 일이다.
132) 원전의 '蝶'은 '鰈'의 착오인 듯하다.

11-30-017 새벽에 읊다
11-30-017 曉吟

닭울음 소리에 잠을 깨니 해는 더디 떠오르는데
밤에는 서늘하여 가을기운이 분명해지려는 때이네.
소년시절에 잠을 탐하던 일이 전세의 일인 듯하거늘
바야흐로 사지(四肢)가 다 시리고 쑤심을 당하고 있다네.

夢破雞鳴日上遲　　夜凉秋氣欲分時
少年耽睡如前世　　政被酸辛遍四支

11-30-018 용두사[133] 스님을 받들어 보내며 차운하다. *곽동년[134]과 최계장[135]이 그 곳에 있다
11-30-018 奉送龍頭次韻 *郭同年崔契長在其處

말을 듣자니 머리가 다 하얗게 된 연형(年兄)[136]이
날마다 전주(全州)[137]와 함께 노닌다네.

---

133) 龍頭寺는 忠州에 있던 절로 지금의 충북 충주시 동량면 末訖山 기슭에 있었으며 언제 누가 창건했는지는 미상이다. 『新增東國輿地勝覽』에 의하면 黃龍寺・四天王寺 등과 함께 신라 때에 세워진 護國寺刹인 듯하며, 鮮初까지는 존재했으나 중기에 폐사된 듯하다.

134) 同年은 과거에 함께 급제한 사람인데, 郭同年은 恭愍王 2년(1353)의 禮部試에 목은과 함께 급제한 郭翀龍을 가리킨다.

135) 契長(丈)은 계의 우두머리, 또는 동년배 사이에서 상대방을 높여 부르는 말인데, 崔契長은 목은의 契友인 崔元儒(濡)를 가리킨다.

136) 年兄은 同榜인 사람끼리 서로 부르는 칭호이다.

137) 全州는 지금의 全羅北道 全州市 지역에 있었던 고을로 고려시대에 들어와서 都護府・州・牧을 거쳐 恭愍王 때에 完山府로 고쳐졌는데, 여기에서는 前全州牧使 崔元濡를 가리킨다. 10-27-046의 詩題에 前全州牧使 최원유가 충주에 退居하고 있다는 사실이 나타나 있다.

스님께서 지금 또 강 가의 절에서 머무시니
나는 달빛 아래 배를 타고 찾아가고 싶네.
쓸쓸한[138] 가을바람 소리에 빼어난 흥취[139]가 일어나고
맑은 물빛에 한가한 시름[140]이 질펀하리.
늙은이는 또 아들과 손자를 안을 것을 생각하거니와[141]
어느 때에나 오고가면서 함께 누각에서 자랴?

聞說年兄白盡頭　　全州日日得同遊
師今又住江邊寺　　我欲相尋月下舟
瑟瑟秋聲生逸興　　澄澄水色浼閑愁
老翁更抱兒孫念　　來往何時共枕樓

11-30-019 무열[142]의 서신을 받다(3수)
11-30-019 得無說書

앓고 있는 공은 도성(都城)[143]에 오고 싶어하는데
쇠약해진 나는 꿈속에서 강남(江南)[144]을 돌아다니네.

---

138) 瑟瑟은 바람이 쓸쓸하게 부는 소리이다.
139) 逸興은 세속을 벗어난 호방한 興趣이다.
140) 閑愁는 한가하여 생기는 시름, 또는 괜히 생기는 뜻없는 근심이다.
141) 이 구절은 龍頭寺에서 독서하고 있는 자손들을 만나고 싶다는 뜻을 드러낸 것인데, 이 구절과 08-21-022(〈龍頭書至 見種善所書大字一紙〉)로 보아 이때 三子 種善과 손자 하나가 용두사에 있었던 듯하다.
142) 無說(悅)은 牧隱 주변의 문인들과 가까웠던 여말의 승려인 듯한데, 병으로 珍原山 佳祥寺에서 지낸 적이 있었고, 弟子로 祖明大師가 있었으며(『三峯集』 권3 〈贈祖明山人詩序〉), 羅州 湧珍寺의 〈克復樓記〉를 지은(『三峯集』 권4, 〈無說上人克復樓記後說〉) 바 있다. 金九容의 『惕若齋學吟集』 卷下에 시 〈寄無說長老 子埜先生〉이 있고, 洪萬宗의 『小華詩評』에 金九容의 아우인 金齊顔〔金宗直의 『青丘風雅』에서는 鄭樞의 작품이라고 함〕의 시 〈寄無悅師〉가 있다.
143) 洛下는 洛邑〔洛陽〕의 아래라는 뜻으로 都城을 가리킨다.

몸이 큰 산과 같아서 움직이기 어려우니
다음 세상에나 어느 곳에서 청담을 나누리.

公病思游洛下　　吾衰夢繞江南
身似大山難動　　他生何處淸談

나는 국화를 으뜸[145]으로 여기는데[146]
공은 잣나무[147]를 지남(指南)[148]으로 삼네.
좋아함이 다르지만 끝내는 같은 취향인데도
남들은 평론하느라고 응당 말들을 허비하리.

我以菊花居右　　公將柏樹指南
異好終然同趣　　評論應費人談

침상 위에서는 인삼과 복령[149]이 나를 둘러싸고 있는데
북두성 남쪽[150]에서는 달빛과 이슬이 공을 따르리.
참선한 뒤에 맛이 있음을 누가 알랴?
앓는 가운데 말이 많음을 스스로 부끄러워하네.

---

144) 江南은 臨津江의 남쪽 지역이다.
145) 居右는 윗자리를 차지함, 또는 나은 것으로 여김을 뜻한다.
146) 이 구절은 자신이 菊花를 좋아하였던 東晉의 陶潛처럼 隱逸趣向을 지녔음을 드러낸 표현이다.
147) 栢樹는 庭前栢樹의 준말로 어떤 중이 趙州禪師에게 “무엇이 祖師께서 오신 뜻입니까?(如何祖師來意)”라고 묻자, “뜰 앞의 잣나무이다.(庭前栢樹子)”라고 답한 데서 유래하여, 參禪하는 사람들이 흔히 話頭로 삼는 것이다.
148) 指南은 指南車〔羅針盤〕가 남쪽을 가리키듯이 길을 인도하는 표준이다.
149) 茯笭은 소나무를 베어내고 오륙년 뒤에 땅 속의 솔뿌리에 생기는 버섯 종류로 水腫·淋疾 따위의 병에 약재로 쓰인다.
150) 斗南은 北斗星의 남쪽으로 中國·天下를 비유한다.

蓼苓擁我床上　　月露隨公斗南
誰識禪餘有味　　自慚病裏多談

11-30-020 은문[151] 남양[152] 시중[153]의 무덤에 참배하다[154]
11-30-020 拜掃恩門南陽侍中墳墓

자허(子虛)[155]를 반수(班首)[156]로 하여 일곱 영현[157]이 오고
앞에는 또 우리 방(牓)의 세 사람이 있네.
무릎을 꿇고 초장(椒漿)[158]을 올리며 매우 감격하고
물러나서는 절[159]로 가서 함께 머무르네.[160]
아침에는 햇빛과 솔그림자가 서로 섞이더니
저녁에는 빗기운과 바람소리가 다시 이어지네.
다만 두려운 것은 하늘이 감(鑑)을 배반한 초(超)[161]를 냄인데[162]

---

151) 恩門은 고려시대에 과거의 及第者가 試官〔知貢擧〕을 일컫던 말로 座主라고도 한다.
152) 南陽은 지금의 京畿道 水原市 南陽面 지역에 있던 府 이름으로 홍씨의 본관인데, 여기에서는 恭愍王 2년(1353) 禮部試의 同知貢擧였던 洪彦博을 가리킨다.
153) 侍中은 고려시대 門下省·都僉議使司·都僉議府·門下府의 종1품 벼슬인데, 때에 따라 侍中 1인만을 두거나, 左侍中·右侍中 또는 侍中·守侍中을 두었다.
154) 拜掃는 조상의 무덤에 參拜하는 것으로 掃墳이라고도 한다.
155) 子虛는 여말의 문신 朴宜中(1337~1403)의 자인데, 그는 洪彦博이 知貢擧를 맡았던 恭愍王 11년(1362) 禮部試에 장원급제하였다.
156) 班首는 班主와 같은 말로 반열 가운데 수위, 또는 거기에 있는 사람이다.
157) 英賢은 才德이 출중한 사람이다.
158) 椒漿은 산초와 여러 종류의 약을 섞어서 만든 술로 신에게 제사를 지낼 때 쓰던 것인데 椒酒라고도 하였다.
159) 蓮宇는 佛寺이다.
160) 遷延은 시간을 오래 끄는 것이다.
161) 超反鑑은 『晋書』 권67 〈郗鑑傳〉에서 東晋의 郗鑒(鑑)이 明帝와 少主를 도와 나라를 구하려 하였으나, 그 손자 超는 司馬赫을 폐위하고 簡文帝를 세웠는가 하면, 晋朝를 넘어뜨리고 새 왕조를 새우기를 꾀했던 桓溫의 역모에 가담함으로써, 조부의 뜻을 어긴 일을 가리킨다.

아직도 묵묵히 안정시켜[163] 봉화[164]가 없어지기를 바라시리.

子虛班首七英賢　我牓三人更在前
跪奠椒漿多感激　退歸蓮宇共遷延
日光松影朝相雜　雨氣風聲晚又連
只恐天生超反鑑　尙蘄陰隲掃狼烟

11-30-021 중추[165]의 비
11-30-021 中秋雨

다들 중추(中秋)의 달을 사랑하거니와
은하수에는 흰 물결이 넘치네.
오히려 구름이 이어짐[166]을 싫어하거늘
하물며 비가 쏟아짐을 만남에랴?
앓는 이의 정이 끝이 없으니
항아(姮娥)[167]의 마음이 어떠하랴?
내년에는 한 번 완상함을 허락해 주어
어긋남을 한탄하지 않기를 바라네.

---

162) 이 구절은 洪彦博의 손자인 倫이 恭愍王의 시해에 가담함으로써, 홍건적의 난 때 왕을 호종하였는가 하면, 왕을 시해하려던 金鏞의 난 때 난군에게 죽은 조부의 충절을 잇지 못한 것을 표현하고자 한 것이다.

163) 陰隲은 묵묵히 안정시킨다는 뜻으로, 『書經』 「洪範」의 "오직 하늘이 묵묵히 백성을 안정시킨다.(惟天陰隲下民)"라는 글에서 유래한다.

164) 狼烟은 이리의 똥을 나무와 함께 태운 연기로 옛날의 군사적 警報信號인 烽火를 가리키는데, 바람이 불어도 연기가 똑바로 올라간 데서 연유한다.

165) 中(仲)秋는 음력 8월, 또는 8월 보름인 秋夕〔仲秋節〕을 가리킨다.

166) 點綴은 흩어진 여러 점들이 어름어름 이어진 것이다.

167) 姮娥는 달 속에 산다는 미인 이름으로 흔히 달을 가리키는데, 그녀는 원래 남편인 神弓 羿가 西王母에게서 얻은 不死藥을 훔쳐 먹고 신선이 되어 달로 도망갔다고 한다.

共愛中秋月　　銀河溢素波
尙嫌雲點綴　　況値雨滂霈
病客情無盡　　姮娥意若何
明年容一賞　　不用嘆蹉跎

11-30-022 느낌이 있어
11-30-022 有感

밤비가 날이 밝을 때까지 쉬지 않고 쏟아지니
앓은 뒤의 정흥은 더욱 아득해지네.
내년에는 반드시 올해와 같지는 않을 테니
또 서쪽 이웃의 백 자나 되는 누각[168]에 오르리.

夜雨連明洒不休　　病餘情興陪悠悠
來年未必如今歲　　更上西隣百尺樓

11-30-023 수원[169]에서 우거하는[170] 김군필[171]이 보러 오다(2

168) 百尺樓는 높은 누각을 가리키는데, 『三國志』「魏書」〈陳登傳〉에 許汜가 劉備에게 자기가 下邳에서 陳登을 만나니 진등은 큰 침상 위에서 자고 자기는 그 밑의 침상에서 자게 했다고 말하니, 유비가 "만약 소인이라면 백척의 누대 위에서 자고 그대는 땅에서 자게 하였을 것이니, 어찌 다만 上下의 침상의 차이뿐이겠는가?"라고 말하였다는 글이 있다.

169) 水原은 京畿道 水原市・平澤市 지역에 있던 고을로 元宗 때에 水州牧이 되고, 恭愍王 때에 水原郡으로 고쳐졌다가 水原府가 되었다.

170) 寓居는 객지에 붙어 살거나 더부살이하는 것이다.

171) 金君弼(1324~?)은 목은의 監試同年으로 〈贈休上人序〉(『牧隱文藁』 권8)에서 16・7세에 懶殘子・吳仝 등과 함께 교유하였다고 한 벗이다. 이들의 결계에 대해서는 「許興植, 李穡의 18인의 結契로 본 高麗 靑少年의 集團行態」(『정신문화연구』 70호, 한국정신문화연구원, 1998)에서 자세히 다룬 바 있는데, 허흥식은 李穡・混修・懶殘子・吳仝・韓弘度・張議郞・韓修・白璘・金直之 등이 계원이었을 것으

수)

11-30-023 金君弼寓水原來見

사벌(沙伐)[172]에서 솔가하여 수원(水原)에서 우거하는데
산골마을의 연기가 강마을에 이어진다네.
인간세상에서 한 조각 마음을 편안히 할 곳은
다만 하인[173]이 있는 몇 이랑의 장원(莊園)이리.

沙伐携家寓水原　　山村煙火接江村
人間一片安心處　　只是蒼頭數畝園

동년(同年)에다 동학이니 그대와 같은 이가 드문데
노쇠한 눈은 또 다섯 빛깔[174]의 글[175]에 미혹된다네.

로 추정하였으나, 가장 자세한 정보를 담고 있는 〈贈休上人序〉를 참고하지 않은 탓에 착오가 있다. 관련된 글들을 자세히 검토한 결과, 李穡・混修・懶殘子・吳仝・白璘・休上人・洪義元・金鼎臣・李茂方・金君弼・韓得光 등이 확실한 계원들이었던 듯하다.

172) 沙伐은 三韓시대에 尙州 沙伐面 지역에 있었던 小國의 이름인데, 新羅가 이를 합병하여 法興王 때에 상주 지역에 九州의 하나로 沙伐州를 둔 것으로 보인다.

173) 蒼頭는 사내종이다.

174) 五色은 靑・黃・赤・白・黑의 다섯 가지 빛깔로 빛이 화려함을 가리킨다.

175) 五色文은 唐 貞元年間에 李程이 과거에 응시하여 지었다고 하는 〈日五色賦〉를 가리키는 듯한데, 이 글은 破題에 "德動天鑑 祥開日華"라는 구절이 있었음을 알 수 있을 뿐 본문은 전해지지 않으나, 王定保의 『摭言』에 다음과 같은 고사가 붙어 있다. 唐 貞元年間에 李程이 과거에 응시하여 〈日五色賦〉를 지었는데, 員外 楊於陵이 이정을 만나 賦藁를 보니 그 破題에서 "덕은 天鑑을 감동시키고, 상서는 햇빛처럼 환하네.(德動天鑑 祥開日華)"라고 하였으므로, "공이 이번에 반드시 장원이 될 것이다."라고 하였다. 이튿날 이정이 낙방한 것을 안 양오릉이 몹시 불만스러워 그 부를 적어서 主文에게 보였더니, 매우 탄상하기에 이번 試卷 중에 이것이 있다면 어찌할 것이냐고 묻자, "없으면 그만이지만 있다면 장원이 아니면 안될 것일세."라고 하였다. 이에 양오릉이 "참으로 그렇다면 侍郎은 이미 賢士를 놓쳤습니다. 이것이 바로 이정이 지은 것입니다." 하니, 시관이 이정을 불러 본

붉은 옷 입은 이가 머리를 끄덕였음[176]을 한탄하지 마시고
부귀를 뜬 구름[177]으로 보시게나.[178]

同年同學少如君　老眼還迷五色文
莫恨朱衣點頭者　看來富貴是浮雲

11-30-024 용두사 돈공이 떠날 때에 문에 들러 작별을 알리다
11-30-024 龍頭敦公臨行 過門告別

남은 더위가 아직도 나를 핍박하는데
초가을의 서늘한 기운은 문득 사람에게 맞네.
아마 마음을 산수에 두었기에
이미 몸이 풍진을 떠났으리.
구름이 흩어지니 깁 같은 강물이 밝고
하늘이 높으니 수레바퀴 같은 달이 빛나네.

인의 작품임을 확인한 뒤에 장원으로 하였다.

176) 朱衣點頭는 붉은 옷을 입은 사람이 머리를 끄덕거린다는 뜻으로 趙令畤의 『侯鯖錄』에 실린 다음 고사에서 유래하여 과거에 급제함을 비유한다. 宋의 歐陽脩가 과거시험관을 맡을 때마다 항상 자리 뒤에 朱衣를 입은 사람이 있음을 알았는데, 그가 때때로 머리를 끄덕거린 뒤에 그 글을 합격시켰다. 한편, 唐代의 知貢擧가 급제한 응거자의 성명 위에 붉은빛 글씨로 점을 하나 내려긋는 것을 點頭라고 하였다고도 한다.

177) 富貴是浮雲은 부귀란 허무한 것이라는 뜻인데, 『論語』 「述而」에 "의롭지 않은 부와 귀란 나에게는 뜬 구름과 같다.(不義而富且貴 於我如浮雲)"라는 구절이 있다.

178) 이 두 구절은 老齡에도 科擧에 응시하였다가 낙방한 벗을 위로하는 뜻을 표현한 것인데, 08-23-115 〈坐念金君弼同年當得何科〉에서 "쉰일곱 해가 참으로 꿈결과 같은데, 科場을 오가며 아이들 사이에 섞였다네.(五十七年眞夢中 揭來場屋廁兒童)"라고 읊은 것으로 보아, 金君弼은 57세이던 禑王 6년(1380)의 禮部試에 응시하였다가 낙방한 듯하다.

배를 정박하고 불전(佛殿)에 오르거든
주상께서 천년을 누리시도록 받들어 비시라.

殘暑猶侵我　　新凉乍可人
心應在山水　　身已離風塵
雲散明江練　　天高耿月輪
泊舟登佛殿　　祝上奉千春

11-30-025 변효자의 시권에 '간'자로 구점하다[179]
11-30-025 邊孝子詩卷占看字

둘째 아들을 또한 기꺼워할 만하니
변공은 지금 스스로 위로받으시리.[180]
곧 파란 하늘로 날아오르려는 봉이요
마침 푸른 대숲에 멈춘 난새로다.
굳센 필치는 옥으로 만든 젓가락[181]과 같고
원만한 시는 구슬이 소반에서 구르는 듯하네.
과명(科名)[182]을 수염 뽑듯이[183] 하여
빨리 양친께서 보시게 하라.

---

179) 口占은 즉석에서 입으로 불러 시를 짓는 것이다.
180) 自寬은 스스로 마음이 풀려 위로되는 것이다.
181) 玉筯(箸)는 漢字의 書體 이름으로 秦의 丞相 李斯가 창시한 小篆을 가리킨다.
182) 科名은 과거에 합격한 사람의 성적에 따라 분류하던 등급으로 고려 후기에는 乙科·丙科·同進士의 세 등급이 있었다.
183) 摘鬚는 수염을 뽑는다는 뜻으로 일이 쉬움을 비유하는데, 韓愈의 〈寄崔二十六立之〉에 "해마다 과거에 급제하기를, 턱 밑에 있는 수염을 뽑듯이 하였네.(連年收科第 若摘含底髭)"라는 구절이 있다.

次子亦可喜　　邊公方自寬
碧天將躍鳳　　翠竹正停鸞
筆勁玉爲筋　　詩圓珠走盤
科名摘鬚爾　　早使兩親看

11-30-026 무제
11-30-026 無題

산승(山僧)이 달려와서 나에게 알려 말하기를
이미 공암(孔岩)[184]의 바위곶[185] 옆을 지났으리라고 하네.
선고(先考)[186]의 지극한 정성이 이제 비로소 드러나거니와
강월(江月)이란 한 헌[187][188]이 푸른 하늘에 걸려 있다네.[189]

山□走報□□□　　已過孔岩岩串邊
先考至誠今始顯　　一軒江月掛靑天

---

184) 孔岩(巖)은 지금의 서울 江西區와 陽川區 지역에 있던 縣으로 陽川이라고도 하였다. 한편, 지금의 서울 江西區 加陽洞 지역에 있던 나루 이름이기도 한데, 물 가운데 우뚝 솟은 바위에 구멍이 뚫려 있어 붙은 이름으로 北浦라고도 하였다.
185) 岩(巖)串은 衿川縣 북쪽 25里, 孔岩縣 남쪽 5리쯤에 있던 곳으로 고유어로는 바위곶이라고 하였다.
186) 先考는 돌아가신 아버지로 목은의 부친 李穀을 가리킨다.
187) 軒은 앞쪽 처마가 불쑥 솟도록 굽은 석가래를 쓰고 들보를 두지 않은 집이다.
188) 江月軒은 驪興 神勒寺 앞에 있던 懶翁和尙의 軒名이다.
189) 이 두 구절은 神勒寺의 大藏閣의 조성의 경과에 대한 감회를 밝힌 것으로 보인다. 李崇仁의 〈驪興郡神勒寺大藏閣記〉(『陶隱集』 권4)에서는 목은의 부친 이곡이 부모님의 명복을 빌고자 조성하려 하다가, 이루지 못한 일을 공무로 미루어 왔던 목은이 불도들의 독촉을 받은 나머지, 나옹화상 문도들의 도움으로 착수하였고, 경신년(1380)에 시주를 받기 시작하여 신유년(1381) 4월에 『經律論』을 인출하는 등 계속한 끝에 계해년(1383)에 완성하였다고 하였다.

11-30-027 한양[190]의 윤[191]에게 부치다
11-30-027 寄漢陽尹

삼각산(三角山)[192] 속에 있는 청학사(靑壑寺)[193]는
안개와 놀 속에서 지붕 꼭대기[194]가 어른거린다네.
거처하는 중은 아침저녁으로 자고 먹기만 할 뿐이니
도끼를 잡고 그치지 않고 일함을 어찌 싫어하랴?
다만 온전치 않은[195] 사지가 피곤해짐을 걱정하거니와
혹시 질병이 생기면 고치기가 쉽지 않으리.
그는 이미 인륜[196]을 떠난 이라고 이를 수 있으니
위로 두터운 은혜를 갚는다는 것은 빈 말일 뿐이리.
장차 산 속으로 가도록 놓아 준다면
원숭이, 새, 사슴, 고라니와 다를 바 없으리.
가을바람이 하늘에 가득하고 들은 푸르고 누르니
빌어먹으며 겨울을 보냄이 그의 뜻이리.
아홉 마리 소의 터럭 하나[197]이니 어찌 아낄 게 있으랴?

---

190) 漢陽은 지금의 서울의 강북 지역 및 楊州・高陽・議政府 지역에 있던 고을인 楊州의 옛 이름이다.
191) 尹은 府尹의 준말로 고려시대 지방행정 단위의 하나인 府의 우두머리 관직인데, 開城・平壤・漢陽・慶州에 두었으며 품계는 종2품 또는 정3품이었다.
192) 三角山은 서울 북쪽에 있는 산으로 白雲臺・萬景臺[國望峯]・仁壽峯의 세 봉우리가 있어서 붙은 이름이며, 北漢山・華山・華嶽으로도 불린다.
193) 靑壑寺는 서울의 三角山에 있던 절로 지금도 있다는 것만 확인될 뿐 자세한 내용을 확인할 문헌적 기록이 없는 듯하다.
194) 觚稜(棱)은 殿閣의 가장 높고 뾰족한 모서리이다.
195) 支離는 육신이 온전하지 못한 사람, 또는 불완전하거나 결여되어 쓸모가 없게 되는 것이다.
196) 인륜은 사람이 사회적 관계에 따라 지켜야 하는 도리이다.
197) 九牛一毛는 아홉 마리 소의 털 가운데 하나라는 뜻으로, 썩 많은 가운데서 매우 하찮고 보잘것 없는 것을 비유한다.

늙은 목은의 이 말 또한 인정[198]에 맞으리.

三角山中青墅寺　　觚稜掩映煙霞裏
居僧朝夕眠食耳　　斤斧豈嫌勞不已
但患支離四體倦　　或者疾生醫未易
其人旣曰去人倫　　上報重恩虛語爾不
如且放山中去　　猿鳥鹿麋而已矣
秋風滿天野青黃　　乞食過冬是其志
九牛一毛豈足惜　　老牧斯言亦人事

11-30-028 오늘 강에 이르다[199]
11-30-028 今日到江

보제(普濟)[200]의 문인이 오늘 강에 이른다고 하니
쉽기는 구슬을 굴리는 듯하고 빠르기는 번개와 같네.
목동(牧童)[201]이 감히 구사(驅使)[202]함에 능하다고 말하랴?
저승[203]에 계신 조상의 혼령께서 이끄신[204] 공이라네.

普濟門人□□□　　易如丸走疾如霆
牧童敢道能駈使　　啓迪冥冥有□□

198) 人事는 人情과 事理이다.
199) 이 작품은 11-30-026 〈無題〉에 이어진 경과를 읊은 듯하다.
200) 普濟는 恭愍王이 懶翁和尙 惠勤(1320~1376)에게 내린 존호인 普濟尊者의 약칭이다.
201) 牧童은 牧隱의 謙稱이다.
202) 驅(駈)使는 솜씨·기교·수단 따위를 마음대로 부리는 것이다.
203) 冥冥은 冥府이다.
204) 啓迪은 가르쳐 이끌어 줌, 깨우쳐 인도함이다.

11-30-029 내원당[205] 감주[206] 구곡[207] 대선사[208]를 곡하다
11-30-029 哭內院監主龜谷大禪師

구곡(龜谷)은 의관의 후예로서
가서 임제(臨濟)[209]의 법손이 되었네.
모습이 맑으니 마음은 절로 고요하였고
말이 간략하니 도는 더욱 높았네.
연사(蓮社)[210]에는 바람이 자리에 불어올 텐데
송산(松山)[211]에는 달빛이 뜰에 가득하네.
짚신 한 짝[212]조차 볼 길이 없어졌기에
늙은이는 가을들판[213]에서 눈물을 뿌리네.

---

205) 內院堂은 대궐 안에 둔 절이나 불당으로 內佛堂이라고도 한다.
206) 監主는 內願堂의 住持인데, 〈傳燈錄序〉(『목은문고』 권7)에서 龜谷은 恭愍王 21년(1372) 정월에 내원당 감주로 있었음이 확인된다.
207) 龜谷은 여말의 승려 覺雲의 호인데, 俗姓은 南原柳氏로 柳璥의 증손이자, 감찰대부 靖의 아우이다. 金剛寺를 증축하여 勝蓮寺라고 개칭했던 拙庵衍昷의 생질이자 太古普愚의 법손이다. 內院堂 監主로서 궁중에서 『傳燈錄』을 강의하고 간행하였으며, 恭愍王이 그를 존숭하여 그림과 "龜谷覺雲"이라는 글씨를 내렸다. 『牧隱集』에 禪敎都總攝·都大禪師·大禪師를 지낸 사실이 나타나며, 법을 이은 제자로는 碧溪·千峰 등이 있었다.
208) 大禪師는 禪宗의 禪師 다음의 法階이다.
209) 臨濟는 臨濟宗 또는 그 開祖인 義玄을 가리키는데, 臨濟宗은 黃蘗希運의 법통을 이은 義玄이 唐 宣宗 때에 독특하게 준엄한 방법으로 學人을 이끌어 宗風을 크게 떨친 데 유래한 禪宗의 한 종파이다.
210) 蓮社는 蓮寺의 별칭으로 全羅北道 南原 萬行山에 있던 절인 勝蓮寺의 약칭이다.
211) 松山은 開京의 鎭山인 松嶽의 별칭이다.
212) 隻履는 짚신 한 짝으로 『五燈會元』 「東土祖師」 〈初祖菩提達摩祖師〉의 다음 고사에서 유래하여 승려의 죽음을 추도함, 또는 승려를 송별함을 비유한다. 달마조사가 서거하자 熊耳山에 장례를 치르고 定林寺에 탑을 세웠는데, 3년 뒤에 魏나라의 宋雲이 西域에 사신으로 갔다가 돌아오던 길에 葱嶺에서 짚신 한 짝을 들고 혼자서 급히 가고 있는 조사를 보고, "조사께서는 어디로 가십니까?"라고 물으니, 조사가 "西天으로 간다."고 답하였다.
213) 秋原은 가을의 넓은 들판이다.

龜谷衣冠胄　　去爲臨濟孫
貌淸心自寂　　言簡道彌尊
蓮社風吹座　　松山月滿園
無從見隻履　　老淚洒秋原

11-30-030 강총랑[214)]의 시권에 짓다
11-30-030 題姜摠郎詩卷

내가 매우 사랑하는 시랑(侍郎)[215)]은
풍채(風采)[216)]가 훌륭하네.[217)]
자식의 도리가 이제 갖추어졌거니와
임금님의 은혜가 또한 드문 바라네.
푸른 하늘이 순(舜)[218)]임금의 궁전을 내려다보고
밝은 해가 노래자(老萊子)[219)]의 옷을 비추리.
늙은 나는 부질없이 부러워하면서
남쪽창 가에서 붓을 한 번 휘두르네.

---

214) 摠郎은 고려시대 六部〔六司〕의 次官으로 정4품직이며, 侍郎·議郎이라고도 하였는데, 姜摠郎은 『圓齋集』 卷中의 〈題姜摠郎淮伯捧宣醞慶親上祖墳詩卷牧隱相公韻〉으로 보아 姜淮伯을 가리킨 듯하다.

215) 侍郎은 고려시대 六部〔六司〕의 次官으로 정4품직이며, 摠郎·議郎이라고도 하였다.

216) 風儀는 風采이다.

217) 籍(藉)甚은 盛大·盛多이다.

218) 舜은 중국 고대의 신화적 임금으로 성은 姚, 이름은 重華이며, 有虞氏 부락의 추장이었으므로 虞舜이라고도 하는데, 여기에서는 今上인 禑王을 가리킨다.

219) 老萊子는 春秋時代 楚나라의 賢人으로 24효자의 한 사람이며, 난을 피하여 蒙山의 남쪽에서 농사를 지으면서 살았는데, 70세에 색동옷을 입고 어린애 장난을 하여 부모를 위안하였고, 『老萊子』 15권을 지었다고 하는데, 여기에서는 姜摠郎을 가리킨다.

侍郎吾愛甚　　籍甚有風儀
子道今云備　　君恩亦所稀
青天臨舜殿　　白日照萊衣
老我徒歆羡　　南牕筆一揮

11-30-031 느낌이 있어. 3수
11-30-031 有感三首

아득한 천지에 나의 몸을 부쳤으니
오래 살아도[220] 또한 전광(電光)[221]과 석화(石火)[222]이리.
늙은 목은(牧隱)의 마음이 괴로움을 누가 알랴?
임금님의 은혜를 갚지 못한 채 흰 머리털만 새로 생긴다네.

天地悠悠寄此身　　電光石火亦逡巡
誰知老牧心中苦　　未報君恩白髮新

당시에 글을 읽느라고 몹시 고생할 때에는
유풍을 떨치고자 하면서 소신(素臣)[223]에게 부끄러워하였네.
늘그막에는 매우 쇠약해짐을 스스로 슬퍼하면서도
도리어 불교[224]에 기대어 군친[225]의 은혜를 보답하려 한다네.

---

220) 逡巡은 시간을 오래 끌거나 지연시키는 것이다.
221) 電光은 번개로 매우 짧은 시간을 비유한다.
222) 石火는 돌끼리 부딪혀서 일어나는 불꽃으로 매우 짧은 시간을 비유한다.
223) 素臣은 素王〔제왕의 지위에 있지 않았던 왕〕의 신하라는 뜻으로 『春秋左氏傳』을 지은 左丘明이나 儒家經典의 傳疏를 지은 사람을 가리키는데, 西晋의 杜預가 〈春秋左氏傳序〉에서 좌구명을 가리켜 素王, 즉 『春秋』를 편찬한 孔子의 신하라는 뜻으로 일컬은 데서 유래한다.
224) 西敎는 서쪽에서 온 종교란 뜻으로 佛敎를 가리킨다.
225) 君親은 임금과 어버이이다.

讀書當日頗艱辛　　欲振儒風耻素臣
老去自悲衰也甚　　却憑西敎報君親

서늘함을 찾아 자하동[226]에 가려고 왕륜사[227]를 지나노라니
연기에 덮인 뜰의 풀이 사람을 묻으려 하네.
과거와 현재[228]와 미래가 손가락을 튀기는[229] 순간이기에
먼 동해에서 티끌이 날릴[230] 것을 의심하지 않는다네.

趁凉霞洞過王輪　　庭草和烟欲沒人
過見來爲彈指頃　　不疑東海起飛塵

11-30-032 중도[231] 염사[232] 안간의[233]를 보내다
11-30-032 送中道廉使安諫議

---

226) 紫霞洞은 開京 松嶽山에 있는 골짜기 이름이다.
227) 王輪寺는 開京 松嶽山에 있던 절로 919년에 고려 太祖가 창건하였다. 敎宗의 總管壇이자 五敎宗 승려들의 禪試場이었으며, 高宗 23년(1236)에 몽고병의 침입으로 불에 탄 것을 忠烈王 1년(1275)에 중건하였다. 이 곳에 魯國公主 靈殿을 화려하게 지어 仁熙殿이라 이름하였으며, 나중에 폐사되었으나 그 시기는 알 수 없다.
228) 過見(現)은 과거와 현재이다.
229) 彈指는 손가락을 튀겨 소리를 낸다는 뜻으로 매우 짧은 시간을 비유한다.
230) 飛塵은 揚塵과 같은 말로 먼지가 날아오른다는 뜻으로 東晋 葛洪의 『神仙傳』 〈麻姑〉의 다음 고사에서 유래하여 世事의 변천을 비유한다. 麻姑仙女가 東海가 세 번 桑田으로 변하였고 蓬萊山 부근의 물이 전보다 얕아졌으니 언제 또 山陵이 陸地가 되겠느냐고 하자, 王方平이 "성인들이 모두 바다에서 다시 먼지가 날아오를 것이라고 말하였다.(聖人皆言海中復揚塵也)"라고 하였다.
231) 中道는 中原道의 준말로 고려시대의 지방행정 구역의 하나로 지금의 충청남북도 지역에 해당한다.
232) 廉使는 按廉使의 준말로 고려시대의 방백을 가리키며, 순찰사·관찰사로도 불리었다.
233) 諫議는 諫議大夫의 준말로 고려시대 중서문하성의 封駁과 諫爭을 담당하였던 정4품 또는 종4품직이다.

근년에 바닷가에는 인가가 적어져서
밥짓는 연기[234]가 쓸쓸하고 외길은 비스듬하리.
행차가 한산[235]의 들을 지날 때에는 응당 말에서 내릴 텐데
깊은 가을의 가래나무[236]에는 구름과 놀이 섞이리.

年來傍海少人家　　煙火蕭條一路斜
行過韓原應下馬　　秋深梓樹雜雲霞

11-30-033 전라[237] 염사 허총랑을 보내다
11-30-033 送全羅廉使許揔郎

금주(錦州)[238]의 깊숙한 곳에서 내가 논 것을 회억해 보니
물 가에는 쓸쓸히 가을의 풀숲만 있었네.
응당 마사(馬史)[239]에 입전된 이들과 훌륭함을 나란히 할 테니
앞으로는[240] 인(引)[241]을 짓느라고 땀을 흘리리.

錦州深處記吾游　　寂寞臨川草樹秋
馬史有傳應並美　　汗流題引在前頭

---

234) 煙火는 밥을 짓는 연기로 人家를 가리키며 人煙이라고도 한다.
235) 韓山은 忠淸南道 舒川郡 韓山面 지역에 있던 郡 이름으로 목은의 본관이자 향리이다.
236) 梓樹는 가래나무로 고향을 비유하는데, 옛날에 담장 아래 뽕나무와 가래나무를 심어 자손에게 전하여 생계에 이바지하게 한 데서 유래하여, 고향이나 고향의 父老를 가리켜 桑梓라 한 데서 유래한다.
237) 全羅는 고려시대의 지방행정 구역의 하나로 지금의 전라남북도 지역에 해당한다.
238) 錦州는 전라남도 羅州의 옛 이름으로 錦城이라고도 하였다.
239) 馬史는 司馬遷이 편찬한 『史記』를 가리키는데, 여기에서는 『史記』「循吏列傳」에 立傳되어 있는 유능한 官吏들을 가리킨다.
240) 前頭는 곧 닥치게 될 장래이다.
241) 引은 序이다.

11-30-034 우연히 짓다
11-30-034 偶題

창려[242]는 문창(文昌)[243]에게 두 번 절하고 사례하였으리니
회서비(淮西碑)[244]의 글이 깎여도 실상은 무방하였다네.
전모(典謨)[245]를 본떠서[246] 그림자를 붙잡듯이[247] 하였는데도
끝내 아름다운 비단[248]을 보내어 문장을 짓게 하였네.
인심에 좋아하고 싫어함이 생겨나도 명성을 가리기는 어려운데
안목에 높고 낮음이 있다고 물건이 어찌 손상되랴?
동해 가에 사는 목동(牧童)[249]은 천년 뒤에도

---

242) 昌黎는 中唐의 문인 韓愈의 별호이다. 자는 退之, 선대가 昌黎에 살았으므로 세인들이 昌黎先生이라 불렀고 시호는 文公이다. 뛰어난 문인이자 학자로 특히 古文에 뛰어나서 唐宋八大家로 추앙받았으며 『韓昌黎先生集』을 남겼다.

243) 段文昌은 中唐의 문신으로 자는 墨卿·景初이다. 憲宗 때에 翰林學士가 되고, 文宗 때에 御史大夫·檢校左僕射를 역임하고 鄒平郡公에 봉해졌다. 韓愈가 지은 〈平淮西碑〉에 裴度의 공을 주로 기록하였더니, 唐安公主의 사위인 李愬가 吳元濟를 잡은 것은 자기의 공이라고 황제에게 하소연하자, 비석을 갈아내 버리고 다시 翰林學士인 그에게 글을 짓게 하였는데, 글이 萎弱하여 보는 사람이 없었다고 한다.

244) 淮西碑는 〈平淮西碑〉의 준말로 唐 憲宗의 명에 의하여 韓愈가 지은 비문을 가리킨다. 그 내용은 元和 9년에 留後節度使 吳少陽의 사후에 그 아들 元濟가 蔡州刺史에 임명해 달라고 조정에 주청하였다가 허락받지 못하자 반란을 일으킨 데 따라, 李愬를 절도사로 삼아 원제를 사로잡아 죽인 데 이어, 12년에 丞相 裴度가 宣慰處置使가 되어 완전히 평정한 일을 기술한 것인데, 한유는 배도의 行軍司馬가 되어 종군한 바 있다.

245) 典謨는 『書經』의 二典〔「堯典」·「舜典」〕과 三謨〔「大禹謨」·「皐陶謨」·「益稷」〕의 합칭이다.

246) 摹(摸)寫는 모방함, 본뜸이다.

247) 捕影은 그림자를 붙잡는다는 뜻으로 허황됨, 또는 창의적인 글을 지음을 비유한다.

248) 貝錦은 조개무늬를 수놓은 아름다운 비단, 또는 남을 誣陷하려고 죄를 얽어서 하는 讒言이다.

249) 牧童은 시인의 호인 牧隱의 겸칭이다.

은하수[250]를 쳐다보며 남긴 빛[251]에 읍하네.

昌黎再拜謝文昌　　刮去淮碑實不妨
摹寫典謨如捕影　　終輸貝錦有文章
心生好惡名難掩　　眠有高低物豈傷
海上牧童千載下　　仰瞻雲漢揖餘光

11-30-035 중구일 하루 전에 유항께 드리다
11-30-035 重九前一日呈柳巷

인정과 절물(節物)[252]은 몹시 연관되거니와[253]
머리 위의 빛과 그림자[254]는 흐르는 시내와 같네.
이미 중추(中秋)[255]는 잠시 뒷날을 기다리자면서 어겼는데
문득 구일(九日)[256]이 또 앞에 다가옴에 놀라네.
조물주[257]는 동쪽 울타리의 국화[258]를 아끼는 듯한데
늙은 나는 부질없이 북해(北海)[259]의 하늘을 쳐다보네.

---

250) 雲漢은 銀河水이다.
251) 餘光은 해나 달이 진 뒤에 남은 빛으로, 죽은 뒤에 남긴 미덕이나 영향을 비유한다.
252) 節物은 계절마다 나타나는 風物과 景色이다.
253) 牽聯은 關係・聯系이다.
254) 光陰은 빛과 그림자로 세월을 비유한다.
255) 中(仲)秋는 음력 8월, 또는 8월 보름인 秋夕〔仲秋節〕을 가리킨다.
256) 九日은 重九日의 준말로 음력 9월 9일을 가리킨다.
257) 化工은 하늘의 조화, 또는 조화를 일으키는 하늘・조물주이다.
258) 東籬菊은 陶潛의 〈對酒〉의 "동쪽 울타리 아래에서 국화를 따면서, 느긋하게 남산을 바라보네.(採菊東籬下 悠然見南山)"라는 구절에서 인용한 것이다.
259) 北海는 後漢時代에 山東省 壽光縣 남동쪽에 있던 劇 지역에 두었던 군 이름인데, 여기에서는 北海相 孔融의 北海樽을 가리키고자 한 말이다. 『後漢書』 〈孔融傳〉에 따르면 그는 선비들을 좋아하고 후진들을 이끌어 돕는 것을 기뻐하여, 한직에 물러났을 때에는 빈객들이 날마다 문에 가득하였는데, 늘 탄식하여 말하기를 "자

다행히 서쪽 이웃에 쓸쓸함을 같이 할 분이 있으니
또 서로 마주하며 느긋함을 함께 하기를 기다린다네.

人情節物苦牽聯　　頭上光陰如逝川
已負中秋姑待後　　俄驚九日又當前
化工似斬東籬菊　　老我徒瞻北海天
賴有西隣同寂寞　　更須相對共悠然

11-30-036 묘각사[260] 고정의 방장[261]에 제하다
11-30-036 題妙覺寺高井方丈

근년에는 세도(世道)[262]가 날로 점점 그릇되어 가니
산에 거처하는 스님이 술을 사는 일 또한 드물다네.
오늘 아침에 우연히 늙으신 혜원(惠遠)[263]께서 오시니
연명(淵明)[264]은 어디로 돌아가야 할지 알지 못하겠네.

리에 손님이 가득하고, 술동이에 술이 떨어지지 않으면, 나는 근심이 없을 것이다.(座上客常滿 樽中酒不空 吾無憂矣)"라고 하였다고 한다.

260) 妙覺寺는 開京에 있던 절로 고려 太祖 4년(921)에 창건되었으며, 忠烈王・忠肅王이 행차한 바 있고, 충숙왕 8년(1321)에 朴孝修 등이 上王의 환국을 빌기 위하여 모였던 곳이다. 그 뒤의 연혁은 알 수 없으며, 麗末鮮初에 廢寺된 것으로 추정된다.

261) 方丈은 절의 長老・住持가 거처하는 곳, 또는 寺院・道觀의 주지이다.

262) 世道는 세상의 道德・道理이다.

263) 惠遠(335~417)은 중국 東晋 때의 승려로 21세에 道安의 문하에서 수도하다가, 도안이 前秦王 符堅을 따라간 뒤에 廬山에 東林寺를 지어 30년 동안 거처하면서 白蓮社를 창설하였고, 『阿毘曇心論・『十誦律』 등을 번역하고 『大智度論要略』 20권을 짓는 등 불교학의 발전에 크게 기여하였다.

264) 淵明은 東晋의 시인 陶潛의 호인데, 『漢魏叢書』의 〈蓮社高賢傳〉에 "惠遠法師가 제현과 蓮社를 결성할 때 글로 연명을 초대하자, 연명이 '음주를 허락한다면 가겠습니다.'라고 하니, 허락하기에 드디어 갔다.(遠法師與諸賢結蓮社 以書招淵明 淵明曰 若許飮則往 許之 遂造焉)"라는 글이 있다.

世道年來日漸非 山僧沽酒亦云稀
今朝遇着惠遠老 不識淵明何處歸

11-30-037 주상 전하께서 남쪽 교외에서 성렴[265]하시는데도 따르며 모실 길이 없기에 1수를 읊다
11-30-037 伏値主上殿下省斂南郊 無由陪侍 吟成一首

성주(聖主)께서 농사[266]를 근심하셔서
남쪽 교외에서 막 성렴(省斂)을 하시네.
누런 구름[267]은 밭두둑에 이어지고
푸른 수레덮개[268]는 마을[269]에서 빛나리.
휴구(休咎)[270]는 왕풍(王風)[271]에서 드러나고
풍흉(豊凶)은 국사(國史)에 기록된다네.
늙은 신하는 쳐다보면서
문득 해가 더디게 감을 느끼네.

聖主憂民事 南郊省斂初
黃雲連壟畝 翠蓋映村墟

---

265) 省斂(斂)은 君王이 가을에 백성의 농사를 살피고자 순시함을 뜻하는데, 『孟子』「梁惠王 下」에 "봄에 경작하는 것을 살펴서 부족함을 도와 주고, 가을에 거두는 것을 살펴서 부족한 것을 도와 준다.(春省耕而補不足 秋省斂而助不給)"라는 글이 있다.
266) 民事는 農事를 가리키는데, 『孟子』「滕文公 上」에 "민사는 늦추어서는 안 된다.(民事不可緩也)"라는 글이 있다.
267) 黃雲은 넓은 벌판에 보리나 벼가 누렇게 익은 모습을 비유한다.
268) 翠蓋(盖)는 푸른 깃으로 장식한 수레의 덮개이다.
269) 村墟는 마을 또는 시골의 저자이다.
270) 休咎는 吉凶·福禍이다.
271) 王風은 임금의 교화이다.

休咎王風着　　豐凶國史書
老臣瞻望處　　便覺日行舒

11-30-038 중구일에 반주[272]께 부치다
11-30-038 重九日 寄班主

비록 전례대로 초제[273]의 남은 음식[274]을 여러 군에게 보냈지만
두 동이의 술[275]로는 뱃속까지 얼얼하게 할 수 없네.
나는 앓은 뒤인데도 높은 데 올라 스스로 축하하거니와
하물며 응양(鷹揚)[276]이 사문(斯文)[277]을 소중하게 여김에랴?

醮餘雖例及諸君　　朋酒無從骨髓醺
病後登高吾自賀　　鷹揚況是重斯文

11-30-039 호연[278]·자안[279]·자복[280]이 나와 한맹운[281] 선생을 초대하여 송산[282]의 왼쪽 기슭에 올라가서 중구회[283]를 갖

272) 班主는 고려시대의 武班의 우두머리를 가리키는 말로 二軍六衛의 하나인 鷹揚軍의 上將軍이 맡았으며 품계는 정3품이었다.
273) 醮祭는 나라에서 五星과 列宿에 지내는 道敎式 제사이다.
274) 醮餘는 醮祭를 지낸 뒤에 음복하고 남은 음식, 또는 초제의 남은 음식을 뜻하는 듯하다.
275) 朋酒는 두 동이의 술이다.
276) 鷹揚은 고려의 京軍인 二軍六衛 중의 한 군단으로 같은 이군에 속하는 龍虎軍과 함께 궁성을 시위하는 친위군으로 일명 控鶴軍이라고도 하며, 1領〔1영은 1,000명〕을 보유하였다. 여기에서는 그 최고지휘관으로서 班主를 맡게 되어 있는 上將軍을 가리킨다.
277) 斯文은 '이 學問', '이 글'이라는 뜻으로 선비들이 儒學을 가리키는 말이다.
278) 浩然은 여말의 문신 李集(1327~1387)의 자이다.
279) 子安은 여말의 문신 李崇仁(1349~1392)의 자이다.
280) 子復은 여말선초의 문신 閔安仁(1343~1398)의 자이다.
281) 孟雲은 여말의 문신 韓脩(1333~1384)의 자이다.

자고 하였다. 이르니 정포은[284] 밀직[285]과 자은사[286]의 우세군[287] · 금산사[288]의 장로[289] · 이사위[290] 판서[291]가 벌써 와서 함께 기다리고 있었다. 그 봉우리에 올라 사방을 둘러보았지만 아직 마음에 차지 않기에, 조금 서쪽으로 옮겨서 감로사[292] 남쪽 봉우리에 이르니, 탁 트인[293] 것이 더욱 낫기에 술을 주고받으면서 시를 읊고서, 또 국화회를 다시 열기로 약속하였다. 한밤중이 되어서야 돌아왔는데, 이사영[294] 청주[295]와 정부령[296] □는 또 그 뒤에 온 이들이다.

---

282) 松山은 開京의 鎭山인 松嶽의 별칭이다.

283) 重九會는 重九日〔음력 9월 9일〕에 가지는 모임인데, 우리나라에서는 신라시대부터 이날 君臣들이나 사대부들이 飮酒와 歌詠을 즐기는 풍습이 있었다.

284) 圃隱은 여말의 문신 鄭夢周(1337~1392)의 호이다.

285) 密直은 고려시대에 王命의 출납과 宮中의 宿衛·軍機 등에 관한 일을 맡아보던 관아인 密直司, 또는 그 관원의 약칭인데, 여기에서는 密直提學을 가리킨다.

286) 慈恩寺는 開京 高麗洞에 있던 法相宗에 속한 사찰이다.

287) 祐世君은 07-18-077(〈走筆奉寄法泉僧統〉)과 09-24-120(〈謝慈恩宗師法泉長老 以滿花方席見遺〉)으로 보아 法號가 法泉으로 僧統을 지낸 승려의 封號인 듯하다.

288) 金山寺는 開京 부근에 있던 절인 듯한데, 지금의 전라북도 金堤市 金山面에 있던 절을 가리킨 것인지는 알 수 없다.

289) 長老는 지혜와 덕이 높고 法臘이 많은 比丘를 통칭하는 말, 또는 젊은 비구가 늙은 비구를 높여 부를 때 쓰는 말이다.

290) 李士渭는 여말의 문신으로 본관은 龍駒, 判官 中仁의 아들이다. 1360년에 등제하여 1390년에 恭讓王이 처음으로 경연을 열었을 때 參贊官이 되고, 密直副使를 거쳐 이듬해에 西海道觀察使를 지냈다.

291) 判書는 고려시대 六司·六部의 장관으로 尙書라고도 하며 품계는 정3품이다.

292) 甘露寺는 지금의 京畿道 開豊郡 五鳳峰 아래에 있던 절로, 李子淵이 潤州의 甘露寺에 갔다가 그 아름다움에 매혹되어 모방하여 지은 것이라고 한다.

293) 敞豁은 넓게 탁 트인 것이다.

294) 李士穎은 여말의 문신으로 禑王 2년에 왜구 300여기가 全州와 臨陂縣을 함락시킨 뒤에 다리를 철거하고 굳게 지키고 있을 때에, 병마사 柳實과 함께 다리를 놓고 싸웠으나 패하였으며, 恭讓王 4년에 鄭夢周가 피살되자 그 당으로 몰려 南原에 유배되었다.

295) 淸州는 忠淸北道 淸州市 지역에 있던 牧 이름인데, 여기에서는 전직 또는 현직의 淸州牧使를 가리키는 듯하다.

이튿날 회상해[297] 보니 이미 꿈속의 일과 같아서 정회를 그칠 수 없기에 1수를 읊다

11-30-039 **浩然子安子復 邀僕及韓孟雲先生 登松山左麓 作重九 至則鄭密直圃隱與慈恩祐世君金山長老李判書士渭 已來相候 登其峯四眺 猶不滿意 稍西徙至甘露寺南峯 則敞豁益甚 酬酢吟咏 更約菊花會重開 至夜分乃歸 李淸州士穎鄭副令□ 又其後至者也 明日追思 已如夢中 情不能已 吟成一首**

중양절[298]의 성대한 모임에 온 이는 다 뛰어난 분[299]들인데
나만 머리에 눈이 가득한 병든 몸이라네.
해타(咳唾)[300]는 바람을 따라 하늘 위에서 떨어지고[301]
빛은 세상을 비추며 해 옆으로 뜨네.
어지러워진[302] 술상으로 밤까지 이어지니
서늘한 바람과 이슬에 가을임을 아네.
노란 국화를 잡고 술잔을 헤아리러 가고 싶어서
자은사(慈恩寺)에서 또 함께 놀기로 약속하였네.

重陽盛會盡高流　　　獨我支離雪滿頭

---

296) 副令은 고려시대 典校寺·典儀寺·宗簿寺 등 諸寺司의 次官으로 품계는 정4품에서 종4품이며, 少監·少卿·少尹과 같은 관직이다.
297) 追思는 回想이다.
298) 重陽節은 양수〔홀수〕가 겹친 날이라는 뜻으로 人日〔1월 7일〕·重三節〔3월 3일〕·七夕節·重九日 등을 가리킨다.
299) 高流는 재주와 식견이 출중한 사람이다.
300) 咳唾는 뱉은 침이라는 뜻으로 남의 말이나 글을 미화하여 가리키는 말이다.
301) 이 구절은 李白의 〈妾薄命〉의 "뱉은 침이 구천에서 떨어져서, 바람을 따라 구슬을 이루네.(咳唾落九天 隨風生珠玉)"라는 두 구절을 축약한 표현이다.
302) 錯落은 뒤섞이는 것이다.

咳唾隨風天上落　　光輝照世日邊浮
杯盤錯落繼以夜　　風露凄凉知是秋
欲把黃花籌酒去　　慈恩寺裏又同游

11-30-040 칠월 초이렛날에 한 모임을 열고, 구월 초아흐렛날에 또 한 모임을 열었는데, 뒷날에는 어떠할지 알 수 없기에 1수를 읊어서 기록하다

11-30-040 七月七日作一會 九月九日又作一會 未知後當如何吟成一首以誌

우리 무리들의 단란함[303]이 우연한 일이 아니라서
가을 들어서 두 번이나 술동이 앞에서 이야기를 하였네.
자하(紫霞)[304]의 신선의 골짜기에서는 돌 사이의 샘물이 울었고
감로(甘露)[305]의 스님의 방에는 하늘의 달이 비추었네.
덧없는 세상의 헛된 이름은 스스로 버리기 어려운데
좋은 시절의 아름다운 경치는 매번 서로 이끈다네.
내년에는 꽃을 구경하는 모임[306]을 마련하고 싶거니와
젓가락질을 하는 데 어찌 꼭 만전[307]을 쓸 게 있으랴?

---

303) 團圝(欒)은 친밀하게 한 곳에서 즐기는 것이다.
304) 紫霞洞은 개경 松嶽山에 있는 골짜기 이름이다.
305) 甘露寺는 지금의 京畿道 開豐郡 五鳳山 아래에 있던 절로, 고려 文宗 때 李子淵이 宋나라에 사신으로 갔다가 潤州 甘露寺의 빼어난 경치에 탄복하고 돌아와서 창건한 것이라고 한다.
306) 看花會는 옛 사람들이 重陽絶인 삼짇날〔음력 3월 3일〕에 모여 꽃을 구경하던 모임을 가리킨다.
307) 下筯(箸)萬錢은 『晋書』 〈何曾傳〉에서 晋 武帝 때의 太尉 何曾이 극도로 사치스러워서 하루에 먹을 것에 만전을 썼다고 한 일을 가리키는데, 그러면서도 그는 오히려 "젓가락을 댈 곳이 없다.(無下箸處)"라고 말하였다고 한다.

我輩團圞非偶然　　秋來再得話尊前
紫霞仙洞泉鳴石　　甘露僧房月照天
浮世虛名難□□　　良晨美景每相牽
明年欲辦看花會　　下筯何須費萬錢

11-30-041 또 칠석에 지은 시의 운을 써서 중구일을 읊다
11-30-041 又用七夕詩韻 賦九日

감로사(甘露寺)의 앞 봉우리는 안계(眼界)가 널따란데
솔바람은 얼굴을 씻고 산에는 싸늘한 기운이 가득하네.
조의(朝衣)[308]를 전당잡히노라면 유술(儒術)이 달가운데
초제(醮祭)의 술을 나누어 보내 줌에는 무관에게 은혜를 입네.
오직 나만 몸이 나뭇잎과 같음을 스스로 가여워하는데
여러 공은 성품이 단수(湍水)[309]와 같으니 누가 미혹되랴?
공을 이루면 물러나서 전원으로 돌아가기를 바라거니와
벼슬길에서는 때가 되면 반드시 쉬어야[310] 한다네.

甘露前峯眼界寬　　松風洒面滿山寒
朝衣典却甘□術　　醮酒分來荷武官
獨我自憐身似葉　　諸公誰惑性猶湍

---

308) 朝衣는 朝服이다.
309) 湍水는 세차게 소용돌이치는 물로 상황에 따라 변하는 성품을 비유하는데, 『孟子』 「告子 上」의 "告子가 성품은 소용돌이치는 물과 같아서 동쪽으로 터 놓으면 동쪽으로 흐르고 서쪽으로 터 놓으면 서쪽으로 흐르나니, 사람의 성품이 착하고 착하지 않음에 구분이 없음은 물이 동서의 구분이 없는 것과 같다고 말하였다.(告子曰 性猶湍水也 決諸東方則東流 決諸西方則西流 人性之無分於善 不善也 猶水之無分於東西也)"라는 글에서 유래한다.
310) 歇鞍은 중국의 방언으로 휴식을 뜻한다.

功成願□歸田去　　宦路有時須歇鞍

11-30-042 한적한 거처. 3수
11-30-042 幽居三首

그윽한 거처에 맛이 있음을 누가 알랴?
한 줄기 향연(香烟) 속에서 양쪽 살쩍은 실과 같네.
숙취(宿醉)[311]가 이미 풀리자 저녁밥을 재촉하고서
비바람이 가득한 창 아래서 또 시를 짓네.

幽居有味有誰知　　一縷香烟兩鬢絲
宿酒已消催夕飯　　滿牕風雨又題詩

물어 보노라, 풍류로운 국수재(麴秀才)[312]께서는
중양절(重陽節)에 핀 국화를 몇 번이나 보았는지를.
올해에는 푸른 꽃술을 참으로 따기 어렵기에
흰 옥술잔에는 하늘의 그림자가 분명하게 비친다네.

爲問風流麴秀才　　重陽幾見菊花開
今年靑蘂眞難摘　　天影分明白玉杯

천공(天公)께서 마음을 쓰심이 매우[313] 깊으셔서
내가 늘그막에도 심장을 토해 낼 것을 걱정하신다네.
흰 이슬의 계절이 한창[314]일 때에는 구름이 벽처럼 가리고

---

311) 宿酒는 宿醉와 같은 말로 前日에 마신 술이 덜 깨어 남아 있는 醉氣이다.
312) 麴秀才는 누룩·술을 의인화한 말이다.
313) 十分은 부족함이 없이 충분한 것이다.

맑은 서리가 내리려 하면 안개가 금빛꽃을 감추네.

天公用意十分深　　恐我衰年嘔出心
白露正中雲掩壁　　淸霜欲下霧藏金

11-30-043 유경휘가 그 아내와 같이 병들더니 동시에 죽었기에 오늘 도성 남쪽에다 함께 장례치르다
11-30-043 柳景輝與室俱病 同時亡 今日同葬城南

함께 살다가 함께 죽었으니 좋은 인연이거니와
도성 남쪽에 함께 장례치르느라고 친족들이 모이네.
목숨은 하늘에 달렸다고 응당 스스로 위로해야 하겠지만
집에 늙으신 어머님이 계시니 가엾어할 만하네.

同生同死是良因　　同葬城南會族親
有命在天應自慰　　可憐堂上老夫人

11-30-044 즉석에서 짓다
11-30-044 卽事

벼가 익고 물고기가 살쪄 또 한 해가 지나가니
전가(田家)[315]는 가는 곳마다 태평한 세월[316]일세.
누가 알랴? 누각에 오른 머리가 하얀 사람이[317]

---

314) 正中은 바야흐로 한창임을 뜻한다.
315) 田家는 農家이다.
316) 太平煙(烟)은 太平煙月의 준말로 태평한 세월이다.
317) 이 구절은 建安七子의 한 사람인 王粲이 後漢末에 오래 유랑하다가 荊州의 劉表

남쪽으로 고향산천을 바라보느라고 생각이 아득해짐을.

稻熟魚肥又一年　　田家到處大平煙
誰知白髮登樓客　　南望鄉山思渺然

11-30-045 문생 김지탁[318] 박주[319] 병마사[320]에게 부치다
11-30-045 寄門生博州兵馬使金之鐸

지난 여름에 용부(庸夫) 사재(四宰)가 돌아오고 나서
그대가 거느린 군대[321]가 다 영재임을 알았다네.
봄에 글 읽고 겨울에 창 잡으며 몸에 아무 일이 없으니
어찌 운대(雲臺)[322]와 조대(釣臺)[323]를 비교할 게 있으랴?

去夏庸夫四宰回　　知君部伍盡英材
春書冬戈身無事　　何較雲臺與釣臺

에게 의탁하고 있을 때, 누각에 올라 고향 하늘을 바라보며 〈登樓賦〉를 지어 향수를 달랬던 일을 염두에 둔 표현이다.

318) 金之鐸은 이 시와 『圃隱集』 권2의 〈寄義州金兵馬使之鐸〉으로 보아 西北面兵馬使를 지낸 여말의 문신인 듯한데, 牧隱이 座主였던 科擧 중에서 榜目이 남지 않은 것이 恭愍王 14년(1365)뿐인 점으로 乙巳年 尹紹宗榜의 28인중 1인이었던 듯하다.

319) 博州는 고려시대의 州名으로 지금의 平安北道 博川郡 지역에 있었다.

320) 兵馬使는 고려시대의 정3품 武官外職으로 처음에는 西北面·東北面에 두었으며, 중앙군의 전투동원을 위한 조직인 五軍의 지휘관인 中·前·後·左·右軍兵馬使, 임시로 파견되는 行營兵馬使, 추가파병으로 두는 加發兵馬使 등이 있었다.

321) 部伍는 군대의 편제단위인 部曲과 行伍의 합칭으로 흔히 군대를 가리킨다.

322) 雲臺는 後漢 明帝 때 前代의 공신을 추념하기 위하여 鄧禹 등 28將의 畵像을 걸어 두었던 곳으로 功臣과 名將을 기념하는 장소를 가리킨다.

323) 釣臺는 後漢 光武帝 때의 隱士 嚴光이 낚시질하던 곳으로 옛터가 浙江省 桐廬城 서쪽의 富春山 위에 있으며 嚴陵瀨라고도 한다.

11-30-046 바른 시[324)]
11-30-046 正音

정음(正音)은 벌써 사라졌는데
늙은 나는 또 무엇을 하고 있는가?
애태우며[325)] 괴롭게 마음을 졸이면서[326)]
구구하게[327)] 사물의 추이를 좇네.
노란 국화는 아직 피지 않았는데
밝은 달은 또 이지러지려 하네.
마땅히 촛불을 잡고[328)] 열심히 즐겨야 할 텐데
때마침 이렇게 풍년이 들었네.

正音今已矣　　老我復何爲
耿耿操心苦　　區區逐物移
黃花猶未吐　　明月又將虧
秉燭當勤樂　　豐年適此時

11-30-047 구월 보름날 밤에 유항[329)]이 술자리에 초대하기에 달을 보면서 국화주를 마시다[330)]
11-30-047 九月十五夜 柳巷招飮 對月泛菊

324) 正音은 純正한 음악, 또는 雅正한 시이다.
325) 耿耿은 마음이 편안하지 않는 모양이다.
326) 操心은 마음을 졸임, 마음을 다잡아 씀이다.
327) 區區는 조그만 모양, 변변치 못한 모양이다.
328) 秉燭은 秉燭遊・秉燭夜遊의 준말로 촛불을 잡고 노는 것이다.
329) 柳巷은 여말의 문신 韓脩의 호이다.
330) 泛(汎)菊은 술잔에 국화를 띄운다는 뜻으로 옛사람들이 중양절에 산에 올라 국화주를 마시는 일을 가리킨다.

중구일 같기도 하고 또 중추절 같기도 한데
국화주[331]를 담은 큰 술잔[332]에서는 달그림자가 흐르네.
못의 표면에서는 아득히 황금빛 물결이 떠오르고
가지의 끝에는 둥글게 백옥 같은 이슬이 차 있네.
천종(千鍾)[333]의 술에 의지하여 마침 몸을 잊고서
백 자의 누각에 기대어 잠시 눈길을 끝없이 보내네.[334]
예로부터 때때로 좋은 시절을 아껴야 한다기에
늘그막에도 아직 옛사람처럼 놀고자 하네.

如重九又似中秋　　泛菊杯深月影流
渺渺金波浮池面　　團團玉露滿枝頭
忘形政籍千鍾酒　　極目聊憑百尺樓
自古隨時愛□□　　老來猶欲古人游

11-30-048 밀직제학[335]에 제배된 문생 노숭[336]을 축하하다
11-30-048 賀門生盧崇拜密直提學

331) 菊花酒는 국화와 곡식을 섞어서 빚은 술이다.
332) 深杯는 채운 잔〔滿杯〕, 또는 깊고 큼직한 술잔이다.
333) 鍾은 곡식 따위를 되는 그릇의 단위로 十斛〔섬〕·八斛·六斛四斗〔말〕 등 여러 설이 있다.
334) 極目은 視力이 미치는 데까지 보는 것이다.
335) 密直提學은 고려시대에 왕명의 출납과 궁중의 宿衛·軍機 등에 관한 일을 맡아보던 관아인 密職司의 정3품 관직인데, 같은 정3품직인 承宣·代言과 달리 都評議使司〔都堂〕의 구성원인 五宰七樞에 포함되므로(邊太燮, 「高麗都堂考」, 『역사교육』 11·12, 1969) 재상급이라 할 수 있다.
336) 盧崇(嵩)(1337~1414)은 여말선초의 문신으로 본관은 光州, 자는 仲甫, 호는 桑村이다. 恭愍王 14년에 등제하여 知申事·大司憲·知密直 등을 역임하였고, 禑王 때에는 왕이 놀기를 좋아함을 간하여 미움을 받았으며, 恭讓王代에는 全羅道 觀察使로서 치적이 많았다. 朝鮮朝 개국 후 開國原從功臣에 녹훈되었으며, 參贊議政府事를 거쳐 檢校右政丞을 지냈다. 尙州 玉淵祠에 제향되었으며 시호는 敬平이다.

하룻밤 사이에 선마(宣麻)[337]가 궁궐[338]에서 내려오니
높다란 묘당에 총애와 영광이 새로워지네.
홍추(鴻樞)[339]의 학사(學士)[340]가 누구인지 아시는가?
을사년(乙巳年)[341]의 문생 가운데 다섯 번째 사람이라네.

一夜宣麻降紫宸　　廟堂高處寵光新
鴻樞學士知誰氏　　乙巳門生第五人

11-30-049 어제 무급[342]을 교외에서 맞이하고 돌아와, 피곤하여 자다가 새벽에 일어나서 느낌이 있어
11-30-049 昨日迓無及于郊外 歸而困臥 晨興有感

모든 일은 미리 결정하기 어렵지만
외로운 서생은 뒤에 올 사람에게 부끄럽네.
도(道)는 사람이 다할 수 있는 것이 아닌데
몸은 세상과 서로 시기하네.
이루고 무너짐은 끝내 변화가 많지만

337) 宣麻는 宰相이나 將帥를 임명할 때 黃白의 麻紙에다 詔書를 베껴 조정에 公布하는 것으로 將相에 임명하는 詔書를 내림을 가리킨다.
338) 紫宸은 君王의 正殿·便殿으로 宮闕·君王을 가리킨다.
339) 鴻樞는 樞密院·中樞院·密直司의 별칭이다.
340) 學士는 고려시대에 淸讌閣·寶文閣·弘文館·修文殿·集賢殿·密直司 등에 두었던 정4품 관직으로 司學·提學으로 불리기도 하였다.
341) 乙巳年은 恭愍王 14년(1365)으로 李仁復이 知貢擧가 되고 李穡이 同知貢擧가 되어 尹紹宗 등 28인을 뽑은 해인데, 방목이 남지 않은 가운데 장원 尹紹宗과 朴尙眞·河崙·盧崇·孟希道 등 5명만 알려져 있었는데, 목은의 글을 통하여 朴士賢·池鱗起·鄭達蒙·金之鐸·尹商發·崔崇謙·崔咸·趙瑚·洪瀞·李存性 등을 추가할 수 있고, 이 글을 통하여 노숭이 제5인이었음을 알 수 있다.
342) 無及은 법명이 信이었던 여말의 승려인 듯한데, 이 시뿐만 아니라 『목은시고』 권26, 권29, 권35에 관련시가 있는 것으로 보아 목은과 교유가 깊었던 듯하다.

인(因)[343]과 연(緣)[344]은 참으로 몇 번이나 윤회하는가?
임금님과 어버이께 보답하기를 꾀하여
스스로 높다랗게[345] 되기를 바란다네.

萬事難前定　　孤生愧後來
道非□所盡　　身與世相猜
成壞終多變　　因緣定幾回
君親圖報處　　願意自崔嵬

11-30-050 즉석에서 짓다
11-30-050 卽事

새벽[346]에 천천히 일어나니 흥은 끝이 없는데
사물을 완상하노라면[347] 전처럼 도의 맛[348]이 짙네.
담장 밖의 햇빛은 지붕의 모퉁이를 뚫는데
처마 사이의 새 그림자는 병풍에 닿네.
화로가 아직 뜨거우니 토란을 구워서[349] 맛보고 싶은데

---

343) 因은 불교어로 결과를 낳게 하는 원인을 가리킨다.
344) 緣은 불교어로 원인으로 인하여 결과를 만드는 연분을 가리킨다.
345) 崔嵬는 산이 높고 가파른 모양이다.
346) 天明은 새벽이다.
347) 玩物은 사물을 희롱거리로 삼는 것인데, 『書經』「旅獒」에 "사람을 희롱거리로 삼으면 덕을 잃고, 사물을 희롱거리로 삼으면 의지를 잃는다.(玩人喪德, 玩物喪志.)"라는 글이 있으며, 程明道는 "글을 짓는 것도 완물이다(爲文亦玩物也.)"라고 하였다.
348) 道味는 宇宙와 萬物의 원리·본원·본체를 깨달아 아는 맛이다.
349) 燒芋를 토란을 굽는다는 뜻으로 『宋高僧傳』의 다음 고사에서 유래하여 천성이 게으름을 비유한다. 唐代 衡岳寺의 승려 明瓚은 성품이 게을러 남이 먹다가 남긴 것을 먹었으므로 懶殘이라고 불리었는데, 李泌이 거기에서 공부할 때에 밤중에 가 보았더니 불을 헤쳐서 토란을 꺼내어 먹으면서 泌의 顯達을 예언했는데, 과연

거울은 본래 같기에 매화를 살핌[350]을 배워 보네.
다만 담박함을 오래 지닐 수 없는 것은
분분한 응접[351]이 쇠약한 늙은이를 괴롭히기 때문이네.

天明徐起興無窮　玩物依然道味濃
墻外日光穿屋角　簷間鳥影在屛風
欲嘗燒芋爐猶熱　試學觀梅鏡自同
只是淡然難久得　紛紛應接惱衰翁

11-30-051 환암[352]께 받들어 부치다
11-30-051 奉寄幻菴

스님은 한가한 때에도 바야흐로 배움을 끊는데
나는 늘그막에야 비로소 줄을 찾네[353].

泌이 나중에 제후에 봉해졌다.

350) 觀梅는 매화를 살핀다는 뜻으로 北宋의 邵雍이 만들었다고 하는 옛날의 占을 치던 방법인 梅花數를 가리키는데, 『周易』에 기초하여 梅花로 점을 친 데서 생긴 말로서 心易·梅花心易이라고도 한다. 그 방법은 임의로 한 글자를 취하여 그 劃數에서 8을 뺀 나머지 숫자에서 卦를 얻고, 다시 한 글자를 취하여 그 획수에서 6을 뺀 나머지 숫자로 爻를 얻은 다음에, 이것을 易理에 입각하여 人事에 적용하여 길흉을 판단하는 것이다.

351) 應接은 맞이하여 접대하는 것이다.

352) 幻菴은 여말의 승려 混修(1320~1392)의 別號인데, 그는 牧隱이 16세에 結契한 이래로 1392년 7월까지 교유가 확인되는 지기이다. 이들의 결계는 「許興植, 李穡의 18인의 結契로 본 高麗 青少年의 集團行態」(『정신문화연구』 70호, 한국정신문화연구원, 1998)에서 자세히 다루어진 바 있는데, 필자는 李穡·混修·懶殘子·吳仝·韓弘度·張議郞·韓修·白璘·金直之 등을 계원으로 추정하였으나, 가장 자세한 정보가 담긴 〈贈休上人序〉를 참고하지 않은 탓에 착오가 생겼다. 여러 글들을 자세히 검토해 보면, 李穡·混修·懶殘子·吳仝·白璘·休上人·洪義元·金鼎臣·李茂方·金君弼·韓得光 등이 분명히 확인되는 이들이다.

353) 尋行은 尋行數墨의 준말로 字句에 매달려 이치나 내용을 깊이 따지지 못함을 뜻

붉은 숲에는 가을기운이 떠 있고
푸른 산에는 저녁볕이 비치네.
시정(詩情)은 애오라지 스스로 풀지만
도의 맛은 누구와 더불어 맛보랴?
뒷날에 함께 돌아가게 되면
아득히[354] 날리는 구름을 함께 하리.

師閑方絶學　我老始尋行
紅樹浮秋氣　青山照夕陽
詩情聊自遣　道味與誰嘗
異日同歸處　飛雲共渺茫

11-30-052 동년 이석지[355] 판서가 곧 용구[356]의 별서로 돌아가려고 와서 작별을 고하고, 또 권면하는 말[357]을 요구하기에 급히 써서 책임을 모면하다[358]

11-30-052 同年李判書釋之 將歸龍駒別墅 來告別 且徵贈言 走筆塞責

남곡(南谷)[359] 선생은 늙어 갈수록 강건해져서

하는데, 宋 吳道原의 『景德傳燈錄』에 "불법의 원통함을 알지 못하고, 부질없이 줄을 따라 글자를 헤아리기에 애쓴다.(不解佛法圓通 徒勞尋行數墨)"라는 글이 있다.

354) 渺茫은 아득히 먼 모양이다.

355) 李釋之는 본관이 永川, 號는 南谷. 稼亭 李穀의 문인으로 이색과 함께 辛巳年〔1341〕에 監試에 합격한 同年이다.

356) 龍駒는 楊廣道에 있던 縣으로 朝鮮 太宗 때에 處仁縣과 합쳐져서 龍仁郡이 되었다.

357) 贈言은 좋은 말로 상대방을 권면하는 것으로 흔히 송별할 때에 쓰인다.

358) 塞責은 겨우 책임만을 모면한다는 뜻으로 자기가 하는 일을 겸양하여 하는 말이다.

흰 머리와 붉은 얼굴의 빛이 사람을 비추네.
춤추는 자리에서 멋 대로 놀아[360] 이름이 더욱 무거워지고
사림(詞林)[361]에 홀로 서서[362] 흥취가 절로 유장하였네.
당시에는 벗들이 빽빽하였으니 어찌 헤아릴 수 있었으랴?
만년에는 자녀들이 빠르게도 줄을 이루네.
평생의 회포를 다 쏟을 길이 없겠지만
다행히 시골집에는 술이 이미 향기를 풍기리.

南谷先生老益强　　白鬚紅頰照人光
爛游舞席名尤重　　孤立詞林趣自長
當日友朋森可數　　晩年兒女忽成行
無由倒瀉平生抱　　幸是田家酒已香

11-30-053 감진색[363]이 자리에 나오기를 요청하였다. 이르렀더니 도당[364]에서 또 와서 부르기에 수반[365]을 먹고 돌아오다

11-30-053 監進色請坐 至則都堂又來招 水飯而歸

기로(耆老)[366]들을 따라 도당(都堂)에 들어갈 때마다
홀로 임금님의 부르심을 받고서 땀이 간장처럼 솟았다네.

---

359) 南谷은 여말의 문신 李釋之의 호인데, 『牧隱文藁』 권1에 〈南谷記〉가 있다.
360) 爛游(遊)는 멋대로 놂, 자유롭게 유람함이다.
361) 詞林은 문필가의 모임, 또는 한림원의 별칭이다.
362) 孤立은 獨立과 같은 말로 홀로 우뚝 서는 것이다.
363) 監進色은 물품·문서 등을 검토하여 위에 올리는 色吏이다.
364) 都堂은 고려 후기에 宰樞가 모여 政事를 의논하던 合議機關이자 百官을 總令하고 庶事를 관장하던 最高政務機關으로 都評議使司라고도 하였다.
365) 水飯은 죽 또는 물에 만 밥이다.
366) 耆老는 나이가 많고 덕이 높은 사람인데, 耆는 六十歲, 老는 七十歲를 가리킨다.

잠깐 위엄[367]을 굽혀 예수(禮數)[368]를 이루어 주시고
또 공사(公事)가 없는데도 헤아림을 베푸셨네.
낙인(烙印)한[369] 이름난 말은 빈 직위[370]를 채워 주고
잔에 가득히 뜬 거품[371]은 병든 창자를 씻어 주었네.
남은 삶에 녹용(錄用)됨[372]을 스스로 다행스러워하면서
마을로 돌아오니 문득 광채가 더해지네.[373]

每隨耆老入都堂　　獨也承招汗迸漿
暫屈尊威成禮數　　亦無公事費商量
名駒烙印補□額　　浮蟻盈杯澆病腸
自幸餘生蒙齒錄　　歸來里巷頓生光

11-30-054 현릉[374]의 기일[375]에 왕륜사[376]에서 재를 베풀었는데, 곡성[377]·칠원[378]·길창[379]이 영전[380]에서 예식을 행할

367) 尊威는 임금의 위엄, 또는 상대방의 위엄에 대한 경칭이다.
368) 禮數는 신분에 맞추어 예의를 갖추는 것이다.
369) 烙印은 불도장인데, 여기에서는 國馬라는 표지로 발굽에 烙印을 찍은 것을 가리키는 듯하다.
370) 缺額은 비어 있는 職位나 名額이다.
371) 浮蟻는 술에 뜬 녹색 거품[綠蟻·綠螘]으로 보통 술을 가리킨다.
372) 齒祿은 錄用이다.
373) 生光은 빛을 냄, 빛이 더해짐이다.
374) 玄陵은 고려의 31대왕인 恭愍王의 陵號이다.
375) 忌旦은 忌日이다.
376) 王輪寺는 개경의 송악산 동남쪽 기슭에 있던 절로 고려 太祖가 창건한 十刹 중 하나이다. 왕실에서 文宗의 모후 元惠太后의 諱辰道場을 비롯한 여러 도량을 개설했으며, 敎宗總管壇으로서 교종 승려들의 選試場이기도 하였다. 高宗 때 몽고의 병란으로 불에 타 버리자 忠烈王 때에 중건하였고, 魯國公主가 죽자 恭愍王의 명으로 공주의 影殿인 仁熙殿을 화려하게 지었으며, 공민왕이 죽은 뒤에 그 영전인 惠明殿을 지었다고 한다. 언제 폐사되었는지는 미상이다.
377) 曲城은 여말의 재상으로 府院君에 오른 廉悌臣(1304~1382)의 봉호이다.
378) 漆原은 여말의 문신으로 府院君에 오른 尹桓(?~1386)의 봉호이다.

때에 색은 그 뒤를 따랐다. 재추[381]들을 초대하기에 승방에 들어가니 음식을 베풀었다. 돌아와서 기록한다

11-30-054 玄陵忌旦設齋王輪寺 曲城漆原吉昌 行禮影殿 穡隨其後 宰樞所邀入僧房設食 歸而志之

광암사(光岩寺)[382]로 머리를 돌리니 벌써 8년이나 지났는데
용(龍)께서는 아득히 정호(鼎湖)[383]의 하늘로 오르셨다네.
당시에 한 번 통곡하였음을 어찌 말할 수 있으랴?
근래에 외롭게 살아 감은 절로 가엾어할 만하네.
깨어진 주춧돌과 무너진 담장에는 가을풀이 가득하고
푸른 산과 흐르는 물에는 새벽구름이 이어지네.
영당(影堂)[384]에 엄숙하게 절한 뒤에 신선의 술을 기울이고서
또 승방으로 가서 술자리를 대접받는[385] 은혜를 입었네.

回首光岩已八年　　龍歸渺渺鼎湖天
當時一痛那堪說　　近日孤生自可憐
破礎頹垣秋草遍　　碧山流水曉雲連
影堂肅拜傾仙醞　　更向僧房荷肆筵

379) 吉昌은 여말의 문신으로 君에 오른 權適(1307~?)의 봉호이다.
380) 影殿은 임금이나 왕비의 화상을 모신 전각이다.
381) 宰樞는 고려시대 中書省과 樞密院의 相臣을 가리킨다.
382) 光巖(岩)寺는 開京 鳳鳴山에 있던 절로 雲巖寺라고도 하며, 恭愍王이 내린 편액에 따라 廣通普濟禪寺로도 불리었는데, 王妃 魯國公主의 능에 이어 공민왕의 玄陵이 모셔짐에 따라 공민왕의 願刹이 되었다. 목은은 禑王 3년에 이 절에 세워진 廣通普濟禪寺碑의 비문을 지었다.
383) 鼎湖는 河南省 閿鄉縣의 荊山 밑에 있는 지명으로, 옛날에 黃帝가 솥을 주조하자 용이 나타나 群臣・後宮 70여인과 함께 태우고 하늘로 올라간 곳인 데서 생긴 이름이며, 제왕・제왕의 죽음을 비유한다.
384) 影堂은 影殿이다.
385) 肆筵은 設筵이다.

11-30-055 외로운 삶
11-30-055 孤生

외로운 삶이라 얼마나 쓸쓸한가?[386]
많은 병으로 또 한들거리네.[387]
붓을 잡고 긴 낮을 보내고서
술잔을 들고 지는 해를 바라보네.
세인(世人)의 정은 곳마다 변하는데
나의 도(道)는 이제 그릇되었네.
거울을 볼 때마다 스스로 비웃나니
머리가 하얀데도 어찌 돌아가지 않는가?

孤生何孑孑　多病更依依
筆硯消長日　壺觴對落暉
世情隨處变　吾道至今非
對鏡每自笑　白頭胡不歸

11-30-056 석방사[388]에서 밤에 물소리를 듣다
11-30-056 石房寺夜聞泉聲

석방사는 깊은 골짜기 가에 있는데
폭포[389]가 깎아지른 낭떠러지[390]를 두른다네.

386) 孑孑은 외로움, 쓸쓸함이다.
387) 依依는 연약한 가지가 바람에 한들거리는 모양이다.
388) 石房寺는 開京의 南山에 있던 石室로 된 절인 巖房寺의 별칭인 듯하다.
389) 飛泉은 瀑布, 또는 솟아오르는 샘물이다.
390) 斷崖는 깎아지른 듯한 낭떠러지이다.

통을 이어 먼 곳에서 오는데
벽 너머에서 더욱 아름답게 들리네.
침상에서 바람이 이는 것이 매우 괴이한데
섬돌에서 비가 방울짐은 도리어 의심스럽네.
저절로 오장(五臟)[391]이 깨끗해지니
빼어난 경치 속에서 심재(心齋)[392]를 얻네.

石寺臨深壑　飛泉繞斷崖
連筒來自遠　隔壁聽尤佳
頗訝風生枕　還疑雨滴堦
自然淸五內　絶勝得心齋

11-30-057 오수[393]가 찾아오다
11-30-057 迂叟見訪

신선의 골짜기에 사는 오수(迂叟)는
배를 타고 바다를 돌아보았다네.
혼자 몸으로 세객(說客)[394]이 되었기에

---

391) 五內는 五臟이다.

392) 心齋는 마음을 齋戒한다는 뜻으로 잡념을 제거하여 마음을 虛靜하고 純一하게 함을 가리키는데, 『莊子』「人間世」에 "오직 도는 빈 곳에 모이나니, 비우는 것이 마음의 재계이다.(唯道集虛 虛者心齋)"라는 글이 있다.

393) 迂叟는 여말의 문신 羅興儒의 호이다. 그는 堂號가 中順堂으로 향리에서 후진을 기르는 데 힘쓰다가 禮儀摠郎·司農少卿 등을 거쳐, 禑王 1년(1375)에 判典客寺事로 일본과의 화친을 위해 通信使를 맡아 파견되어, 왜구의 출몰을 금지할 것을 요구하다가 간첩으로 오인받아 구속되었으며, 고려 출신 승려 良柔의 도움으로 풀려났다. 『中順堂集』을 남겼다.

394) 說客은 遊說하는 사람, 즉 여러 곳에 돌아다니며 말로 상대방을 잘 유도하여 설득하는 사람이다.

여섯 글자로 된 공신(功臣)으로 표창받았네.
전고(典故)[395]는 모두 굳게 가두고[396]
시련(詩聯)은 새로 달구어 두드리네.[397]
때때로 누추한 집에 들러서
꺼내는 말에는 정신(精神)[398]이 있네.

迂叟居仙洞　　乘槎海上巡
一身爲說客　　六字表功臣
典故牢籠盡　　詩聯煅煉新
有時過陋巷　　發語有精神

11-30-058 즉석에서 짓다
11-30-058 卽事

바다 위에는 조그만 구름도 없는데
바람이 높은[399] 시월 초순이네.
숲의 나무들은 조금 누렇게 되고
교외의 들판[400]에서는 옅은 파란 색이 줄어드네.
누가 의로운 기상으로 능히 굳센가?
나는 쇠약한 수염이 더욱 성글어지네.
거룻배를 타고 남쪽으로 가고 싶거니와

---

395) 典故는 典例와 故事, 또는 전례가 되는 고사이다.
396) 牢籠은 교묘한 꾀로 남을 제 마음대로 놀리는 것으로 籠絡이라고도 한다.
397) 煅煉은 쇠붙이를 불에 달구어 두드리는 것으로 학문·기능 등을 硏磨함을 가리킨다.
398) 精神은 氣力이다.
399) 高風은 세찬 바람이다.
400) 郊墟는 교외의 들판이다.

한수(漢水)[401] 가에는 전지와 집이 있다네.

海上無纖靄　風高十月初
微黃歸樹木　嫩綠滅郊墟
義氣誰能壯　衰鬚我更疎
扁舟欲南去　漢水有田廬

11-30-059 홀로 앉아서
11-30-059 獨坐

빈집에 조용히 홀로 앉아 있으니
어찌 일찍이 외물과 어긋났으랴?
숲 속에서는 참새의 울음소리가 들리고
허공 밖으로 솔개가 나는 것이 보이네.
자득(自得)을 체험하기는 참으로 어렵지만
천유(天游)[402]를 반드시 비난하지는 않네.
속된 일이 없으니 오히려 흔쾌한데
풀빛이 이끼 낀 문을 비추네.

獨坐虛堂靜　何曾與物違
林間聞雀噪　空外見鳶飛
自得眞難驗　天游未必非

401) 漢水는 漢江이다.
402) 天游(遊)는 구애됨이 없이 자유로이 노니는 것인데, 『莊子』「外物」에 "폐부 속에는 빈 곳이 있어 호흡을 할 수 있으며, 마음 속에는 빈 곳이 있어 구애됨이 없이 놀 수 있다. 방안에 공간이 없으면 며느리와 시어머니가 장소를 다투고, 마음 속에 구애됨이 없이 놀 데가 없으면 육착〔六根〕이 서로 다툰다.(胞有重閬 心有天遊 室无空虛 則婦姑勃谿 心无天遊 則六鑿相攘)"라는 글에서 유래한다.

猶欣無俗事　　草色映苔扉

11-30-060 혜민국[403]의 여러 관리[404]들에게 약을 달라고 하였는데, 종의 병 때문이었다
11-30-060 從惠民局衆官索藥 爲奴病也

선왕(先王)께서 백성의 병을 염려하여
국(局)[405]을 설치하여 환단(還丹)[406]을 뿌리게 하셨네.
나쁜 기운은 얼음처럼 녹고
은혜의 물결은 바다처럼 넓었네.
수염이 긴 자[407]가 한창 고통스러워하니
늙은이의 눈길 또한 괴롭네.[408]
서찰을 아끼기 어렵거니와
불쌍하게 여김은 여러 관리들에게 달렸다네.

先王念民病　　設局散還丹
邪氣如氷釋　　恩波似海寬
長鬚方苦痛　　老眼亦艱難
書扎無由惜　　哀矜在衆官

11-30-061 일식[409]에 느낌이 있어

403) 惠民局은 고려시대에 백성의 병을 고쳐 주던 관서로, 睿宗 11년(1112)에 설치하여 判官 4인을 두었고, 忠宣王 때에 司醫署에 소속시켰다.
404) 衆官은 뭇 관료이다.
405) 局은 部署・官署・機構이다.
406) 還丹은 還魂丹의 준말로 九轉丹에 朱砂를 보태어 만든 仙藥이다.
407) 長鬚는 奴僕이다.
408) 艱難은 괴로움, 곤란함, 가난함이다.

11-30-061 日蝕有感

가을이 깊은데도 날씨가 푸근하니
눈과 같은 배꽃이 뜰의 나뭇가지에 붙어 있네.
말없이[410] 조화[411]를 잘 부리는 진재(眞宰)[412]께서는
장차 어찌하려고 거꾸로 시행하시는가?
겨울 우레와 여름 서리가 사책(史冊)[413]에 분명하지만
흉한 징조[414]가 생겨난 것임은 조금도 차이가 없다네.
내가 나쁜 시절[415]에 사니 순순히 받아들임이 마땅하지만
답답하게[416] 즐겁지 않으니 부질없이 읊기만 하네.
푸른 하늘 가운데에서 환하던 해가 갑자기 이지러지니
쳐다보고 있는 얼굴의 두 눈에서 눈물이 쏟아지네.[417]
하늘에 견책[418]이 나타남은 정사(政事)에 말미암을 텐데
무슨 일에서 치우침[419]이 분명하였는지 알지 못하겠네.
우연히[420] 그런 것이라면 운수에 맡기려니와
세도(世道)[421]는 날로 떨어져서 물결을 되돌릴 길이 없네.
심장이 타고 입술이 메말라서 미칠 듯하거늘

---

409) 日蝕(食)은 해의 일부, 또는 전부가 달에 가리어 빛을 잃는 현상인데, 『高麗史』 권134 禑王 7년 10월 壬子朔條에서 "일식하다(日食)"라고 하였다.
410) 冥冥은 조용히 침묵을 지키는 모양이다.
411) 洪鈞은 하늘・조물주, 또는 그 造化이다.
412) 眞宰는 우주의 주재자인 造物主・眞君을 가리키는 道家語이다.
413) 方策(冊)은 木版과 竹簡으로 簡冊・典籍・史冊을 가리킨다.
414) 祅(妖)孽은 흉한 징조, 상서롭지 않은 징조이다.
415) 不辰은 좋은 때를 얻지 못함, 시대를 잘못 만남이다.
416) 鬱鬱은 답답한 모양이다.
417) 雱霈는 큰 비가 오는 모양이다.
418) 謫은 譴責이다.
419) 偏頗는 한 쪽으로 치우쳐 공평하지 않음이다.
420) 適然은 偶然・當然이다.
421) 世道는 세상의 道德・道理이다.

어느 때에나 다섯 가지 빛깔[422]이 산하를 비추랴?
썩은 선비는 집에 있으면서도 아직 녹으로 먹고 살면서
변고(變故)를 만나면 이따금 슬픈 노래를 짓네.

秋之深兮天氣和　　梨花如雪粘庭柯
冥冥眞宰斡洪鈞　　倒行逆施將奈何
冬雷夏霜照方策　　祆蘖之興無少差
我生不辰當順受　　鬱鬱不樂空吟哦
白日忽鈌青天中　　仰面有淚雙滂沱
謫見于天在於政　　不識何事分偏頗
適然而然委之數　　世道日降無回波
心焦吻燥欲發狂　　何時五色明山河
腐儒家居尚祿食　　遇變往往成悲歌

11-30-062 시월 초이튿날에 국화를 읊다
11-30-062 十月初二日詠菊

올해에는 서리와 이슬이 서로 재촉하지 않으니
시월에야 누런 국화가 활짝 피네.
응당 쇠약한 늙은이의 쓸쓸함[423]을 위로하고자 함일 텐데
문 앞에는 흰 옷[424]을 입은 이가 나타나지 않네.

---

422) 五色은 青・黃・赤・白・黑의 다섯 가지 正色이다.
423) 愁寂은 쓸쓸하고 적막함이다.
424) 白衣는 술을 가져오는 사람을 가리키는데, 陶潛이 중구일에 집에 술이 없어 집 옆의 국화꽃 떨기 속에 오래 앉아 있을 때에 江州刺史 王弘이 흰 옷을 입은 使者를 시켜 술을 보낸 고사에서 유래한다. 『宋書』를 비롯한 陶潛의 列傳에는 술을 보냈다고 하였을 뿐 白衣人에 대한 언급이 없는데, 明 陶宗儀의 『說郛』에 따르면 南朝 宋의 永嘉太守 檀道鸞이 찬한 『續晉陽秋』에서 나타나기 시작한 것이라고 한다.

今年霜露不相催　　　十月黃花爛熳開
應與衰翁慰愁寂　　　門前不見白衣來

11-30-063 찾아 주신 내부[425]의 여러 공들께 사례드리다(2수)

11-30-063 謝內府諸公見訪

늙은 목은(牧隱)의 문장은 값이 나가지 않지만
오직 사실을 기록한 데 기대어 간혹 전해지리.[426]
지금 여러 공들께 사례를 표함이 무엇 때문인가?
기이한 음식은 무더기를 이루고 술은 샘물과 같다네.

老牧文章不直錢　　　唯憑實錄或流傳
諸公見謝今安有　　　異味成堆酒似泉

문장의 값은 학주전(鶴州錢)[427]보다 귀중하거니와
썩지 않음[428]에 어찌 늙고 젊음을 따지랴?

---

425) 內府는 內府寺의 준말로 고려시대에 궁중의 財貨를 보관하는 일을 맡았던 관아인데, 文宗 때 太府寺를 둔 이래로 外府寺·內府司·太府監 등 여러 이름으로 고쳐졌다가 恭愍王 21년에 內府寺로 환원되었다.

426) 流傳은 전해져 내려옴, 퍼져나감이다.

427) 鶴州錢은 駕鶴楊州·楊州駕鶴·揚州鶴과 같은 말로 蘇軾의 『綠筠軒詩註』에 나오는 다음 고사에서 유래하여 모든 세속적 욕망을 한 몸에 다 지님을 비유한다. 옛날에 사람들이 모여 각각 뜻을 말할 때에, 揚州刺史·富者·神仙이 되기를 바라는 사람들의 이야기를 들은 어떤 이가 허리에 돈 십만관을 묶고, 학을 타고 양주로 올라가겠다고 하였다.

428) 不朽는 썩어서 없어지지 않고 영원히 전해짐을 뜻하는데, 『春秋左氏傳』 襄公 24년조에 "크게 높은 것은 덕을 세우는 것이고, 그 다음은 공을 세우는 것이며, 그 다음은 말을 세우는 것이다. 비록 오래 되더라도 없어지지 않을 것이니 이를 不朽라고 한다(大上有立德 其次有立功 其次有立言 雖久不廢 此之謂不朽)"라는 글이

늙은 목은은 자주 손에서 피가 남[429]을 부끄러워할 뿐인데
누가 샘물[430]을 퍼내어 때를 씻어 내기[431]를 잘하는가?

文章價重鶴州錢　　不朽寧論大小年
老牧只慚頻血指　　誰能洗垢挹靈泉

11-30-064 국화를 읊다
11-30-064 詠菊

울타리 밑에 누런 꽃이 금을 흩어 놓은 듯하니
늙은이는 서로 마주하며 홀로 나지막하게 읊조리네.
중양절에는 몸을 은밀하게 숨김을 매우 안타까워하였는데
시월에도 마음을 깊이 씀에 도리어 놀라네.
술[432]을 따르면 뜨는 것을 사양하지 않으면서
선비[433]를 만나면 어찌하여 고요하기[434]를 바라는가?
늙음[435]을 억제하는[436] 데에 술법이 없는 것은 아니건만
아득한 푸른 못은 어디에서 찾으랴?

있다.

429) 血指는 손가락에서 피가 나는 것으로 일을 잘 하지 못함을 비유한다.

430) 靈泉은 샘물의 미칭이다.

431) 洗垢는 洗垢求瘢·洗垢求瑕·洗垢索瘢의 준말로 때를 씻어 내고 흉터를 찾는 것으로, 남의 허물을 지나치게 들추어 냄을 비유한다.

432) 白酒는 술, 또는 燒酒이다.

433) 靑衿은 옛날에 학생이 입던 깃이 푸른 옷으로 學生·書生을 비유한다.

434) 寥寥는 고요하고 쓸쓸한 것이다.

435) 頹齡(峆)은 쇠로한 때이다.

436) 制頹齡은 陶潛의 〈九日閑居〉에 나오는 "술은 온갖 근심을 없앨 수 있고, 국화는 노쇠한 나이를 억제하게 하네.(酒能祛百慮 菊爲制頹齡)"라는 데서 인용한 것이다.

籬下黃花如散金　　老翁相對獨微吟
重陽最恨藏身密　　十月還驚用意深
泛泛不辭隨白酒　　寥寥寧願對靑衿
頽齡可制非無術　　杳矣碧潭何處尋

11-30-065 절구
11-30-065 絶句

높은 하늘은 푸른 물이 엉킨 듯하고
고요한 국화는 노란 금을 흩어 놓은 것과 같네.
저녁에 강산에 홀로 서 있노라니
마음 속은 아득하기만 하네.

天高凝碧水　　菊靜散黃金
獨立江山晩　　悠悠方寸間

11-30-066 송산에 올라 일을 적다
11-30-066 登松山記事

자욱한[437] 구름과 안개로 새벽하늘이 어두운데
우비(雨備)를 지니고 산꼭대기에 오르네.
세찬 바람이 나의 마음이 우울함을 아는 듯이
짙은 음기를 불어 흩어 버리니 해와 달이 드러나네.
만호(萬戶)가 있는 큰 길은 화살처럼 곧고
사방의 낮은 봉우리는 병풍처럼 이어지네.

437) 冥冥은 자욱한 모양이다.

우연일 뿐 기도에 말미암은 것은 아니지만
만년에는 태평시대가 옴을 볼 수 있으리.

雲霧冥冥暗曉天　　携持雨具上山顚
長風似識吾心悶　　吹散濃陰日月懸
萬戶大街如矢直　　四方低嶂似屛聯
偶然不是由祈禱　　可見昇平在晩年

11-30-067 돌아와서 또 읊다
11-30-067 歸而又唫

팔선궁관(八仙宮觀)[438]이 높은 봉우리들을 내려다보는데
음복술을 마시고 조금 취하여 만족스러워하며[439] 내려왔네.
막되먹은[440] 안개와 구름이 문득 개니
상서로운 바람과 달이 함께 오가네.
품은 생각[441]은 오래 표항(瓢巷)[442]을 바라려 하는데

---

438) 八仙宮은 松嶽山 꼭대기에 있던 道敎의 祀廟로 八聖堂이라고도 하였던 듯하다. 『高麗史』「高麗世系」에서는 金寬毅의 『編年通錄』을 인용하여 唐 肅宗이 潛邸時에 松嶽 鵠嶺에 올라 "이 땅은 반드시 도읍이 되리라." 하니 從者가 "이 곳은 八眞仙이 사는 곳입니다."라고 했다고 하였고, 「列傳」 〈妙淸傳〉에서는 八仙〔八聖〕이 太白仙人・六通尊者・天仙・平壤仙人・木覓仙人・震主居士・神人・天女라고 하였다.
439) 得意는 만족함, 마음에 듦이다.
440) 癡頑은 어리석고 완고함, 어리석어서 무지함이다.
441) 存心은 품고 있는 생각, 속마음이다.
442) 瓢巷은 單瓢陋巷의 준말로 누추한 거리에서 가난하게 사는 것을 뜻하는데, 孔子는 『論語』「雍也」에서 "어질구나, 回여! 한 그릇의 밥과 한 표주박의 마실 것으로 陋巷에서 살면 사람들은 그 근심을 견디지 못하거늘, 회는 그 즐거움을 고치지 않으니, 어질구나 회여!(子曰 賢哉 回也 一簞食 一瓢飮 在陋巷 人不堪其憂 回也不改其樂 賢哉 回也)"라고 제자인 顔淵의 安貧樂道하는 삶을 찬양하였다.

고상한 지조[443]는 끝내 마땅히 조대(釣臺)[444]에 물어야 하리.
만약 한 집안과 천지가 제자리를 잡게 된다면
만세토록 태평한 시대가 열릴 것을 어찌 의심하랴?

八仙宮觀俯崔嵬　　飮福微醺得意回
凝霧頑雲忽開霽　　祥風瑞月共徘徊
存心久擬希瓢巷　　抗志終當問釣臺
儻見一家天地位　　何疑萬世大平開

11-30-068 연어[445]를 보내준 화령[446]윤[447] 박영공[448]께 사례드리다
11-30-068 謝和寧尹朴令公送年魚

고개 바깥[449]이라 위풍[450]이 멀고
하늘 끝이어서 서신[451]이 드무네.
목은 늙은이는 매우 감격하여
기이한 맛에 재상[452]께 사례드리네.

---

443) 抗志는 고상한 志操이다.
444) 釣臺는 後漢의 光武帝 때의 隱士 嚴光이 낚시질하던 곳으로 옛터가 浙江省 桐廬城 서쪽의 富春山 위에 있다.
445) 年魚는 메기인데, 봄에 태어나고 여름에 자라며, 가을에 쇠약해져서 겨울에 죽기 때문에 붙은 이름이라고 한다.
446) 和寧은 咸鏡道 永興府의 옛이름이다.
447) 尹은 府尹의 준말로 고려시대 지방행정 단위의 하나인 府의 으뜸 관직으로 平壤·漢陽·慶州에 두었는데, 여기에서는 府使를 가리킨다.
448) 令公은 中書令·節度使, 또는 종삼품·정이품 관리의 존칭이다.
449) 嶺外는 江原道 淮陽郡과 咸鏡道 安邊郡 사이에 있는 큰 재인 鐵嶺의 바깥이다.
450) 威風은 남을 敬畏시키는 기세이다.
451) 信字는 書信·書札이다
452) 黃扉는 재상의 관서로 옛날에 宰相이 집무하던 곳의 문 위를 누렇게 칠한 데서 유래하며, 흔히 재상을 비유한다.

嶺外威風遠　　天涯信字稀
牧翁多感激　　異味謝黃扉

11-30-069 부추[453]가 송산에서 돌아오다
11-30-069 副樞回自松山

한밤중에 산에 올라 팔선궁(八仙宮)에 예를 올리고
새벽빛이 아직 어둑할[454] 때에 돌아오네.
검은 머리로 추부(樞府)[455]에 일찍 뛰어오르더니[456]
흰 머리의 훤당(萱堂)[457]을 평소에 봉양하네.
순임금의 시대[458]를 만나매 두 눈이 더욱 밝아지고
요임금의 수명[459]을 빌려니 온 마음이 매우 절실하네.
분양(汾陽)[460]의 평생[461]을 고금에 떠들썩하게 일컫거니와

---

453) 副樞는 고려시대에 王命의 출납과 宮中의 宿衛·軍機 등에 관한 일을 맡아보던 관아인 樞密院〔密直司〕 副使의 약칭인데, 여기에서는 목은의 장남인 種德을 가리키는 듯하다. 〈己酉生員同年 會賀種德新配承宣也 (후략)〉(07-18-055)에서 承宣이 되었다고 했는데, 이 작품으로 보아 그 이후 언제인가 같은 정3품이지만 상위직인 부사로 승진한 듯하다.
454) 蒼然은 어둑한 모양인데, 이때 蒼은 회백색을 뜻한다.
455) 樞府는 樞密院·密直司의 약칭이다.
456) 超升은 超遷과 같은 말로 벼슬의 등급을 뛰어넘어서 승진하는 것이다.
457) 萱堂은 옛날에 어머니가 거처하던 北堂의 뜰에 원추리를 심었던 데서 연유하여 어머니를 가리킨다.
458) 舜日은 舜임금의 시대로 태평성대를 가리킨다.
459) 堯年은 堯임금의 수명을 뜻하는데, 그는 長壽하여 116세까지 살았다고 한다.
460) 汾陽은 中唐의 명장이자 훈신인 郭子儀의 봉호이다. 그는 華州 鄭縣 태생으로 玄宗 때 安祿山의 난을 진압하고 代宗 때 吐藩의 침략을 격퇴하는 데 큰 공을 세웠으며, 太尉·中書令 등을 지내고 代國公·汾陽郡王 등에 봉해지는 등 부귀공명을 크게 누렸다.
461) 終始는 시작과 끝으로 생시와 사후를 가리키는데, 『新唐書』 권137 〈郭子儀傳〉 말미에 "부귀와 수고를 누리고, 생시에는 영화를 누리고 사후에는 애도받았으며, 신하된 사람의 도리에 빠진 것이 없었다.(富貴壽考 哀榮終始 人臣之道無缺焉)"라

부귀와 공명은 둘 다 온전해야 한다네.

夜半登山禮八仙　　歸來曉色尙蒼然
黑頭樞府超升早　　白髮萱堂奉養平
雙眼更明逢舜日　　一心尤切祝堯年
汾陽終始喧今古　　富貴功名要兩全

11-30-070 남을 대신하여 승려를 보내다
11-30-070 代送僧

뜬 구름에는 본래 꼭지[462]가 없거니와
흐르는 물에 또 어찌 뿌리[463]가 있으랴?
서로 헤어질 때의 인정일 뿐이니
누가 마음 속에 아련히[464] 간직하랴?[465]

浮雲本無蔕　　流水更何根
相別人情耳　　悠悠誰記存

11-30-071 김오재[466]가 장차 금릉[467]으로 간다기에

는 말이 있다.

462) 蔕는 꽃이나 과일이 가지와 연결되는 부분인 꼭지를 가리킨다.

463) 根蔕는 식물의 뿌리와 과일의 꼭지로 사물의 근원・기초, 또는 사물이 얽매여 있는 곳을 가리키는데, 陶潛의 〈雜詩〉에 "사람의 삶이란 매인 데가 없이, 길 위의 먼지처럼 난다네.(人生無根蔕 飄如陌上塵)"라는 구절이 있다.

464) 悠悠는 그리워하는 모양이다.

465) 記存은 마음에 두고 잊지 않음, 관심을 가지고 중시함이다.

466) 五宰는 判刑部事를 겸대한 宰臣을 가리키는데, 金五宰는 우왕 7년 10월에 明나라에 賀正使로 간 門下評理 金庾이다.

467) 金陵은 江蘇省 南京 부근의 지명으로 明나라가 燕京으로 천도하기 이전의 首都

11-30-071 金五宰將赴金陵

기수(氣數)[468]의 추이가 어찌 사람에 매인 일이랴?
모름지기 충성과 의리로 신명(神明)[469]을 감동시켜야 하리.
두견이 낙양(洛陽)[470]에 들어가자 곧 어지러워졌지만[471]
걸[472]의 개가 요[473]에게 짖음은 어질지 않은 탓이 아니라네.[474]
당시의 어려움과 위급[475]은 스스로 지켰거니와[476]
근년의 재난과 위험[477]은 누구에게 말미암는가?
만세토록 부지함이 오로지 공의 담론에 달렸을 뿐이니
금과 같은 몸을 잘 보존하여 궁궐[478]에 주달(奏達)하시라.

氣數推移豈繫人　　　要將忠義感明神

이다.

468) 氣數는 氣運・命運이다.

469) 神明은 천지 사이의 일체의 神靈인데, 여기에서는 明나라의 황제를 가리킨다.

470) 洛陽은 지금의 中國 河南省에 있던 고을로 원래 洛邑이라 하였던 곳인데, 周나라 이래로 後漢・晋・隨・後唐의 都邑地였던 곳이다.

471) 이 구절은 北宋의 유학자 邵雍이 洛陽의 天津橋를 지나다가 두견새 울음을 듣고, 王安石이 등장하여 천하에 大亂이 일어날 것을 예견했다는 고사를 가리킨다.

472) 桀은 夏의 마지막 왕으로 본명은 履癸이며, 殷의 紂와 더불어 폭군으로 이름이 높았다. 殘酷・淫亂・奢侈하여 백성을 도탄에 빠뜨렸고, 애첩 妹喜와 음행을 일삼고 諫臣 關龍逢을 죽이는 등 無道한 통치를 하던 끝에, 殷 湯王에게 鳴條 전투에서 패하여 나라를 잃고, 南巢〔安徽省 巢縣〕로 망명하였다가 죽었다.

473) 堯는 중국 고대의 신화적 聖君으로 陶唐氏라고도 한다.

474) 이 구절은 後漢 鄒陽이 참소로 투옥되었을 때 梁孝王에게 올린 상소에서 "걸의 개가 요임금에게 짖게 할 수도 있고, 盜跖의 식객이 許由를 찌르게 할 수도 있다.(桀之犬可使吠堯 跖之客可使刺由)"라고 하였다는 『漢書』〈鄒陽傳〉의 글을 인용한 것이다.

475) 艱危는 艱難과 危急이다.

476) 自守는 행실이나 말을 스스로 조심하여 지키는 것이다.

477) 屯厄(阨)은 위험과 재난, 어려움과 고생스러움이다.

478) 紫宸은 君王의 正殿・便殿으로 宮闕・君王을 비유하는데, 여기에서는 明나라 황제를 가리킨다.

杜鵑入洛是將亂　　桀犬吠堯非不仁
當日艱危知自守　　近年屯厄問誰因
扶持萬世唯公論　　善保金軀達紫宸

11-30-072 기로회[479]에서 강남[480]에 가는 김오재를 전별하니, 오재가 안주[481]를 풍성하게 차리고 풍악을 크게 베풀었으므로 즐거움을 다하고서 끝내다

11-30-072 耆老會 餞金五宰江南之行 五宰盛設餚饌 大作樂 盡歡而罷

폐백을 받들고 임금님을 뵘에 좋은 사람을 뽑았는데[482]
평소에 내는 교묘한 계책[483]은 걸핏하면 귀신과 같았다네.
큰 일에 임하면 능히 의로써 지킬 줄 알고
본심을 드러내면 인을 보존할 수 있다네.
김해[484]에서 집안을 일으켜 영족(令族)[485]으로 일컬어지는데
(한 구절 빠짐)
나라의 원로를 모셔서 즐기게 함에 뜻이 없지 않으니
황제의 궁궐에 아뢸 좋은 말을 구하고자 함이라네.

奉幣朝王選得人　　平生妙算動如神

479) 耆老會는 일흔 살이 넘어 벼슬에서 물러난 정이품 이상의 문관들이 친목을 도모하기 위하여 조직한 모임으로 耆舊會라고도 한다.
480) 江南은 중국의 揚子江 이남 지역이다.
481) 餚(肴)饌은 풍성한 안주, 또는 안주와 음식이다.
482) 得人은 才德을 겸비한 사람을 얻는 것이다.
483) 妙算은 妙計이다.
484) 金海는 지금의 慶尙南道 金海市 지역에 있던 府이다.
485) 令族은 望族과 같은 말로 명망이 있는 집안, 좋은 집안이다.

能臨大事守以義　可見本心存得仁
金海起家稱令族　□□□□□□□
奉娛國老非無意　欲乞嘉言奏帝宸

11-30-073 느낌이 있어
11-30-073 有感

계절[486]이 이제 겨울이 되니
차가운 기운이 높은 허공에 차네.
햇빛은 뜬 구름 속에서 엷고
숲빛은 넓은 들판에서 붉네.
서리와 이슬이 느끼게 하매
구슬퍼하며[487] 쇠약한 몸을 어루만지네.[488]
흰 머리가 점점 짧아지니
전원으로 돌아갈 뜻이 무르익네.
돌아가지 않으면 세상의 헐뜯음을 받겠지만
돌아가더라도 농사에 밝기는 어렵다네.
옛사람은 이미 멀어졌으니
누가 나와 마음을 같이 하랴?

歲律今成冬　寒氣塞高空
浮雲日色淡　平野林彩紅

486) 歲律은 철·節氣·歲時이다.
487) 惻愴은 애통함, 몹시 슬픔이다.
488) 이 두 구절은 『禮記』 「祭儀」의 "서리와 이슬이 내리면 군자가 이를 밟으며 반드시 슬픈 마음을 가지는데, 이는 날씨가 찬 것을 이름이 아니다.(霜露旣降 君子履之 必有悽愴之心 非其寒之謂也)"라는 글을 用事한 표현으로 가을을 맞아 嘗祭를 지내느라고 슬퍼함을 뜻한다.

霜露之所感　　惻愴撫衰躬
白髮漸以短　　田園歸意濃
不歸取世譏　　歸亦難明農
古人旣遠矣　　誰與吾心同

11-30-074 절구
11-30-074 絶句

산야의 흥취는 시를 짓는 가운데 일어나고
고향에 대한 그리움은 술을 마신 뒤에 생기네.
강과 산은 은둔하라고 부르는데
풍월[489]로 태평시절[490]을 그리네.

野趣詩中起　　鄕愁酒後生
江山招隱遁　　風月寫昇平

11-30-075 벽암의 시권에 짓다
11-30-075 題壁菴卷

온전히 하여 돌아간다고[491] 이익이 있는 것이 아니요

489) 風月은 자연을 읊은 시, 또는 그런 시를 짓는 것이다.
490) 昇平은 太平이다.
491) 完歸는 구슬을 온전히 하여〔完璧〕 돌아갔다는 뜻으로 『史記』 〈廉頗藺相如列傳〉의 다음 고사를 가리킨다. 전국시대 趙나라의 惠文王이 楚나라로부터 和氏璧을 얻었는데, 이를 탐낸 秦나라가 열다섯 개의 城과 바꾸자고 제의하자, 속임수임을 간파한 趙의 대신 藺相如가 구슬을 가지고 秦에 갔는데, 죽음을 각오하고 從者를 시켜 구슬을 가지고 몰래 조로 돌아가게 한 뒤에, 사리를 들어 진왕을 설득함으로써 마침내 무사히 귀국하였다.

지니다가 죄를 받으면[492] 또한 가엾어할 만하다네.
도인(道人)은 속세[493]를 벗어난 분인데
달빛이 하늘에 떠서 가득하네.

完歸非有益　　　懷罪亦堪憐
道者超塵垢　　　光浮月滿天

11-30-076 성렴[494]하신다는 말을 듣고 기쁨을 기록하다
11-30-076 聞省斂志喜

천지가 바야흐로 만물을 성숙시키는데
군신(君臣)이 마침 백성들을 기르시네.
푸른 깃발[495]이 곧 움직이려고 하는데
옥 같은 곡식[496]은 이미 서로 이어져 있네.
즈문 문에서 경계하는[497] 날이요
골 호에서 거두어 갈무리하는 때이네.
뒷날에 아름다운 일을 전하고자

---

492) 懷罪는 구슬을 지닌 것이 죄가 된다는 뜻으로『春秋左氏傳』桓公 10년조의 다음 글에서 유래한다. 전에 虞叔이 가지고 있던 寶玉을 형인 虞公이 달라고 하였으나 바치지 않더니, '필부에게는 죄가 없지만 구슬을 지니고 있으면 죄를 입는다.(匹夫無罪 懷璧其罪)'라는 周나라의 속담을 상기하고 害를 부를 뿐이라면서 바쳤다.
493) 塵垢는 먼지와 때로 속세를 비유한다.
494) 省斂(斂)은 君王이 가을에 백성의 농사를 살피고자 순시함을 뜻하는데,『孟子』「梁惠王 下」에 "봄에 경작하는 것을 살펴서 부족함을 도와 주고, 가을에 거두는 것을 살펴서 부족한 것을 도와 준다.(春省耕而補不足 秋省斂而助不給)"라는 글이 있다.
495) 翠華는 군왕이 타는 수레에 푸른 깃으로 장식한 덮개나 깃발이다.
496) 玉粒은 쌀·좁쌀의 미칭이다.
497) 警蹕은 옛날에 帝王이 출입할 때에 지나가는 길에서 시위하면서 警戒하고 잡인의 통행을 막음을 가리킨다.

사신(詞臣)[498]은 아송(雅頌)[499]을 채집하리.

天地方成物　　君臣在養民
翠華將欲動　　玉粒已相因
警蹕千門日　　收藏萬戶春
他年傳美事　　雅頌採詞臣

11-30-077 일을 적다
11-30-077 紀事

중원(中原)은 지금 길이 막혀 있으니
소식의 절반은 진실이 아니라네.
일의 변화[500]에 발꿈치를 돌리지[501] 못하는데
공적을 이루어도 몸을 보전하기 어렵네.
요동(遼東)[502]의 들판에는 외로운 달이 걸려 있고
계문(薊門)[503]에는 어둑한 먼지가 일어나리.
사해(四海)[504] 안이 거울처럼 맑아져서
끝내는 태평성대(太平盛代)[505]를 즐기게 되리.

---

498) 詞臣은 문장으로 侍從하는 신하이다.
499) 雅頌은 『詩經』 가운데 正樂의 노래인 雅〔大雅·小雅〕와 祖上의 功德을 찬미한 頌〔周頌·魯頌·商頌〕의 합칭이다.
500) 事變은 天災나 그 밖의 큰 변고, 또는 일이나 사물의 변화이다.
501) 旋踵은 발꿈치를 돌린다는 뜻으로 두려워 몸을 피함을 비유한다.
502) 遼東은 중국 秦代의 郡名으로 지금의 遼寧城 동부와 남부 지역인데, 遼河의 동쪽에 위치하기 때문에 붙은 이름이다.
503) 薊門은 중국 北京城 서남쪽에 있던 관문으로 德勝門의 서쪽에 있는 土城關이 그 遺址라고 하며 薊丘라고도 한다.
504) 四海는 中國의 四方에 있는 바다로 온 천하를 가리킨다.
505) 盛辰은 盛代와 같은 말로 융성한 시대이다.

中原今路梗　　消息半非眞
事變不旋踵　　功成難保身
孤懸遼野月　　暗起薊門塵
海內淸如鏡　　終當樂盛辰

11-30-078 어가가 서쪽 교외로 나가시는데도 병으로 따를 수가 없어서 1수를 읊다
11-30-078 伏値駕出西郊 以病不能從 吟成一首

임금님[506]께서 맑은 새벽에 도성 서쪽으로 나가시니
수많은 말의 벽옥(碧玉)[507]과 같은 발굽에서 바람이 일리.
매와 개[508]가 무리를 지어 임금님의 의장[509]을 따르고
곰과 말곰[510]이 부대를 나누어 모래둑에서 호위하리.
「주서(周書)」[511]에 있는 대로 군사를 다스리기[512]를 그치지 않으시고
하(夏)나라의 속담[513]을 상고하여 성렴(省斂)에 여전히 나가시네.

---

506) 六飛는 六龍과 같은 말로 천자의 수레를 끄는 여섯 마리의 말이다.
507) 碧玉은 광물 이름으로 鐵分을 포함한 石英石이며, 紅色·褐色이나 綠色을 띠며 장식품을 만드는 데 쓰인다.
508) 鷹犬은 매와 개로 모두 사냥에 쓰이는 동물이다.
509) 天仗은 임금의 儀仗이다.
510) 熊羆는 곰과 말곰으로 곰처럼 힘이 센 장사[熊羆之士]를 비유한다.
511) 「周書」는 『書經』의 편명으로 周나라의 역사를 기록한 것이다.
512) 詰戎은 詰戎治兵의 준말로 戎服을 가다듬고 兵器를 다스리는 것으로 軍事를 整治함을 가리키는데, 『書經』 「周書」 〈立政〉에 "그대의 융복과 병기를 잘 다스리시라.(其克詰爾戎兵)"라는 글에서 유래한다.
513) 夏諺은 夏나라의 속담인데, 여기에서는 『孟子』 「梁惠王 下」에서 "봄에 경작하는 것을 살펴서 부족함을 도와 주고, 가을에 거두는 것을 살펴서 부족한 것을 도와 준다. 하나라의 속담에서 말하기를, '우리 왕이 놀지 않거늘 내가 어찌 쉬며, 우리 임금이 즐거워하지 않으면 우리가 어떻게 도움을 받으리요?'라고 하였다.(春省耕而補不足 秋省斂而助不給 夏言曰 吾王不遊 吾何以休 吾王不豫 吾何以助)"라고 한 글에 인용된 말을 가리킨다.

병든 신하는 활을 잡기 어려움을 스스로 안타까워하면서
오경(五更)[514]까지 오똑이 앉아서 새벽닭 소리를 듣네.

六飛淸曉出城西　　萬騎風生碧玉蹄
鷹犬成群逐天仗　　熊羆分隊擁沙堤
詰戎不止周書在　　省斂仍將夏諺稽
自恨病臣難執射　　五更危坐聽晨雞

11-30-079 느낌이 있어
11-30-079 有感

전에 먼 길을 떠난 일을 생각해 보니
만나는 사람마다 오랜 벗[515]인 듯하였네.
서로 따르며 한 나절쯤 가다가
또 헤어져 다른 길[516]로 향하였다네.
날리는 버들개지가 바람 속에서 솟는 듯하고
뜬 개구리밥이 물 위에서 옮겨다니는 듯하였네.
남쪽창 밑에 홀로 앉아서
참으로 뒤쫓기 어려워 애태우네.

念昔登長道　　逢人似舊知
相隨行半日　　又別向他歧
飛絮風中起　　浮萍水上移
南牕獨坐處　　耿耿固難追

514) 五更은 五夜와 같은 말로 새벽 3시부터 5시 사이의 시간이다.
515) 舊知는 오래 사귄 벗이다.
516) 他歧(岐)는 다른 갈림길이다.

11-30-080 사계화[517]

11-30-080 四季花

뭇 꽃들이 떨어지면[518] 나그네는 늘 읊조리거니와
몇 송이 짙붉은[519] 꽃들은 빛이 더욱 진하네.
울타리 밑의 국화는 참으로 고요하여
서로 마주하여 함께 마음을 논하기에 가장 좋다네.

群芳搖落客長吟　　數點猩紅色更深
籬下菊花眞靜者　　最宜相對共論心

11-30-081 구차하게 얻음[520]

11-30-081 苟得

옛사람은 사사로운 마음[521]이 없어서
재물을 만나면 가장 분명히 하였네.
천리마를 받지 않아야[522]

---

517) 四季花는 네 계절 동안 계속 피는 꽃인데, 『洪萬善』의 「山林經濟」 권2 〈養花〉에서는 姜希孟의 「養花小錄」을 인용하여 "이 꽃은 세 가지가 있는데 붉은〔紅〕 꽃이 3월〔봄〕·6월〔여름〕·9월〔가을〕·12월〔겨울〕 네 번 피는 것을 사계화라 하고, 꽃 빛깔이 분홍이며 잎사귀가 둥글고 큰 것을 月季花라 하며, 푸른 줄기가 덩굴로 뻗어가며 봄·가을에 한 번씩 꽃이 피는 것을 靑竿四季라 하는데, 청간사계는 아름답지 않다."라고 하였다. 明 陶宗儀의 『說郛』 권67 下에서는 月季花가 東方에서 말하는 四季花라고 하였다.

518) 搖落은 말라 떨어지는 것이다.

519) 猩紅은 猩猩이의 피처럼 매우 붉은빛이다.

520) 『禮記』 「曲禮 上」에 "재물을 만나면 구차하게 얻지 말고, 재난을 만나면 구차하게 피하지 말라.(臨財毋苟得 臨難毋苟免)"라는 글이 있다.

521) 私心은 사사로운 마음이나 私慾이다.

522) 이 구절은 『漢書』 권64 하의 〈賈捐之傳〉에서 漢 文帝가 헌상된 千里馬를 타고 갈

겨우 능히 가릴 줄 안다고 하리.
마음에 두고[523] 있기 때문에
때마다 은택을 바란다네.
자기를 이기는 깊은 공부가 있기에
군자는 편안한 집[524]을 찾는다네.
스스로 처신함이 참으로 편안하면[525]
저승[526]에서도 귀신의 책망이 없으리.

古人無私心　臨財最明白
不受千里馬　僅能知所擇
所以留於心　時時望恩澤
克己有深功　君子求安宅
自處苟泰然　幽冥無鬼責

11-30-082 삼가 교궁[527]을 생각하며 짓다
11-30-082 伏想郊宮有作

서쪽 교외의 장전(帳殿)[528]에 한밤중[529]이 되려고 할 텐데

곳이 없다면서 돌려 준 뒤에, 헌상품을 받지 않을 것이니 금지시키라는 조서를 내렸다고 한 고사를 가리킨다.

523) 留心은 留念이다.

524) 安宅은 편안한 집으로 仁을 비유한다. 『孟子』 「公孫丑 上」에 "어짊은 하늘의 높은 벼슬이며 사람의 편안한 집이거늘, 아무도 막지 않는데도 인을 실행하지 않으니, 이는 지혜롭지 못한 것이다.(夫仁 天之尊爵也 人之安宅也 莫之禦而不仁 是不智也)"라는 글이 있고, 『孟子』 「離婁 上」에도 "인은 사람의 편안한 집이고, 의는 사람의 바른 길이다.(仁 人之安宅也 義 人之正路也)"라는 글이 있다.

525) 泰然은 편안한 것으로 마음이 안정됨을 형용한다.

526) 幽冥은 저승이다.

527) 郊宮은 임금이 교외에 나가서 임시로 거처하는 처소이다.

528) 帳殿은 幄殿과 같은 말로 장막을 쳐서 만든 임금의 임시 처소이다.

늙은 신하는 단정히 앉아 우리 임금님을 생각하네.
이슬이 떨어지는 즈문 숲에는 밝은 달이 걸려 있고
연기가 걷힌 골 아궁이[530]에서는 흰 구름이 일어나리.
외침[531]이 아직 있으니 꼭 무예를 익혀야[532] 하지만
중흥한 지 이미 오래니 반드시 문물을 닦아야 하리.
한 번 풀고 한 번 당김[533]이 얼마나 아름다운가?
마땅히 주공(周公)[534]이 큰 공훈을 세우는 것을 보리.

帳殿西郊夜欲分　　老臣端坐想吾君
千林露墜懸明月　　萬竈烟收起白雲
外侮尙存須講武　　中興已久要修文
一張一弛斯爲美　　當見周公樹大勳

11-30-083 흥을 풀다. 3수
11-30-083 遣興三首

푸른 산의 붉은 숲 속에 야인(野人)[535]의 집이 있는데
문 밖에는 한 줄기 시냇길이 비스듬하다네.

---

529) 夜分은 한밤중이다.
530) 竈는 옛날에 연기를 피워 적을 방어하던 시설의 하나로 『墨子』「備穴」에 그 구조와 사용법이 자세히 밝혀져 있다.
531) 外侮는 외부로부터 받는 侮辱, 외부로부터 침범을 받거나 멸시를 당하는 일이다.
532) 講武는 군대나 전쟁에 관한 일을 講習하는 것이다.
533) 弛張은 一弛一張과 같은 말로 한 번 느슨하게 했다가 한 번 팽팽하게 하는 것인데, 『禮記』「雜記 下」에 "한 번 팽팽하게 하고 한 번 느슨하게 하는 것이 문왕과 무왕의 법도이다.(一張一弛 文武之道也)"라는 글이 있다.
534) 周公은 武王의 아우로 무왕을 도와 殷을 멸망시키고 조카 成王을 도와 여러 반란을 평정하였으며, 나라의 典章制度를 정하여 잘 다스려지게 하였는데, 여기에서는 禑王이 나이가 어리기 때문에 언급되었다.
535) 野人은 시골에 사는 사람, 벼슬에 있지 않은 사람이다.

눈 앞에는 완연히 있는데도 도리어 만나지 못하건만
가엾게도 지는 해가 누런 국화를 비추고 있네.

碧山紅樹野人家　　門外一條溪路斜
宛在目中還不見　　可憐殘日照黃花

담박한 음식[536]을 먹고 썰렁하게 누우니 중의 집과 같은데
바람에 날린 향불연기는 궤석(几席)[537] 위에 비스듬하네.
종놈이 고사를 잊어버림[538]이 부끄럽거니와
날씨가 추운 시월에도 꽃을 숨기지 않네.

淡飡凉臥似僧家　　風動香烟几上斜
愧殺僮奴忘故事　　天寒十月不藏花

풍아(風雅)[539]를 지음에 누가 명인[540]이었던가?
비단 주머니[541]에는 붓끝으로 그린 광경이 비스듬하였다네.
뜰에 가득한 국화에 서리가 막 내리니
또 강산에서 육출화(六出花)[542]를 완상하게 되리.

---

536) 淡飡은 淡飯과 같은 말로 간소한 음식, 조촐한 식사이다.
537) 几席은 几筵과 같은 말로 앉아서 몸을 기대는 뒷등방석〔案席〕, 또는 자리이다.
538) 僮奴故事는 陶潛의 〈歸去來辭〉에서 "이윽고 누추한 집을 바라보고 문득 기뻐하며 뛰어가니, 종놈은 반갑게 맞이하고 어린 아들은 문에서 기다리네.(乃瞻衡宇 載欣載奔 僮僕歡迎 稚子候門)"라고 한 일을 가리킨다.
539) 風雅는 『詩經』 중의 「國風」·「大雅」·「小雅」를 총칭한 말로 고상하고 바른 시가를 가리킨다.
540) 作家는 시문을 짓는 사람, 또는 그 중 성공한 사람이나 名人이다.
541) 錦囊은 비단으로 만든 자루인데, 盛唐의 시인 李賀가 아침마다 弱馬를 타고 어린 奚奴에게 오래 된 비단자루를 지워서 따르게 하고서, 시를 얻을 때마다 적어서 거기에 넣었다는 『新唐書』 「文藝傳 下」 李賀條에서 유래하여, 詩稿를 담는 그릇을 가리킨다.

風雅何人是作家　　錦囊光景筆鋒斜
滿庭黃菊霜初落　　更賞江山六出花

11-30-084 〔제목이 결락된 작품〕
11-30-084 〔失題〕

춘분(春分)[543]에 남강[544] 옆에서 불을 지르고 사냥[545]을 하였고
서쪽의 금교[546]에서 사냥할[547] 때에는 구름이 얼려 하였네.[548]
꺾이고 쇠퇴함[549]을 떨치고 일어남에는 술책을 얻었는데[550]
절도와 법제[551]를 주선함은 문물을 논함에 달려 있으리.
삼한(三韓)[552]은 화란(禍亂)[553]을 오늘날에 만나건만
한 시대의 영웅호걸들이 성군을 추대하였다네.

---

542) 六出花는 눈[雪]의 모양이 여섯 모가 난 꽃과 같은 데서 생긴 별칭으로 六花라고 도 한다.
543) 春分은 이십사절기의 하나로 驚蟄과 淸明 사이에 있으며 양력 3월 21일쯤에 든다. 태양이 赤道 위를 直射하며 밤과 낮의 길이가 거의 같은 때이다.
544) 南江은 도성 남쪽에 있는 강으로 臨津江을 가리킨다.
545) 火獵은 숲에 불을 질러 놓고 사냥을 하는 것이다.
546) 金郊는 지금의 黃海道 金川郡 西北面 江陰里 남서쪽에 있던 驛으로, 고려시대 金郊道의 중심이 되는 역이었다.
547) 西狩는 서쪽 교외로 사냥을 나난가는 뜻인데, 『春秋』 哀公 14년 봄 기사에 "서쪽 교외로 사냥을 나가서 기린을 잡다.(西狩獲麟)"라는 기사가 있다.
548) 이 구절은 魯 哀公 14년에 기린이 나타났다가 잡혀 죽자, 仁獸가 나타나지 말아야 할 때에 나왔다가 죽임을 당한 데서 자신의 이상이 실현될 수 없음을 깨달은 공자가, "누구를 위하여 나왔느냐, 누구를 위하여 나왔느냐?(孰爲來哉 孰爲來哉)" 라고 한탄하면서 흐르는 눈물을 닦았다고 한 『春秋公羊傳』 哀公 14년조의 기사를 가리키고자 한 것이다.
549) 摧(崔)頹는 꺾이고 쇠퇴함이다.
550) 得術은 훌륭한 술책, 적절한 술책이다.
551) 節制는 節度와 法制이다.
552) 三韓은 馬韓・辰韓・弁韓, 또는 高句麗・百濟・新羅의 三國으로 우리나라의 別稱이다.
553) 禍亂은 災禍와 亂離이다.

하늘의 뜻을 돌릴 수 있을까 하고 흰 머리로 슬퍼하는데
혹시나 황각에서 화훈(華勛)[554]을 도울 수 있을까?

南江火獵在春分　　西狩金郊欲凍雲
振起摧頹眞得術　　周旋節制在論文
三韓禍亂當今日　　一代雄豪戴聖君
天意可廻悲白髮　　儻從黃閣贊華勛

11-30-085 어제 이송헌[555] 상의[556]가 『화엄경』[557]의 발[558]을 청하고 술자리를 베풀다

11-30-085 昨李商議松軒 求跋華嚴經 因設酒

앓은 뒤에는 이제까지 나들이가 매우 드물었는데
문 앞에 늘어진 푸른 버들은 그림자가 한들거리네.[559]
송헌(松軒)께서 조정에서 퇴근하여 자주 술자리에 부르더니
보전(寶典)[560]이 이루어지자 또 뜻을 드러내시네.[561]

---

554) 華勛(勳)은 放勳과 重華의 합칭으로 堯舜을 가리키는데, 放勳은 堯의 이름이고, 重華는 舜의 이름이다.

555) 松軒은 여말의 무신 李成桂(1335~1408)의 호이다.

556) 商議는 고려 말기에 설치된 직제로 宰樞의 관직 뒤에 붙여 그 관직과 동등한 직위를 갖게 하던 것인데, 都堂의 성원으로 국정을 의논하였으나 서열은 職事官보다 아래였다.

557) 『華嚴經』은 『大方光佛華嚴經』의 준말로 크고 方正하고 넓은 이치를 깨달은 부처님의 꽃처럼 장엄한 경전이란 뜻이며, 부처가 미혹을 떨치고 成道했을 당시의 깨달음의 내용을 보살이 부처를 향하여 말하는 형식을 취하여 기술한 경전이다.

558) 跋은 書籍・詩文・書畫 따위의 뒤에 그 내용의 대강이나 관련 사항을 간단히 적은 글이다.

559) 依依는 연약한 가지가 바람에 한들거리는 모양이다.

560) 寶典은 진귀한 전적이다.

561) 發揮는 감정을 토로하는 것이다.

국화가 보내는 늦은 향기는 옥술잔[562]에 침노하고
비가 재촉한 추운 기운은 비단장막으로 들어오네.
얼큰해져서[563] 절로 몸을 잊게[564] 되었기에
바로 깊은 밤까지 이르러 취한 몸을 버티며 돌아오네.

病後出游今已稀　　門垂碧柳影依依
松軒朝退頻招飮　　寶典成來更發揮
菊送晩香侵玉斝　　雨催寒氣入羅幃
熏然自有忘形處　　直到夜深扶醉歸

11-30-086 되는 대로 읊다[565]
11-30-086 漫吟

새벽햇빛이 창에 이르고 처마에서는 참새가 지저귀는데
늙은이는 오뚝이 앉아 성근 수염을 꼬네.
한 구절의 시를 읊고 나서 또 흥미를 잊게 되니
비로소 순채국에는 소금을 쳐야[566] 함을 믿겠네.

曉日當牕雀噪簷　　老翁危坐撚疎髥
吟成句律還忘味　　始信蓴羹要下塩

562) 玉斝는 옥으로 된 술잔으로 술잔의 미칭이다.
563) 熏然은 따뜻한 모양, 和氣靄靄한 모양이다.
564) 忘形은 忘形之交의 준말로 교제를 形迹으로 하지 않고 마음을 함을 뜻한다.
565) 漫吟은 漫興・漫成과 같은 말로 詩作을 할 때에 고심하여 공교로움을 구하지 않고 흥이 일어나는 대로 가볍게 읊는 것이다.
566) 蓴菜下塩은 『晋書』 〈陸機列傳〉에서 西晋의 陸機가 洛陽에서 侍中 王濟를 만났을 때, 왕제가 羊酪을 가리키면서 吳中에 이를 대적할 것이 있느냐고 묻자, "천리에 있는 순채국에는 소금과 된장을 넣지 않습니다.(千里蓴羹 未下鹽之)"라고 답했던 것을 가리킨다.

11-30-087 조부의 묘에 분황[567]하러 가는 임밀직[568]을 보내다
11-30-087 送林蜜直焚黃祖墓

형제들은 좋은 시절을 만나 큰 재주를 펼치고
구순에 이른 양친[569]께서는 등에 복어무늬[570]가 생기신다네.
또 내온(內醞)[571]을 하사받아 누런 종이를 태우러 가시니
세상에 드문[572] 은혜와 영광이 밤에 대를 비추리.
비와 이슬에 젖으매 마음이 두려울[573] 텐데[574]
산과 시내가 평평하고 멀어 지세는 멀리 돌아가리.[575]
착한 일을 쌓은 고귀한 집이라 경사로움[576]을 반드시 알겠는데
또 선조[577]때부터 일찍이 현저하게 드러나기[578] 시작하였다네.

---

567) 焚黃은 나라에서 벼슬이 내려졌을 때 누런 종이에 告由文을 써서 조상의 사당이나 묘소에 告由하고 불사르는 일이다.

568) 密直은 고려시대에 王命의 출납과 宮中의 宿衛·軍機 등에 관한 일을 맡아보던 관아인 密直司, 또는 그 관원의 약칭인데, 임밀직은 參知政事 林堅味의 아우인 齊味를 가리키는 듯하다. 06-15-074(〈次韻奉賀林大參〉)에 "父封母命仍多壽 伯省仲樞今幾春 不獨海東能致客 定應天下亦無人"이라는 내용이 있다.

569) 高堂은 높고 큰 집이란 뜻으로 父母를 가리킨다.

570) 鮐背는 노인의 등에 생기는 복어의 무늬와 같은 斑點으로 長壽의 징표이다.

571) 內醞은 궁중에서 빚은 술이다.

572) 不世는 세상에 보기 드묾, 흔하지 않음이다.

573) 怵惕은 두려워하고 삼감, 몹시 두려워함이다.

574) 이 구절은『禮記』「祭儀」의 "봄에 비와 이슬에 젖은 땅을 군자가 밟게 되면, 반드시 두려운 마음이 생길 것이니, 마치 금방 뵙게 될 것과 같다.(春 雨露旣濡 君子履之 必有怵惕之心 如將見之)"라는 글을 인용한 것이다.

575) 縈廻(回)는 빙빙 휩싸여 돌아감이다.

576) 積善慶은 선행을 쌓아 후손에게 경사를 남김을 가리키는데,『易經』坤卦의「文言傳」에 "선행을 쌓은 집에는 반드시 남은 경사가 있다.(積善之家 必有餘慶)"라는 글이 있다.

577) 高曾은 高祖와 曾祖이다.

578) 發出은 두드러지게 드러나는 것이다.

昆仲逢辰展大才　　高堂九十背成鮐
更賚內醞焚黃去　　不世恩榮照夜臺
雨露霑濡心怵惕　　山川平遠勢縈廻
須知積善高門慶　　也自高曾發出來

11-30-088 나의 삶
11-30-088 我生

나의 삶은 늘그막에도 매우 풍류로워
홑적삼 차림으로 한 필 말을 타고 나가서 놀기를 좋아하네.
술을 마심은 매번 벗을 찾아가기 때문이지만
시를 지음이 반드시 요구하는 사람이 있는 탓은 아니라네.
길에는 붉은 나무가 많고 서리는 막 짙어지는데
울타리에는 누런 국화가 둘러 있어 경계가 절로 그윽하네.
조물주[579]가 특별히 나에게 후함에 깊이 사례드리거니와
평생에 빠진 것 한 가지는 돌아가 쉬는 것뿐이네.

我生垂老儘風流　　匹馬單衫好出游
飮酒每因尋友去　　題詩未必有人求
路多紅樹霜初重　　籬帶黃花境自幽
深謝化工偏厚我　　平生一欠是歸休

11-30-089 스스로 읊다. 3수
11-30-089 自詠三首

579) 化工은 하늘의 조화, 또는 조화를 일으키는 하늘・조물주이다.

스스로 돌아보면 신세가 간절하거만[580]
남들은 문장이 비하하다[581]고 놀리네.
아직도 뽕나무와 느릅나무[582]의 저녁볕[583]이 있거늘
머리가 흰데도 어찌 돌아가지 않는가?

自顧丁寧身世　　人譏俗下文章
尙有桑榆晚景　　白頭胡不歸鄕

비록 부(府)[584]와 원(院)[585]은 없지만 고을에 봉해졌고[586]
성당(省堂)[587]에서는 평장사(平章事)[588]들과 섞여 앉네.
스스로 헤아려 보어도 장양(張良)[589]에게는 만족스러우니[590]
마음을 편안히 할 곳이 어찌 반드시 나의 고향뿐이랴?

---

580) 丁寧은 말이 간절한 모양이다.
581) 俗下文章은 비속하고 평범한 문장, 세상일에 대응하여 쓰는 평범한 문장이다.
582) 桑榆는 해가 질 무렵의 뽕나무와 느릅나무 끝, 또는 西方의 해가 지는 곳으로 日暮·老年·晩年을 비유한다.
583) 晚景은 저녁햇볕으로 晩年·老後를 비유한다.
584) 府는 三公이나 大將軍의 官府이다.
585) 院은 宮室, 官邸이다.
586) 封邑은 임금이 재상·공신·외척에게 封君하는 것인데, 목은은 韓山君을 거쳐 韓山府院君에 봉해졌다.
587) 省堂은 官署의 廳堂인데, 여기에서는 中書省·都堂의 집무소를 가리킨다.
588) 平章事는 고려시대 中書省·門下省의 정이품 벼슬이다.
589) 張良(?~B.C. 186)은 전국시대 韓의 재상가 출신으로 나라가 멸망하자 萬金을 던져 秦에 복수하려다가 실패하였고, 劉邦을 도와 漢나라가 천하의 주인이 되는데 큰 공을 세웠으나, 공신을 봉할 때 齊나라의 食邑 三萬戶를 택하라는 제의를 거절하고, 조그만 고을인 留에 봉해지기를 원하여 留侯가 되었다.
590) 於良足矣는 『史記』 〈留侯世家〉에서 漢 高祖 말년에 "지금 세 치의 혀로 황제의 스승이 되고 만호에 봉해지며 열후에 자리하였으니, 이는 포의로서는 극도에 이른 것이라 양에게는 만족스럽다. 원컨대 인간세상의 일을 버리고, 적송자를 따라 놀고 싶을 뿐이다.(今以三寸舌 爲帝者師 封萬戶 位列侯 此布衣之極 於良足矣 願棄人間事 欲從赤松子游耳)"라고 하였다는 張良의 말을 인용한 것이다.

封邑雖無府院　　省堂雜坐平章
自揣於良足矣　　安心何必吾鄕

괜히 평생 동안 붓을 놀린다고[591] 말들 하지만
어찌 일찍이 입을 열기만 하면 글을 이루었으랴?[592]
광망하기는 창려(昌黎)[593]와 비슷하여 우습거니와
용을 타고 백운향(白雲鄕)[594]으로 갔다네.

漫道終身弄筆　　何曾開口成章
狂似昌黎可笑　　騎龍向白雲鄕

11-30-090 송헌이 초대한 자리에 나아가다
11-30-090 赴松軒招

매번 술자리에 초대하여 쇠잔한 삶을 위로하시는데
마침 나는 한가하게 살면서 태평시절을 읊는다네.
취중에는 미친[595] 듯하여도 큰 허물은 없고
말은 흔히 어지러워도 진정을 말하네.
가는 비에 젖은 꽃은 따스한 봄기운을 품고[596] 있는데

591) 弄筆은 희롱조로 글을 씀, 붓을 놀려 사실을 왜곡하여 씀이다.
592) 開口成章은 出口成章과 같은 말로 입에서 말이 나오기만 하면 곧 문장을 이루는 것이다.
593) 昌黎는 中唐의 문인 韓愈의 別號로 선조가 살던 지명에서 유래한다.
594) 白雲鄕은 『莊子』「天地」의 "저 흰 구름을 타고 하늘에서 논다.(乘彼白雲 游于帝鄕)"라는 글에서 유래한 말로 仙鄕을 가리키는데, 蘇軾의 〈潮州韓文公廟碑〉에 "공은 옛날에 백운향에서 용을 타고, 손으로 은하를 자르고 하늘의 문장을 나누어 받았네.(公昔騎龍白雲鄕 手抉雲漢分天章)"라는 글이 있다.
595) 顚狂은 行動擧止가 狂亂한 것이다.
596) 藏春은 봄기운을 품어 간직하는 것이다.

뜬 구름을 쓸어 낸 바람은 밝은 달빛을 보내네.
부귀함과 청고함[597]을 모두 싫어하지 않거니와
늘그막에 술꾼으로 이름이 난들 무슨 상관이 있으랴?

每承招飮慰殘生　　適我居閑詠大平
醉似顚狂無大咎　　語多雜亂說眞情
花滋細雨藏春暖　　風掃浮雲放月明
富貴淸高俱不惡　　老年何害酒爲名

11-30-091 다듬이질 소리를 듣다
11-30-091 聞擣衣[598]

막 추워지자 모든 집에서 다듬이 소리가 들리니[599]
남쪽고을의 정흥이 또 그리워지네.[600]
깊은 밤에는 싸늘한 달빛이 피부에 침투하여 구르고
차가운 새벽에는 된서리가 살쩍을 두르며 날리네.
썰렁한 창에서는 해진 옷을 기워 겨우 몸의 모양을 갖추고

597) 淸高는 맑고 고상함이다.
598) 聞擣衣는 방망이로 다듬이질하는 소리를 듣는다는 뜻으로, 宋 郭茂倩의 『樂府詩集』 권49에서 무명씨작 淸商曲辭로 분류하거나, 明 馮惟訥의 『古詩記』 권52에서는 晋의 古辭로 분류한 〈月節折楊柳歌〉 13수 중 八月令인 〈八月歌〉의 "밤에 다듬이질하는 소리가 들리니, 어느 집의 얌전한 아낙네인가?(夜聞擣衣聲 窈窕誰家婦)"라는 구절에 기원을 둔 표현이다. '擣衣'는 후대에 庾信의 〈夜聞擣衣〉, 王建의 〈擣衣曲〉, 劉禹錫의 〈擣衣曲〉, 趙孟頫의 〈擣衣曲〉 등 악부시의 제목으로 쓰이거나, 李白의 〈子夜吳歌〉를 비롯한 허다한 악부시의 상투적 어구로 사용되었다.
599) 萬戶聞擣衣는 李白의 樂府詩 〈子夜吳歌〉의 "장안에는 한 조각 달이 비취는데, 모든 집에서는 다듬이 소리가 들리네.(長安一片月 萬戶擣衣聲)"라는 구절을 인용한 표현이다.
600) 依依는 그리워하는 것이다.

화려한 집에서는 새 옷을 마르느라고 찬란하게 빛이 교차되네.[601]
멀리 변새[602]로 간 사나이[603]를 먼 데서 가없어하거니와
규중에서는 눈물을 훔치며 빨리 돌아오기를 바란다네.

萬戶初寒聞擣衣　　南州情興更依依
夜深淡月侵肌轉　　曉冷嚴霜逸鬢飛
補弊寒牕才具体　　裁新華屋爛交輝
遙怜塞上征夫遠　　抆淚閨中願早歸

11-30-092 느낌이 있어. 3수
11-30-092 有感三首

날리는 구름은 빠른데[604] 나는 머뭇거리기에[605]
때때로 얼굴을 들고 웃음을 그치지 않네.
어느 곳의 강산이 제일인가?
듣자니 영남(嶺南)[606]에는 장원루(壯元樓)[607]가 있다네.

飛雲超忽我淹留　　仰面時時笑不休
何處江山爲第一　　嶺南聞有壯元樓

---

601) 交輝는 갖가지 빛이 서로 비추어 번쩍이는 것이다.
602) 塞上은 萬里長城 밖의 변경 지역인데, 여기에서는 塞下와 마찬가지로 북방의 변경 지역을 가리킨다.
603) 征夫는 賦役에 나간 사람, 出征한 사람이다.
604) 超忽은 빠른 모양, 먼 모양이다.
605) 淹留는 지연시키거나 느린 것이다.
606) 嶺南은 鳥嶺의 남쪽이라는 뜻으로 慶尙道 지역을 가리킨다.
607) 壯(狀)元樓는 晋州에 있는 矗石樓의 별칭인데, 河崙의 〈矗石樓記〉(『浩亭集』 권2)에 따르면, 누각을 처음 지은 金先生과 다시 이룬 安常軒[震]이 모두 장원이기 때문에 붙은 이름이라고 한다.

나는 이제 머리털이 하야니 떠나고 머묾을 뜻대로 할 수 있고
쉴 만한 곳에서는 쉴 수 있으니 곧 편안해지리.[608]
밝은 달을 만날 때마다 길게 휘파람을 불거니와
유항(柳巷)[609]의 동쪽과 서쪽에는 모두 누각이 있다네.

白髮吾今任去留　　可休休處卽休休
每乘明月舒長嘯　　柳巷東西盡是樓

유(留)[610]에 봉해지면 평생의 소원에 만족스럽겠다고[611] 했거늘
어찌 뭇 영웅처럼 죽은 뒤에야 그치랴?
다행스럽게 사전(賜田)[612]을 얻고도 어찌 돌아가지 않는가?
황려강(黃驪江)[613] 가에는 높은 누각이 있다네.

平生志願足封留　　肯似群雄死後休
幸得賜田胡不去　　黃驪江上有高樓

11-30-093 이자안[614]을 방문하였다가 밤에 돌아와서 이튿날에 읊다. 3수

---

608) 休休는 편안하고 한가한 모양이다.
609) 柳巷은 開京에 있던 마을로 목은이 살던 곳이다.
610) 留는 지금의 江蘇省 沛縣 동남쪽에 있던 고을로 漢나라가 張良을 封했던 고을이다.
611) 이 구절은『史記』「留侯世家」에서 漢 高祖가 論功行賞하면서 張良에게 食邑 三萬戶의 땅을 선택하라고 하자, "신은 유후에 봉해지는 것으로 만족할 뿐 감히 삼만호에 해당되지 않습니다.(臣封留侯足 不敢當三萬戶)"라고 말하였던 일을 가리킨다.
612) 賜田은 국가나 왕실에 공훈을 세운 신하에게 왕이 특별히 하사하는 토지이다.
613) 黃驪江은 경기도 驪州 지역을 흐르는 漢江으로 驪江이라고도 한다.
614) 子安은 여말의 문신 李崇仁(1349~1392)의 자이다.

11-30-093 訪李子安夜歸 明日吟成三首

소년시절에는 서로 모여 걸핏하면 무리를 이루어
취하도록 마시느라고 어찌 밤낮을 구분하였으랴?
늘그막이라 금오(金吾)[615]가 꾸짖음을 두려워하니
초췌한[616] 전의 장군이 가엾어할 만하네.[617]

少年相聚動成群　　酣飮寧將晝夜分
老怕金吾相詰責　　可憐憔悴故將軍

가까운 데 있는 몇 줄기 용만(龍巒)이 담장을 누르는데
뜰에 가득한 밝은 달빛은 서리보다 희네.
돌아가고 싶어서 또 국화차[618]를 마셨더니
입 안에는 아침까지도 향기가 남아 있네.

數朶龍巒近壓墻　　滿庭明月白於霜
欲歸更啜黃金茗　　齒頰朝來尙帶香

문장의 정인(正印)[619]을 누구에게 전하랴?
달・이슬・바람・꽃에다 바다 위의 하늘이 있다네.

---

615) 金吾는 執金吾의 준말로 漢代에 金吾棒을 들고 首都를 순찰하던 관원이다.
616) 憔悴는 쇠미해짐, 衰敗함이다.
617) 이 구절은 漢代의 명장 李廣이 삭직된 뒤 밤에 술을 마시고 오다가 霸陵의 縣尉에게 붙잡혔을 때에 종자가 "전의 이장군이다.(故李將軍)"라고 하였더니, 현위가 "지금의 장군도 밤에 다닐 수 없거늘 하물며 전의 장군임에랴?(今將軍尙不得夜行何乃故也)"라고 하였다는 『史記』 〈李將軍列傳〉의 글을 변용한 것이다.
618) 黃金茗은 황금화〔菊花〕를 띄운 차이다.
619) 正印은 正宗과 같은 말로 바르고 근원이 되는 표준이다.

다행히 자안(子安)은 나를 아는 분이라서
또 자유(子游)[620]와 자하(子夏)[621]를 좇아 함께 어울리네.[622][623]

文章正印有誰傳　　月露風花海上天
幸是子安知我者　　且從游夏共周旋

11-30-094 증각사[624]에서 자다
11-30-094 宿證覺寺

속세[625]를 벗어난 깎은 듯한 바위 봉우리가
앉아서 아득한[626] 곳에 있는 구름과 안개를 쓰다듬네.
범패(梵唄)[627] 소리가 스러지고 스님은 선정에 들었는데[628]
둥그렇게 밝은 달은 수많은 산을 비추네.

石峯如削出塵寰　　坐撫雲煙縹渺間
梵唄聲殘僧入定　　一輪明月照千山

---

620) 子夏는 춘추시대의 유학자로 孔子의 제자인 卜商의 자인데, 魯나라 莒縣 출신으로 孔門十哲의 하나이며, 言偃〔子游〕과 함께 文學〔학문·학술〕에 뛰어났다고 한다.
621) 子游는 춘추시대의 유학자로 공자의 제자인 言偃의 자인데, 吳나라 태생으로 孔門十哲의 하나이며, 卜商〔子夏〕과 함께 文學〔학문·학술〕에 뛰어났다고 한다.
622) 周旋은 내왕하고 교제하는 것이다.
623) 이 구절은 『論語』 「先進」의 "文學 子夏子游"를 염두에 둔 표현이다.
624) 證覺寺는 경기도 長湍郡 寶鳳山의 華藏寺 위에 있던 절이다.
625) 塵寰은 塵世와 같은 말로 속세이다.
626) 縹渺는 높고 먼 모양이다.
627) 梵唄는 예불을 올릴 때에 부르는 노래와 찬송으로 釋迦如來의 功德을 찬미하는 내용으로 되어 있다.
628) 入定은 禪定에 들어가는 것이다.

11-30-095 영복정 서쪽 봉우리에서 잠깐 쉬다(2수)
11-30-095 小憩迎福亭西峯

어디에서 날아와 임금님의 얼굴을 바라보는가?
금빛 자라[629]의 머리 위에는 한 신선이 있네.
해마다 팔관회(八關會)[630]에 가서 물건을 옮기느라고[631]
밤낮없이 구정(毬庭)[632]에서 그림자가 움직였다네.

何處飛來對聖顏　　金鼇頭上一神仙
八關歲歲如搬運　　影動毬庭日月間

아이를 데리고 답청하느라고[633] 취하여 얼굴이 펴지는데
이제는 붉고 푸른 빛이 사방의 산에 퍼져 있네.
앉아서 뭇 뛰어난 이[634]들을 상대하노라니 도리어 쓸쓸해져서

---

629) 金鼇(鰲)는 전설상의 신선의 거처인 鼇(鰲)山에 있다는 큰 바다거북인데, 『列子』「湯問」에서는 渤海 동쪽의 큰 바다 속에 있는 오산은 땅의 뿌리와 연결되어 있지 않아 늘 물결에 떠다녔으므로, 西極으로 흘러갈 것을 염려한 天帝가 거북으로 하여금 머리로 이고 있게 했기 때문에 움직이지 않게 되었다고 하였다.

630) 八關會는 고려 태조 王建이 신라의 유풍을 계승하여 행한 土俗神에 대한 제사이다. 매년 11월 15일에 행해졌으며 하루 전에 행하는 小會와 당일에 행하는 大會로 나누어 고려 말까지 계속되었는데, 본래 속인이 하루만이라도 엄숙히 八關齋戒를 지키기 위해 열린 법회였으나, 고려에서는 이에 그치지 않고 天神·山神·川神·龍神 등 여러 토속신에 대한 제사도 겸하면서 전몰장병의 명복을 비는 종합적인 종교 행사의 성격을 띠게 되었다.

631) 搬運은 물건을 옮기는 것이다.

632) 毬庭은 擊毬를 하던 운동장으로 毬場이라고도 하였는데, 넓이는 제한이 없으나 길이는 出馬標에서 置毬標까지 약 60미터, 치구표에서 毬門까지 약 200미터로서, 모두 합하여 약 300미터쯤 되었다고 한다.

633) 踏靑은 옛날 중국에서 청명절에 교외를 거닐며 산수를 즐기던 일인데, 후대에는 봄에 파릇파릇한 풀을 밟으면서 거니는 것을 가리키기도 하였다.

634) 群英은 많은 뛰어난 사람이다.

풍류는 다만 술잔 사이에만 있을 뿐이네.

踏靑携幼醉開顔　　紫翠如今遍四山
坐對群英還寂寞　　風流只在酒尊間

11-30-096 서쪽이웃을 뵈러 갔다가 만나지 못하고 돌아오다
11-30-096 謁西隣 不遇而歸

느지막이 일어나니 한낮이 되려고 하는데
거울에서는 듬성듬성한 흰 머리털이 빛나네.
서쪽이웃이 녹야당(綠野堂)[635]으로 돌아갔기에
북쪽마을에 있는 재상의 댁[636]을 찾아가네.
게으른 나는 몸마저 병들었는데
부지런한 공은 예절을 어기지 않네.
어진 이가 사는 마을[637]이라 천하에서 아름다운데
사위[638]가 또 빛을 서로 비추네.[639]

起晏時將午　　霜毛照鏡稀

635) 綠野堂은 唐 宣宗時의 재상 裴度가 관직에서 물러나 거처하던 堂名으로 老退者의 은거지를 代喩한다.
636) 黃扉는 재상의 官署로 옛날에 宰相이 집무하던 곳의 문 위를 누렇게 칠한 데서 유래하며, 흔히 재상을 비유한다.
637) 里仁은 사는 곳이 어진 사람이 사는 마을에 있음, 또는 어진 이를 이웃으로 함을 뜻하며, 『論語』「里仁」의 "어진 이가 사는 마을이 아름다우니, 살 곳을 골라서 어질게 살지 않으면 어찌 슬기롭다 하겠느냐?(子曰 里仁爲美 擇不處仁 焉得知)"라는 글에서 유래한다.
638) 玉潤은 옥처럼 빛난다는 뜻으로 사위를 가리키는데, 西晉 때 상서령을 지낸 樂廣과 그 사위 衛玠가 모두 명망이 높자 당시의 論者가 "장인은 얼음처럼 맑고, 사위는 옥처럼 빛난다.(婦翁氷淸 女壻玉潤)"라고 한 데서 유래한다.
639) 交輝는 갖가지 빛이 서로 비추어 번쩍이는 것이다.

西隣回綠野　　北里謁黃扉
我懶身仍病　　公勤禮不違
里仁天下美　　玉潤更交輝

11-30-097 홀로 앉아서. 2수
11-30-097 獨坐二首

목은 늙은이가 마침 홀로 앉아 있노라니
해〔年〕와 달이 괴롭게 서로 재촉하네.
해의 그림자는 꽃 사이에서 돌고
바람소리는 나무 위에서 오네.
도정(道情)[640]을 잠시 스스로 경험하는데
세변(世變)[641]은 끝내 돌이키기 어려워지네.
어느 곳에 몸을 부칠[642] 수 있을까?
천지에 낚시터 하나는 있으리.

牧翁方獨坐　　歲月苦相催
日影花間轉　　風聲樹上來
道情聊自驗　　世變竟難迴
何處堪棲托　　乾坤一釣臺

또 강남으로 가고 싶은 흥취가 이는데
귤나무에는 새로 노란 열매가 맺히리.
어느 날에나 배를 사서 타고 떠나랴?

640) 道情은 修道하는 사람의 凡俗을 초탈한 情操이다.
641) 世變은 세상의 變故이다.
642) 棲托(託)은 寄託·安身이다.

십년 동안이나 나를 괴롭히며 읊네.
돌아갈 뜻은 흐르는 물을 따르는데
호탕한 마음[643]은 세찬 바람에 격해지네.
행장(行藏)[644]을 스스로 결단하기 어렵거늘
임금님의 은혜는 천지처럼 깊네.

又起江南興　　新黃著橘林
買舟何日去　　費我十年吟
流水隨歸意　　長風激壯心
行藏難自斷　　天地聖恩深

11-30-098 도영공[645]을 위하여 짓다
11-30-098 爲都令公作

늙은 선비는 맞추어 쓰일[646] 곳이 없건만
병이 많은데도 다행히 한직(閑職)에 있다네.[647]
글을 요구함[648]을 매번 급하게 당하는데
대구를 맞추기[649]가 더욱 어려워짐에 놀라네.

643) 壯心은 호탕한 포부이다.
644) 行藏은 用舍行藏의 준말로 『論語』「述而」의 "쓰이면 나아가고 버려지면 숨는 것은 오직 나와 네가 그렇게 할 수 있을 것이다.(用之則行 舍之則藏 惟我與爾 有是夫)"라는, 孔子가 顔淵에게 한 말에서 유래하여, 세상에 쓰이면 관직에 나아가서 道를 행하고, 버려지면 물러나서 숨는 것을 뜻한다.
645) 令公은 중서령·절도사의 존칭인데, 도영공은 우왕 6년(1380)에 元帥가 되어 왜구토벌에 나섰던 都吉敷를 가리키는 듯하다.
646) 適用은 맞추어서 쓰는 것이다.
647) 投閑은 한가로운 곳으로 나아감, 몸을 淸閑한 경지에 둠, 요직에 있지 아니함[投閑置散]이다.
648) 徵文은 남에게 글을 지어 달라고 요구하는 것이다.
649) 對句는 對偶와 같은 말로 시문에서 對를 맞추는 것이다.

정성은 창자 안에서 생기는데
광채는 눈썹 사이에서 따르네.
감히 바라건대 밝은 임금님을 도와서
인자한 바람이 구한(九韓)[650]에 퍼지게 하시라.

老儒無適用　多病幸投閑
每被徵文急　尤驚對句難
精誠發腸內　光彩應眉間
敢願扶明主　仁風播九韓

11-30-099 시집가는[651] 박씨의 딸을 보내다
11-30-099 送朴氏女適人

이제 노쇠해진 외씨(外氏)[652]는
저 아이가 장성하여 시집감을 가엾게 여기네.
한강(漢江)은 넓은 바다로 흘러가는데
만리에는 신선한 햇빛[653]이 퍼지네.
지난날에 집안이 화를 만났지만[654]

650) 九韓은 新羅와 인접하여 있었던 아홉 나라의 합칭인데, 『삼국유사』 권1에서는 安弘의 『東都成立記』를 인용하여 그것이 日本·中華·吳越·乇羅〔托羅〕·鷹遊·靺鞨·丹國·女眞〔女狄〕·穢貊이라고 하였고, 권3에서는 같은 책을 인용하여 善德女王 14년(645)에 慶州에 세운 黃龍寺의 九層塔이 그 재해를 진압하기 위해 세운 것이라고 하였다.
651) 適人은 여자가 시집가는 것이다.
652) 外氏는 外家의 사람인데, 여기에서는 시집가는 朴氏의 外叔父인 자신을 가리키는 것으로 보인다.
653) 新晴은 막 날씨가 갬, 또는 막 갠 날씨이다.
654) 이 구절은 목은의 매부인 朴尙衷(1332~1375)이 禑王 초에 李詹·全伯英과 함께 北元을 섬기려는 李仁任을 죽일 것을 주장하다가 杖流되던 도중에 죽은 일을 가리키는 듯하다.

뒷날에는 세상의 영화를 누리리.
앓는 중이라 너를 전송하기 어렵기에
말없이 홀로 정을 머금는구나.

外氏今衰老	憐渠壯有行
漢江□□海	萬里放新晴
往日遭家禍	他年享世榮
病中難送汝	默默獨含情

11-30-100 할머니의 기일[655]에 느낌이 있어
11-30-100 祖妣忌旦有感

당시에 선인[656]께서 어머니의 영혼을 천도하고자 하셨기에
불사(佛事)가 곧 이루어지려 하자 온갖 느낌이 솟아나네.[657]
서른두 해[658]가 석화(石火)[659]와 같거니와

---

655) 祖妣는 돌아가신 할머니를 뜻하는데, 여기에서는 興禮人 李春年의 따님으로 목은의 祖考 自成의 부인이었던 이씨를 가리킨다. 李齊賢의 〈大元制封遼陽縣君高麗三韓國大夫人李氏墓誌銘〉(『益齋亂藁』 권7)에 따르면, 이 분은 목은이 上都에서 覲親하였던 시기인 忠定王 2년(1350) 10월 10일에 83세로 작고하였다.

656) 先人은 돌아가신 아버지로 목은의 先親인 稼亭 李穀(1298~1351)을 가리킨다.

657) 이 두 구절은 목은의 부친 이곡이 그 모친이 돌아가신 뒤부터 뜻하였던 佛事를 아들인 목은이 뒤늦게 이루게 된 감회를 표현한 것인데, 李崇仁의 〈驪興郡神勒寺大藏閣記〉(『陶隱集』 권4)에서는 목은의 부친이 부모님의 명복을 빌고자 이루려고 하다가 중단된 大藏閣의 조성을 공무로 미루었던 목은이 불도들의 독촉을 받은 나머지, 懶翁和尙의 문도들의 도움으로 착수하였고, 경신년(1380)에 시주를 받기 시작하여 신유년(1381) 4월에 『經律論』을 인출하는 등 계속한 끝에 계해년(1383)에 완성하였다고 하였다.

658) 三十二年은 조모가 돌아가신 1350년부터 시를 지은 우왕 7년(1381)까지의 기간이다.

659) 石火는 돌이 부딪혀서 일어나는 불꽃으로 지극히 짧은 시간을 비유한다.

구름 덮인 산과 안개 낀 바다는 널따랗게 어둑하네.[660]
어리석은 자식은 한결같이 문사(文詞)의 동산[661]에서 놀았건만
예전의 부처[662]가 다시 와서 불조(佛祖)의 뜰[663]이 트이게 하네.
앉아서 감탄하노라, 인연이란 우연한 것이 아니라서
박산(博山)[664]의 향불이 창문[665]에서 흩어짐을.

先人當日薦慈靈　　□□將成□□□
三十二年如石火　　□□烟海浩冥冥
愚兒一向游文苑　　古佛重來敞祖庭
坐嘆因緣非偶耳　　博山香燧散風櫺

11-30-101 비
11-30-101 雨

황력(黃曆)[666]에 소설(小雪)[667]이 분명하거니와
노쇠한 나이라 흰 머리에 느꺼워하네.
뜰에 가랑비가 가득히 내리니
깊은 가을[668]과 같아서 사물을 애완하네.[669]

---

660) 冥冥은 깜깜함이다.
661) 文苑은 文壇이다.
662) 古佛은 過去世의 부처이다.
663) 祖庭은 불교의 宗祖가 布敎하고 傳法하는 곳이다.
664) 博山은 중국 山東省 博山縣 동남쪽에 있는 산인데, 여기에서는 박산의 모습을 본떠 만든 향로인 博山爐를 가리킨다.
665) 櫺(欞)은 창문, 또는 格子窓이다.
666) 黃曆은 옛날의 달력으로 음력 월일과 절기 및 미신적 宜忌 등을 기록해 두던 것이다.
667) 小雪은 24절기의 하나로 立冬과 大雪 사이에 있으며, 양력 11월 22일이나 23일쯤에 든다.
668) 深秋는 늦가을이다.

시인의 안목은 더욱 맑아지는데[670]
하늘의 마음은 온통 어긋나네.[671]
마침 날씨와 빛[672]이 순조로우니
중주(中州)[673]의 아송(雅頌)[674]을 이으리.

小雪明黃曆　衰年感白頭
滿庭來細雨　玩物似深秋
詩眼彌淸切　天心儘謬悠
會當調玉燭　雅頌繼中州

11-30-102 한가롭게 앉아서[675]
11-30-102 淸坐

한가롭게 앉아 있으면 마음 하나가 대허(大虛)[676]와 같거늘
어찌 일찍이 또 조금인들 곤궁과 여유[677]를 염려하였으랴?
다만 잡기만[678] 하고 놓지 않았던 일을 가여워하거니와
음양의 변화는 처음부터 꿰뚫지 못하였다네.

---

669) 玩物은 사물을 愛玩한다는 뜻으로 사물에 깊이 빠짐을 가리킨다.
670) 淸切은 소리가 맑고 빠른 것을 형용한다.
671) 謬悠는 荒謬와 같은 말로 극단적으로 어긋나는 것이다.
672) 玉燭은 사철의 기후가 온화하고 맑아 해와 달이 밝게 비치는 것으로 太平盛世를 비유한다.
673) 中州는 中國이다.
674) 雅頌은 『詩經』 가운데 正樂의 노래인 雅〔大雅・小雅〕와 祖上의 功德을 찬미한 頌〔周頌・魯頌・商頌〕의 합칭이다.
675) 淸坐는 한가롭게 앉아 있는 것이다.
676) 大虛는 太虛와 같은 말로 宇宙・하늘, 또는 우주만물의 元氣이다.
677) 羸餘는 困憊와 餘裕이다.
678) 把定은 꼭 잡음, 制御함이다.

清坐一心如大虛　　何曾欠少更贏餘
只憐把定無□□　　未透陰陽變化初

11-30-103 꿰맨 이불에 느낌이 있어
11-30-103 縫衾有感

현란한 붉은 놀을 금빛실로 교묘하게 꿰매었는데
채색 구름에는 용이 날아오르고 찬란하게 꽃이 피어 있네.
내부(內府)[679]에 수장된 것을 중곤(中壼)[680]께 드리니
외가를 총애하여 남촌(南村)[681]에게 내리셨다네.
문장이 참으로 비속하고 평범함[682]을 스스로 부끄러워하는데
자고 먹는 것이 바로 생애임을 누가 알랴?
밟아서 찢은 여러 손자들을 매우 꾸짖었거니와
맑은 밤에 안고 앉아 있노라니 기운이 절로 화사해지네.

巧織金絲絢紫霞　　龍騰雲彩爛開花
收藏內府供中壼　　賜與南村寵外家
自愧文章眞俗下　　誰知眠食是生涯
深嗔踏裂多孫子　　擁坐淸宵氣自華

11-30-104 날씨가 개다
11-30-104 天晴

679) 內府는 왕실의 창고이다.
680) 中壼은 中宮과 같은 말로 황후・왕비가 거처하는 궁전이나 황후・왕비를 가리키는데, 여기에서는 고려인으로 元 順帝의 제2황후가 되었던 奇氏를 가리킨다.
681) 南村은 여말의 문신 李公遂(1308~1366)의 號인데, 그 姑母가 奇子敖에게 출가하여 奇皇后를 낳았으므로 그는 기황후의 외사촌 오라비이다.
682) 俗下文章은 비속하고 평범한 문장, 세상일에 대응하여 쓰는 평범한 문장이다.

조금 내린 비가 싸늘한 기운을 보태니
아침에 늦게 일어나고 싶어지네.
이불을 안고 있으니 더욱 맛이 있기에
붓을 잡고서 또 시를 짓네.
운물(雲物)[683]은 처량하고 맑은데
시내와 들판은 깨끗하고 곱네.
정신과 몸이 다시 강건해지니
우연히 얻은 것이 정밀하게 생각한[684] 것보다 낫다네.

小雨增寒氣　朝來欲起遲
擁衾尤有味　援筆又題詩
雲物凄淸際　川原淨麗時
神形亦强健　偶得勝精思

11-30-105 느낌이 있어
11-30-105 有感

근래에는 벗이 드물어지니
점점 나의 도가 그릇되어[685] 감을 알겠네.
쇠벼루에 느긋하게 먹을 가는데
이끼 낀 삽짝은 쓸쓸히 닫혀 있네.

683) 雲物은 景物・景致이다.
684) 精思는 마음을 기울여 생각하는 것이다.
685) 吾道非는 『史記』「孔子世家」에서 孔子가 子路에게 "나의 도가 틀렸느냐? 내가 어찌하여 이에 이르렀느냐?(吾道非邪 吾何爲於此)"라고 물은 말에서 인용한 것인데, 이와 함께 『淮南子』「原道訓」에는 "거백옥은 나이 쉰 살에 마흔아홉 해의 잘못을 알았다.(蘧伯玉年五十 而知四十九年非)"라는 글의 뜻도 지닌 것으로 볼 수 있을 듯하다.

가랑비 내리는 산에는 추위가 짙은데
긴 숲 옆의 들판에는 새벽빛이 희미하네.
외로운 삶이라 그윽한 맛에 만족하거니와
남쪽을 바라보니 기러기가 비껴 날아가네.

朋友近來稀	漸知吾道非
悠悠磨鐵硯	寂寂掩苔扉
細雨山寒重	長林野曙微
孤生足幽味	南望鴈橫飛

11-30-106 쌀을 찧는 노래
11-30-106 舂米歌

부유한 집의 노적가리는 언덕과 같은데[686]
들에서 뜰까지 이어지네.
가난한 집에서는 지고 와서
손으로 찧느라고 땀을 철철 흘리네.
아침을 때우면 저녁을 꾀할 수 없으니
어찌 쌀이 묵어서 붉게 됨을 알랴?
부잣집은 좋은 땅을 얻어
많은 하인으로 힘써 경작하네.
찧어서 까불기가 쉽디쉬워
풍구[687]로 쭉정이와 겨[688]를 날려 버리네.

---

686) 如京은 언덕과 같다는 뜻인데, 『詩經』 「小雅」 〈甫田〉에 "증손의 노적가리는, 모래톱 같고 언덕과 같네.(曾孫之庾 如坻如京)"라는 구절이 있다.
687) 풍구는 여러 개의 넓적한 살이 달린 바퀴가 돌면서 바람을 일으켜 곡물에 섞인 쭉정이 · 겨 · 먼지 따위를 날리는 농기구로 풀무라고도 한다.

서쪽집의 방아는 서쪽에서 울리고
동쪽집의 방아는 동쪽에서 울리네.
낟알마다 모두 옥같이 깨끗하여
빛이 갠 하늘을 비추네.
상품(上品)은 관가에 바치고
중품(中品)으로는 백관(百官)[689]을 먹이네.
하품(下品)은 묵은 것을 취한 것인데
해마다 우리 농부들을 먹이네.
썩은 선비 또한 입에 풀칠을 하는데
그렇지만 조그만[690] 공로도 없네.
이제 매우 늙었거니와
놀면서도 녹을 먹으니[691] 여러 분들께 부끄럽네.
여러 분들은 따뜻하고 배부름을 함께 하면서
바야흐로 몸을 돌보지 않고[692] 충성하시네.[693]

富家積如京　　野外連囷中
貧家負以來　　手舂汗交融
救朝不謀夕　　那知相因紅
富家得上田　　力作多僕僮
舂簸易又易　　粃糠散以風

688) 粃糠은 쭉정이와 겨로 쓸데없이 하찮은 것을 비유한다.
689) 臣工은 群臣百官이다.
690) 尺寸은 자와 치로서 매우 작은 것이다.
691) 素飡(飧·餐)은 아무런 공로나 재능이 없이 높은 지위에 앉아 녹을 타 먹는 것을 가리킨다.
692) 匪躬은 자신의 몸을 돌보지 아니함, 자신의 이해를 초월함이다.
693) 蹇蹇은 忠直한 모양인데, 『周易』 蹇卦의 爻辭에 "왕의 신하가 충직함은 자신의 몸을 돌보고자 함이 아니다.(王臣蹇蹇 匪躬之故)"라는 글이 있다.

西碓鳴于西 東碓鳴于東
粒粒皆玉潔 光華燭晴空
上以供官家 中以養臣工
下以取其陳 歲歲食吾農
腐儒亦糊口 而無尺寸功
甚矣今老矣 素飡愧諸公
諸公共溫飽 蹇蹇方匪躬

11-30-107 안대부[694] · 이개성[695] · 이계림[696]을 차례로[697] 방문하였더니, 각각 술자리를 베풀기에 취하여 돌아오다

11-30-107 曆訪安大夫李開城李雞林 各設酌 醉歸

몸과 세상이 다 아득한 앓는 늙은이가
벗을 찾아 도성 남쪽에 가서 즐겁게 놀았네.[698]
울타리에 가득한 누런 국화는 한창 활짝 피는데[699]
난간에 닿은 푸른 소나무는 또 싸늘하였네.[700]
차를 달이며 고요히 앉아서 세 가지 반성[701]을 따랐거니와

---

694) 大夫는 고려시대 文官의 官階에 붙여 부르던 호칭으로, 처음에는 종5품 이상에 사용되었으나, 忠烈王 34년(1308) 이후에는 종4품 이상으로 고쳐졌는데, 안대부는 목은의 監試同年으로 御史大夫로 있던 安宗源(1328~?)을 가리키는 듯하다.
695) 開城은 開城府尹의 약칭인데, 李開城은 開城尹을 지낸 李齊賢의 막내아들 彰路를 가리킨다.
696) 雞(鷄)林은 慶州의 옛 이름인데, 이계림은 鷄林君에 오른 李齊賢의 맏손자 李寶林을 가리키는 듯하다.
697) 曆(歷)訪은 여러 곳을 차례차례 방문하는 것이다.
698) 勝遊(游)는 즐거운 놀이이다.
699) 爛熳(漫)은 초목·꽃이 만발한 모양이다.
700) 颼飀는 그늘지고 찬[陰冷] 모양이다.
701) 三省은 세 가지를 반성한다는 뜻으로, "나는 날마다 세 가지로 내 자신을 반성한다. 남을 위하여 꾀함에 충성스럽지 않았는가? 벗과 사귐에 신의롭지 않았는가?

술을 마주하고 고상하게 이야기하노라면 온 근심이 흩어졌다네.
저물녘에 돌아오는 모습은 참으로 그림과 같아서
지친 아이종과 말에다 머리는 온통 눈빛이었다네.

病翁身世兩悠悠　　訪友城南得勝遊
黃菊滿籬方爛熳　　碧松當檻更颼飀
烹茶靜坐追三省　　對酒高談散百憂
薄晩歸來眞似畫　　倦僮疲馬雪渾頭

11-30-108 스스로 탄식하다
11-30-108 自嘆

천지는 널따랗고[702] 나의 몸은 가벼운데
소년시절에는 전광(顚狂)[703]하다가 점점 의젓해졌다네.[704]
오탁(五濁)[705]의 악세(惡世)[706]를 어찌 일찍이 슬퍼하였으랴?
삼청(三淸)[707]의 장생(長生)[708]을 어찌 또 부러워하였으랴?
문장(文章)은 전아하지만[709] 병통이 교묘함에 있고
권도(權度)[710]는 분명하지만 응용함이 정밀하지 않네.

전수받은 것을 익히지 않았는가?(吾日三省吾身 爲人謀而不忠乎 與朋友交而不信乎 傳不習乎)"라는 『論語』「學而」의 曾子의 말에서 유래한다.

702) 蕩蕩은 넓고 커서 끝이 없는 모양이다.
703) 顚狂은 行動擧止가 狂亂한 것이다.
704) 老成은 숙성하고 의젓한 것이다.
705) 五濁은 불교어로 劫·見·命·煩惱·衆生 등 이 세상의 다섯 가지 더러운 것을 가리킨다.
706) 惡世는 나쁜 일이 성행하는 세상이다.
707) 三淸은 道敎語로 玉淸·上淸·太淸의 三天을 가리킨다.
708) 長生은 長生不死, 또는 長壽이다.
709) 典雅는 문장·말이 고상하고 우아하며 품위가 있음이다.
710) 權度는 저울과 자로 의거하여 좇아야 할 법도를 가리킨다.

다만 이미 번화함이 다 사라진 것을 기뻐하거니와
갠 날의 푸른 하늘에는 뜬 구름 밑에서 버들개지가 날리네.

乾坤蕩蕩我身輕　　少也顚狂漸老成
惡世何曾悲五濁　　長生寧復慕三淸
文章典雅傷於巧　　權度分明用不精
只喜繁華已消盡　　浮雲飛絮碧空晴

11-30-109 전답의 소출이 너무 적기에
11-30-109 田出甚少

해마다 관전(官田)[711]을 빌려서 파종하여 벼를 거두는데
와서 말하기를 늘어나지 않고 많이 줄어들었다고 하네.
마음이 만족스러운 듯하니 여유가 있거니와
운명이니 편안하게 여길 뿐 장차 어찌하랴?
배부름을 구함을 어찌 욕심대로 좇을 수 있으랴?
굶주림을 참으면서 잠시 또 딴 마음이 없기[712]를 다짐하네.
수사(收司)[713]의 군자들이 어찌 이를 알랴?
강 가의 노적가리는 그림자가 물결에 거꾸로 박혀 있다네.

借種官田歲取禾　　來言減少不增多

711) 官田은 국가가 규제하는 주인이 없는 황무지이다.
712) 無他는 딴 마음이 없는 것이다.
713) 收司는 고려 말기에 설치된 잘못된 公解田柴(중앙과 지방의 관청에 소요되는 경비를 조달하기 위하여 지급된 賜給地)를 거두어들이기 위한 기관이었던 듯하다. 『高麗史』 권70 「殖貨」의 公解田柴條에서 忠惠王 후4년 10월에 "左右道收司判事 崔孫雨 등이 京畿의 여러 賜給田을 모두 빼앗아 有備倉에 속하게 하였다."라고 한 것으로 보아, 京畿左右道의 사급지를 대상으로 하였던 기관으로 보인다.

心如足矣有餘裕　　命也安之將柰何
求飽豈能從所欲　　忍飢聊復矢無他
收司君子寧知此　　露積江頭影倒波

11-30-110 어느 곳
11-30-110 何處

돌아갈 만한 전원이 어느 곳인가?
머리 위에는 하늘이 아득하네.
강산은 모두 주인이 있거니와
행지(行止)[714]야 감히 현인(賢人)을 본받으랴?[715]
형영(形影)[716]은 바람과 티끌 속의 소매처럼 나부끼고
정신(精神)은 달빛과 이슬을 읊은 글에서 빛나네.
서로 알아 주는 이는 예로부터 적은데도
부질없이 이름만 전해져 내려온다네.[717]

何處可歸田　　悠悠頭上天
江山皆有主　　行止敢希賢
形影風塵袖　　精神月露篇
相知古來少　　名字謾流傳

---

714) 行止는 行藏·出處와 같은 말로 세상에 나아가고 물러나는 것이다.
715) 希賢은 賢人과 같게 되기를 바람, 또는 현인을 본받는다는 뜻으로, 周敦頤가 『通書』 「志學」에서 "성인은 하늘의 덕과 같게 되기를 바라고, 현인은 성인과 같게 되기를 바라고, 선비는 현인과 같게 되기를 바란다.(聖希天 賢希聖 士希賢)"라고 한 데서 유래한다.
716) 形影은 사람의 형체와 그림자이다.
717) 流傳은 전해져 내려옴, 퍼져나감이다.

11-30-111 흰 구름. 1수
11-30-111 白雲一首

흰 구름이 오히려 생각을 지녔는지[718]
나의 갠 창을 비추다가 어디로 돌아가는가?
이미 붉은 먼지[719]와 서로 떨어져 있기에
늘 푸른 산에서 일부러 배회하네.
비 온 뒤에는 해 옆에서 흩어졌다가 합쳐지고
하늘 너머에서는 바람을 따라 가고 오네.
누가 목은 늙은이가 부질없이 바라본다고[720] 말하는가?
아침이 다하도록[721] 똑바로 앉아 노쇠함[722]을 탄식한다네.

白雲還是有心哉　　映我晴牕底處廻
已與紅塵相隔絶　　每從青嶂故徘徊
雨餘傍日□□合　　天外隨風去又來
誰道牧翁空悵望　　終朝危坐嘆摧頹

11-30-112 어제 유밀직[723]을 찾아갔다가 취하여 돌아오다
11-30-112 昨訪柳密直醉歸

---

718) 白雲有心은 陶潛의 〈歸去來辭〉의 "구름은 무심히 산골짜기에서 나오고, 날기에 지친 새는 돌아갈 줄을 아네.(雲無心以出岫 鳥倦飛而知還)"라는 구절을 염두에 둔 표현이다.
719) 紅塵은 붉게 일어나는 티끌로 번거롭고 어지러운 세상을 비유한다.
720) 悵望은 시름없이 바라보는 것이다.
721) 終朝는 새벽부터 아침밥을 먹을 때까지의 시간이다.
722) 摧(崔)頹는 노쇠하여 기력이 약해지는 것이다.
723) 密直은 고려시대에 王命의 출납과 宮中의 宿衛·軍機 등에 관한 일을 맡아보던 관아인 密直司, 또는 그 관원의 약칭인데, 柳密直은 柳玽(1335~1398)를 가리키는 듯하다.

이현(梨峴)[724]의 동쪽 언덕은 뭇산을 굽어보는데
뜰에 가득한 화목들이 구름 끝을 스치네.
주인은 삼한(三韓)[725]에서 빼어나다고 다들 말하는데
늙은이는 한나절만 한가로워도 자주 들르네.
국화는 차가운 향기로 푸른 장막을 침투하고
술은 가을이슬처럼 금빛 소반에서 방울지네.
반쯤 취하여 차를 마시니 회포가 맑아지거니와
새 한 마리가 높이 아득한[726] 곳으로 날아가네.

梨峴東崖俯衆山　　滿園花木拂雲端
主人共道三韓秀　　老者頻投半日閑
菊以寒香侵翠幙　　酒如秋露滴金盤
半酣啜茗淸懷抱　　一鳥高飛縹渺間

11-30-113 어제 신평군[727]을 방문하고 나서 들어가서 정월성[728]을 뵈었는데, 모두 술상을 차렸기에 반쯤 취하여 돌아오다

11-30-113 昨訪新平君 入謁鄭月城 皆設酌 半酣而歸

---

724) 梨峴은 開城府 동쪽 6리 되는 곳에 있던 고개이다.
725) 三韓은 馬韓·辰韓·弁韓, 또는 高句麗·百濟·新羅의 三國으로 우리나라의 異稱이다.
726) 縹渺는 높고 먼 모양이다.
727) 新平君은 08-23-034 〈端午日 宰樞觀擊毬 (중략) 予與上黨君至市傍 遇新平君 (후략)〉의 본문에 목은과 동갑으로 興王功臣에 책봉되었던 사실이 나타나는 사람이다.
728) 月城은 慶州의 옛 이름인데, 鄭月城은 본관이 慶州로 恭愍王 初中期에 東北面都指揮使·門下評理를 지내고 月城君에 봉해졌던 鄭暉(?~?)를 가리킨다. 그가 月城君임은 『燃藜室記述』 권2의 太祖朝 名臣 鄭熙啓條에 보이는데, 희계는 그의 아들로 조선 태조 때 左參贊을 지냈다.

가까운 사귐은 동갑이 으뜸인데
아버지뻘로 일흔 살이 넘으셨네.
질병을 문안함이 소홀하게 늦은[729] 것을 사과드리고서
회포를 논하며 근원적으로 치료할 방책을 찾네.
좋은 안주는 봉황을 구운 듯한데[730]
훌륭한 술에는 또 구더기[731]가 떠 있네.
반쯤 취하여 높은 흥취를 드러내노라니
흰 구름이 푸른 허공에서 흘러가네.

親交同甲最	父執七旬餘
問疾謝遲慢	論懷探治初
嘉肴似炰鳳	美酒更浮蛆
半醉發高興	白雲行碧虛

11-30-114 어제 판삼사사[732] 홍공[733]의 댁에 갔더니 척산군[734] 박공이 먼저 와서 자리에 있기에 함께 마셨다. 나와서 밀양군[735] 박공의 집에 들러 그림을 보면서 차를 마시고

729) 遲慢은 늦음, 빠르지 못함이다.
730) 炰鳳은 구운 봉황으로 진기한 안주를 비유하는데, 明나라 劉若愚의 『酌中志』「內臣職掌紀略」에 大典禮에는 "이른바 구운 봉황과 삶은 용이라는 것이 있는데, 봉은 곧 수꿩이고, 용은 흰 말을 죽여서 대신한다.(有所謂炮鳳烹龍 鳳乃雄雉 龍則宰白馬代之耳)"라는 글이 있다.
731) 浮蛆는 술잔 위에 뜬 구더기처럼 생긴 거품으로 술을 가리킨다.
732) 判三司事는 고려시대 錢穀 등 나라의 재물의 출납과 회계를 맡아보던 관청인 三司의 장관으로 종1품직이다.
733) 洪公은 贊成事를 거쳐 判三司事가 된 洪永通(?~1395)을 가리킨다.
734) 陟山君은 廣通普濟禪寺의 공사 때 密陽君 朴成亮과 함께 감독관을 맡았던 朴元鏡의 封號이다.
735) 密陽君은 廣通普濟禪寺의 공사 때 陟山君 朴元鏡과 함께 감독관을 맡았던 朴成亮의 封號이다.

돌아오다

11-30-114 **昨詣判三司事洪公第 陟山君朴公先在座 同飮 旣出過密陽君朴公第看畵 啜茶而歸**

정호(鼎湖)[736]의 하늘은 멀고 저녁해는 나지막한데
광암사(光岩寺)[737]를 찾아가려 하여도 길이 이미 어둡네.
장차 당성(唐城)[738]에 가서 술통을 마주하실 텐데
한창 순(舜)임금의 해를 도와 도성[739]을 빛내시네.
차를 마시니 문득 진연(塵緣)[740]이 깨끗해짐을 깨닫고
그림을 보면서 또 필법이 빼어남을 알겠네.
머리가 하얀 서생은 아직도 매우 광망(狂妄)하여
노래를 불러야 마땅할 때에도 매번 시를 읊는다네.

鼎湖天遠夕陽低　　欲訪光岩路已迷
且向唐城對尊酒　　方扶舜日照天衢
啜茶頓覺塵緣淨　　看畵仍知筆法殊
白髮書生尙狂甚　　每將吟咏當歌呼

11-30-115 **외형[741] 김좌윤[742]께서 영해[743]에서 오셨기에 서로**

---

736) 鼎湖는 河南省 閿鄕縣의 荊山 밑에 있는 지명으로, 옛날에 黃帝가 솥을 주조하자 용이 나타나 임금과 함께 群臣·後宮 70여인을 태우고 하늘로 올라간 곳인 데서 생긴 이름이며, 제왕·제왕의 죽음을 비유하는데, 여기에서는 恭愍王의 崩御를 가리킨다.
737) 光巖(岩)寺는 開京 鳳鳴山에 있던 절로 雲巖寺라고도 하며, 恭愍王이 내린 편액에 따라 廣通普濟禪寺로도 불리었다.
738) 唐城은 京畿道 南陽府의 高句麗 때 이름으로 홍씨의 본관이다.
739) 天衢는 京師의 大路, 天上의 通路이다.
740) 塵緣은 속세의 인연이다.
741) 外兄은 外從兄이다.

만난 것을 기뻐하여 단율[744]을 읊다
11-30-115 外兄金左尹來自寧海 喜相逢 吟短律

소년시절부터 고향 마을에서 한가롭게 지내시더니[745]
늘그막[746]에는 전란[747] 때문에 떠돌아다니시네.[748]
천금을 다 흩어 없앤들 무슨 상관이 있으랴?[749]
한 번 서로 만나 웃음이 어찌 우연한 일이랴?[750]
창에 비치는 아침햇볕은 술기운을 도와 주고
자리에 들어오는 찬 바람은 시견(詩肩)[751]을 솟게 하네.
사람의 삶에 모이고 흩어짐을 누가 관장하는가?
머리 위에는 아득한 하늘[752]이 있다네.

鄕里優游自少年　　干戈飄泊在華顚
千金散盡庸何害　　一笑相逢豈偶然

---

742) 左尹은 고려시대 三司의 종3품직인데, 金左尹은 목은에게 〈流沙亭記〉(『牧隱文藁』 권1)를 부탁한 바 있는 寧海에 살던 外從兄이다.
743) 寧海는 慶尙北道 盈德・英陽 지역에 있던 府로 목은의 外家가 있던 곳이다.
744) 短律은 律詩이다.
745) 優游(遊)는 한가롭게 지내는 것이다.
746) 華顚은 머리털이 희다는 뜻으로 華首라고도 하며, 늘그막・노인을 가리킨다.
747) 干戈는 방패와 창으로 武器・兵亂을 가리킨다.
748) 飄泊은 정처없이 떠돌아다니는 것이다.
749) 何害는 何傷・何妨과 같은 말로 아무 방해나 상관이 없다는 뜻이다.
750) 이 구절은 蘇軾의 〈與毛令方尉 遊西菩提寺 二首〉의 첫수에 나오는 "서로 만나 한 번 웃는 일을 어찌 쉬 얻으랴? 몇 수 시의 미친 말을 꼭 깎아낼 것은 없으리.(一笑相逢那易得 數詩狂語不須刪)"라는 연을 변용한 것이다.
751) 詩肩은 시인이 苦吟하느라고 솟아오른 어깨뼈를 뜻하는데, 시인이 고음하는 것을 형용하여 詩肩瘦라고 하며, 蘇軾의 〈贈寫眞何充秀才〉에 "또 보지 못하였는가? 눈 속에 나귀를 탄 맹호연이, 눈썹을 찌푸리고 시를 읊느라고 어깨가 산처럼 솟는 것을.(又不見雪中騎驢孟浩然 皺眉吟詩肩聳山)"이라는 구절이 있다.
752) 老天은 하늘의 敬稱이다.

朝日照牕扶酒力　　寒風入座聳詩肩
人生聚散知誰管　　頭上冥冥有老天

11-30-116 엎드려 교궁[753]을 생각하며 1수를 읊다
11-30-116 伏想郊宮 吟成一首

무예를 강습함을 농한기[754]에 함은[755]
위험을 생각함[756]이 임금님의 마음에 있음이네.
장성(長星)[757]이 땅을 밝게 비추면
돼지[758]도 숲에서 멀리 떠났다네.
뭇 사람들은 삼면으로 몰아가는[759] 방법에 기뻐하는데
신(臣)은 다섯 자로 된 시를 올리네.
반드시 느슨하게 하고 팽팽하게 함[760]을 아울러 써야

---

753) 郊宮은 임금이 교외에 나가서 임시로 거처하는 처소이다.

754) 農隙은 농사가 한가한 時候이다.

755) 講武當農隙은 『春秋左氏傳』 隱公 5년조의 "그러므로 봄의 사냥, 여름의 사냥, 가을의 사냥, 겨울의 사냥은 모두 농사가 한가할 때에 軍政大事를 모의하는 것이다.(故春蒐夏苗秋獮冬狩 皆於農隙以講事也)"라는 글을 인용한 것이다.

756) 思危는 위험이 닥칠 것을 생각하는 것인데, 『春秋左氏傳』 襄公 11년조에 "『書經』에 이르기를 '편안할 때에 위험을 생각하라.' 하였으니, 생각하면 대비가 있게 되고, 대비가 있으면 환란이 없게 된다.(居安思危 思則有備 有備無患)"라는 글이 있다.

757) 長星은 彗星과 비슷한 옛날의 별 이름으로 긴 빛발[光芒]을 지니고 있다.

758) 剛鬣은 아주 큰 돼지, 또는 제사에 쓰는 돼지이다.

759) 三驅는 임금이 사냥을 하는 방법으로 세 쪽은 에워싸고 한 쪽은 터서 달아날 길을 열어 주어 好生之德을 보이는 일을 가리킨다. 『周易』 比卦의 爻辭에 "왕이 삼면으로 몰아가니, 앞에 가던 禽獸를 잃어 버린다.(王用三驅 失前禽)"라는 글이 있다.

760) 弛張은 一弛一張과 같은 말로 한 번 느슨하게 했다가 한 번 팽팽하게 하는 것인데, 『禮記』 「雜記 下」에 "한 번 팽팽하게 하고 한 번 느슨하게 하는 것이 문왕과 무왕의 법도이다.(一張一弛 文武之道也)"라는 글이 있다.

오늘날에 또 영광을 세우시리.

講武當農隙　　思危在聖心
長星明照地　　剛鬣遠辭林
衆悅三驅法　　臣將五字吟
弛張須並用　　樹立更光今

11-30-117 사전[761]의 조세를 걷는 이가 떠나자 느낌이 있어
11-30-117 賜田收租人去有感

태평한 시대의 은혜가 얼마나 무거운가?
노쇠한 나이라 감격이 더욱 깊네.
남들은 입과 배[762]를 도모한다고 헐뜯고
나는 몸과 마음이 나뉨을 부끄러워하네.
짧은 노는 모래 포구에서 삐걱거리고
성근 울타리 사이로는 대숲이 어른거리네.
돌아가고자 한들 누가 나를 말리랴?
지닌 것은 거문고 하나[763]뿐이라네.

聖代恩何重　　衰年感更深
人譏謀口腹　　自愧判身心
短棹鳴沙浦　　疎籬映竹林
欲歸誰我止　　只有一張琴

761) 賜田은 국가나 왕실에 훈공을 세운 신하에게 왕이 특별히 하사하는 토지이다.
762) 口腹은 입과 배로 음식이나 살아 갈 방도를 비유한다.
763) 張은 책상・활・거문고 따위를 세는 단위이다.

11-30-118 일을 적다
11-30-118 紀事

일찍이 장성(長星)[764]을 향하여 한 잔 술을 권하였거니와[765]
옛 사람의 해골은 이미 먼지가 되었으리.
당시에 술안주[766]로는 무엇이 있었을까?
오늘 아침에는 다투어 사냥한[767] 고기가 언덕과 같으리.

曾向長星勸一杯　　故人骸骨已塵埃
當時佐酒知何物　　獵較今朝肉似堆

11-30-119 동짓달 초하룻날에 읊다
11-30-119 仲冬朔日有詠

동짓달이 벌써 또 오는데
어느 날에나 나는 비로소 돌아가랴?
한 해가 쓸쓸히 곧 저물려 하는데
사람은 분분하게[768] 이미 잘못 되었네.

---

764) 長星은 彗星과 비슷한 옛날의 별 이름으로 긴 빛발〔光芒〕을 지니고 있다.
765) 이 구절은 『晋書』 「本紀」에서 孝武帝가 말년에 長星이 나타난 것을 매우 싫어하여, 華林園에서 술잔을 들고 빌면서, "장성이여, 너에게 한 잔 술을 권하노라. 예로부터 어찌 만년 동안 산 천자가 있었겠느냐?(長星 勸汝一杯酒 自古何有萬歲天子邪)"라고 말하였다는 고사를 가리킨 것이다.
766) 佐酒는 술자리를 돕는다는 뜻으로 술안주를 가리킨다.
767) 獵較는 사냥감을 다투는 것인데, 『孟子』 「萬章 下」에 "공자께서 노나라에서 벼슬하실 때에, 노나라 사람들이 사냥감을 다투면, 공자께서도 사냥감을 다투셨다. 사냥감을 다투는 것도 오히려 괜찮거늘, 하물며 제후가 하사하는 것을 받음이랴?(孔子仕於魯也 魯人獵較 孔子亦獵較 獵較猶可 而況受其賜乎)"라는 글이 있다.
768) 紛紛은 많은 모양이다.

긴 별[769]이 아직도 화염을 토하고
뭇 별자리[770]는 문득 빛을 떨치네.[771]
앉아서 황려(黃驪)[772]로 가는 길을 상상해 보면
삽짝은 낚시터를 향하고 있으리.

仲冬今又至　　何日我方歸
寂寂歲將晩　　紛紛人已非
長星猶吐焰　　列宿頓揚輝
坐想黃驪路　　柴扉向釣磯

11-30-120 스스로 웃다

11-30-120 自笑

모든 유위(有爲)[773]는 다 공허한 것이건만
화산과 숭산[774]에는 검은 쇠[775]와 흰 은이 쌓여 있다네.
마침 변고가 많은 때를 만남을 부끄러워하는데

---

769) 長星은 彗星을 가리키는데, 『高麗史』 권134 禑王 7년 10월 壬申條에 "혜성이 氐宿方에 나타났는데, 길이가 1장쯤 되더니, 십오일 만에 비로소 사라지다.(彗見于氐 長丈餘 十五日乃滅)"라는 기사가 있다.

770) 列宿는 뭇 별자리, 뭇별이다.

771) 이 구절은 杜甫의 〈承沈八丈東美 除膳部員外郎 阻雨未遂馳賀 奉寄此詩〉의 "맑은 가을날에 문득 直所에서 거처하는데, 뭇 별들은 갑자기 빛을 드날리네.(淸秋便寓直 列宿頓輝光)"라는 데서 인용한 것이다.

772) 黃驪는 楊廣道〔지금의 京畿道〕 驪州의 별칭이다.

773) 有爲는 有爲法의 준말로 인연에 따라 생기는 無常한 變幻의 세계, 또는 生滅變化하는 物心의 현상인데, 『金剛般若波羅密經』에 "모든 有爲法은 夢幻과 泡影과 같으며, 이슬과 같고 또한 번개와 같으니, 마땅히 이와 같이 보라.(一切有爲法 如夢幻泡影 如露亦如電 應作如是觀)"라는 글이 있다.

774) 華嵩은 華山과 嵩山의 합칭인데, 이 두산은 모두 중국에서 名山 또는 鎭山으로 존숭했던 다섯 개의 산인 五嶽에 속한다.

775) 黑金은 검은 빛 금속으로 보통 鐵을 가리킨다.

문득 조각구름 속에 있음을 보네.
마음은 고요한 물처럼 밝은 달을 받아들이는데
몸은 뜬 구름같이 빠른 바람을 따르네.
다만 임금님과 양친께 은혜와 의리가 무겁기에
반드시 좇아서 갚고자 나의 충심을 다하네.

有爲□□□虛空　　黑白金銀積華嵩
愧殺適當多故際　　看來却在片雲中
心如止水容明月　　身似浮雲趁疾風
只有君親恩義重　　政須徒[776]報盡吾忠

11-30-121 아내의 말을 기록하다 *서를 둔다
11-30-121 錄婦言 *幷序

*"전에 독칠방[777]에 거처할 때에 침석[778] 한 장을 마련하려고, 오승포[779] 세 필로 생견[780] 스물네 자를 사고, 또 다섯 필로 명주[781] 한 필을 샀습니다. 이것이 지정[782] 기축년[783]이었는데, 우리나라 명주[784]라면 마흔 자가 오승포 다섯 필 값에 지나지 않았습니다. 지금은 명주 한 필이 삼베[785] 일흔 필 값이고, 명주

776) 원전의 '徒'는 '從'의 착오인 듯하다.
777) 獨七房은 목은이 등제하기 전인 忠定王 원년(1349) 무렵에 임시로 거처하였던 開京의 마을 이름인 듯하다.
778) 寢席은 잠을 잘 때에 까는 자리이다.
779) 五升布는 다섯 새의 베나 무명으로 품질이 중간쯤 된다.
780) 生絹은 빨지 않은 명주이다.
781) 絹은 명주실[絹絲]로 짠 천, 즉 명주이다.
782) 至正은 天統(1333~1334)・至元(1335~1340)에 이은 元 順帝의 세 번째 年號로 1341년부터 1367년까지 사용되었다.
783) 己丑年은 忠定王 즉위년(1349)이다.
784) 綿紬(綢)는 명주실로 무늬 없이 짠 피륙으로 고유어로는 명주라고 한다.
785) 布는 무명실이나 삼실로 짠 피륙이다.

마흔 자는 서른 필 값이니, 의복을 어찌 옛날처럼 얻겠습니까?" 그 말이 슬프고 원망스러워서[786] 듣고 마음 속으로 느끼지 않을 수 없기에, 그대로 기술하여 성쇠를 보여 준다

*昔在獨七房 以寢席一張 五升布三疋 買生絹卄四尺 又五疋 買絹一疋 是至正己丑歲也 若鄕綿紬四十尺 直五升布四疋而已 今則絹一疋 直布七十疋 綿紬四十尺 直三十疋 衣服安得如舊哉 其言悲惋 聞之不能不動于中 直述以觀盛衰

지정(至正) 기축년(己丑年)에는
사해(四海)[787]에 옷감과 곡식이 넉넉하였다네.
명주 한 필이 베 너댓 필 값이라서
귀한 이나 천한 이나 다 넉넉히 지냈네.
아내가 '저에게 조금 비축한 것이 있습니다' 하기에
독칠방(獨七房)의 집에서 홀로 거처하였네.
할아버지께 청원하여
시장에서 바라는 것을 쉬 얻었네.
계절에 따라 옷을 지으면
깨끗하여 목욕을 한 듯하였지.
도적이 변락(汴洛)[788]에서 일어나자
베 짜는 여인네도 칼과 활집[789]을 찼다네.
길이 오래도록 막히니
팔기를 그만두고 묶어 두었네.
명주 한 필이 베 일흔 필 값이요
시장에 들어가더라도 또한 보기조차 어려웠네.

786) 悲惋은 슬프고 원망스러움, 슬퍼하고 원망하는 것이다.
787) 四海는 中國의 四方에 있는 바다로 온 천하를 가리킨다.
788) 汴洛은 중국의 汴京과 洛陽의 합칭인데, 이 두 도시는 唐나라 말기에 반란을 일으킨 王仙芝와 黃巢의 군대에 함락된 바 있다.
789) 釰(劒)韣은 칼과 활집이다.

비단은 더욱이 값을 묻지도 못하였으니
살을 드러내지 않음이 다행스러웠네.
세태를 따르며[790] 앉아서 탄식하노라면
머리카락과 살쩍은 흰 학(鶴)처럼 하얗게 되었지.
치란(治亂)[791]은 본래 운수가 있어
만고에 흔들리는 촛불[792]과 같다네.
어느 날에나 혹시라도 예전으로 돌아가랴?
늙은이의 눈물이 두 눈에서 떨어지네.

至正己丑歲	四海富布粟
匹絹四五布	貴賤悉取足
婦曰我少畜	獨處獨七屋
乞□向祖父	市易得所欲
製服趂節序	潔淨若沐浴
盜賊起汴洛	織女佩釼韣
道路久梗塞	販賣閣以東
匹絹布七十	入市亦未矚
錦綺更莫問	幸矣不露肉
撫世坐嘆息	鬢髮白鶴鶴
理亂自有數	萬古似轉燭
曷日或復舊	老淚滴兩目

11-30-122 돌아가신 사공[793] 유공[794]의 사위[795]들이 와서 선영

790) 撫世는 세태에 순응하는 것이다.
791) 理亂은 治亂과 같은 말로 잘 다스려지고 혼란스러움이다.
792) 轉燭은 바람이 촛불을 흔든다는 뜻으로, 세상일의 변환이 헤아리기 어려움을 비유한다.

의 묘지명을 청하더니, 또 술과 음식을 가지고 왔기에 이튿날에 1수를 읊다

11-30-122 故司空柳公子婿 來請先壟之銘 且以酒饌來 明日吟成一首

사공(司空)의 두 사위 또한 사공(司空)을 지냈거니와
덕행과 사업이 모두 풍부하여 한 시대의 영웅들이네.
진주[796] 유씨의 문호를 지키는[797] 이들이 지금 홀로 융성하여
깊숙한 어구(御溝)[798]에서 봄바람 속에서 춤춘다네.

司空二婿亦司空　　德業俱豊一代雄
晉柳當門今獨盛　　御溝深處舞春風

---

793) 司空은 三司右使, 또는 左右使에 대한 고려의 독특한 별칭인 듯하다.이는 목은의 李子春[桓祖] 神道碑銘(『목은시고』 권15)에서 공민왕 20년에 李成桂가 判三司事에서 知門下省事로, 자신이 三司右使에서 政堂文學으로 승차한 일을 "歲辛亥 三司公拜知門下 余以司空改政堂"이라고 기술한 데서 분명히 드러나며, 우왕 5년(1378)에 지어진 〈奉賜崔司空〉(『목은문고』 권7)·〈寄金司空 借茅蓋屋〉(『목은시고』 권8)이 崔公哲·金續命이 삼사우사였던 1377년 및 禑王初와 부합되는 점에서도 방증된다. 고려시대의 三公으로 실직이 아니었던 太尉·司徒·司公이 忠烈王 때 폐지되었다가 공민왕 5년에 부활되었고, 12년에 다시 폐지되었던 점을 고려하면, 『목은시고』에 직함으로 등장하는 사공은 대체로 이렇게 이해해도 좋을 듯하므로, 대개 三公으로 본 앞의 역주에는 착오가 수차 있었음을 인정할 수밖에 없다. 삼사의 우사나 좌우사를 사공으로 별칭한 이유는 後漢 때 三公인 太尉·司空·司徒를 三司로 부를 때 사공이 2인자였던 것처럼, 고려의 삼사에서 좌우사가 판삼사사에 이은 2인자인 데서 찾을 수 있을 듯하다.

794) 柳公은 禑王 2년에 僉議贊成事로 죽은 柳淵(1328~1376)을 가리키는 듯하다.

795) 子婿(壻)는 사위이다.

796) 晉州는 지금의 慶尙南道 晉州市 지역에 있던 고을로 고려시대의 八牧 가운데 하나이다.

797) 當門은 當門戶와 같은 말로 문호를 지탱하는 것이다.

798) 御溝는 궁궐의 뜰 안을 흐르는 도랑이다.

11-30-123 목은 늙은이 *동짓달 초나흗날이다
11-30-123 牧翁 *十一月初四日

늘그막에 매우 풍류로운 목은(牧隱) 늙은이는
동정(動靜)[799]이 조용하여 꽤 자유롭다네.
사양할 나이[800]라 도당[801]에서 소매를 나부끼며[802] 돌아와
편안한 몸으로 작은 방에서 갖옷을 입고[803] 앉아 있네.
강과 산이 고요하니 하늘은 더욱 멀고
해와 달이 밝으니 안개가 금세 걷히네.
문득 표연히 남쪽으로 떠나고 싶거니와
천년 전에도 유[804]에 봉함에 만족하며[805] 『소서』[806]를 읽었다네.

牧翁垂老儘風流　　動靜從容頗自由
讓齒都堂歸拂袖　　安身小室坐披裘

---

799) 動靜은 움직임과 멈춤으로 동작·행동·몸가짐을 가리킨다.
800) 讓齒는 연장자에게 겸양하는 것인데, 여기에서는 나이 때문에 사양함을 가리키는 듯하다.
801) 都堂은 고려 후기에 宰樞가 모여 政事를 의논하던 合議機關이자 百官을 總令하고 庶事를 관장하던 最高政務機關으로 都評議使司라고도 하였다.
802) 拂袖는 소매가 바람에 나부낌, 소매를 스침, 소매를 뿌리침이다.
803) 披裘는 갖옷을 입는다는 뜻으로 벼슬에서 물러나 은거함을 비유하는데, 後漢 劉秀〔光武帝〕가 황제가 된 뒤에, 갖옷을 입고 낚시질하며 은거하는 옛 벗 嚴光을 찾아낸 고사에서 유래한다.
804) 留는 지금의 江蘇省 沛縣 동남쪽에 있던 고을로 漢初 張良의 封地였던 곳이다.
805) 足封留는 『史記』 〈留侯世家〉에서 漢 高祖 말년에 "지금 세 치의 혀로 황제의 스승이 되고 만호에 봉해지며 열후에 자리하였으니, 이는 포의로서는 극도에 이른 것이라 양에게는 만족스럽다. 원컨대 인간세상의 일을 버리고, 적송자를 따라 놀고 싶을 뿐이다.(今以三寸舌 爲帝者師 封萬戶 位列侯 此布衣之極 於良足矣 願棄人間事 欲從赤松子游耳)"라고 하였다는 張良의 말을 변용한 것이다.
806) 『素書』는 黃石公이 엮었다는 책이름으로 宋나라 張商英이 주를 달았는데 道·德·仁·義·禮의 다섯을 일체로 삼음을 大旨로 하였다.

江山寂寂天逾迥　　日月明明霧乍收
便欲飄然向南去　　素書千載足封留

11-30-124 중도[807] 염사[808] 안대간[809]에게 부치다
11-30-124 寄中道廉使安大諫

쇠잔한 나이에도 아직 입에 풀칠을 하도록
임금님의 은택이 늘 온 몸에 미치네.
전세(田稅)[810]에는 전의 규정(規程)[811]이 있으니
공은 우리 백성들을 소란스럽게 하지 마시라.

殘生尙糊口　　聖澤政渾身
田稅前規在　　公無擾我民

11-30-125 스스로 웃다
11-30-125 自笑

함부로 돌아갈 기약을 분명히[812] 말하고서
도리어 행리(行李)[813]가 늦어짐[814]에 성을 내네.
눈에 가득한 강과 산은 그림과 같은데

---

807) 中道는 고려시대의 지방행정 구역의 하나인 中原道의 준말로 지금의 충청남북도 지역에 해당한다.
808) 廉使는 순찰사・관찰사이다.
809) 大諫은 中書省의 정4품직인 諫議大夫의 별칭이다.
810) 田稅는 田地에 부과하는 세금이다.
811) 前規는 前代에 정한 規程・規則이다.
812) 的的은 확실한 모양이다.
813) 行李는 行裝・나그넷길・나그네이다.
814) 遲遲는 느린 모양, 천천히 가는 모양이다.

인간세상의 어느 곳인들 시가 아니리요?

謾道歸期的的　　還嗔行李遲遲
滿目江山如畵　　人間何處非詩

11-30-126 여강[815)]
11-30-126 驪江

작은 배를 사지 못한 것은 돈이 없기 때문이 아니기에
곧바로 한강(漢江)을 나는 듯이 거슬러 올라갈 수 있다네.
다만 문에 닿는 용산(龍山)[816)]의 푸름을 사랑하여
날마다 시를 읊으며 홀로 누각에 기대네.

不是無錢買小舟　　飄然直遡漢江流
只憐當戶龍山碧　　日日吟詩獨倚樓

11-30-127 눈이 오는 것을 기뻐하다
11-30-127 喜雪

요(堯)임금[817)] 때부터 추위와 더위 때문에 기도했거니와[818)]
날씨가 조화로운 때라야 세도(世道)[819)]가 편안하다네.
서리가 내리면 비록 얼음에 이른다고 하더라도[820)]

815) 驪江은 경기도 驪州 지역을 흐르는 漢江으로 黃驪江이라고도 한다.
816) 龍山은 開京 남쪽에 있는 龍首山의 별칭으로 龍巒이라고도 한다.
817) 陶唐氏는 堯임금이 속했던 部落·部族의 이름이다.
818) 祈禳은 기도하여 복을 구하고 재난을 없애는 것이다.
819) 世道는 세상의 道德·道理로 어지럽고 변화가 많은 사회상태를 가리킨다.
820) 霜落有氷至는 『周易』 坤卦의 爻辭인 "서리를 밟게 되면 굳은 얼음에 이른다.(履霜

봄에 나옴은 다만 겨울에 갈무리함[821]에 달렸네.[822]
뜰에 가득한 옥가루는 시의 재료를 제공해 주는데
자리에 들어오는 구슬꽃[823]은 술잔을 다투게 하네.
다만 농가를 위하여 끝없이 기뻐하지만
나무꾼의 맨발을 어찌 모두 잊으랴?

禳祈寒暑自陶唐	天氣和時世道康
霜落雖然有氷至	春生只是在冬藏
滿庭玉屑供詩料	入座瓊花鬪酒觴
只爲農家喜無極	樵夫跣足敢相忘

11-30-128 윤군[824]의 어머니 최씨[825]를 곡하다
11-30-128 哭尹母崔氏

문생(門生)[826]이 상복을 입고 울면서

堅氷至)"라는 글을 변용한 표현이다.

821) 冬藏(臧)은 겨울철에 수확한 농작물을 갈무리하는 것이다.

822) 春生冬藏은 春作冬藏의 변용으로, 『禮記』「樂記」의 "봄에 나고 여름에 자람은 인이고, 가을에 거두고 겨울에 저장함은 의이다.(春作夏長 仁也 秋斂冬藏 義也)"라는 글을 인용한 표현이다.

823) 瓊花는 눈꽃이다.

824) 尹은 여말선초의 문신 尹紹宗(1345~1393)을 가리킨다. 본관이 茂松, 자가 憲叔, 호가 桐亭으로 찬성사 澤의 손자이다. 공민왕 14년에 을과 제1인으로 급제하여 春秋修撰이 되었고, 藝文應敎·成均司藝를 거쳐 李成桂가 위화도에서 회군할 때 나가서 영접하고 〈霍光傳〉을 바쳤다. 右司議大夫·成均館大司成으로 개국파로 활약하다가 한때 유배되기도 했다. 개국 후 修文館大提學을 지냈으며 『桐亭集』을 남겼다.

825) 崔氏는 三司副使를 지낸 尹龜生의 아내로 본관은 孤竹, 進士 崔英粹의 딸인데, 『牧隱文藁』 권19에 〈尹母崔夫人墓誌幷序〉가 실려 있다.

826) 門生은 옛날에 科擧의 시험관이 뽑은 及第者인데, 尹紹宗은 목은이 知貢擧를 맡았던 恭愍王 14년(1365) 禮部試에서 狀元으로 급제하였다.

천리를 와서 간절히 청하네.
고죽(孤竹)[827]에는 남긴 혜택이 모이고
임천(臨川)[828]은 저녁햇빛[829]을 띠고 있으리.
물은 급한 시내에서 슬프게 흐르고
산은 뜬 구름 아래에서 참담하게 고요하네.
응당 삼한(三韓) 땅에
새로 하마분(下馬墳)[830]이 생기게 하리.

門生有淚服	千里請之勤
孤竹鍾餘澤	臨川帶夕曛
水流悲急澗	山密慘浮雲
應使三韓地	新成下馬墳

11-30-129 동짓달 초엿샛날에 백련사[831]의 여러 늙은이들이 술을 가지고 김광조[832] 영공[833]을 찾아가니, 공께서 풍성

827) 孤竹은 黃海道 海州의 옛 이름으로 崔氏의 본관이다.
828) 臨川은 慶尙北道 永川의 옛 이름인데, 尹紹宗의 모친이 살던 곳인 듯하다.
829) 夕曛은 夕陽・저녁햇빛〔볕〕이다.
830) 下馬墳은 말을 타고 지나가던 사람이 말에서 내리게 하는 무덤인데, 喪主인 尹紹宗이 큰 인물이 될 사람이란 뜻으로 한 말이다.
831) 白蓮社는 불교결사인 白蓮會를 설치하였던 절로 南神寺를 가리키는데, 『高麗史』 권137 〈李穡傳〉에 李穡이 일찍이 洪永通・李茂方 등과 白蓮會를 설치하니, 불도들이 색을 구실로 삼아 더욱 거리낌없이 말하였다는 기사가 있다. 12-35-045 〈李郎將延家 會香徒設醴 老夫往與其間 微醉先出〉에서 "장단의 북쪽 마을에 金粟堆가 있기에, 결사하여 향을 사른 지 몇 해나 되었는가?(長湍北里有金堆 結社燒香歲幾回)"라고 하여 이 결사가 공민왕릉과 연관됨을 말하였고, 남신사와의 관련도 12-35-037 〈日將午 龍鐵以藥飯來〉의 "가지고 온 약밥에는 섞은 꿀이 엉겨 있는데, 南神寺의 집 안에서 찐 것이라고 하네.(送來藥飯蜜調凝 云是南神宅裏蒸)"라고 한 데 나타나 있다.
832) 金光祚(?~?)는 忠定王 때 軍簿判書를 지내고 恭愍王 때에 密直使에 올랐으며, 공민왕 12년(1363)에 개경에 침입한 紅巾賊을 물리친 공으로 2등공신이 되었다.

한 음식을 차리고 음악을 크게 펼치기에 밤이 되어 비로소 파하였다. 이튿날에 1수를 읊다

11-30-129 十一月初六日 白蓮社諸老人 携酒訪金光祚令公 公設盛饌 大作樂入夜乃罷 明日吟成一首

백련(白蓮)의 고상한 모임이 하늘 동쪽에서 빛나는데
총재(冢宰)[834]께서 오셔서 늙은 시중(侍中)[835]을 모시네.
아름다운 음악소리[836]는 빠른 해[837]를 멈추고
수놓은 비단장막은 약한 바람에 흔들리네.
경륜하는[838] 성대한 사업은 나라의 호걸[839]들이 맡는데
글이나 짓는[840] 잔생[841]을 목동(牧童)[842]은 부끄러워하네.
술을 내려 주신 궁궐[843]에 또 절하거니와
모름지기 가송(歌頌)[844]을 무궁하게 퍼뜨려야 하리.

1364년에 紅賊을 토벌한 공으로 1등공신이 되고 東北面都巡問使를 제수받았으며, 이듬해에 缶川君이 되었다가 洞山君으로 改封되었다.

833) 令公은 中書令・節度使의 존칭이다.

834) 冢宰는 大冢宰의 준말로 首相을 가리키는데, 여기에서는 禑王 7년 2월에 門下侍中이 된 李仁任을 가리키는 듯하다.

835) 侍中은 고려시대 門下省·都僉議使司·都僉議府·門下府의 종1품 벼슬인데, 때에 따라 侍中 1인만을 두거나, 左侍中·右侍中 또는 侍中·守侍中을 두었는데, 여기에서는 우왕 7년 2월에 守侍中이 된 崔瑩을 가리키는 듯하다.

836) 龍管鳳笙은 음악의 즐거움의 미칭으로 鳳管鸞笙・鳳管鸞簫・鳳管鯤絃이라고도 한다.

837) 晷는 해, 해의 그림자, 또는 해시계〔日晷〕이다.

838) 經綸은 천하와 나라를 다스리는 것이다.

839) 邦傑은 나라의 호걸로 나라 안에서 빼어난 인재를 가리킨다.

840) 鉛槧은 옛날에 글씨를 쓰는 데 사용하였던 납가루를 바른 붓과 나무판자로 붓과 종이를 비유하며, 寫作・校勘・文章・典籍을 가리키기도 한다.

841) 殘生은 노후의 남은 목숨이나 수명으로 殘年이라고도 한다.

842) 牧童은 牧隱의 謙稱이다.

843) 九重은 九重宮闕의 준말로 대궐을 가리킨다.

844) 歌頌은 功德을 讚頌하는 노래이다.

白蓮高會照天東　　冢宰來陪老侍中
龍管鳳笙留迅晷　　羅幃綉幙動微風
經綸盛業歸邦傑　　鉛槧殘生愧牧童
更拜九重宣賜酒　　要將歌頌播無窮

11-30-130 흥을 풀다
11-30-130 遣興

남은 삶이라 참으로 기생하는 듯한데
흰 머리가 창백한 얼굴을 비추네.
천지는 나의 늙음을 용납하고
시서(詩書)는 나의 한가함을 짝하네.
문을 닫았지만 아직 훤한 낮이요
문을 열면 바로 푸른 산이라네.
정경이 매우 느긋하기에
스스로 그림 속에 있는가 하네.

餘生政如寄　　白髮映蒼顏
天地容吾老　　詩書伴我閑
閉門猶白晝　　開戶卽靑山
情境悠然甚　　自疑圖畫間

11-30-131 기로회[845]에 나갔다가 돌아와서 읊다
11-30-131 赴耆老會 歸而有詠

845) 耆老會는 일흔 살이 지나서 벼슬에서 물러난 정2품 이상의 문관들이 친목을 도모하기 위하여 조직한 모임으로 耆舊會라고도 하였다.

따뜻한 방으로 자리를 옮기자 말자
맑은 향기가 옷을 물들이려 하네.
한 마음은 비록 절실하지만[846]
다생(多生)의 숙연(宿緣)은 오히려 희미해지네.
칠보(七寶)의 나무[847]는 바람에 흔들리는 듯한데
요지(瑤池)[848]의 연꽃에는 이슬이 마르지 않네.
환경(幻境)[849]임을 분명히 알기에
흰 머리로 애써 돌아갈 것을 생각하네.

溫室初移席	淸香欲染衣
一心雖迫切	□□尙稀微
寶樹風如動	瑤蓮露未晞
明知是幻境	白髮苦思歸

11-30-132 무제
11-30-132 無題

팔관회[850]의 산대[851][852]가 오늘 구정[853]을 에워싸고 있는데

846) 迫切은 매우 절실하고 강한 것이다.
847) 寶樹는 極樂世界에 있다는 七寶로 된 나무인데, 七寶는 佛經에 나오는 일곱 가지 보배로 『般若經』에서는 金·銀·琉璃·硨磲·瑪瑙·琥珀·珊瑚라고 하였고, 『阿彌陀經』에서는 琥珀·珊瑚 대신에 玻璃·赤珠를 드는 등 경전마다 다소 다르다.
848) 瑤池는 崑崙山에 있는 仙境으로 周 穆王이 西王母와 술잔을 나눈 곳인데, 『穆天子傳』 권3에 "을축에 천자가 서왕모와 요지 가에서 술을 마셨는데, 서왕모가 천자를 위하여 노래를 불렀다.(乙丑 天子觴西王母于瑤池之上 西王母爲天子謠)"라는 글이 있다.
849) 幻境은 虛幻의 경계로 흔히 이 세상을 가리킨다.
850) 八關會는 고려 태조 王建이 신라의 유풍을 계승하여 행한 土俗神에 대한 제사이다. 매년 11월 15일에 행해졌으며 하루 전에 행하는 小會와 당일에 행하는 大會로 나누어 고려 말까지 계속되었는데, 본래 속인이 하루만이라도 엄숙히 八關齋

남쪽 기슭에다 바야흐로 열악청(閱樂廳)[854]을 여네.
뒤에 온 승지(承旨)[855]들은 위엄을 이미 드날렸고
단정히 앉은 재신들은 몸이 더욱 안녕하시네.[856]
묘한 곡조를 연주하여 귀신이 놀라게 하고
높다란 하늘을 밟아서 달과 별이 움직이게 하네.[857]
당시에 하찮은 의례(儀禮)를 다툰 일을 기억하거니와

戒를 지키기 위해 열린 법회였으나, 고려에서는 이에 그치지 않고 天神・山神・川神・龍神 등 여러 토속신에 대한 제사도 겸하면서 전몰장병의 명복을 비는 종합적인 종교 행사의 성격을 띠게 되었다.

851) 山臺는 산디놀음을 하기 위하여 대로변이나 산기슭에 차리는 임시무대로 山棚이라고도 한다. 『高麗史』「刑法志」에 忠宣王 2년에 御駕를 山臺에서 맞이하지 말라는 禁令이 나오고, 「禮志」〈嘉禮雜儀〉에 燃燈會 때 山臺樂人에게 花酒를 선사한다는 기록이 있는 것으로 보아, 八關會를 열 때에 많은 산대를 설치하여 歌舞雜戱를 공연하였을 것으로 보인다.

852) 八臺는 八關會의 山臺를 줄여서 표현한 말이다.

853) 毬庭은 擊毬를 하던 운동장으로 毬場이라고도 하였는데, 넓이는 제한이 없으나 길이는 出馬標에서 置毬標까지 약 60미터, 치구표에서 毬門까지 약 200미터로서 모두 합하여 약 300미터쯤 되었다고 한다.

854) 閱樂廳은 音樂을 敎閱하기 위하여 임시로 만든 廳舍이다.

855) 承旨는 고려시대 密直司의 정3품 벼슬로서 왕의 명령을 출납하는 일을 맡았다.

856) 이 두 구절은 07-20-092의 제목에서 〈성원・대합・고원의 관원들이 구정에서 풍악을 고열할 때에 승선이 명을 받들고 나중에 이르렀다. 시종신이 북쪽을 향하여 맞으려 하니 승선은 그 사람이 장막 바깥으로 나오기를 바랐다. 시종신이 '우리도 명을 받들었으므로 사리상 나아가 맞이하기 어렵다'라고 했다. 이에 승선이 복명하러 들어가지 못하는 데에 이른 것은, 김좌사가 승선이 된 날에 그렇게 하였던 것과 같다. 그 뒤에 현릉이 왕지를 내려 재상도 승선을 맞이하라고 하셨으니, 하물며 시종신임에랴? 지금 아들 종덕이 명을 받아서 갔는데 오늘은 또 어떨지 모르겠다(省院臺閣誥院 閱樂毬庭 承宣奉命後至 侍臣北面以迎 承宣欲其出幕外 侍臣曰 我輩亦奉命 理難出迎 於是承宣至有復命不入者 如金左使之爲承宣日是已 其後玄陵有旨宰相亦迎承宣 況侍臣乎 今吾兒種德忝命而去 未知今日又何如也)〉라고 한 사정을 표현하고자 한 것이다.

857) 이 구절은 『牧隱詩藁』 권33의 〈自東大門至闕門前 山臺雜劇 前未所見也〉에서, "긴 장대에 오른 사람은 평지와 마찬가지로 움직이고, 쏟아지는 불기운은 번개처럼 하늘을 찌르네.(長竿倚漢如平地 瀑火衝天似疾雷)"라고 읊은 것과 같은 장대놀이를 표현한 것이다.

소년시절에는 미친 짓이 매우 사나웠다네.[858]

八臺今日擁毬庭	南畔方開閱樂廳
承旨後來威已振	宰臣端坐體彌寧
彈成妙曲驚神鬼	踏絶層霄動月星
記得當時爭末禮	少年狂態頗生獰

11-30-133 높은 소리로 읊다
11-30-133 高吟

높은 소리로 읊음은 명성을 다투고자 함이 아니라
잠시 창우(倡優)[859]와 더불어 태평을 찬송하기 위함이네.
도덕과 성정은 아직도 얕고 낮지만
풍화(風花)와 월로(月露)[860]는 또 깊고 정밀하다네.
봉우리와 산[861]은 서로 이어져서 하늘과 함께 멀고
구름과 안개가 한창 침침한데도 해는 홀로 밝네.
다만 말이 졸렬하여 도움될 것이 없음이 부끄러울 뿐이니
뒷날에 어찌 헐뜯는 평을 면할 수 있으랴?

高吟不是欲爭名	且與倡優誦大平
道德性情猶淺近	風花月露亦深精
峯巒相接天俱遠	烟靄方沉日獨明

858) 生獰은 凶猛・凶惡이다.
859) 倡優는 廣大로 여자를 倡, 남자를 優라고 하며, 伎樂을 倡, 廣大를 優라고도 하였다.
860) 風花月露는 風月과 같은 말로 자연을 읊은 시를 가리킨다.
861) 峯巒은 이어져 있는 산봉우리인데, 峯은 높고 가파른 산이고 巒은 작고 뾰족한 산이다.

語拙只慚無所補　　　異時安得免譏評

11-30-134 음악을 교열하다[862)]
11-30-134 閱樂

양부(兩府)[863)]가 서로 만남이 의례에 어긋나지 않기에
구정에서 음악을 교열하는 일이 이제까지 전해진다네.
재주를 보여 주는[864)] 잡극[865)]은 이[866)]와 하[867)]를 아우르는데
문서에 서명한 관함(官銜)[868)]에는 후배도 있고 선배도 있네.
싸늘한 해가 기울자 술기운이 사라지려 하는데
상서로운 구름[869)]이 이어지니 시정[870)]이 문득 생겨나네.
당시에는 매우 다행하게도 소홀하고 게으른 사람이 포용되었기에
앓는 가운데 한 번 회포가 일어나면 멍해지네.[871)]

兩府相逢禮不愆　　　毬庭閱樂至今傳
呈才雜劇夷兼夏　　　署狀官銜後或先

---

862) 閱樂은 音樂을 敎閱〔敎練하고 檢閱함〕하는 것이다.
863) 兩府는 樞密院과 中書門下省의 합칭이다.
864) 呈才는 남에게 재주를 보여 줌, 또는 궁중의 의례나 잔치에서 펼치는 노래와 춤 등의 演藝를 가리킨다.
865) 雜劇은 元代에 北曲을 이용하여 공연한 일종의 喜劇, 또는 그 대본으로서 宋·金代의 提宮調와 북방의 地方戲 성격을 띤 院本에 예술형식을 가미하여 형성된 것이다.
866) 夷는 중국의 동쪽에 있는 이민족인 東夷, 또는 사방에 있는 이민족인 四夷〔東夷·西戎·南蠻·北狄〕를 비롯한 九夷·八狄·七戎·六蠻 등을 가리킨다.
867) 夏는 中華이다.
868) 官銜은 官職과 位階이다.
869) 慶雲은 瑞雲·靄雲이다.
870) 詩情은 詩思·詩想이다.
871) 惘然은 惘(忙·茫)然自失과 같은 말로 잃어 버린 것이 있는 듯이 멍한 모양이다.

酒氣欲消寒日側　　　　詩情忽動慶雲連
當時萬幸容疎懶　　　　病裏興懷一惘然

11-30-135 양가[872]의 선사가 굶주린 백성들을 진휼할 일을 말하면서 말투[873]가 강개하기에 기뻐서 기록하다
11-30-135 兩街禪師言賑飢事 詞氣慷慨 喜而志之

우리 백성들이 초췌하게 병황(兵荒)[874]에 시달리느라고
사악한 기운에 모두 침염(侵染)되어 병의 형세가 강하네.
빈천한 이들은 죽어서 몸이 썩고
호강(豪强)[875]들마저 유리하느라고 얼굴빛이 처량하네.
본래 대비(大悲)[876]의 지혜로 대중을 구제해야 하거늘
어찌 신음소리가 묘당(廟堂)까지 이르는가?
우리 공께서 말하여 올리신 계책에 매우 사례드리거니와
집집마다 배부르고 따뜻해진다면 곧 서방정토(西方淨土)[877]이리.

吾民憔悴困兵荒　　　　雅[878]氣相熏病勢强
貧賤死亡身朽爛　　　　豪强流徙色凄凉

---

872) 兩街는 불교관련 官府인 僧錄司의 左街와 右街를 합하여 부르는 말인데, 여기에서는 兩街都僧統을 가리키는 듯하다.
873) 詞氣는 시문이나 말의 기운이다.
874) 兵荒은 전쟁 때문에 생긴 饑饉과 재앙이다.
875) 豪强은 권세를 지니고 횡포를 부리는 사람이다.
876) 大悲는 남의 괴로움을 보고 가엾게 여겨 구제하려는 큰 마음인데, 佛·菩薩의 悲心이 깊고 크기 때문에 '大'가 덧붙었다.
877) 西房(方)은 西方淨土의 준말로 阿彌陀佛의 깨끗한 땅인 極樂世界를 가리키는데, 『阿彌陀經』에서 "여기서 서쪽으로 십만억 국토를 지나서 한 세계가 있으니, 이름을 극락이라고 한다."라고 한 데서 유래한다.
878) 원전의 '雅'는 의미맥락으로 보아 '邪'의 착오인 듯하다.

由來悲智周□□　　　豈有呻吟徹廟堂
多謝我公陳上策　　　家家飽煖卽西房

11-30-136 이전 판관[879]이 안동[880]에서 와서 왜적이 또 왔다고 말하다
11-30-136 李判官展來自安東 言倭賊又來

해적이 해마다 기슭에 올라오니
곳곳의 강마을은 다 쑥대밭[881]이 되네.
초겨울[882]에는 또 높은 곳[883]까지 들어와서
곳곳에서 매우 잘 이리저리[884] 돌아다닌다네.
인재는 용자이든 겁자이든 간에 떨쳐일으켜야 하는데
천도[885]는 기울어진 것과 심은 것[886]에 따라서 분명하다네.
조정에서 밤낮으로 백성을 위하여 매우 힘쓰거늘[887]

---

879) 判官은 고려시대의 지방관직으로 牧・都護府・留守營 등 주요 지방관아의 속관이며 품계는 6품 이상이다. 成宗 8년(989)에 동북면과 서북면에 병마판관을 두었고, 995년에는 西京과 東京에 설치하였으며, 文宗 때에는 南京과 牧・都護府・都督府・防禦鎭・州・郡에 두었다.
880) 安東은 지금의 慶尙北道 安東市에 있던 고을로, 신라 景德王 때에 古昌郡이었다가, 고려조에 들어와 安東府·永嘉郡·吉州·福州牧 등으로 바뀌었다가, 恭愍王 때 安東大都護府로 승격되었다.
881) 蒿萊는 쑥이 무성한 곳으로 황폐한 땅을 비유한다.
882) 方冬은 음력 시월의 별칭으로 초겨울을 가리킨다.
883) 崔嵬는 돌산, 또는 높고 가파른 모양이다.
884) 邐迤는 구불구불 이어지거나 나아가는 모양이다.
885) 天道는 하늘의 뜻, 하늘의 이치이다.
886) 傾栽는 만물 가운데 기운 것과 심은 것이라는 뜻으로, 『中庸』 제17장의 "그러므로 하늘이 만물을 낳을 때에 반드시 그 재질에 따라서 두텁게 한다. 그러므로 심은 것은 배양하고, 기운 것은 넘어뜨린다.(故天之生物 必因其財而篤焉 故栽者培之 傾者覆之)"라는 글을 가리키고자 한 표현이다.
887) 勤民은 임금이 백성을 위하여 부지런히 정사를 살피는 것이다.

하물며 모두 난리를 평정하는[888] 재주를 겸하였음에랴?

海賊連年上岸來　江村處處盡蒿萊
方冬更向崔嵬入　到處偏能邐迤回
振作人材無勇怯　分明天道在傾栽
朝廷日夜勤民甚　況是皆兼撥亂才

11-30-137 흥을 풀다
11-30-137 遣興

시가 이루어지자 또 고치니 글자가 비스듬한데[889]
정채로운[890] 곳을 씹어[891] 보면 기운이 절로 아름답네.
어찌 일찍이 눈길을 다하여[892] 벼슬길을 바라보았으랴?
때때로 간혹 쑥대와 같은 머리[893]로 이웃집을 찾아간다네.
황종(黃鐘)[894]은 삼분[895]의 율관[896]을 움직이려 하건만[897]

888) 撥亂은 난리를 평정하는 것이다.
889) 橫斜는 가로로 있거나 비스듬히 있는 것으로, 흔히 매화・대나무 등의 가지나 그 그림자를 형용한다.
890) 精英은 精華이다.
891) 咀嚼은 음식을 입에 넣고 씹는 것으로 글의 뜻을 깊이 파고들어가 玩味함을 비유한다.
892) 蒿目은 눈길을 다하여 바라보는 것인데, 『莊子』「騈拇」에 "오늘날 세상의 어질다는 사람은 눈길을 다하여 세상의 걱정을 근심한다.(今世之仁人 蒿目而憂世之患)"라는 글에서 유래한다.
893) 蓬頭는 蓬髮과 같은 말로 어지러운 머리털이다.
894) 黃鍾은 음악의 十二律의 하나로서 陽律인데, 十二律은 陽六의 六律과 陰六의 六呂의 총칭으로 律呂라 부르기도 한다. 六律은 黃鍾〔11월〕・太簇〔정월〕・姑洗〔3월〕・蕤賓〔5월〕・夷則〔7월〕・無射〔9월〕이고, 六呂는 大呂〔12월〕・夾鍾〔2월〕・仲呂〔4월〕・林鍾〔6월〕・南呂〔8월〕・應鍾〔10월〕이다.
895) 三分은 三分損益의 준말로 동양음악에서 律管의 길이를 계산하는 방법으로, 황종의 길이 아홉 치를 기준으로 하여, 1/3을 감하여 여섯 치를 林鐘으로 하고, 거

흰 눈은 오히려 여섯 모로 된 꽃[898]을 피우기를 늦추네.
물러나서 은밀한 곳에 감춤[899]을 묵묵히 알겠거니와[900]
참으로 본래부터 아름다운 것이 모임[901]이 분명하다네.

詩成又改字橫斜　　咀嚼精英氣自華
蒿目何曾向官道　　蓬頭時或訪隣家
黃鐘欲動三分律　　白雪猶遲六出花
默識退藏於密處　　明明眞固是亨嘉

11-30-138 임사재[902]의 악부[903]의 만사
11-30-138 林四宰岳父挽詞

나무에는 깊은 뿌리가 있고 물에는 근원이 있는데
숨은 미덕[904]으로 고귀한 가문[905]을 세웠음을 이미 알았네.

기에 1/3을 더하여 太簇(태주)를 만드는 방식으로 차례로 十二律이 되게 한다.

896) 律管은 대나무나 금속으로 만든 音의 높이를 정하는 標準容器로 계절의 변화를 측정하기도 한다.

897) 黃鐘欲動은 黃鐘이 陽律 여섯 개 가운데 첫 번째이므로 陽氣가 생기기 시작하는 冬至가 가까워졌음을 가리키고자 한 표현이다.

898) 六出花는 눈[雪]의 모양이 여섯 모가 난 꽃과 같은 데서 생긴 별칭으로 六花라고도 한다.

899) 退藏於密處는 『周易』 「繫辭上傳」의 “성인은 이로써 마음을 씻고서 물러나서 은밀한 곳에다 갈무리한다.(聖人以此洗心 退藏於密)”라는 글을 인용한 것이다.

900) 默識은 묵묵히 앎, 은밀히 앎이다.

901) 亨嘉는 여러 가지 아름다운 것이 다 모임, 또는 좋은 때를 만나는 것으로 亨會라고도 하는데, 『周易』 乾卦 「文言傳」의 “형이라는 것은 아름다운 것이 모이는 것이다.(亨者 嘉之會也)”라는 글에서 유래한다.

902) 四宰는 判禮部事를 兼帶한 宰臣인데, 林四宰는 林堅味(?~1388)를 가리키는 듯하다.

903) 岳父는 丈人이다.

904) 潛德은 사람들에게 알려지지 않은 미덕이다.

905) 淸門은 청빈한 가문, 고귀한 가문이다.

희년(稀年)[906]에다 또 중수(中壽)[907]에 가깝고
게다가 공명(功名)을 외손에게 넘겨 주셨다네.

木有深根水有源　　已知潛德樹淸門
稀年又是幾中壽　　更把功名付外孫

11-30-139 홀로 앉아서
11-30-139 獨坐

홀로 앉아 있노라니 생각이 끝이 없거늘
어찌 일찍이 문을 나갔던가?[908]
마음을 고요히 하여[909] 경권(經卷)[910]을 보다가
눈길을 보내며[911] 창의 격자(格子)[912]를 헤아리네.
어지러운 여라(女蘿)[913]에 비치는 달빛[914]은 흰데
아득한 고향의 산천은 푸르리.
술속을 풀려면 모름지기 술을 마셔야 하는데

906) 稀年은 古稀·稀壽와 같은 말로 盛唐의 시인 杜甫의 〈曲江〉에서 "술빚은 늘 가는 곳마다 있거니와, 사람이 칠십을 사는 것은 예로부터 드물다네.(酒債尋常行處有人生七十古來稀)"라는 글에서 유래하여 70세를 가리킨다.
907) 中壽는 중간 정도의 수명으로 90세·80세·70세·60세 등 여러 설이 있는데, 흔히 80세를 가리킨다.
908) 出戶庭은 『周易』 節卦의 爻辭 "문 밖으로 나가지 않으면 허물이 없다.(不出戶庭無咎)"라는 구절을 염두에 둔 표현이다.
909) 冥心은 속된 생각을 없애고 마음을 고요하게 하는 것이다.
910) 經卷은 經書, 또는 經文을 적은 두루마리이다.
911) 游(遊)目은 눈길을 들어 이리저리 둘러보는 것이다.
912) 櫺(欞)은 창문, 또는 格子窓이다.
913) 女蘿는 蘚苔類에 속하는 이끼의 한 가지로, 나무 위에서 나며 암수 딴그루이고 광택이 있으며 줄기가 실처럼 가늘다.
914) 蘿月은 칡넝쿨과 女蘿에 비치는 달빛이다.

화롯불 가까운 데에는 은술병이 있다네.

獨坐思無盡　何曾出戶庭
冥心對經卷　游目數窓櫺
蘿月紛紛白　鄉山渺渺靑
解酲須用酒　爐火近銀甁

11-30-140 길에서 판삼사사[915]를 만나서 이이상[916]의 집에 들어가 술을 마시는데, 또 양가의 선사가 와서 굶주리는 백성을 진휼하기를 요구하는 글을 써 달라고 하시기에, 그 자리에서[917] 기초하여 주고서 1수를 짓다
11-30-140 途遇判三司事 入李二相宅飮酒 兩街禪師又至 索賑飢文 就席起草與之 因賦一首

양가의 늙은 선사는 대대로 의관을 차리던 집안의 후예인데
임금님께 축수할 뿐만 아니라 백성의 편안함을 바라시네.
갑자기 흉년을 만나자 매우 크게 근심하면서
큰 은택[918]을 펴려고 하면서 먼저 어려움[919]을 생각하시네.
어둑한[920] 바람과 먼지는 몸과 그림자에 불어오는데
밝은 해와 달은 폐와 간[921]을 비추네.

---

915) 判三司事는 고려시대 錢穀 등 나라의 재물의 출납과 회계를 맡아보던 관청인 三司의 장관으로 종1품직이다.
916) 二相은 判兵部事를 兼帶한 재신이다.
917) 就席은 바로 그 자리라는 뜻이다.
918) 洪澤은 큰 은택이다.
919) 先難은 먼저 어려움을 겪는다는 뜻으로, 『論語』 「雍也」의 "어진 자가 어려움을 먼저 겪고서 얻는 것을 뒤로 하면 어질다고 이를 수 있을 것이다.(仁者 先難而後獲 可謂仁矣)"라는 孔子의 말에서 유래한다.
920) 漠漠은 어두운 모양이다.

두 늙은이를 우연히 만나 졸렬한 글을 보여 드렸지만
삼한(三韓)을 감동시킬 말이 없음을 부끄러워할 뿐이네.

兩街禪老世衣冠　　祝上仍期百姓安
忽値凶年憂太甚　　欲宣洪澤念先難
風塵漠漠吹形影　　日月明明照肺肝
邂逅兩翁觀拙筆　　只慚無語動三韓

11-30-141 홍시를 보내신 가야산[922]의 총공[923]께 답하다
11-30-141 荅伽倻聽公寄紅杮

푸른 산이 바닷가에 닿아 있는데
붉은 감은 서리가 내리고 나서 딴다네.
천리 밖에서도 서로 보는 듯하거니와
갠 날의 창 가에서 서신[924]을 보시리.

靑山臨海上　　紅杮得霜餘
千里如相見　　晴窓閱尺書

11-30-142 느낌이 있어서

921) 肺肝은 폐와 간으로 眞心·속마음을 비유한다.
922) 伽倻山은 지금의 慶北 星州와 慶南 陜川 사이에 있는 산이다.
923) 聽公은 여말의 승려로서 僧政의 총책임자인 兩街都僧統을 지낸 사람인 듯한데, 03-06-027 〈전 양가도승통 총공은 호가 무문이고 거처하는 곳은 남악인데, 현릉께서 글씨를 써서 내리시자 나에게 찬을 지어 주기를 요구하기에 삼가 절구 3수를 쓰다(前兩街聽公號無聞 所居南嶽 玄陵書以賜之 求予題贊 謹書三絶)〉라는 시제에 그 면모가 나타나 있다.
924) 尺書는 書信·便紙로 尺素라고도 한다.

11-30-142 有感

천도(天道)는 밝디밝아 상규(常規)를 잃지 않거늘
가련하게도 우리 도[925]는 사장(詞章)[926]에 기생(寄生)하네.
우뚝하게 서 있으니 이미 얻기 어려웠거니와
늙도록 능력이 없어 부질없이 절로 슬퍼하네.
별 같은 관(冠)[927]과 붉은 문[928]은 얼마나 훌륭하였던가?[929]
구름 같은 돛[930]과 푸른 바다[931]는 점점 아득해지네.
출처(出處)가 모두 흔들렸음[932]을 누가 알랴?
가는 데마다 자리를 만나면[933] 주광(酒狂)[934]을 부렸다네.

天道明明不失常　　可憐吾道寄詞章
卓然有立已難得　　老矣無能徒自傷
星弁彤庭何赫奕　　雲帆滄海轉蒼茫

925) 吾道는 儒學, 또는 儒家가 추구하는 學說·主張이다.
926) 詞章은 시문의 총칭으로 흔히 수사적 기교에 중점을 둔 장식적인 글을 가리킨다.
927) 星弁은 별처럼 아름다운 冠이다. 변은 원래 귀족이 쓰던 冠의 일종으로, 적흑색의 베〔布〕로 만든 것은 爵弁이라 하여 문관이 쓰고, 흰 사슴의 가죽으로 만든 것은 皮弁이라 하여 무관이 썼는데, 뒤에는 두루 관을 이르기도 하였다.
928) 彤庭은 궁전의 섬돌 위의 붉게 칠한 문이다.
929) 赫奕은 융성한 모양이다.
930) 雲帆은 구름처럼 흰 돛이다.
931) 雲帆滄海는 李白의 〈行路難三首〉 중 첫수의 "마침 때때로 거센 바람이 물결을 부수면, 곧바로 흰 돛을 달고 푸른 바다를 건너리.(長風破浪會有時 直掛雲帆濟滄海)"라는 대목에서 인용한 표현이다.
932) 飄蕩(盪)은 바람이나 물결에 흔들리거나 유랑하는 것이다.
933) 逢場은 어떤 場合에 부딪힘, 어떤 장소에 도달함이다.
934) 酒狂은 마음대로 술기운을 부리는 사람을 가리키는데, 『漢書』〈蓋寬饒傳〉의 다음 고사에서 유래한다. 平恩侯 許伯의 집이 낙성되었을 때 權貴들이 다 축하하러 갔으나 개관요는 가지 않고 술이 깬 뒤에 갔는데, 許伯이 술을 따르려 하니 관요가 "나에게 술을 많이 따르지 말라. 나는 酒狂이다."라고 말했더니, 丞相 魏侯가 웃으며 말하기를 "次公은 깨어 있어도 미치니 하필 술 때문이겠는가?"라고 하였다.

誰知出處俱飄蕩　　到處逢場發酒狂

11-30-143 종덕[935] 부추[936]가 팔관회의 바뀐 복색과 다식[937]을 보내다
11-30-143 種德副樞 送八關改服茶食

황종(黃鍾)[938]에 맞추어 팔관의 성대한 의례를 거행하니
해마다 상서로운 징조[939]를 내려 해동(海東)을 보호하시네.
효선(肴膳)[940]은 지금도 이적(夷狄)의 풍속을 지키지만
의관은 옛날에도 중화(中華)의 풍습을 존중하였다네.
천심이 감응하매 빌면 보답이 있고
세도는 풍성하여 효성스럽고 충성스럽네.
찬찬히 씹노라니 가벼운 단맛이 입 속에서 생기거니와
당시에 여러 공들을 따르던 일이 어렴풋이[941] 떠오르네.

八關盛禮應黃鍾　　歲降禎祥保海東

---

935) 李種德은 여말의 문신으로 본관은 韓山, 호는 三堂, 목은의 장남이다. 벼슬은 同知密直司事에 이르렀고, 賀正副使로 명나라에 다녀왔으며, 1388년에 병사하였는데, 효행이 돈독하고 글씨를 잘 썼다.
936) 副樞는 고려시대에 王命의 출납과 宮中의 宿衛·軍機 등에 관한 일을 맡아보던 관아인 樞密院〔密直司〕 副使의 약칭이다.
937) 茶食은 油蜜菓의 한 가지로 녹말·松花·승검초·황밤·검은깨 따위의 가루를 꿀에 반죽하여 판에 박아 만드는 것이다.
938) 黃鍾은 음악의 十二律의 하나이자 陽六의 六律 가운데 첫 번째로 11월에 해당한다.
939) 禎祥은 상서로운 징조인데, 『禮記』「中庸」에 "국가가 장차 흥하려면 반드시 상서로운 징조가 있고, 국가가 장차 망하려면 반드시 흉한 징조가 있다.(國家將興 必有禎祥 國家將亡 必有妖孼)"라는 글이 있다.
940) 肴膳은 밥과 나물이다.
941) 依俙(稀)는 髣髴한 모양, 희미한 모양이다.

看膳今猶守夷俗　　衣冠古亦重華風
有祈有報天心格　　惟孝惟忠世道豊
細嚼微甘生齒舌　　依俙當日逐諸公

11-30-144 대회일[942]에 새벽눈을 읊다
11-30-144 大會日 賦曉雪

구정(毬庭)에서는 반드시 하룻밤 내내 향을 마련하였을 텐데
아침이 되니 등륙(滕六)[943]이 상서로운 징조[944]를 드러내네.
옷깃이 어지럽게 나부끼니 빛이 서로 섞이고
깃발을 가볍게 좇으면서 기세를 더욱 울리네.
궁궐[945]의 지붕 모서리[946]에서는 밝은 기운[947]이 떠오르는데
송산(松山)의 바위 골짜기는 흐릿한 경지[948]로 들어가네.
근래에는 우산으로 젖는 것을 방비하거니와
하늘의 마음이 점점 상도(常道)를 따름[949]을 가장 기뻐한다네.

一夜毬庭要辦香　　朝來滕六表休祥
亂飄衫袖光相雜　　輕逐旌旗勢更揚
蘂闥觚稜浮晃朗　　松山巖壑入微茫
近間雨傘防霑濕　　最喜天心漸順常

942) 大會日은 八關會의 본 행사인 大會를 여는 날로 11월 15일이었다.
943) 滕六은 전설상의 눈〔雪〕의 神이다.
944) 休祥은 休兆・吉祥과 같은 말로 길한 징조, 상서로운 징조이다.
945) 蘂闥은 꽃술과 같은 궁궐의 작은 문이라는 뜻으로 궁궐을 가리킨다.
946) 觚稜(棱)은 殿閣의 가장 높고 뾰족한 모서리이다.
947) 晃朗은 밝은 모양, 빛나는 모양이다.
948) 微茫은 흐릿한 모양, 模糊한 모양이다.
949) 順常은 正常, 또는 常典・常規를 따름이다.

11-30-145 정판서[950]가 와서 안대부[951]가 동년들을 불러 곽판서[952]를 찾아갈 것이라고 말하기에, 이제 양회[953]가 이미 지나갔으니 어느 날에 성대한 모임[954]을 가질지 알 수 없으므로 시를 지어 독려하다

11-30-145 丁判書來言 安大夫邀同年 訪郭判書 今兩會已過 未知何日高會也 作詩督之

앉아서 동년들을 헤아려 보니 점점 드물어지거니와
뜬 구름과 흐르는 물 같은데다 또 저녁햇살[955]이네.
토산(兎山)[956]의 은자는 한창 고요함을 즐기는데
오부(烏府)[957]의 선생은 홀로 위엄을 떨치네.
출처는 비록 달리 하더라도 마찬가지로 의롭거니와
공명을 어디에 쓰랴, 돌아가는 것만 못하리.
어느 날에나 술통 앞에서 웃으면서 이야기하랴?
목은 늙은이는 비록 가난하지만 옷이라도 전당잡히고 싶네.[958]

---

950) 判書는 고려시대 六司·六部의 장관으로 尙書라고도 하며 품계는 정3품이다.
951) 大夫는 고려시대 文官의 官階에 붙여 부르던 호칭으로, 처음에는 종5품 이상의 품계에 사용되었으나, 忠烈王 34년(1308) 이후에는 종4품 이상으로 고쳐졌는데, 안대부는 목은의 監試同年으로 御史大夫로 있던 安宗源(1328~?)을 가리키는 듯하다.
952) 郭判書는 목은의 監試 동년인 郭忠守를 가리킨다.
953) 兩會는 小會와 大會의 합칭인데, 小會는 八關會 전날에 가지는 행사이고, 大會는 팔관회의 본 행사이다.
954) 高游는 高會와 같은 말로 성대한 모임이다.
955) 西暉(輝)는 석양의 남은 빛이다.
956) 兎山은 黃海道 袊川에 있던 고을 이름인데, 顯宗代부터 長湍縣에 속하다가 文宗때에 開城府로 移屬되고 睿宗 9년에 監務를 두었다.
957) 烏府는 고려시대에 時政을 논하고 풍속을 교정하며 백관을 糾察·彈劾하는 일을 맡아보던 관서인 御史臺·司憲府의 별칭이다.
958) 典衣는 옷을 전당잡히는 것으로, 杜甫의 〈曲江〉의 "조정에서 돌아오면 나날이 봄옷을 전당잡히고, 날마다 강 가에서 흠뻑 취하여 돌아오네.(朝回日日典春衣 每日

坐數同年漸漸稀　　浮雲流水又西暉
兎山隱者方耽寂　　烏府先生獨振威
出處雖殊均是義　　功名安用不如歸
尊前笑語知何日　　牧老雖貧欲典衣

11-30-146 새벽에 일어나다. 3수
11-30-146 晨興三首

목은(牧隱) 늙은이는 신세가 매우 맑아
누워서 처마에서 눈이 떨어지는 소리를 듣고 있네.
새벽에 남쪽창 가에서 언 붓에다 입김을 부노라니
삿갓 쓰고[959] 외로운 배에서 맹약(盟約)을 데우고[960] 싶어지네.

牧翁身世十分淸　　臥聽茅簷雪落聲
曉向南窓呵凍筆　　孤舟簑笠欲尋盟

높고 낮은 음운(音韻)[961]은 흐리고 또 맑은데[962]
대청에서는 아들과 손자의 글 읽는 소리가 들리네.
단정하게 앉은 늙은이는 생각이 끝이 없거니와
뒷날에는 아마도 우리 도의 맹약을 주도하리.[963]

江頭盡醉歸)"라는 연을 염두에 둔 표현이다.

959) 孤舟簑笠은 中唐의 시인 柳宗元(773~819)의 〈江雪〉의 轉結句인 "외로운 배에는 도롱이와 삿갓을 차린 늙은이가, 홀로 눈 내리는 추운 강에서 낚시질하네.(孤舟蓑笠翁 獨釣寒江雪)"라는 구절에서 인용한 표현이다.

960) 尋盟은 차가워진 지난날의 盟約을 따뜻하게 하는 것으로, 맹약을 거듭 다짐하는 것을 가리킨다.

961) 音韻은 聲律과 같은 말로 음악의 가락, 또는 시의 韻律이다.

962) 淸濁은 淸聲과 濁聲, 淸氣와 濁氣이다.

963) 主盟은 盟約·會盟을 主導하는 것이다.

音韻高低濁復淸　　兒孫堂上讀書聲
老翁端坐思無盡　　吾道他年倘主盟

마음가짐은 비록 맑은 물에서 갓끈을 씻는[964] 데 두지만
사귐을 끊느라고 어찌 일찍이 나쁜 말을 하였으랴?[965]
아득한 변새의 사막[966]에서는 소식[967]이 없는데
아득한[968] 안개 낀 물결에서 갈매기와 벗할[969] 길은 어긋났네.

操心雖在濯纓淸　　交絶何曾出惡聲
沙塞茫茫無鴈信　　烟波渺渺敗鷗盟

11-30-147 즉석에서 읊다
11-30-147 卽事

964) 濯纓淸은 『孟子』 「離婁 上」에 나오는 "창랑의 물이 맑으면 나의 갓끈을 씻을 수 있고, 창랑의 물이 흐리면 나의 발을 씻을 수 있네.(滄浪之水淸兮 可以濯我纓 滄浪之水濁兮 可以濯我足)"라는 어떤 아이〔孺子〕의 노래를 인용한 것인데, 屈原의 〈漁父辭〉에도 '我'가 '吾'로 바뀐 채 그대로 나온다.
965) 交絶出惡聲은 『世說新語』 「棲逸」에서 西晉의 山濤가 吏部郞에서 散騎常侍로 옮기면서 嵇康을 후임으로 추천하자, 康이 絶交書를 보내면서 湯王・武王까지 비난하고 비루하게〔非薄湯武〕 여기는 뜻을 밝히자, 대장군 司馬昭가 康을 못마땅하게 생각하였다고〔聞而惡焉〕 한 고사를 가리키고자 한 표현이다.
966) 沙塞는 사막으로 된 국경의 요새이다.
967) 沙塞鴈信은 沙塞에서 기러기 편에 온 서신이라는 뜻으로, 『漢書』 〈蘇武傳〉의 다음 고사를 가리킨 표현이다. 漢 武帝 때 中郎將 蘇武가 匈奴에 사신으로 갔다가 19년 동안 억류되었는데, 昭帝가 즉위하여 화친한 뒤에도 죽었다면서 보내지 않다가, 거짓임을 안 漢使가 "천자가 상림원에서 활을 쏘다가 기러기를 잡았더니, 다리에 帛書가 매여 있었는데, 무 등이 어떤 늪에 있다고 말했다.(天子射上林中得雁 足有係帛書 言武等在某澤中)"라고 속여 말함으로써 송환될 수 있었다.
968) 渺渺는 깊고 먼 모양, 아득히 먼 모양이다.
969) 鷗盟은 갈매기와 벗하는 것으로 은거하여 자연을 벗함을 비유한다.

늘그막에는 찬 바람이 겁나서 새벽에 늦게 일어나는데
팔다리가 시리고 뻐근하여 옷을 이기지 못하네.
다만 중화(中和)[970]의 기운을 길러서 얻기에
또 고율시(古律詩)[971]를 읊어 이룬다네.
질펀한[972] 싸늘한 음기[973]로 창 그림자가 어둑하고
쓸쓸한 작은 뜰에는 신발소리가 드무네.
한가하게 사는 흥취를 아는 사람이 없는데
때때로 손과 마주 앉아 술잔을 기울인다네.

老劫風寒曉起遲　　四支酸澁不勝衣
只緣養得中和氣　　且復吟成古律詩
漠漠窮陰窓影暗　　寥寥小院履聲稀
幽居興味無人識　　對客有時傾酒巵

11-30-148 술을 가지고 찾아오신 김좌윤[974] 형님께 사례드리다
11-30-148 謝金左尹兄携酒見訪

오래 헤어졌다가 서로 만나니 기쁘고 또 놀라운데
술통 앞에서 담소하면서 평소의 삶을 위로드리네.
떠돌면서도[975] 자손의 누(累)[976]를 다행히 면하는데

---

970) 中和는 元氣이다.
971) 古律詩는 고시와 율시로 시를 가리킨다.
972) 漠漠은 끝없이 넓은 모양이다.
973) 窮陰은 극히 陰沈한 天氣로 겨울의 마지막 시기를 가리킨다.
974) 左尹은 고려시대 三司의 종3품직인데, 金左尹은 목은에게 〈流沙亭記〉(『牧隱文藁』 권1)를 부탁한 바 있는 寧海에 살던 外從兄이다.
975) 流離는 재해·전란 등으로 정처 없이 떠돌아다니는 것이다.
976) 累는 弊端·憂患이다.

쇠로해지니 형제의 정을 더욱 느끼네.
소반에 가득한 술안주는 바다에서 나는[977] 것이 많은데
구절을 연마하여 읊는 시는 저절로 이루어진[978] 것이 적네.
숙취(宿醉)[979]가 다 사라졌는데도 몸은 아직 피곤하기에
앉아서 남쪽창을 마주하며 눈을 비비니 밝아지네.

久別相逢喜又驚　　尊前笑語慰平生
流離幸免子孫累　　衰老更諳兄弟情
佐酒滿盤多海錯　　吟詩鍊句少天成
宿酲消盡身猶困　　坐對南窓撥眼明

11-30-149 전의[980]에 사는 한좌윤[981]의 서신을 받으니 이르기를 '오래 수교[982]를 받들지 못하였습니다'라고 하였는데, 나도 그에게서 오래 서신이 없음을 괴상하게 여기기에, 한 번 웃고 나서 1수를 읊다

11-30-149 得全義韓左尹書云 久未奉手敎 僕亦怪其無書久矣 一笑之餘 吟成一首

내가 마침 그대의 서신이 오래 없음을 괴상하게 여기는데
그대도 문득 나의 문안[983]이 뜸함에 화를 내시네.

---

977) 海錯은 바다에서 나는 것이 여러 가지 섞여 있다는 뜻으로, 갖가지 맛난 海産物을 가리킨다.
978) 天成은 저절로 이루어지는 것이다.
979) 宿酲은 宿醉와 같은 말로 이튿날까지 술이 깨지 않는 것이다.
980) 全義는 지금의 忠淸南道 燕岐郡 全義面 지역에 있던 縣이다.
981) 左尹은 고려시대에 錢穀의 출납과 회계를 맡은 관서인 三司의 종3품 관직인데, 韓左尹은 목은의 監試·禮部試 동년인 韓弘道를 가리키는 듯하다.
982) 手敎는 상대방의 서신에 대한 경칭이다.
983) 問訊은 안부를 묻는 것이다.

천리 밖에서도 그리워함이 대개 서로 비슷하거늘
한 등불 아래에서 읊는다면 참으로 어떠하겠소?
푸른 빛이 뜬 산은 평야를 두르는데
붉은 빛을 거두어들인 해는 대허(大虛)[984]를 도네.
홀로 앉아서 느긋하게 혼자 웃게 되는 것은
예로부터 인간세상이 꿈임을 알기[985] 때문이라오.[986]

吾方怪子久無書	君却嗔吾問訊疎
千里情懷略相似	一燈吟嘯定何如
山浮翠色圍平野	日斂紅光轉大虛
獨坐悠然成獨笑	古來人世夢蘧蘧

11-30-150 일을 적다(2수)
11-30-150 紀事

담장 밑에서 볕을 쬐노라니 춘대(春臺)[987]와 같기에
찻잔을 들고 술을 마시듯이 마시고 싶네.
문득 세찬 바람이 땅을 쓸어버릴[988] 것처럼 불어오니

---

984) 大虛는 太虛와 같은 말로 宇宙·하늘, 또는 우주만물의 元氣이다.
985) 蘧蘧는 느긋하게 스스로 깨닫는 모양이다.
986) 夢蘧蘧는 『莊子』「齊物論」의 "전에 장주가 꿈에 나비가 되어 나비처럼 날았다. 스스로 즐겁고 뜻에 맞으니 주인 줄을 알지 못하다가, 잠시 뒤에 깨어서야 주인 줄을 알았다.(昔莊周夢爲胡蝶 栩栩然胡蝶也 自喩適志與 不知周也 俄然覺 則蘧蘧然周也)"라는 글에서 인용한 표현이다.
987) 春臺는 봄날의 누대로 잘 다스려지는 세상을 비유하는데, 『老子』 제20장 「異俗」에 "뭇 사람들이 和樂하여, 푸짐한 잔칫상을 받은 듯하고, 봄날에 높은 대에 올라 사방을 보듯이 한다.(衆人熙熙 如享太牢 如春登臺)"라는 글이 있다.
988) 卷(捲)地는 땅을 말아 버릴 듯이 휩쓸고 지나가는 것으로 기세가 맹렬함을 비유한다.

천공(天公)[989]이 아마 좋은 회포가 열림을 아까워하나 보네.

負暄墻下似春臺　　欲啜茶甌當酒杯
忽有狂風吹卷地　　天公應靳好懷開

소년시절에는 사흘도 뜸하다고 여겼거늘
시와 술로 서로 따른 것이 한 바탕 꿈인 듯하네.
쓸쓸한[990] 유항(柳巷)[991]에는 산새가 지저귀는데
문득 수레가 거리[992]로 들어옴에 놀라네.

少年三日以爲疎　　詩酒相從一夢餘
柳巷寥寥山鳥語　　忽驚車騎入門閭

11-30-151 기러기를 보내 주신 철원[993] 김동년[994]께 사례드리다
11-30-151 謝鐵原金同年送鴈

눈이 좋으니 아직도 매우 작은 글자[995]를 쓰시는데
또 두터운 뜻으로 기러기 발에 묶인 서신[996]을 보내셨네.

---

989) 天公은 하늘을 擬人化한 표현으로 하느님·조물주를 가리킨다.
990) 寥寥는 고요하고 쓸쓸한 것이다.
991) 柳巷은 개경에 있던 동네 이름으로 柳洞이라고도 하며, 목은이 살던 곳이다.
992) 門閭는 집의 문과 마을 입구의 문이다.
993) 鐵原은 江陵道〔지금의 江原道〕에 있던 고을로 본래 고구려의 철원군이었는데, 신라 景德王 때 鐵城郡, 고려 태조 즉위 후 東州로 고쳐졌고, 高宗 때에 縣으로 강등되었다가 忠宣王 때에 鐵原府로 고쳐졌다.
994) 金同年은 목은의 監試 동년인 金世珎을 가리킨다.
995) 蠅頭字는 파리의 머리처럼 작은 글자로 극히 작고 가는 글자를 가리킨다.
996) 鴈(雁)足書는 기러기발에 묶어 보낸 서신이라는 뜻으로 먼 곳에서 소식을 전하는 서신을 가리킨다.

병든 늙은이는 취할 만한 점이 없어 매우 부끄럽거니와
어느 날에나 패옥[997]으로 보답할지 알지 못하겠네.

眼明尙作蠅頭字　　意厚仍傳鴈足書
深愧病翁無可取　　不知何日報瓊琚

11-30-152 병이 든 스님이 나에게 글을 구하여 양벽운[998]에게 약을 물어 보고자 하다
11-30-152 病僧求書於僕 從楊碧雲問藥

웃을 만하도다, 금선(金仙)[999]이 육신[1000]을 근심하여
도리어 우객(羽客)[1001]을 좇아 정신을 기르려 하다니.
은거하는 선비[1002]는 기량이 많은 사람이 아니지만
한 번 붓을 들면 두 적(敵)을 친하게 할 수 있으리.

可笑金仙患色身　　却從羽客養精神
癯儒伎倆無多子　　一筆能令兩敵親

997) 瓊琚는 아름다운 옥으로 된 패물인데, 『詩經』「衛風」〈木瓜〉에 "나에게 모과를 던지시니, 패옥으로 보답하리. 갚는 것이 아니고, 길이 좋아하려는 것이네.(投我以木瓜 報之以瓊琚 匪報也 永以爲好也)"라는 대목이 있다.
998) 楊碧雲은 중국에서 온 道士로 判典醫를 지냈는데 本名은 宗眞이다. 『高麗史』「列傳」禑王 5년(1379) 5월조에 "乙酉에 旱災 때문에 判典醫 楊宗眞에게 명하여 醮祭를 행하여 비를 빌었다. 宗眞의 號는 碧雲인데, 본래 閩中의 道士였다."라는 기사가 있다.
999) 金仙은 부처·釋迦如來의 미칭인데, 여기에서는 승려를 가리킨다.
1000) 色身은 빛깔과 형상이 있는 몸으로 육신을 가리킨다.
1001) 羽客은 神仙·道士이다.
1002) 癯儒는 山澤에서 은거하는 야위고 청렴한 선비이다.

11-30-153 고저[1003] 동갑께 부치다 *주필이다
11-30-153 寄古樗同甲 *走筆

바닷가에서 돌아와서 화산(華山)[1004]으로 들어가더니
표연히 물병과 석장[1005]을 흰 구름 사이에 두시네.
동갑은 앓은 뒤라서 부질없이 머리를 긁으면서
어느 때에나 도를 물어 보랴 하고 한 번 웃네.[1006]

海上歸來入華山　　飄然甁錫白雲間
病餘同甲空搔首　　問道何時一破顔

11-30-154 교주[1007] 염사[1008]에게 부쳐서 고기를 달라고 하다
11-30-154 寄交州廉使索肉

늙은이를 보양함에는 맛난 음식[1009]이 필요하고
정신이 교류되게 함에는 돼지고기[1010]가 뛰어나다네.
두 가지가 모두 조그만 일이 아니니
한 필 말에 실어 보내시기[1011]를 바라네.

1003) 古樗는 여말의 승려 粲英(1328~1390)의 자인데, 성은 韓, 본관은 楊州, 호는 木庵이다. 14세에 출가하여 普雨의 법을 받았으며, 공민왕 때 兩街都僧錄이 되고, 우왕 9년에 王師에 올랐으며 시호는 智鑑國師이다.
1004) 華山은 서울 북쪽에 있는 三角山의 별칭으로 北漢山이라고도 한다.
1005) 甁錫은 중이 손을 씻기 위하여 물을 담아 두는 항아리와 錫杖이다.
1006) 破顔은 얼굴을 펴고 웃는 것이다.
1007) 交州는 江原道, 또는 江原道 淮陽의 옛 이름이다.
1008) 廉使는 按廉使의 준말로 고려시대의 방백을 가리키며, 巡察使・觀察使라고도 하였는데, 交州廉使는 朴宜中(1337~1403)을 가리키는 듯하다.
1009) 滋味는 맛 있는 음식이다.
1010) 腯肥는 옛날에 제사에 쓰던 돼지이다.
1011) 來歸는 물건을 보내오는 것이다.

養老須滋味　　交神在腯肥
兩端俱不細　　一騎望來歸

11-30-155 며칠 동안 몸이 편안하지 않아 읊지 못하다가, 동짓날[1012]에 남쪽창 앞에 조용히 앉아 짓다. 3수
11-30-155 數日身不寧 不得吟哦 冬至日 南窓靜坐 有作三首

문을 닫아 놓고서[1013) 『주역(周易)』의 괘를 생각하다가
우리나라의 풍속[1014)을 따라 죽을 마시네.
문득 시를 읊고 싶은 흥취가 일어나니
도(道)에 들어갈[1015) 공부는 아주 잊어 버리네.

閉關思易卦　　啜粥順鄕風
忽起吟詩興　　全忘入道功

조화가 끊임없이 생성됨[1016)은 묘하고
허령(虛靈)[1017)은 하나하나가 같다네.

1012) 冬至는 24절기 중 스물두 번째 절기로 北半球에서는 일년 중 밤이 가장 긴 날이며 양력 12월 22일이나 23일에 든다.
1013) 閉關은 관문을 닫는다는 뜻으로, 『周易』 復卦 大象傳의 "우레가 땅 속에 숨어 있는 것이 복이다. 선왕은 그래서 동지일에 관문을 닫아 상인과 나그네가 통행하지 못하게 하고, 임금은 사방을 순시하지 않았다.(雷在地中復 先王以至日閉關 商旅不行 后不省方)"라는 글을 인용한 것이다.
1014) 鄕風은 우리나라의 풍속이다.
1015) 入道는 성현의 도를 닦는 길에 들어서는 것이다.
1016) 生生은 끊임없이 생성된다는 뜻으로, 陰陽이 끊임없이 생성·변화·순환되는 天道의 무궁한 변화상을 가리키며, 『周易』의 순환론적 우주관을 집약적으로 나타내는 개념인데, 『周易』「繫辭上傳」의 "끊임없이 생성되는 것을 역이라 이른다.(生生之謂易)"라는 글에서 유래한다.
1017) 虛靈은 공허하여 형체가 없는 심령이라는 뜻으로 마음을 가리킨다.

바야흐로 담담하게[1018] 스스로 지키면서
경(敬)[1019] 하나로 처음과 끝을 꿰뚫으리.

造化生生妙　　虛靈箇箇同
湛然方自守　　一敬徹初終

정고(貞固)[1020]로 나의 근본을 삼으면
인온(絪縕)[1021]이 나의 마음에도 미치리.
건곤(乾坤)은 써도 다하지 않거니와[1022]
어느 날에나 시옹(時雍)[1023]에 이르랴?

貞固爲吾本　　絪縕達我中
乾坤用不竭　　何日致時雍

11-30-156 도목장[1024]을 오늘 바치다

1018) 湛然은 맑은 모양, 또는 淡泊함이다.
1019) 敬은 성리학의 수양론의 요체로서 마음이 專一한 상태를 유지함을 뜻하며, 이것이 天理를 보존하고 人欲을 제거하는 바탕이 된다.
1020) 貞固는 正道를 지켜 굳게 움직이지 않는다는 뜻으로 『周易』의 四德 중 貞을 풀이한 말인데, 『周易』 乾卦 「文言傳」의 "정도를 굳게 지키면 일을 잘 할 수 있다.(貞固足以幹事)"라는 글에서 유래한다.
1021) 絪縕은 천지의 陰陽 二氣가 交互作用을 하는 상태를 뜻하는데, 『周易』 「繫辭下傳」에 "천지의 기가 교감하여 만물이 변화하고 精純해진다.(天地絪縕 萬物化醇)"라는 글이 있다.
1022) 이 구절은 蘇軾의 〈前赤壁賦〉의 "취하여도 막지 않고, 써도 다하지 않으니, 이는 조물자의 다함이 없는 창고요, 나와 그대가 함께 즐길 바이다.(取之無禁 用之不竭 是造物者之無盡藏也 而吾與子之所共樂)"라는 대목을 변용한 표현이다.
1023) 時雍(邕·雝·廱)은 태평·태평시대를 뜻하는데, 『書經』 「堯典」의 "백성이 변하여 이에 화한다(黎民於變時雍)"라는 글에서 유래한다.
1024) 都目狀은 해마다 6월·12월에 吏部·兵部에서 관리의 치적을 조사하여 그 결과에 따라 인사발령을 하던 일인 都目政事를 위한 장부이다.

11-30-156 都目狀 今日進呈

세밑[1025]에 전석(銓席)[1026]을 여니
시절의 영재들이 서열에 따라 영전하네.[1027]
일찍이 한 아전으로도 족하다[1028]는 말을 들었는데
하물며 여러 공들의 어짊을 만났음에랴?
여러 아랫 사람들을 대우해야 하기 때문에
본래부터 조선(祖先)의 법도를 따른다네.
나는 지금 또 땀을 흘리면서
아직도 전처럼 자리에 참여하네.

歲抄開銓席　　時英盡序遷
曾聞一吏足　　況値數公賢
所以待群下　　由來從祖先
吾今更流汗　　添席尙依然

11-30-157 서신을 대신하여 혜문형께 받들어 답하다
11-30-157 代書奉答惠文兄

1025) 歲抄는 歲末과 같은 말로 한해의 끝인 세밑을 뜻한다.
1026) 銓席은 인사발령을 하기 위하여 심사를 하는 자리이다.
1027) 序遷은 서열에 따라 榮轉하는 것이다.
1028) 一吏足은 아전 하나면 된다는 뜻으로 『北齊書』〈薛琡傳〉의 다음 고사에서 유래하여 年功에 따라 임용하는 인사정책을 가리킨다. 北魏의 崔亮이 연공에 따라 임용하는 定年格을 시행하려고 하자, 설숙이 반대상소를 올려, "현부를 가리지 않고 편의대로 기러기의 줄과 고기꿰미처럼 공평하게 행하여 장부를 들고 이름을 부른다면, 아전 한 사람만으로 족할 것입니다. 사람의 수만 헤아려 임용하는 것을 어찌 전형이라 이르겠습니까?(不簡賢否 便義均行雁次若貫魚 執簿呼名 一吏足矣 數人而用 何謂銓衡)"라고 하였다.

나는 환토(幻土)[1029]를 장식할[1030] 생각이 있는데
약한 바람이 부는 보수(寶樹)[1031]에서는 새들이 화답하며 우네.
인간세상에서는 다만 성색(聲色)[1032]을 찾을 뿐이지만
또 청정(淸淨)[1033]을 어찌 반드시 먼 데서 찾으랴?

幻土粧嚴有我心　　微風寶樹鳥和鳴
人間只是求聲色　　淸淨何須更遠尋

11-30-158 문생 최숭겸[1034] 판서가 술을 가지고 오다(3수)
11-30-158 門生崔判書崇謙携酒來

동짓달이라 이미 매우 추운데
아침해가 산의 누대까지 솟아 있네.
좌주가 궤석(几席)[1035]에 기대어 있노라니
문생이 술을 가지고 오네.
바람과 구름은 융성한 조정을 열고[1036]

1029) 幻土는 假象과 같은 땅, 헛되고 덧없는 세상이다.
1030) 粧嚴은 粧飾이다.
1031) 寶樹는 極樂世界에 있다는 七寶로 된 나무인데, 七寶는 佛經에 나오는 일곱 가지 보배로 『般若經』에서는 金·銀·琉璃·硨磲·瑪瑙·琥珀·珊瑚라고 하였고, 『阿彌陀經』에서는 琥珀·珊瑚 대신에 玻璃·赤珠를 드는 등 경전마다 다소 다르다.
1032) 聲色은 言語와 顔色이다.
1033) 淸淨은 마음이 깨끗하여 동요되지 않음인데, 불교에서는 악행과 번뇌를 멀리함을 가리킨다.
1034) 崔崇謙은 『고려사』에 우왕 3년에 臺諫으로 있었다는 사실만 나타나는 문신인데, 『목은시고』를 통하여 공민왕 14년에 등제한 목은의 문생으로서 大諫·判書를 지낸 사실이 확인된다.
1035) 几席은 几筵과 같은 말로 앉아서 몸을 기대는 뒷등방석[案席], 또는 자리이다.
1036) 이 구절은 『周易』 乾卦의 “구름은 용을 따르고, 바람은 호랑이를 따른다.(雲從龍風從虎)”라는 구절을 뜻하고자 한 표현으로, 영웅호걸이 임금의 知遇를 입어 때를 만남을 비유한다.

하늘과 땅은 빼어난 인재를 기르네.
한 번 취하기가 참으로 쉽지 않거늘
앞으로는 또 몇 번이나 있으랴?

仲冬寒已甚　　朝日上山臺
座主隱几臥　　門生携酒來
風雲開盛朝　　天地育英材
一醉誠非易　　從今更幾回

한(漢)나라의 솥[1037]은 산처럼 무거웠는데도
조대(釣臺)[1038]의 높은 풍도에 절하였다네.
마음을 아는 것은 나의 일이 아니거니와
발자취를 잇는 이는 누구의 자손[1039]이랴?
경륜(經綸)할 그릇이 오래 쫓겨나 있고
동량(棟樑)[1040]이 될 재목이 헛되이 사네.
나라의 혈맥이 병들지 않았음을 분명히 아니
바른 기운이 저절로 회복되리.

漢鼎如山重　　高風揖釣臺

1037) 漢鼎은 漢나라의 重器인 솥으로서 漢朝의 社稷을 비유하는데, 여기에서는 後漢 光武帝를 가리킨다.
1038) 釣臺는 光武帝 때의 隱士 嚴光이 낚시질하던 곳으로 옛터가 浙江省 桐廬城 서쪽의 富春山 위에 있다. 嚴光은 後漢 餘姚人으로 어릴 때 劉秀와 같이 공부하였는데, 그가 즉위하자 변성명하고 숨어살았다. 광무제가 어짊을 생각하고 찾아서 諫議大夫를 제수하였으나 나아가지 않고 돌아가서, 富春山에서 은거하며 농사짓고 낚시질하면 살다가 삶을 마쳤는데, 후인들이 그가 낚시질하던 곳을 嚴陵瀨라고 불렀다.
1039) 來(倈)는 玄孫의 아들〔來孫〕이다.
1040) 棟樑(梁)은 마룻대와 들보로 나라의 중임을 맡은 사람을 비유한다.

知心非我事　　繼踵有誰來
久廢經綸器　　虛生棟樑材
明知脉不病　　正氣自然回

평소에 풍채를 중시하더니
행실이 영대(靈臺)[1041]를 더럽히네.
정사(政事)는 선진들께 부끄럽고
문장은 후배들에게 부끄럽네.
누구에게 도를 물으랴?
하물며 나는 재목이 아님에랴?
문 밖에서는 물이 동쪽으로 흐르는데[1042]
어느 날에나 느긋하게[1043] 돌아가랴?

平生重風采　　擧動汚靈臺
政事羞先進　　文章愧後來
欲從誰問道　　況是我非材
門外水東注　　悠悠何日回

1041) 靈臺는 사람의 마음・정신이다.
1042) 水東注는 水東流와 같은 말로, 중국의 강물이 반드시 동쪽으로 흐른다는 뜻이며 事必歸正을 비유한다.
1043) 悠悠는 悠然과 같은 말로 한가롭고 느긋한[閑適] 모양이다.

목은시고 권지삼십일
牧隱詩藁 卷之三十一

11-31-001 보는 것을 맡는 눈의 노래
11-31-001 目司見歌

눈이란 보는 것을 맡음이 그 직분인데
만물은 달라서 오색으로 어지럽다네.
일월(日月)과 성신(星辰)은 전도(躔度)[1]가 찬란하고
산하(山河)와 악독(嶽瀆)[2]은 진역(畛域)[3]이 뒤엉키었네.
높이고 낮춤의 윤리는 질서를 잃지 않고
제도와 문물[4]의 헤아림에는 모두 법도가 있네.
어찌하여 전도됨이 미혹된 사람과 같아서
때로는 흙과 숯을 옥식(玉食)처럼 여기는가?[5]

---

1) 躔度는 日月星辰의 運行 度數이다. 옛 사람들은 하늘을 360도로 나누어 약간씩 구역을 나누어 일월성신의 방위를 판별하였다고 한다.
2) 嶽瀆은 五嶽과 四瀆의 준 말로 山川을 가리킨다. 오악은 동악・서악・남악・북악・중악이고, 사독은 長江・黃河・淮水・濟水이다.
3) 畛域은 한계, 범위, 구역 등을 뜻하는데, 이미 이루어진 견해나 파벌의식을 비유한다.
4) 典章은 제도와 문물을 가리킨다.

저자에서 황금을 움켜쥘 때에는[6] 사람을 보지 못하고
절세미녀[7]는 족히 심지(心地)를 어둡게 만들 수 있다네.
그것을 이끌어 들이는 자에게도 참으로 죄가 있지만
마음[8]은 어찌하여 또 미치는가?
햇빛이 남쪽창에 가득한 맑은 아침에
목은 늙은이가 홀로 높은 소리로 노래하노라니 처량해지네.

目兮司見是其職　　萬物異同紛五色
日月星辰粲躔度　　山河嶽瀆橫畛域
尊卑倫理不失序　　典章度數皆有則
奈何顚倒似迷人　　土炭有時如玉食
攫金於市不見人　　尤物足令心地黑
引之入者信有罪　　天君胡然亦狂惑

---

5) 이 연은 가치가 전도되어 흙과 숯을 맛있는 음식처럼 여기는 사람도 있다는 것을 뜻하는데, 柳宗元의 편지 〈報崔黯秀才論爲文書〉(『柳河東集』 권34)에 "내가 일찍이 심장과 배에 병이 든 사람 가운데 흙과 숯을 삼키기를 그리워하고 시고 짠 것을 좋아하는 사람이 그것을 얻지 못하면 매우 슬퍼하는 것을 보았습니다.(吾嘗見病心腹人 有思啗土炭嗜酸鹹者 不得則大戚)"라는 구절이 있다.

6) 攫金은 남의 황금을 움켜쥐는 것, 곧 도둑질하는 것이다. 옛날 齊나라 사람이 금을 가지고 싶은 욕심이 있어서 이른 아침에 의관을 차리고 저자에 가서 금방에 들러 그 금을 훔쳐 가지고 가자 관리가 잡았는데, 관리가 "사람들이 다 있는데 당신은 왜 남의 금을 훔쳤소?"라고 하자, 그는 "금을 훔칠 때는 사람을 못 보고 다만 금덩어리만을 보았소.(昔齊人有欲金者 淸旦衣冠而之市 適鬻金者之所 因攫其金而去 吏捕得之 問曰人皆在焉 子攫人之金何 對曰取金之時 不見人 徒見金)"라고 했다는 이야기가 『列子』 「說符」에 실려 있다.

7) 尤物은 『春秋左氏傳』 昭公 28년조의 "특별한 아름다움이 있으면 사람의 마음을 움직이게 마련이다.(夫有尤物 足以移人)"라는 글에서 유래하여 絶世美女를 비유한다.

8) 天君은 사람의 마음이다. 范浚의 〈心箴〉에 "군자가 정성을 보존하면, 능히 생각하고 능히 공경하네. 천군이 태연하면, 온 몸이 명령을 따르네.(君子存誠 克念克敬 天君泰然 百體從令)"라는 대목이 있다.

清晨日色滿南牕　　牧老高歌獨悽惻

11-31-002 나는 미친 듯이
11-31-002 我狂

내가 미친 증세를 드러내니[9]
종종걸음으로[10] 사방을 돌아보았다네.
까마귀가 누구 집에 앉을지 바라볼 때에[11]
집안의 어른들이 황야로 도망치네.
건널 물은 어찌하여 그 끝이 없는가?
마음의 근심은 또 몹시 크다네.[12]
이제 하늘이 명철함을 내리셨으니
봉황이 높은 산등성이에서 날게 되리.[13]

我其發出狂　　蹜蹜顧四方

9) 이 구절〔我其發出狂〕은 『書經』의 「微子」의 箕子와 比干에게 한 말에 "제가 미친 증세를 보이니, 저희 집 노인들이 모두 황야로 도망치고 있습니다.(我其發出狂 吾家耋 遜于荒)"라는 대목에서 인용한 것이다.

10) 蹜蹜은 작은 걸음으로 빨리 달리는 것이다.

11) 이 구절〔瞻烏止誰屋〕은 『詩經』「小我」〈正月〉의 "슬프다 우리 사람, 어디에 좇아 祿을 먹을까? 까마귀가 앉을 곳을 보는데, 뉘 집으로 갈까?(哀我人斯 于何從祿 瞻烏爰止 于誰之屋)"라는 대목을 변용한 것이다. 『毛傳』에는 이 대목에 "부잣집에 까마귀가 모인다.(富人之屋 烏所集也)라는 주석이 있다.

12) 孔將은 몹시 크다는 뜻이다.

13) 鳳凰飛高崗은 鳳凰이 높은 산등성이에서 난다는 것으로, 왕이 훌륭한 선비들을 구하여 씀을 비유한다. 『詩經』「大雅」〈卷阿〉에 "봉황이 우나니, 저 높은 산등성이네. 오동이 자라나니, 저 산의 동쪽이네. 오동이 무성하니, 봉황이 우네.(鳳凰鳴矣 于彼高岡 梧桐生矣 于彼朝陽 菶菶萋萋 雝雝喈喈)"라는 대목이 있는데, 이 시는 召公이 조카인 成王을 훈계한 시로 어진 선비를 구하여 쓸 것을 바라는 내용이다.

瞻烏止誰屋　家耄遜于荒
涉水其無涯　心憂亦孔將
今天其命哲　鳳凰飛高岡

11-31-003 세모
11-31-003 歲暮

세모(歲暮)에 강산은 고요한데
나의 생애는 치아와 머리카락이 성글어진 때라네.
사직하고 돌아갈 계획은 이미 익었지만
병을 치료할 방법은 모두 헛되네.
진번(陳蕃)의 걸상[14]에는 먼지가 가득하고
제갈량(諸葛亮)의 집[15]에는 하늘이 나직하네.
마음 속의 정감[16]를 끝내 그칠 수 없는데
어느 때에나 길게 휘파람불며 풀랴?

歲暮江山靜　吾生齒髮疏
乞歸謀已熟　療病術皆虛
塵滿陳蕃榻　天低諸葛廬
幽懷竟未已　長嘯幾時舒

14) 陳蕃榻은 後漢의 陳蕃이 懸榻한 일, 즉 걸상을 매단 일을 가리킨다. 현탑은『後漢書』〈徐穉傳〉에서 陳蕃이 郡守로 있을 때 빈객을 접대하지 않았지만 徐穉에게만 특별히 매달아 놓았던 걸상을 내려놓았다가 간 뒤에 다시 건 일을 가리키며 下榻이라고도 하는데, 賢士를 禮待함을 비유한다.

15) 諸葛廬는 중국 三國時代 蜀漢의 諸葛亮이 출사하기 전에 살던 초가로서 南陽에 있었다.

16) 幽懷는 마음 속의 情感이다.

11-31-004 절구
11-31-004 絶句

산천은 눈과 얼음이 쌓이고 밥 짓는 연기는 드문데
저녁녘에 언 참새는 나뭇가지에서 서로 기대어 있네.
머지않아[17] 봄바람이 천지에 가득해지면
마음껏 울음에 화답하며 곳곳을 날리.

氷雪山川煙火稀　　枯枝凍雀晩相依
春風不日滿天地　　得意和鳴隨處飛

11-31-005 느낌이 있어서 짓다
11-31-005 有感而作

겹이불[18]에서도 밤 추위가 심하여 막 깨어나서
정신이 말똥말똥해지니[19] 끊어진 꿈을 어찌할 수 없네.
도미(道味)[20]는 성하게[21] 다 드러나는데
기심(機心)[22]은 오랜 동안 함께 달렸네.
학자로서는 북쪽 지방에서 도중에 그만두고
소인(騷人)[23]으로서는 남쪽 나라에서 뒤늦게 노래하네.

---

17) 不日은 시일이 얼마 남지 않은 것이다.
18) 重衾은 겹이불이다.
19) 惺惺은 정신이 맑음, 혼미함에서 벗어나 정상으로 돌아옴이다.
20) 道味는 道德의 眞意로, 『晉書』〈成公簡傳〉에 "성품이 순박하고 간소하며, 영예와 이익을 구하지 않고, 도덕의 진의에 마음을 담그다.(性朴素 不求榮利 潛心道味)"라는 글이 있다.
21) 油然은 구름이 성한 모양이다.
22) 機心은 巧詐한 마음, 거짓되고 功利를 추구하는 마음이다.
23) 騷人은 詩人이다.

쓸쓸하게 한 해가 벌써 저묾[24]을 안타까워하면서
빈아(豳雅)[25]를 좇으려 해도 이미 어긋나 버렸네.

重衾始覺夜寒多　　夢斷惺惺不奈何
道味油然盡呈露　　機心久矣共奔波
北方學者中而廢　　南國騷人後也歌
恨殺蕭條年已暮　　欲追豳雅已蹉跎

11-31-006 느낌이 있어
11-31-006 有感

내 몸은 본래 천지와 서로 통하기에
혈기가 두루 흐르고 맥박은 그 속에 있네.
함양하여 화평을 얻으면 성역(聖域)[26]을 이루고
동요하여 광망(狂妄)하게 되면 무풍(巫風)[27]과 같아지네.

---

24) 年暮는 나이가 늘그막이라는 의미와 한 해가 저무는 歲暮의 두 가지 의미가 있는데, 여기에서는 重義的인 뜻으로 쓰였다.

25) 豳雅는 『詩經』「豳風」의 〈七月〉을 가리킨다. 〈七月〉은 천시를 알아 백성들에게 농사일을 알려 주고, 여자는 안에서 일하고 남자는 밖에서 일하며, 윗사람은 정성으로 아랫사람을 사랑하고 아랫사람은 충성으로 윗사람을 이롭게 하며, 아버지·자식·남편·아내가 각각 자기의 역할을 하면서, 노인을 봉양하고 어린이를 사랑하며, 자기 능력에 따라 먹고 약한 자를 돕고, 제사를 때에 맞게 하고 연향을 절도에 맞게 하는 것을 읊은 것이다.

26) 聖域은 聖人의 경지, 또는 거룩한 지역을 가리킨다.

27) 巫風은 政事를 그르치는 세 가지 바람(三風)의 하나로서, 무당바람이다. 三風은 巫風·淫風·亂風을 가리키는데, 『書經』「伊訓」에 "감히 늘 구전에서 춤을 추고 방에서 취하여 노래하는 자가 있다면 이것을 무당바람〔巫風〕이라 하고, 감히 재물과 여색을 추구하고 늘 놀이와 사냥을 하는 자가 있다면 이것을 방탕바람(淫風)이라 하며, 감히 성인의 말씀을 모욕하고 충성되고 곧음을 거스르며 늙은이와 덕 있는 이를 멀리하고 미련하고 유치한 사람들과 벗하는 자가 있다면 이것을 어지러운 바람(亂風)이라 하나니, 이 세 가지 바람과 열 가지 허물은 벼슬을

맑은 명예와 흐린 이익은 끝내 도(道)에는 어긋나고[28]
바른 의표와 단아한 외모는 충성을 다함에 있다네.
홀로 남쪽창 가에 앉아서 크게 탄식하는 것은
근래에 꿈에 주공(周公)을 만나지[29] 못한 때문이라네.

吾身天地本相通　　血氣周流脈在中
養得平和成聖域　　動而狂妄似巫風
名淸利濁終違道　　表正形端在盡忠
獨坐南牕成浩嘆　　邇來無夢見周公

11-31-007 물고기를 보내 준 남경윤[30]에게 사례하다
11-31-007 謝南京尹送魚

넘실거리는 한강물에 낚싯배를 띄우고서
눈 내리는 아득한 하늘 밑에서 도롱이와 삿갓 차림이리.
목동이 꿈으로 점을 쳤다는[31] 것이 빈말이 아니어서

하는 이들이 그 중 한 가지만 몸에 지니고 있어도 그 집안이 반드시 망할 것이요, 나라의 임금이 그 중 한 가지만 몸에 지니고 있어도 그 나라가 반드시 망할 것이라고 하셨습니다.(曰 敢有恒舞于宮 酣歌于室 時謂巫風 敢有殉于貨色 恒于遊畋 時謂淫風 敢有侮聖言 逆忠直 遠耆德 比頑童 時謂亂風 惟玆三風十愆 卿士有一于身 家必喪 邦君有一于身 國必亡)"라는 대목이 있다.

28) 이 구절은 『近思錄』 「爲學」의 "이름을 위하고 이익을 위하는 것은 맑음과 흐림이 비록 같지 않지 않지만, 그 이기적인 마음은 한가지이다.(爲名與爲利 淸濁雖不同 然其利心則一也)"라는 대목을 변용한 것이다.

29) 夢見周公은 꿈에 周公을 만나는 것으로, 『論語』 「述而」의 "공자께서 말씀하였하기를, '매우 내가 노쇠하였구나. 오랫동안 나는 주공을 꿈에 보지 못하였으니.' (子曰 甚矣 吾衰也 久矣 吾不復夢見周公)"라는 대목을 마음에 둔 표현이다.

30) 南京尹은 南京은 고려시대 三京의 하나였던 漢陽의 府尹을 가리킨다. 남경은 文宗 21년(1067)에 처음 설치되었다가 肅宗 9년(1104)에 다시 설치되었으며, 처음에 南京留守官을 두었고 忠烈王 34년(1308)에 漢陽府로 고쳤다.

앉아서 두 마리의 물고기를 마주하며 풍년[32]을 상상해 보네.

漢水滔滔泛釣船　　　渺然簑笠雪中天
牧人占夢非虛語　　　坐對雙魚想有年

11-31-008 들러 준 서쪽의 이웃 한선생[33]에게 사례하다
11-31-008 謝西隣韓先生來過

버드나무 마을의 선생이 이웃에 사는 것을 허용하여
몇 년 동안 서로 짝하여 성세(盛世)[34]를 즐기네.
누대에 올라 달을 감상하노라면 신선의 세계와 통하고
술을 마주하여 산을 바라보노라면 저자의 티끌과 머네.
누가 일찍이 시끄럽게[35] 명리를 좇았던가?
스스로 만족하여 느긋하게 정신을 펼치네.
이른 아침[36]에 신발을 끌고 오고 가니
이와 같이 풍류로운 이가 또 몇이나 될까?

柳里先生許卜隣　　　數年相伴樂昌辰
登樓翫月通仙境　　　對酒看山遠市塵

31) 牧人占夢은 목동의 꿈으로 점을 쳤다는 뜻으로 『詩經』 「小雅」 〈無羊〉의 "목동이 꿈을 꾸니, 무리지은 물고기이고, 많은 깃발이네. 大人이 점을 치니, 무리지은 물고기이니, 참으로 풍년이요. 많은 깃발이니, 집안이 번성하리.(牧人乃夢 衆維魚矣 旐維旟矣 大人占之 衆維魚矣 實維豐年 旐維旟矣 室家溱溱)"라는 대목에 나오는 말이다.
32) 有年은 풍년이다.
33) 韓先生은 柳巷 韓脩를 가리킨다.
34) 昌辰은 盛世이다.
35) 擾擾는 시끄러운 모양이다.
36) 淩晨은 이른 아침이다.

攖攖何曾逐名利　　悠悠自足暢精神
淩晨曳履來還去　　似此風流更幾人

11-31-009 찾아 준 정포은[37] 추상[38]과 이도은[39]과 이둔촌[40]에게 사례하다

11-31-009 謝鄭圃隱樞相與李陶隱李遁村見訪

담박한 교분으로는 이제 또 몇 사람이나 있는가?
마을 골목이 쓸쓸하여 낮에도 문을 닫고 있다네.
다만 몇 분 때문에 자주 신발을 거꾸로 신는데[41]
늘 아름다운 계절에는 함께 술통을 기울이네.
문장의 바른 표준[42]을 누가 서로 주고받는가?[43]
도덕의 남은 광채는 세인들이 높이는 바이네.[44]
병든 늙은이가 벗으로 여겨짐[45]을 스스로 다행으로 여기면서
담장 아래에서 등에 햇볕을 쪼이며[46] 높은 수레를 맞이하네.

---

37) 圃隱은 鄭夢周의 號이다.
38) 樞相은 樞密院의 相臣을 가리킨다.
39) 陶隱은 李崇仁의 號이다.
40) 遁村은 李集의 號이다.
41) 倒屣는 손님을 급히 마중 나가느라고 신발을 거꾸로 신는다는 뜻이다. 『魏志』〈王粲傳〉에 “당시에 蔡邕은 재주와 학문이 매우 뛰어나서 조정에서 지위가 높고 임무가 중하여, 늘 수레와 말이 거리를 채우고 빈객이 자리에 가득하였다. 王粲이 문에 와 있다는 말을 듣고 신발을 거꾸로 신고 나와 맞이하고는, ‘이 사람은 왕공의 손자인데, 기이한 재주를 지녀서 나는 미치지 못한다.’라고 하였다.(時邕才學顯著 貴重朝廷 常車騎塡巷 賓客盈坐 聞粲在門 倒屣迎之曰 此王公孫也 有異才 吾不如也)”라는 대목이 있다.
42) 正印은 正宗과 같은 말로, 바르고 근원이 되는 표준이다.
43) 이 구절은 陶隱을 稱揚한 말이다.
44) 이 구절은 圃隱을 稱揚한 말이다.
45) 齒錄은 朋齒 즉 친구 錄用됨, 즉 벗으로 여겨짐을 뜻한다.
46) 負暄은 따뜻한 햇볕을 쬔다는 뜻으로, 『列子』「楊朱」의 다음 고사에서 유래하여

淡交今復幾人存　　里巷蕭條晝掩門
只爲數公頻倒屣　　每於佳節共傾樽
文章正印誰相授　　道德餘光世所尊
自幸病翁蒙齒錄　　負暄墻下對高軒

11-31-010 걸어서 동산에 올랐다가 송동년[47]의 채마밭을 거쳐 나와서 부추[48]의 새집에 이르렀는데, 그 이웃의 조판사가 술을 가지고 왔으므로 조금 취하여[49] 말을 타고 읊조리며 돌아오다

11-31-010 步上東山 由宋同年菜園出 至副樞新居 其隣趙判事携酒來 微醺騎詠而歸

지팡이를 짚고 아들을 데리고 뒷산에 올랐다가
걸음이 송노인의 채마밭 사이를 지났네.
마을에 옛 집의 유적이 남아 있는데
의관에서 옛 얼굴을 마주하네.
『금낭(錦囊)』[50]으로 용(龍)[51]이 절로 돌아봄을 점검하노라니

군왕에게 바치는 작은 충성이나 菲薄한 예물을 비유한다. 옛날에 宋나라의 어떤 농부가 해진 옷으로 겨울을 보내고 나서, 봄날에 등에 쬐는 햇볕을 좋게 여겨, 아내에게 임금에게 바치면 重賞을 받을 것이라고 하였다. 이를 들은 마을의 부자가 전에 미나리의 맛을 훌륭하게 여긴 사람이 마을의 豪族에게 맛이 좋다고 일컬었더니, 그가 취하여 먹어 보고 입에 쓰고 배에 통증을 느껴, 사람들에게 비웃고 원망하자 바친 자가 부끄러워하였다고 하였다.

47) 宋同年은 宋懋를 가리키는 듯한데, 목은과는 禮部試 동년이고 益齋 李齊賢의 둘째 부인 朴氏 소생의 一男三女 중 長女의 夫君이다.

48) 副樞는 고려시대에 中樞院의 副使를 이르는 말인데, 여기에서는 목은의 장남 種德을 가리킨다.

49) 微醺(醺)은 조금 술이 취함이다.

50) 『錦囊』은 고려시대의 풍수지리서의 하나이다. 李植은 『澤堂先生別集』 권11, 「啓山志」의 〈風水驗應說〉에서 "또 듣건대 祖宗朝에서 고려시대의 폐단을 없애기 위

화표주(華表柱)[52]에 학(鶴)이 막 돌아오는 것과 비슷하네.
소년시절의 행락(行樂)이 어제처럼 또렷한데
이웃노인이 술을 가지고 오니 정신이 한가로워지네.

策杖携兒上後山　行穿宋丈菜園間
故居閭里存遺迹　前輩衣冠對舊顔
點檢錦囊龍自顧　依俙華表鶴初還
少年行樂森如昨　携酒隣翁意氣閑

11-31-011 머리를 빗다
11-31-011 梳髮

짧은 머리카락이 성기어서 빗에 차지도 않는데
거울을 바라보니 남김없이 희네.
소년시절의 풍채가 모두 스러져 버렸지만
호기는 아직 사라지지 않았음을 누가 알리요?

하여 地理書를 모두 불태워 버리고, 다만 『青烏』와 『錦囊』 등 10여 권만을 남겨 觀象監에 맡겨서 익히고 배우도록 하여 公私에 통용한 것이 2백년이 되었다고 한다.(且聞祖宗朝懲麗代弊 盡焚地理諸書 只存青烏錦囊等書十餘卷 屬觀象監習學 公私通用者 垂二百年)"라고 하였다.

51) 龍은 풍수지리에서 山을 가리키는 말이다.

52) 華表柱는 옛날 橋梁·宮殿·城垣·陵墓 등의 앞에 장식용으로 세운 큰 기둥인데, 여기서는 『搜神後記』의 다음과 같은 고사를 가리킨다. 漢代 遼東人인 丁令威가 靈虛山에서 도를 배운 뒤 학이 되어 요동으로 돌아와 성문의 華表柱에 앉았다가 어떤 소년이 활을 쏘려 하므로 "정령위라는 새가 있어서, 집 떠난 지 천년 만에 이제 비로소 돌아왔네. 성곽은 옛날과 같지만 사람은 같지 않은데, 어찌 신선을 배우지 않아서 허다한 무덤만 있는가?(有鳥有鳥丁令威 去家千年今始歸 城郭如故人民非 何不學仙冢纍纍)"라고 탄식하면서 하늘 높이 날아갔다고 한다.

短髮蕭蕭不滿梳　　鏡中相對白無餘
少年風采都消盡　　豪氣誰知尙未除

11-31-012 합주[53]의 영각[54]에게 부치다
11-31-012 寄陜州鈴閣

단계(丹溪)[55] 마을 속에 어떤 노인[56]이 있는데
생계[57]가 쓸쓸하여 온갖 근심이 모인다네.
다만 인풍(仁風)[58]을 입어야만 목숨을 보전할 것이기에
목은 늙은이는 남쪽을 바라보며 홀로 누각에 오르네.

丹溪村裏有蒼頭　　生理蕭條集百憂
只被仁風存性命　　牧翁南望獨登樓

11-31-013 영암사[59]의 당두[60]에게 부치다
11-31-013 寄靈岩寺堂頭

오래 백족화상(白足和尙)[61]의 풍모를 흠모하는데

53) 陜州는 경상도 陜川의 옛 이름이다.
54) 鈴閣은 지방의 수령이 집무하는 곳으로 수령을 가리킨다.
55) 丹溪는 경상남도 山靑郡 丹城面인 듯하다.
56) 蒼頭는 머리카락이 斑白인 사람, 즉 年老한 사람을 가리킨다.
57) 生理는 生計이다.
58) 仁風은 仁德의 敎化이다.
59) 靈岩寺는 陜川에 있는 절이다.
60) 堂頭는 禪寺의 우두머리인 主持나 주지가 거처하는 방인 方丈을 가리킨다.
61) 白足은 白足和尙의 준말로 高僧을 가리킨다. 南朝 梁나라의 慧皎가 지은 『高僧傳』 〈曇始〉에, "(鳩摩羅什의 제자인) 曇始는 발이 얼굴보다 흰데, 비록 흙탕길을 걸어도 한 번도 젖지 않았으므로 천하의 사람들이 모두 白足和尙이라고 불렀다.釋曇始足白於面 雖跣涉泥水 未嘗沾濕 天下咸稱白足和尙)"는 대목이 실려 있다.

늙은이들이 깊은 그늘에 의탁한다네.
사람을 사랑함은 유불이 마찬가지이니
어느 날에나 다시 마음을 논해 볼까?

白足歆風久　　蒼頭托蔭深
愛人儒釋共　　何日更論心

11-31-014 겨울날
11-31-014 冬日

한 해[62]가 다하여 폐색(閉塞)한[63] 겨울이 되었는데
아득한[64] 천지에 쇠약한 늙은이가 서 있네.
숲과 계곡물은 변한 소리와 모습을 부끄러워하고
눈과 바람은 웅장한 기운과 형세로 사납네.[65]
물시계 소리를 기다리는[66] 임금과 신하는 초조하게[67] 근심하고
난로를 둘러싸고 있는 아내와 자식은 온화하게[68] 즐거워하네.

---

62) 歲律은 歲月의 律이라는 뜻으로 十二律을 가리킨다. 十二律은 陽六의 六律과 陰六의 六呂의 총칭으로 律呂라 부르기도 한다. 六律은 黃鍾(11월)·太簇(정월)·姑洗(3월)·蕤賓(5월)·夷則(7월)·無射(9월)이고, 六呂는 大呂(12월)·夾鍾(2월)·仲呂(4월)·林鍾(6월)·南呂(8월)·應鍾(10월)이다. 歲律이라는 말은 韓愈와 孟郊의 聯句인 〈城南聯句〉 "歲律及郊至 古音命韶韺"라는 구절에서 사용되고 있는데, 그 의미는 歲月이라는 뜻이다.

63) 閉塞은 천지가 추위로 얼어붙어 막히는 것이다. 『禮記』「月令」에 "시월이 되면 天氣가 위로 올라가고 地氣는 아래로 내려가서, 천지가 통하지 아니하니 막혀서 겨울이 된다.(孟冬之月 天氣上騰 地氣下降 閉塞而成冬)"라는 내용이 있다.

64) 悠悠는 크고 먼 모양, 많은 모양이다.

65) 虐饕는 잔인하고 난폭하며 탐욕스러운 것이다.

66) 待漏는 물시계가 울림을 기다리는 것으로 백관이 아침 일찍 출근하여 參朝하는 시각까지 기다림이다.

67) 悄悄는 근심하는 모양이다.

68) 融融은 온화하고 따뜻한 모양이다.

초연히 세상을 떠나서 나의 고독을 잊고 있노라니
백 척의 큰 소나무가 푸른 하늘에 기대어 있네.

閉塞成冬歲律窮　　悠悠天地立衰翁
林慙礀愧聲容變　　雪虐風饕氣勢雄
待漏君臣憂悄悄　　圍爐妻子樂融融
超然離世忘吾獨　　百尺長松倚碧空

11-31-015 도성의 남쪽
11-31-015 城南

도성 남쪽의 가장 궁벽한 곳에서 사는데
하물며 이제 한 해가 끝나려 함에랴?
늙은 나무에는 바람소리가 급하고
높은 하늘에는 햇빛이 차갑네.
문장은 양한(兩漢)[69]을 아우르고
기상은 삼한(三韓)[70]에서 으뜸간다네.
더욱이 한가로움 속의 참맛을 얻으니
어찌 반드시 또 갓을 걸어놓으랴?[71]

城南居最僻　　況此歲將闌
樹老風聲急　　天高日色寒
文章兼兩漢　　氣像冠三韓

69) 兩漢은 前漢과 後漢이다.
70) 三韓은 馬韓・辰韓・弁韓, 또는 高句麗・百濟・新羅의 삼국으로 우리나라의 異稱이다.
71) 掛冠은 갓을 거는 것으로 벼슬을 내놓음, 辭職을 뜻한다.

剩得閑中味　　　　何須更掛冠

11-31-016 살아 있는 전복을 보내준 강릉염사에게 사례하다
11-31-016 謝江陵廉使送生鮑

동쪽 바다에서 사람이 와서
나에게 안렴사(按廉使)[72]의 서간을 주네.
기쁨이 감돌다가 도리어 쑥스러운[73] 것은
치아가 흔들려서 어물을 자르기가 어렵기 때문이네.
해가 비추어야 구슬이 빛나고
바람에 이끌려야 푸른 띠가 곱다네.[74]
다행히 사절[75]이 겨를이 많아서
더욱 나에게[76] 은혜를 베푼 것이리.

人從東海至　　　　遺我按廉書
喜動還羞澁　　　　齒搖難決魚
明珠日照後　　　　翠帶牽風餘
行李幸多暇　　　　更宜恩弊廬

11-31-017 전의[77]의 한동년[78]에게 부치다

72) 按廉使는 道를 다스리는 長官으로 節度使・巡撫使・按撫使라고도 하였다.
73) 羞澁은 情態가 부자연스러운 모습이다.
74) 이 구절은 杜甫의 시 〈曲江對雨〉의 頷聯 下句의 "물의 마름이 바람에 이끌리니 푸른 띠가 기네.(水荇牽風翠帶長)"라는 구절을 변용한 것이다.
75) 行李는 떠나는 사람, 使臣이다.
76) 弊廬는 자기가 살고 있는 집의 謙稱이다.
77) 全義는 충청도에 소속되었던 縣으로, 지금은 燕岐郡에 편입되어 있다.
78) 韓同年은 목은의 監試 동년인 韓弘을 가리키는 듯하다.

11-31-017 寄全義韓同年

세모에 강과 산은 먼데
날씨는 춥고 나무는 성그네.
다시 어느 날이나 문장을 논할까?
다만 기러기 편에 전하는 편지[79]가 있네.

歲暮江山遠　　天寒樹木疏
論文更何日　　只有雁傳書

11-31-018 박정당[80]은 나를 종백[81]이라고 부르는데, 그 문생의 명족회[82]를 한다고 문에 와서 초대하기에 병을 무릅쓰고[83] 자리에 참여하였다가 밤에 돌아왔다. 이튿날 편지를 대신하여 사례드리다

11-31-018 朴政堂稱僕曰宗伯 其門生名簇會 臨門相邀 扶病與席 入夜而歸 明日代書以謝

병을 지니고 해마다 홀로 문을 닫고 있으면서도
초대를 받으면 이따금 함께 술통을 기울이네.
행산(杏山)[84]의 성대한 모임으로 선조를 추모하고

79) 雁(鴈)書는 雁信이라고도 하는데, 먼 곳에서 소식을 전하는 편지이다.

80) 政堂은 고려시대 中書門下省의 종2품 宰臣인 政堂文學의 준말인데, 朴政堂은 朴形을 가리킨다.

81) 宗伯은 고려시대의 과거 급제자가 그 시험관의 아들을 공경하여 이르는 말이다.

82) 名簇會는 과거에 함께 급제한 同年들이 각자 자기의 이름을 적은 簇子인 名簇을 座主에게 바치면서 벌이는 잔치이다.

83) 扶病은 병을 무릅씀이다.

84) 杏山은 朴形의 曾祖父인 朴全之(1250~1325)의 호이다. 그는 忠烈王 때에 元나라에 가서 명사들과 교유하며 명성을 떨쳤고, 忠宣王 때에 密直副使를 지내고 延

옥순(玉笋)[85]의 아름다운 이름은 후손을 비추네.
때마침 경신일(庚申日)을 만났으니 밤에 술을 마셔야 마땅하고[86]
돌이켜 정해년(丁亥年)[87]을 생각하니 시냇물이 달리는 듯하였네.
취중이라 감격을 그리기[88]가 어렵더니
아침에야 모영(毛穎)[89]이 나를 대신하여 말을 해 주네.

抱病年年獨掩門　承招往往共傾尊
杏山盛集追先祖　玉笋芳名照後昆
適値庚申宜夜飮　回思丁亥似川奔
醉中感激難陶寫　毛穎朝來代我言

11-31-019 나의 노래
11-31-019 我歌

나의 노래가 생각이 간절한들 누가 화답하랴?
〈유수(流水)〉와 〈고산(高山)〉[90]이 세상에 이미 드물어졌다네.

興君에 봉해졌다. 忠肅王 4년에 고시관이 되어 예부시를 관장했으며, 충숙왕 8년에 守僉議贊成事로 치사했다. 그에 대한 작품으로는 09-24-014가 있다.

85) 玉笋은 玉笋門生으로 재능이 뛰어난 선비들이 죽순모양으로 나란히 솟았다는 뜻이다.
86) 이 구절은 庚申守夜의 풍속을 가리키는데, 도가에서 섣달 庚申日에는 잠을 자지 않는 풍습이 있다.
87) 丁亥年은 忠穆王 3년(1347)으로 許伯이 知貢擧 李穀이 同知貢擧를 맡아 金仁琯·韓脩·李岡·朴形 등 33인을 뽑은 해이다.
88) 陶寫는 근심과 고민을 푸는 것, 또는 생각이나 心情을 글로 표현하는 것이다.
89) 毛穎은 붓을 擬人化한 말인데, 韓愈의 假傳 〈毛穎傳〉에서 유래한다.
90) 〈流水〉와 〈高山〉은 伯牙가 연주했던 악곡의 이름이다. 『列子』「湯問」에 다음과 같은 이야기가 있다. 伯牙는 春秋時代에 거문고를 잘 타던 사람으로, 백아가 거문고를 타면서 뜻을 높은 산에 오르는 데 두면(志在登高山), 鍾子期는 말하기를 "좋구나, 태산과 같이 양양하구나(善哉 洋洋兮若泰山)"라 하고, 뜻을 흐르는 물에 두면(志在流水), 종자기는 말하기를, "좋구나, 강하와 같이 양양하구나.(善哉 洋洋兮若

서릿발 같은 달빛은 발에 가득하고 추운 밤은 긴데
근심스레 단정히 앉아서 거문고를 타네.

我歌誰和思依依　流水高山世已稀
霜月滿簾寒夜永　悄然危坐撫琴徽

11-31-020 때가 되었구나
11-31-020 時哉

때가 되었으니 돌아갈 수 있거늘
아직도 종남산(終南山)[91]을 아낀다네.
온 마음은 밝게[92] 붉은데
양쪽 살쩍은 듬성하게 반짝거리네.
밭의 고랑과 이랑 위에서는 농사를 짓고
바람과 달 속에서는 중과 이야기하리.
티끌 같은 세상을 피함에 절로 만족스러워서
때때로 날아서 돌아오는 새를 보리.

時哉可歸去　尙憐終南山
耿耿一心赤　蕭蕭雙鬢斑
農功畎畝上　僧話風月間
自足避塵世　時看飛鳥還

江河)"라 하여, 백아가 생각하는 바를 종자기가 반드시 알아들었다고 한다.

91) 終南山은 陝西省 西安, 즉 옛 長安의 남쪽에 있는 산으로, 여기에서는 都城을 가리킨다.

92) 耿耿은 밝은 모양이다.

11-31-021 즉석에서 짓다
11-31-021 卽事

나무 위의 바람소리 속에 초당은 싸늘하고
화로의 불기운에 인삼탕이 끓네.
소춘(小春)[93]이 지나자 날씨가 매우 추운데
안석에 기댄 서생은 살쩍이 서리와 같네.

樹上風聲冷草堂　　爐中火氣沸蔘湯
小春過了天寒甚　　隱几書生鬢似霜

11-31-022 곡성부[94]에 매화가 피었다는 소식을 듣다(3수)
11-31-022 聞曲城府梅花開

매화가 이미 반은 피었다는 말을 들었는데
산뜻한[95] 맑은 자태[96]가 요대(瑤臺)[97]를 비추리.
주인은 삼달존(三達尊)[98]의 아름다움을 두루 갖추었으니[99]

---

93) 小春은 음력 十月을 가리키는데, 晉 宗懍의 『荊楚歲時記』에 시월은 天氣가 화창하고 따뜻하여 봄날과 같으므로 小春으로 부른다고 하였다.
94) 曲城府는 曲城府院君 廉悌臣(1304~1382)의 집이다.
95) 蕭洒(灑)는 맑고 고상하여 탈속한 모습이다.
96) 氷姿는 얼음 같은 자태로서, 梅花의 깨끗하고 고운 모습을 형용하는 말이다.
97) 瑤臺는 아름다운 누대, 전설 속의 신선의 거처인데, 여기에서는 눈이 쌓인 아름다운 누대를 가리킨다.
98) 三達尊은 천하에 통하는 높은 것 셋이다. 『孟子』「公孫丑 下」에서 "천하에 통하는 높은 것이 셋이 있으니 벼슬이 그 하나요, 나이가 그 하나이며, 덕이 그 하나이다. 조정에서는 벼슬 만한 것이 없고, 鄕黨에서는 나이 만한 것이 없고, 세상을 돕고 백성을 교양하는 데는 덕 만한 것이 없다.(天下有達尊三 爵一齒一德一 朝廷莫如爵 鄕黨莫如齒 輔世長民莫如德)"라고 했다.
99) 兼美는 두 가지가 아울러 아름다움이다.

문 바깥에 어찌 일찍이 속객(俗客)이 왔으리요?

聞道梅花已半開　　氷姿瀟洒映瑤臺
主人三達尊兼美　　門外何曾俗客來

당시에 뭇 꽃들이 차례로 필 때에
판삼사사(判三司事)[100] 노인께서 금대(金臺)[101]에서 온화하셨네.
눈 속에 매화가 핀다는 소식은 여전히[102] 있지만
다만 술통 앞으로 웃으며 다가오지 않음을 한탄하네.[103]

當日群花次第開　　判三司老軟金臺
雪中梅信依然在　　只恨樽前笑不來

곳곳에서 매화는 물을 비추며 피고
강서(江西)[104]와 동절(東浙)[105]에서는 남대(南臺)[106]를 떠받들리.

100) 判三司事는 고려시대 錢穀 등 나라의 재물의 출납과 회계를 맡아보던 관청인 三司의 장관으로 종1품 관직인데, 여기에서는 廉悌臣을 가리킨다.
101) 金臺는 황금의 누대, 곧 아름다운 누대이다.
102) 依然은 前과 다름없는 모양이다.
103) 이 구절은 杜甫의 五言律詩 〈發白馬潭〉의 頷聯 "자던 새는 열을 지어 여전히 떠나가는데, 꽃떨기는 웃으며 다가오지 않네.(宿烏行猶去 花叢笑不來)"라는 대목을 변용한 것이다.
104) 江西는 揚子江 하류 이북과 淮水 이남 지역이다.
105) 東浙은 浙江의 동쪽 지방이다.
106) 南臺는 남쪽의 臺城이란 뜻으로 明나라의 宮城인 金陵을 가리킨다. 臺城은 南朝 梁나라의 수도인 建康의 城郭인데, 이로 말미암아 六朝時代에는 흔히 禁城을 가리키는 말로 쓰였고, 나중에는 建康·金陵·南京의 별칭으로 쓰였다. 우리나라 사신이 金陵에 간 것을 南臺에 간다고 한 예는 보기 어렵지만, 臺城에 간다고 한 예로는 李行의 〈正憲太夫檢校參贊議政府事朴惇之墓誌銘〉(『騎牛集』 권1)의 "6월 15일에 북경에 이르니, 황제께서 몸소 북쪽으로 정벌하러 가셨는데, 황손께서 '마땅히 남경에 품계하여야 한다.'고 말씀하시기에, 7월 15일에 대성에 이르렀

소년시절에 홀로 연산(燕山)의 눈 속에서 구경하였는데
몇 송이가 일찍이 월(越)나라 사신을 따라서 왔다고 하네.[107)]

處處梅花照水開　　西江東浙拱南臺
少年獨賞燕山雪　　數朶曾隨越使來

11-31-023 부목[108)] 대선사[109)]에게 받들어 답하다
11-31-023 奉答夫目大禪師

오래 전에 송광사(松廣寺)[110)]를 떠나더니
표연(飄然)[111)]히 수원(水原)에 계신다네.
목은 늙은이가 한창 간절하게 사모하는데
어느 날에나 종문(宗門)[112)]에 들를까?

久矣離松廣　　飄然在水原

다.(六月十五日到北京 帝親北征 皇孫曰 宜啓南京 七月十五日達臺城)"라고 한 경우가 있다.

107) 이 구절은 『說苑』 권20, 「奉使」의 다음 대목을 염두에 둔 표현이다. 월나라 사신 제발이 매화 한 가지를 가지고 가서 梁王에게 드렸더니, 양왕의 신하 중 한자라고 하는 자가 좌우를 돌아보면서, "어찌 매화 한 가지를 열국의 왕에게 줄 수가 있단 말인가? 그것 때문에 이삼일은 부끄러워할 것이네."라고 하였다고 한다.(越使諸發執一枝梅遺梁王 梁王之臣曰韓子 顧謂左右曰 惡有以一枝梅以遺列國之君者乎 請爲二三日慚之) 여기에서 우리는 매화가 남쪽 지방의 식물임을 알 수 있다.

108) 夫目은 고려 말의 승려로서 松廣寺에 오래 머문 것을 알 수 있다.

109) 大禪師는 禪宗의 禪師 다음의 法階이다.

110) 松廣寺는 全羅道 順天의 曹溪山에 있는 절로 신라 말 體澄에 의해 창건되어 吉祥寺라 불리었으며, 고려 仁宗 때에 중창하려다 완공하지 못하고 거의 폐허가 되었다가, 普照國師가 이곳으로 定慧社를 옮겨와 새 규모의 사찰로 발전하였다.

111) 飄然은 거침없이 떠나는 모양, 가볍게 팔랑거리는 모양이다.

112) 宗門은 宋나라에서 불교의 禪宗을 가리키던 말이다. 이에 대해 敎宗은 敎門이라고 하였고, 후대에는 다른 교파에서도 이 말을 썼다고 한다.

牧翁方渴仰　　　　何日過宗門

11-31-024 유항[113] 선생이 찾아오다
11-31-024 柳巷先生來過

하늘이 한(韓)과 이(李)[114]가 풍류를 함께 하도록 하였거니와
마주 앉아 높은 소리로 읊고 말을 나란히 타고 노니네.
사흘만 못 만나도 눈에는 산이 가득하고[115]
다섯 살이 더 많다고 머리에는 눈이 그득하네.
궁핍한 시인은 기이함을 찾는 것을 매우 고민하는데[116]
반열에 든 공후(公侯)는 노인을 봉양하는 것을 깊이 좋아하네.
다만 떠밀어도 가지 않는 시마(詩魔)[117]가 있으니
늘 부름을 받아서 함께 누대에 오르네.

天敎韓李共風流　　　　對坐高吟並騎遊
三日爲疏山滿目　　　　五年以長雪渾頭
搜奇苦厭窮詩子　　　　養老深甘忝列侯
只有詩魔推不去　　　　每承招喚共登樓

11-31-025 좌윤[118] 형이 앞의 운에 화답한 시에 '비바람 속에 침상을 마주하고'[119]라는 말이 있기에 다시 짓다

113) 柳巷은 고려 말의 문신 韓脩(1333~1384)의 호이다.
114) 韓李는 韓脩와 李穡를 가리킨다.
115) 山滿目은 산이 눈에 가득하다는 뜻으로, 매우 보고 싶음을 비유한다.
116) 苦厭厭은 고민스럽고 고통스러운 모양이다.
117) 詩魔는 시를 지을 마음을 일으키게 하는 불가사의한 힘이다.
118) 左尹은 고려시대에 錢穀의 출납과 회계를 맡은 관서인 三司의 종3품 관직인데, 여기에서 左尹은 목은의 外從兄인 金左尹을 가리킨다.

11-31-025 左尹兄見和前韻 有對床風雨之語 復作

어찌하여 조용한 곳에 있는 골짜기의 새를 놀라게 하였던가?
거문고와 책이 있는 방 하나 있으면 평생토록 족하다네.
마음으로 나라의 은혜를 갚을 것을 기약하나 도리어 재주가 없고
입으로는 전원으로 돌아갈 것을 말하지만 진정이 아닌 듯하네.
바람이 고요해도 하늘 모습[120]은 추위가 더욱 심하고
구름이 짙더니 눈기운[121]은 저녁에 이루어지네.
늙고 쇠약해지니 골육의 은혜는 갈수록 짙어지거늘
어느 때에나 곧장 새벽이 될 때까지 밤에 이야기할까?

靜處寧敎谷鳥驚　　琴書一室足平生
心期報國還無術　　口說歸田似不情
風定天容寒更甚　　雲濃雪意晩來成
老衰骨肉恩逾重　　夜話何時直到明

11-31-026 스스로 읊다
11-31-026 自詠

목은 늙은이는 참으로 풍족하지만
다만 고향으로 돌아가기를 읊은 글이 없다네.

---

119) 對床風雨는 풍설(또는 풍우)가 몰아치는 밤에 형제가 서로 만나 침상을 마주하여 자는 것으로, 오랜만에 만난 형제간의 만남의 기쁨을 의미한다. 韋應物의 五言律詩 〈示全真元常〉의 頷聯 "어찌 알았으랴? 비와 눈이 몰아치는 밤에, 다시 여기에서 침상을 마주하고 잘 줄을.(寧知風雪夜 復此對牀眠)"이라고 표현한 이래, 이 말은 형제간의 오랜만의 해후를 나타내는 의미로 사용되고 있다.
120) 天容은 하늘의 景象, 하늘 모습이다.
121) 雪意는 雪氣와 같은 말로 눈이 올 듯한 기운이다.

풍월(風月)은 나의 단점으로 공격하게 하는데
시서(詩書)는 소원해진 세상에 참여하게 하네.
저자에 호랑이가 있어서[122] 시끄러운데도
음식에 물고기가 없음[123]을 걱정하네.
다행히[124] 기심(機心)을 잊은 지 오래 되어
뜬 구름과 함께 나아가고 물러간다네.[125]

牧翁眞足矣　　只欠賦歸歟
風月攻吾短　　詩書與世疏
紛紛市有虎　　汲汲食無魚
賴是忘機久　　浮雲共卷舒

11-31-027 김군필[126] 동년의 시를 얻어서 차운하다

---

122) 市虎는 三人成市虎의 준말로 한 사람이 시중에 범이 있다고 하면 누구든지 믿지 않으나 두 사람이 말하면 반신반의하고 세 사람이 말하면 믿게 된다는 뜻이며, 근거 없는 風說이라도 이를 말하는 사람이 많으면 자연히 믿게 되는 것을 이른다.
123) 食無魚는 음식상에 물고기가 없다는 뜻으로, 『戰國策』「齊策」에 나오는 馮驩(諼)의 馮驩(生)彈鋏 고사에서 유래된 말로 손님 대접이 풍성하지 않거나 중시되지 않는 상황을 비유한다. 齊나라의 풍환은 궁핍하여 스스로 살 수가 없었으므로맹상군의 문하에서 기식하게 되었는데, 기호와 능력을 묻는 맹상군에게 좋아하는 것도 없고 할 수 있는 것도 없다고 대답하니, 좌우에서는 그를 채식으로 대접하였다. 얼마 뒤 그가 칼을 두드리면서 노래하기를, "장검아 돌아가자, 음식에 물고기가 없구나."라고 하므로 맹상군이 물고기를 먹게 하고, "장검아 돌아가자, 출타함에 수레가 없구나."라고 하므로 맹상군이 수레를 주었으며, "장검아 돌아가자, 집을 위할 길이 없구나."라고 하므로 맹상군이 그에게 노모가 있음을 알고 식용할 것을 주어 궁핍하지 않게 하니, 그는 다시는 노래하지 않았다고 한다.
124) 賴是는 '다행히'의 뜻이다.
125) 卷舒는 말고 폄, 나아가고 물러남, 재덕을 숨기고 나타냄이다.
126) 金君弼(1324~?)은 목은의 監試 동년이다. 『牧隱文藁』 권5에 실린 〈六益亭記〉에 의하면 그는 字가 直之이고, 上洛〔경상도 尙州〕 사람으로 늦은 나이까지 禮部試에 응시하였으나 번번이 실패하였다. 상주의 屬縣인 靑驪에 정자를 짓고 거기에 陶淵明의 松·竹·菊의 3益友에 뽕·밤·버드나무를 더 심고는 스스로 六益亭이

11-31-027 得金君彌同年詩次韻

산의 구름은 큰 들판까지 이어지고
밥 짓는 연기는 외로운 마을에 담담하네.
난리를 피하려면 비록 매우 크게 두려워해야 하지만
글을 지으려면 자세히 논의해야 하리.
그대는 아직 양쪽 살쩍이 검은데
나는 이미 두 눈이 어둡다네.
도성(都城)[127]에 봄[128]이 가까워졌으니
모름지기 술잔을 마주해야 하리.

山雲連大野	煙火淡孤村
避亂雖□恐	爲文要細論
君猶雙鬢綠	我已兩眸昏
京洛鶯花近	應須對酒樽

11-31-028 바람소리를 듣고 짓다
11-31-028 聞風聲有作

창 밖의 바람소리가 귀에 싸늘하게 들리니
험한 산을 두른 나무꾼의 길이 가엾어 할 만하네.
해진 옷에다 또 두 발꿈치가 드러나는데

라고 이름지었다고 한다. 08-23-115 〈坐念金君彌同年當得何科〉 시의 "쉰일곱 해가 참으로 꿈결과 같은데, 科場을 오가며 아이들 사이에 섞였네.(五十七年眞夢中 揭來場屋厠兒童)"라는 연으로 미루어 57세 때인 禑王 6년(1380)에도 禮部試에 응시하였음을 알 수 있다.

127) 京洛은 都城, 도읍지이다.

128) 鶯(鸎)花는 꾀꼬리가 울고 꽃이 피는 것으로, 봄날의 景色을 두루 가리킨다.

온돌에서는 여전히 두 다리를 꼬고 앉아[129] 있으리.
괴로움과 즐거움은 길이 다르니 누가 운명을 믿으랴?
늦추고 당김[130]에 계책이 없어서 나는 벼슬을 쉬네.
아직도 외로운 배로 남쪽 고을로 떠나지 못하고서
푸른 물굽이를 비추는 매화를 앉아서 상상해 본다네.

牕外風聲入耳寒	可憐樵徑繞巑岏
弊衣又見雙跟露	溫突仍將兩脚盤
苦樂異途誰信命	弛張無策我休官
孤舟尙未南州去	坐想梅花照碧灣

11-31-029 화엄종[131]의 당두[132]를 찾아가려고 하다가 추위가 겁나서 움츠리고 앉다
11-31-029 欲訪華嚴堂頭 畏寒縮坐

129) 盤脚은 정강이를 서로 교차하여 겹쳐 앉는 것, 책상다리로 앉는 것이다.
130) 弛張은 늦추어 풀어줌과 당겨서 팽팽하게 함인데, 일을 늦추었다가 조였다가 함으로써 속도나 강도를 조절함을 뜻함으로써, 사물의 盛衰나 强弱, 또는 일을 처리함의 進退, 寬嚴 등을 비유한다. 『禮記』「雜記 下」에는 다음과 같은 기록이 있다. "子貢이 蜡祭를 보았는데, 孔子가 '賜야, 즐거웠느냐?'라고 하니, '한 나라의 백성이 다 미친 듯이 하였는데, 저는 그 즐거움을 몰랐습니다.'라고 대답하였다. 공자가 '백일 동안 애써서 지내는 사제는 하루의 혜택을 위함인데, 네가 알 바가 아니다. 활을 팽팽하게 하고 풀어 주지 않으면 文王과 武王도 할 수 없으며, 풀기만 하고 팽팽하게 당기지 않으면 문왕과 무왕도 하지 못한다. 한 번 당기고 한 번 풀어 주는 것이 문왕과 무왕의 道이다.'라고 하였다.(子貢觀於蜡 孔子曰 賜也樂乎 對曰 一國之人皆若狂 賜未知其樂也 子曰 百日之蜡 一日之澤 非爾所知也 張而不弛 文武弗能也 弛而不張 文武弗爲也 一張一弛 文武之道也)"
131) 華嚴宗은 『華嚴經』을 근본 경전으로 하는 불교의 종파로서, 唐나라 때 성립되었으며 天台宗과 함께 불교의 쌍벽을 이룬다. 우리나라에서는 신라의 慈藏·義湘 등에 의해 시작되어 敎學으로 계승되었다.
132) 堂頭는 禪寺의 우두머리인 主持나 주지가 거처하는 방인 方丈을 가리킨다.

화엄(華嚴)의 우두머리는 청량(淸涼)하여
넓고 긴 혀[133]로 삼천세계(三千世界)[134]에 우레처럼 떨치네.
바다의 보물[135]은 구름에 이어져서 묘한 빛깔로 빛나고
하늘의 꽃[136]은 땅에 떨어져서 남은 향기를 흩뜨리네.
산 속의 귀한 사찰이니 신령스럽고 기이함이 쌓이고
새해의 좋은 날이라서 길하고 상서로움이 모이네.
다행히 남양(南陽)[137]의 가문이 시주(施主)가 되니
신족(神足)[138]을 달려 함께 왕성하게 펼치기[139]를 바라네.

華嚴領袖似淸涼　　雷振三千舌廣長
海藏連雲輝妙色　　天花落地散餘香
山中寶刹鍾靈異　　歲首良辰集吉祥
幸是南陽爲施主　　願馳神足共張皇

11-31-030 화엄종 도실[140]을 찾아뵙고 돌아오는 길에

133) 廣長舌은 부처의 32相의 하나로서 大舌·長廣舌이라고도 하는데, 넓고 길고 얇고 보드라운 부처의 혀 모양을 가리킨다. 이것은 虛妄하지 않은 것을 나타내는 相이라고 한다.
134) 三千世界는 불교어인 三千大千世界의 준말로 한 세계의 천 배가 세 번 거듭된 세계를 뜻하며, 한 세계는 須彌山을 중심으로 해와 달과 四天下를 가리킨다.
135) 海藏은 큰 바다에 있는 용궁의 보물창고로서, 佛經을 비유한다.
136) 天花(華)는 天界의 仙花를 가리키는 佛敎語이다. 『法華經』에 따르면, 부처가 설법을 마치고 三昧境에 들었을 때 하늘에서 天花가 내려왔다고 한다. 불교의 법회에서는 이를 비겨 종이 연꽃을 불상 앞에 흩어 둔다.
137) 南陽은 南陽 洪氏의 가문을 가리키는데, 牧隱의 禮部試 座主가 洪彦博이기 때문에 언급한 것이다.
138) 神足은 佛敎에서 말하는 六通의 하나로서 神足通을 가리키는데, 身如意通 즉 時機에 응하여 크고 작은 몸을 나타내어 자기의 뜻대로 날아다니는 通力이다.
139) 張皇은 세력을 펴 왕성하게 함이다. 皇은 大의 뜻이다.
140) 都室은 불교 종파의 최고지위에 있는 사람 중의 하나를 가리키는 듯하다. 『牧隱詩藁』 권33에 〈慈恩都室雙淸安公 柳巷韓公 餞行南郊〉이라는 시가 있는 것으로 보

11-31-030 謁華嚴都室 歸途

얼굴에 가득한 모래와 바람을 감당할 수 없지만
늙은이는 바쁜 듯이 말을 몰아대었네.
누가 알리요, 아직도 한가로움 속에 풍미가 있어서
승방의 창 가에서 차를 마시니 오장(五臟)이 향기로워짐을.

滿面風沙不可當　　老翁驅馬似奔忙
誰知尙有閑中味　　啜茗僧牕五內香

11-31-031 바람소리가 귀에 가득하여 가죽옷을 뒤집어쓰고 홀로 앉다
11-31-031 風聲滿耳 擁裘獨坐

바람소리가 귀에 가득하고 해는 중천(中天)을 지나는데
매우 밝은 남쪽창 가에 화로는 벌겋네.
이불을 뒤집어쓰고 홀로 앉으니 생각은 끝이 없는데
붓을 잡고 한가로이 읊조리니 말은 절로 공교로워지네.
다만 고운 모래가 넓은 거리에 드날리게 할 뿐
어찌 가는 구름이 높은 하늘에 점철되게 하리요?
높은 돛을 단 배로 바다를 건넘[141]은 나의 일이 아니거니와
일찍이 굽이진 바위에서 낚시하는 늙은이를 짝한 일을 기억하네.

아, 화엄종 이외에 慈恩宗에도 都室이 있었음을 알 수 있다.

141) 雲帆濟海는 높은 돛을 달고 바다를 건넌다는 뜻인데, 李白의 시 〈行路難〉의 "응당 거센 바람이 물결을 부술 때가 되면, 곧장 높은 돛대를 걸고 푸른 바다를 건너리.(長風破浪會有時 直掛雲帆濟滄海)"라는 연을 변용한 것이다.

滿耳風聲日過中　　南牕明甚火爐紅
擁衾獨坐思無盡　　援筆閑吟語自工
只許細沙飄廣陌　　肯容纖翳點長空
雲帆濟海非吾事　　曾記隈岩伴釣翁

11-31-032 느낌이 있어
11-31-032 有感

살과 뼈가 시큰거리고 목은 뻣뻣한데
어린 계집종[142]이 밟으러 와서 근심스런 얼굴빛을 띠네.
늙어 쇠약하매 비로소 몸이 근심거리가 됨을 믿지만
병들어 망가지니 어찌 자취가 또 한가로움을 자랑하리요?
어느 날에나 누대에 올라 치악산(雉岳山)[143]을 바라보랴?
때때로 술잔을 들고 용수산(龍峀山)[144]을 마주하네.
출처(出處)가 하늘의 운수[145]와 관계됨을 누가 알리요?
날아다니는 구름이 절로 갔다가 돌아옴을 앉아서 부러워하네.

肌骨酸辛項頜頑　　小娃來踏帶愁顏
老衰始信身爲患　　病廢堪誇迹亦閑
何日登樓看雉岳　　有時擧酒對龍山
誰知出處關天數　　坐羨飛雲自往還

---

142) 小娃는 어린 계집종이다.
143) 雉岳山은 강원도 원주시·횡성군·영월군에 걸쳐 있는 1288m의 산으로, 주봉은 飛蘆峰이다.
144) 龍山은 開京의 남쪽에 있는 龍岫(首)山을 가리킨다.
145) 天數는 하늘의 運數이다.

11-31-033 무제
11-31-033 無題

문 앞에 큰 소나무를 심을 땅은 없고
버들이 선 골목과 이끼가 자라는 뜰만 있는 한 늙은이라네.
가득한 눈에 까마귀와 솔개는 더욱 괴롭게 울고
높은 하늘에 기러기와 고니는 다함이 없이 가네.
빙벽(氷蘗)[146]으로 이미 가난한 선비와 같은데
어찌 문장을 지녔다고 거공(鉅公)[147]과 비슷하리요?
한 해가 저무는데 홀로 읊으며 또 스스로 웃나니
소년시절에는 나도 기운이 무지개와 같았다네.

門前無地種長松　　巷柳庭苔一老翁
雪滿烏鳶啼更苦　　天高鴻鵠去無窮
已將氷蘗同貧士　　豈有文章似鉅公
歲晩獨吟還自笑　　少年吾亦氣如虹

11-31-034 느낌이 있어
11-31-034 有感

급한 비와 미친 듯한 바람에 천둥은 빠른데
초겨울의 추운 기운이 모정(茅亭)[148]을 에워싸네.
뜰 안의 풀과 나무가 모두 누렇게 떨어져도

---

146) 氷蘗은 飮氷食蘗의 준말로 얼음을 마시고 황벽나무 껍질을 먹는 것인데, 추위로 괴로워도 마음을 굳게 지켜 변함이 없음을 비유한다.
147) 鉅公은 天子, 王公大臣, 巨匠 등을 뜻한다.
148) 茅亭은 짚이나 새 등으로 지붕을 이은 정자이다.

소나무는 전과 다름없이[149] 또 홀로 푸르네.

急雨狂風狹迅霆　　冬初寒氣擁茅亭
園中草木皆黃落　　松樹依然又獨靑

11-31-035 흥을 풀다
11-31-035 遣興

아득히 넓은 천지 속에서
음양의 변화[150]는 절로 흐르네.
사대(四大)[151]는 모두 내가 아닌데
삼생(三生)[152]은 과연 누구인가?
해가 기울자 시가 종이에 가득하고
눈이 떨어지는데 술은 잔에 그득하네.
승화(乘化)[153]하여 잠시 모두 돌아갈 뿐인데
어찌 반드시 백세의 스승이 되리요?

悠悠天地闊　　氣化自推移
四大皆非我　　三生果是誰
日斜詩滿紙　　雪落酒盈巵
乘化聊歸盡　　何須百世師

---

149) 依然은 前과 다름없는 모양이다.
150) 氣化는 陰陽之氣의 변화인데, 世事의 변화를 비유하기도 한다.
151) 四大는 四大種의 준말로, 불교에서 물질계를 구성하는 네 원소, 즉 地·水·火·風을 가리킨다. 사람의 몸도 인연이 다하면 四大가 부서져 흩어지고, 새로운 인연을 만나면 사대가 다시 합하여 새로운 모습을 갖춘다고 한다.
152) 三生은 불교용어로 前生·此生·來生을 가리킨다.
153) 乘化는 죽음, 또는 천지자연의 조화를 따름을 뜻한다.

11-31-036 송동년[154]을 곡하다
11-31-036 哭宋同年

계사년(癸巳年)[155]에 등과할 때 처음으로 서로 만났는데
좌주(座主)[156] 선생의 사랑이 쏠리었네.
우아한 자태[157]는 모두 봄철의 버들[158]이라 일컫고
곧은 마음은 스스로 찬 겨울의 소나무[159]라고 믿었네.
좋은 시기를 만남[160]을 끝내 이루지 못하였으니 천명이던가?
우직함[161] 외에 다른 것이 없었으니 세상이 용납하지 않았네.
다행히 접대를 잘하는 아들[162]이 있으니
모름지기 마사(馬史)[163]로 남긴 자취를 이으리.

---

154) 宋同年은 宋懋를 가리키는 듯한데, 목은과는 禮部試 동년이고 益齋 李齊賢의 둘째 부인 朴氏 소생의 一男三女 중 長女의 夫君이다.
155) 癸巳年은 恭愍王 2년(1353)으로 禮部試가 치러진 해인데, 李齊賢이 知貢擧를 맡고 洪彦博이 同知貢擧를 맡았는데, 李穡·朴尙衷·安福從·鄭樞 등 34인이 급제하였다. 당시에는 甲科 급제자가 없었고, 이색이 乙科 장원이었다.
156) 座主는 科擧의 及第者가 試官을 일컫는 말인데, 여기에서는 癸巳年 禮部試의 知貢擧였던 李齊賢을 가리킨다.
157) 丰度는 우아하고 아름다운 행동거지와 태도이다.
158) 春月柳는 봄철의 버들로서 부드럽고 아름다운 儀態를 형용한다. 『晉書』〈王恭傳〉에 "왕공의 아름다운 자태와 거동을 사람들이 애모하는 이가 많았는데, 어떤 사람이 그를 지목하여 '깨끗하기가 봄철의 버들과 같다.'라고 하였다.(恭美姿儀 人多愛悅 或目之云 濯濯如春月柳)"라는 대목이 있다.
159) 歲寒松은 날씨가 추워진 뒤의 푸른 소나무로서 날이 추워져야 그 진면목을 앎을 의미한다. 『論語』「子罕」의 "날씨가 추워진 다음에야 소나무와 잣나무가 늦게 시듦을 안다.(歲寒然後 知松栢之後彫也)"라는 구절을 변용한 말이다.
160) 遭逢은 遭逢時會 또는 遭逢際會의 준말로서 좋은 시기를 만나는 것이다.
161) 拙直은 率直함, 愚直함이다.
162) 兒郞은 아들, 아이를 뜻한다.
163) 馬史는 司馬遷의 『史記』이다. 이 책은 司馬遷이 부친 司馬談의 유언에 따라 BC. 104년 전후에 편찬에 착수하여, 중도에 李陵의 사건에 연루되어 宮刑을 받는 개인적 굴욕을 이기고 계속 집필하여 BC. 91년 무렵 초고를 완성했다고 한다.

登科癸巳始相逢　　座主先生愛所鍾
丰度共稱春月柳　　貞心自負歲寒松
遭逢未竟天邪命　　拙直無他世不容
幸有兒郎能應對　　須敎馬史繼遺蹤

11-31-037 스스로 웃다
11-31-037 自笑

앓는 가운데 한가롭게 살며 왕래를 끊고 사는데
남에게서 요구를 받음은 또 무엇 때문인가?
비린내가 개미를 부르니 손을 저어도 가지 않고[164]
싸늘하기가 매화와 같으니 보살펴 주어도 서로 잊어버리네.
밝게 빛나는 해와 달은 보력(寶曆)[165]을 열고
바쁘게 다니는[166] 바람과 구름은 금대(金臺)[167]를 둘러싸네.
웃는 늙은이는 이미 날아오를 희망이 끊어졌지만
옛날 현인처럼 간혹 시기를 받는 것이 우습다네.

---

164) 麾之不去는 손을 저어 거절해도 떠나지 않는 것으로, 性情이 강직하고 굽히지 않아 원칙을 견지함을 의미한다. 『史記』〈汲鄭列傳〉에 실린 汲黯의 다음과 같은 고사에서 유래한 말이다. 왕이 급암이 어떤 사람인지를 묻자, 莊助가 대답하기를 "급암에게 직위를 맡겨 벼슬살이를 시킨다고 한다면 다른 사람들보다 크게 나을 것이 없지만, 그에게 젊은 임금을 보필하고 성을 깊고 견고하게 지키게 한다면, 부른다고 해서 오지 않을 것이고 손을 젓는다고 하더라도 떠나지 않는 점에 이른다면 비록 옛날의 孟賁이나 夏育을 자칭하는 사람이라도 역시 그의 마음을 빼앗을 수는 없을 것입니다."(上曰 汲黯何如人哉 助曰 使黯任職居官 無以踰人 然至其輔少主 守城深堅 招之不來 麾之不去 雖自謂賁育亦不能奪之矣)라고 하였다고 한다.
165) 寶曆(歷)은 나라의 운명, 제왕의 자리이다.
166) 袞袞은 바쁜 모양, 연이은 모양, 성하게 떠오르는 모양이다.
167) 金臺는 黃金臺의 준말로, 燕나라의 昭王이 國都의 동남에 臺를 쌓고 천하의 어진 선비들을 招致하였던 곳이다. 여기에서는 黃金臺가 있는 燕京을 가리킨다.

病裏閑居斷往來　　從人求索亦何哉
麾之不去腥招蟻　　照以相忘冷似梅
日月明明開寶曆　　風雲袞袞擁金臺
笑翁已絶飛騰望　　可笑前賢或見猜

11-31-038 느낌이 있어
11-31-038 有感

살과 뼈가 시리고 쓰라림이 또 지난날과 같은지라
밤새 편하지 않아서[168] 잠을 이루지 못하네.
풍월을 큰 소리로 읊은 것은 넉넉하여 천 편이나 되고
강산을 속으로 헤아린 것은 이어져서 만 리에 이르리.
돛 달고 바다를 건너는[169] 이가 누구인지 알지 못하지만
우물 속에 앉아서 하늘을 바라보는[170] 내가 가엾어 할 만하네.
한적한 집[171]이라 세모인데도 참으로 적적하기에[172]

---

168) 耿耿은 마음이 편안하지 않은 모양이다.
169) 掛帆濟海는 돛을 달고 바다를 건너는 것으로, 李白의 시 〈行路難〉의 "거센 바람에 물결을 부수는 때를 만나면, 곧장 높은 돛대 걸고 푸른 바다를 건너리.(長風破浪會有時 直掛雲帆濟滄海)"라고 한 연을 변용한 것이다.
170) 坐井觀天은 우물 속에 앉아서 하늘을 쳐다본다는 뜻으로, 韓愈의 〈原道〉에 나오는 "우물 속에 하늘을 보고 하늘이 작다고 하지만, 하늘이 작은 것은 아니다.(坐井而觀天曰天小者 非天小也)"라는 구절을 원용한 것이다. 徐居正의 『東人詩話』에 牧隱이 처음 중국에 갔을 때의 일화를 다음과 같이 소개하고 있다. "목은이 처음 원나라 조정에 들어갔을 때 문사들이 그를 업신여겨 조롱하기를, '술잔 잡고 바다에 들어가 바다가 큰 걸 알았구나.'라고 하니 목은은 즉석에서 대답하기를, '우물 속에 앉아 하늘을 보고 하늘이 작다고 하는구나.'라고 하니, 조롱하던 사람들이 다시는 입을 열지 않았다고 한다.(牧隱初入元朝 文士稍輕之 嘲曰持杯入海知多海 牧隱應聲曰坐井觀天曰小天 嘲者更不續)"라고 하였다.
171) 幽居는 한적한 곳에서 사는 것, 또는 그 집이다.
172) 牢落은 외롭고 적적한 모양이다.

담박한 정회(情懷)가 전해지지 않도록 삼가네.

肌骨酸辛又似前　　終宵耿耿不成眠
高吟風月千篇富　　默數江山萬里聯
未識掛帆誰濟海　　可憐坐井我觀天
幽居歲晩眞牢落　　淡泊情懷愼勿傳

11-31-039 둔촌[173]이 들러서 장차 도은[174]과 함께 영은사[175]에서 수세[176]하려고 한다고 말하는데, 중암[177]이 거처하는 곳이다

11-31-039 遁村來過云 將與陶隱 守歲靈隱寺 中菴所居也

일본(日本)에서 태어난 중암(中菴)은
도의 기질에 작은 먼지도 없네.
두 이씨(李氏)[178]가 외로운 밤을 위로해 준다는데
삼한(三韓)[179]에서 몇 번째 봄인지 알까?
얼음 낀 절벽에는 돌들이 엉키고[180]

---

173) 遁村은 고려 말의 문신 李集(1327~1387)의 호이다.
174) 陶隱은 고려 말의 문신 李崇仁(1349~1392)의 호이다.
175) 靈隱寺는 開京 근처에 있던 사찰인 듯하다.
176) 守歲는 음력 섣달 그믐날 除夜에 등촉을 구석구석에 밝히고 온 밤을 새우는 풍습이다. 이 날 밤에 각 가정에서는 방이나 마루, 곳간 등에 불을 밝히고 새벽닭이 울 때까지 잠을 자지 않았는데, 잠을 자면 눈썹이 센다고 하였다.
177) 中菴은 일본 태생의 僧侶로서 姓은 允이고 호는 息牧(叟)이며(01-01-007 〈雪梅軒小賦 爲日本釋允中菴作 號息牧叟〉), 고려에 와서 살았던 승려임을 알 수 있다. 『牧隱文藁』 권12에 〈息牧叟讚〉이 실려 있다.
178) 二李는 두 명의 이씨로 遁村 李集과 陶隱 李崇仁을 가리킨다.
179) 三韓은 馬韓·辰韓·弁韓, 또는 高句麗·百濟·新羅의 삼국으로 우리나라의 異稱이다.
180) 犖确은 산에 큰 돌이 많은 모양이다.

구름 걸린 고개에는 봉우리가 겹쳐 있네.[181]
드러누워서 고상한 모임을 상상하노라니
새로 지은 아름다운 시구가 들리는 듯하네.

中菴出日本　　道氣絶纖塵
二李慰獨夜　　三韓知幾春
氷崖紆犖确　　雲嶺聳嶙峋
偃臥想高會　　如聞佳句新

11-31-040 세찬을 보낸[182] 서경[183]의 박영공[184]에게 사례하다
11-31-040 謝西京朴令公餽歲

위세[185]가 평양(平壤)을 덮는데
세월[186]은 새봄이 가까워지네.
서로 보냄[187]에는 글을 비록 갖추지만

181) 嶙峋은 산골짜기나 벼랑이 첩첩이 싸여 깊숙한 모양, 산봉우리나 암석이 우뚝하게 높이 솟은 모양이다.
182) 餽(饋)歲는 歲末에 서로 음식을 보내는 것이다.
183) 西京은 고려시대 三京의 하나인 평양을 이르는데, 태조 원년에 平壤大都護府로 삼았다가 4년에 서경으로 고친 바 있으나, 이후 留守官·府·萬戶府 등을 두고 수차 변화가 있었다.
184) 令公은 中書令과 節度使의 존칭이다.
185) 威稜은 빛나는 위세, 감히 범할 수 없는 권위이다.
186) 歲律은 歲月의 律이라는 뜻으로 十二律을 가리킨다. 十二律은 陽六의 六律과 陰六의 六呂의 총칭으로 律呂라 부르기도 한다. 六律은 黃鍾(11월)·太簇(정월)·姑洗(3월)·蕤賓(5월)·夷則(7월)·無射(9월)이고, 六呂는 大呂(12월)·夾鍾(2월)·仲呂(4월)·林鍾(6월)·南呂(8월)·應鍾(10월)이다. 歲律이라는 말은 韓愈와 孟郊의 聯句인 〈城南聯句〉 "歲律及郊至 古音命韶謨"라는 구절에서 사용되고 있는데, 그 의미는 歲月이라는 뜻이다.
187) 相饋는 서로 선물을 보낸다는 뜻인데, 蘇軾의 『東坡全集』 권1에 실린 〈세모에 서로 더불어 酒饌을 보내는 것이 餽歲이고, 술과 음식으로 서로 맞이하고 부르는

종래에 알아 주심에 뜻이 매우 진실함이네.
강의 물줄기는 얼마나 출렁거릴까?[188]
언덕의 습지는 더욱 평평해 졌으리.[189]
먼 곳에서 상상하노라, 숭산(嵩山)[190]의 아래에는
날씨가 개어 티끌이 일지 않을 줄을.

威稜蓋平壤　　歲律近新春
相餽文雖具　　從知意甚眞
江流何袞袞　　原隰更勻勻
遙想嵩山下　　天晴不起塵

11-31-041 은계[191]의 시권에 짓다
11-31-041 題隱溪卷

것을 別歲라 하며, 섣달 그믐날 밤에 아침까지 잠을 자지 않는 것을 守歲라고 한다. 蜀 지방의 풍속이 이와 같은데, 나는 岐山의 아래에서 벼슬하고 있어서 세모에 돌아갈 것을 생각하지만 그렇게 할 수 없기로, 이 세 수의 시〔餽歲·別歲·守歲〕를 읊어서 자유에게 부친다(歲晩相與餽問為餽歲 酒食相邀呼為別歲 至除夜達旦不眠為守歲 蜀之風俗如是 余官岐下 歲暮思歸而不可得 故為此三詩寄子由)〉라는 긴 제목의 시에서 이 풍속을 소개하고 있다.

188) 袞袞은 큰 물이 출렁거리며 끝없이 흐르는 모양이다.

189) 勻勻(畇畇)原隰은 고르게 개간한 언덕의 습지인데, 『詩經』「小雅」〈信南山〉의 "언덕의 습지를 고르게 개간하여, 증손이 경작하네.(畇畇原隰 曾孫田之)"라는 대목을 변용한 것이다.

190) 嵩山은 平壤의 永明嶺을 가리킨다. 安鼎福의 『東史綱目』 권1상에 "기자가 은의 전제를 쓰고, 백성에게 농사짓고 누에 치고 베 짜는 방법을 가르치니 3년이 못 되어 백성이 다 向化하고, 禮俗이 행하여져서 興作하여 朝野가 무사하니, 백성들이 기뻐서 도읍의 강을 黃河에 견주고 도읍지의 산을 嵩山에 견주었으니, 곧 大同江과 永明嶺이다. 노래를 지어서 그 덕을 기렸다."라는 대목이 있다.

191) 隱溪는 고려 말의 승려로서, 俗姓이 林氏라는 사실을 『牧隱文藁』 권8의 〈送隱溪林上人序〉에서 알 수 있다.

마음이 허공과 같은 스님[192]이 있어
사대(四大)[193]의 바닷물이 그 속에 있네.
눈구멍이 작은 사람은 아무도 엿보지 못하니
스님은 그들을 어린아이처럼 불쌍히 여기네.
굽어보고 나아가서 방편(方便)[194]을 보여 주니
호(號)를 은계(隱溪)라 함은 저 화로의 그을음을 씻어주려 함이네.
첫째가는 맛[195]의 청량함이 오장(五臟)[196]에 두루 미치니
구차스럽게 보시를 하고도 잊는 공덕은 쓰지 않네.
조계(曹溪)[197]같이 달고 설두(雪竇)[198]처럼 찬데
형용하려고 하니 마음의 힘이 모자라네.
푸른 산과 흰 구름으로 빽빽이 싸서 두르고
밝은 달과 맑은 바람 속에서 잘 헤엄치네.
목은 늙은이의 붓[199]은 이제 노쇠해져서
안배하려니[200] 작은 대오리로 큰 종을 치는 듯하네.[201]

---

192) 上人은 지덕이 뛰어난 중을 뜻하며 중의 존칭으로 쓰인다.
193) 四大는 불교에서 말하는 네 개의 큰 세계를 가리키는데, 須彌山을 중심으로 사방에 四大洲가 있고 그 바깥은 금으로 된 七金山이 일곱 겹으로 둘러싸고 그 바깥은 八香海라는 香水로 가득 찬 여덟 개의 바다가 둘러싸고 그 바깥은 大鐵圍山이 둘러싸고 있다고 하는데 이것을 一世界 혹은 一四天下 혹은 小世界라고 부른다. 그리고 이것이 千 개가 모인 것이 小千世界이고 이 소천세계가 千 개 모인 것이 中千世界이고 이 중천세계가 千 개 모인 것이 大千世界이다.
194) 方便은 부처나 보살이 여러 가지 수단과 방법을 써서 중생을 진실한 대도로 이끌어 들이는 權智를 가리키는 불교용어이다.
195) 一味는 첫째가는 맛으로서, 如來의 敎法을 가리킨다.
196) 五內는 五臟이다.
197) 曹溪山은 廣東省에 있는 산으로, 禪宗의 제6조 慧能(638~713)이 이곳에서 定慧不二를 설하고, 좌선보다 頓悟法門을 크게 열어 見性成佛을 선양한 곳이다.
198) 雪竇山은 浙江省 奉化市의 서쪽에 있는 산으로, 北宋의 僧侶 重顯이 雲門宗을 크게 떨친 곳이다.
199) 慕容은 五胡十六國時代에 燕나라를 세운 鮮卑의 姓이다.
200) 區畫은 생각을 안배하여 글을 씀이다.
201) 寸筳撞巨鍾은 작은 대오리로 큰 종을 친다는 뜻으로 어떤 일을 함에 힘이 부치는

다른 해에 찾아가서 그 경계에 들어가면
채찍 하나로 손을 맞잡고 홍몽(鴻濛)[202]을 뛰어넘으리.

有上人兮心如虛空　　四大海水居其中
眼孔小者莫能覰　　上人憐之嬰孩同
俯而就之示方便　　號曰隱溪所以滌彼爐火烘
一味淸涼遍五內　　區區不用忘施功
甘如曹溪冷似雪竇　　有欲形容心力窮
靑山白雲封裹密　　明月淸風涵泳工
牧翁毛穎今老矣　　區畫寸筳撞巨鍾
他年相尋入境界　　一策握手超鴻濛

11-31-042 김[203]을 보내 준 강릉염사[204]에게 사례하다
11-31-042 謝江陵廉使送海衣

부드러운 지은 하얀 밥[205]은 주발에 그득하고
새로 딴 푸른 김은 소반에 가득하네.
한낮에 창 아래서 쌈을 싸노라니
치아에서 그윽하게 향기가 풍기네.

것을 비유하며, 漢나라 東方朔의 〈答客難〉(『文選』 권45)의 "대롱으로 하늘을 보고, 바가지로 바다를 측정하며, 대오리로 종을 친다면, 어찌 능히 그 條貫을 통하고 그 文理를 살피며 그 소리를 낼 수 있겠는가?(以管窺天 以蠡測海 以筳撞鍾 豈能通其條貫 考其文理 發其音聲哉)"라는 대목을 변용한 것이다.

202) 鴻濛은 천지자연의 원기, 또는 천지자연이 아직 나누어지지 않은 상태이다.

203) 海衣는 김이다.

204) 廉使는 按廉使의 준말인데, 고려시대의 지방관직으로 體察使・都觀察黜陟使라고도 하였다.

205) 軟炊는 뜸을 푹 들여서 부드럽게 익힌 밥이다.

軟炊盈椀白　　新擷滿盤靑
和合午牕下　　齒牙微有聲

11-31-043 장난삼아 짓다
11-31-043 戲題

봄바람이 반이 지나도록 시를 읊지 않았으니
초라한[206] 삶에 늘그막이 더욱 바보스럽네.
귀에 가득한 그릇된 말에서 세상의 변화에 상심하면서도
마음을 달갑게 하는 잘못된 도리[207]로 시절의 편의[208]를 좇네.
술통 앞의 미치광이의 모습은 내가 아닌 듯한데
거울 속의 쇠약한 늙은이는 누구인지 물어 보네.
다행히 공자(孔子) 문하의 여습(餘習)이 있어서
때때로 사물(四勿)[209]로 선사(先師)[210]를 본받네.

春風過半不吟詩　　草草生涯老更癡
滿耳訛言傷世變　　甘心枉道逐機宜
樽前狂態疑非我　　鏡裏衰翁問是誰
賴有孔門餘習在　　時時四勿慕先師

206) 草草는 매우 간략함, 또는 보잘것없고 초라한 모양이다.
207) 枉道는 도리를 어기는 것이다. 『論語』「微子」에 "도를 곧게 하여 사람을 섬기면 어디에 간들 세 번 쫓겨나지 않을 것이며, 도를 굽혀서 사람을 섬기면 어찌 반드시 부모의 나라를 떠날 필요가 있겠는가?(直道而事人 焉往而不三黜 枉道而事人 何必去父母之邦)"라는 구절이 있다.
208) 機宜는 시절의 편의, 시기나 형편에 알맞은 것, 중생에게 善根이 있어 교화하기에 알맞은 것을 뜻한다.
209) 四勿은 『論語』「顔淵」에 나오는 孔子가 顔回에게 가르쳤던 非禮勿視・非禮勿聽・非禮勿言・非禮勿動의 네 가지 하지 말아야 할 일을 말한다.
210) 先師는 孔子, 또는 전대의 스승을 가리킨다.

11-31-044 즉석에서 짓다
11-31-044 卽事

어제 동풍이 불어 사람을 넘어뜨리더니
아침에는 티끌 하나 없이 마을이 고요하네.
문득 알겠노라, 나무들이 매우 싱그러워져서[211]
집을 두른 있는 무성한[212] 기상이 신선함을.

昨日東風吹倒人　朝來里巷靜無塵
便知樹木欣欣甚　遶屋扶蘇氣像新

11-31-045 김광수 원사[213]가 곡성[214]・칠원[215] 두 시중과 정월성[216]・권길창[217]・한정당[218]・영녕군[219]・순흥군[220]・젊은 한

211) 欣欣은 草木이 무성한 모양이다.
212) 扶蘇(扶疏・扶疎)는 초목의 枝葉이 무성한 모양이다. 陶潛의 시 〈讀山海經〉(『陶淵明集』 권4)의 첫째 수에 "초여름에 초목이 자라나서, 집을 두른 나무의 가지와 잎이 무성하네.(孟夏草木長 遶屋樹扶疎)"라는 연이 있다.
213) 院使는 고려시대 中樞院의 종2품 관직이다. 忠烈王 24년(1298)에 중추원이 光政院으로 개칭되었을 때 종1품으로 바뀐 적이 있었으나 기본적으로 文宗 때 결정된 品秩인 종1품이 유지되었다.
214) 曲城은 曲城府院君 廉悌臣(1304~1382)의 封號이다. 字는 愷叔, 본관은 瑞原, 謚號는 忠敬이다. 元에서 泰定帝를 시종하고 돌아와 忠肅王에게 신임받았으며, 忠穆王 때에 都僉議評理를 거쳐 忠定王 1년에 贊成事가 되었다. 恭愍王 초에 守門下侍中에 올랐으나 辛旽의 미움을 받아 파직되었다가 領都僉議가 되었고, 딸이 愼妃로 책봉되었다. 禑王 때 領門下府事를 거쳐 曲城府院君에 봉해졌다.
215) 漆原은 尹桓(1304~1386)의 封號이다. 본관은 漆原, 謚號가 忠孝인데, 忠惠王 때 代言을 지내고, 忠肅王 복위 1년(1332)에 海島에 유배되었으나 元나라로 도망하여, 1340년에 충혜왕이 복위되자 同知密直이 되어 元으로부터 行省員外郞의 관직을 받았다. 忠定王 1년(1349) 漆原府院君에 봉해지고, 恭愍王 때 贊成事・左政丞・門下侍中・監春秋館事를 지내고, 禑王 때 문하시중에 올랐다.
216) 鄭月城은 고려 말의 무신 鄭暉를 가리킨다. 본관은 慶州로 恭愍王 5년(1356)에 西北面兵馬使를 역임한 것을 비롯하여 樞密院副使・同知樞密院事・東北面兵馬使

정당[221]과 색을 초청하여 풍성한 음식을 마련하고 풍악을 베풀었는데, 강평장[222]이 주인의 오른쪽에 앉았다. 내관[223] 김실[224]은 주인의 양자인데 한 내관과 함께 양전[225]의 선온[226]을 받들고 왔기에 손님과 주인이 배례하고 마시다가

등을 지냈다.

217) 權吉昌은 吉昌君은 權適(1307~?)을 가리킨다. 그는『高麗史』「世家」에서 忠肅王 17년에 判事, 忠穆王 즉위년에 判密直司使, 恭愍王 8년에 贊成事, 恭愍王 14년에 僉議贊成事를 지낸 것이 확인된다. 그리고 이 시에서 76세라고 한 것으로 보아 그는 1307년에 태어났고, 1382년까지 생존하였음을 알 수 있다.

218) 韓政堂은 韓仲禮(1309~?)를 가리킨다. 본관이 淸州, 諫議大夫 謝奇의 손자이며 渥의 아들이다. 忠穆王 즉위년(1344)에 右代言으로 李齊賢과 함께 書筵官이 되었고, 忠定王 1년(1349)에 同知密直司事, 이듬해에 政堂文學에 올라 繼城君에 봉해졌다.

219) 永寧君(1314~1389)은 고려의 왕족으로 1374년 恭愍王이 죽자, 明德太后와 慶復興이 왕을 종친 가운데서 선택하려 할 때, 李仁任의 편에 서서 江寧大君〔즉위 후 禑王〕을 추대하는 데 공헌하였다. 그는 賀正使로 北元에 가서 翰林承旨를 지낸 사실이 이 시에서 확인된다.

220) 順興君은 安宗源(1325~1394)의 封號이다. 자는 嗣淸, 호는 雙淸堂, 본관은 順興이다. 과거 급제 후 檢閱·三司都事·典法正郎 등을 지내고, 辛旽의 미움을 사서 江陵府使로 좌천되었다가 신돈이 처형된 뒤 司憲侍史가 되었다. 禑王 초에 右司議大夫가 되고, 大司成·右常侍·大司憲을 거쳐 興寧君에 봉해지고, 우왕 8년(1382)에 다시 順興君에 봉해지고 공신의 호를 받았다. 조선왕조가 들어선 뒤 判門下府事를 지냈다. 시호는 文簡.

221) 少韓政堂은 韓蕆(1325~?)을 가리킨다. 본관이 淸州, 右政丞 渥의 손자이며 都僉議事 大淳의 아들이다. 恭愍王 14년(1365)에 典理判書, 20년(1371)에 경상도도순문사를 지냈으며, 恭讓王 3년(1391)에 判開城府事를 거쳐 이듬해 藝文館大提學을 지냈다.

222) 平章은 고려시대 中書省·門下省의 정2품 벼슬인 平章事〔贊成事〕의 약칭이다.

223) 內官은 內侍府의 관원으로 宦官을 가리킨다.

224) 金實(?~1388)은 고려 말기의 환관으로 禑王의 총애를 받은 인물이다. 1379년에는 왕이 활을 쏘고 擊毬를 좋아하므로 堯舜의 도리가 아니라고 간언하기도 하였고, 이듬해에는 우왕이 사냥을 갈 때 宦者 李得芬과 함께 守城元帥가 되어 성을 지켰으며, 1384년에는 門下贊成事商議가 되었다. 그러나 이듬해 본처를 버리고 士族의 여인을 취하여 우왕의 미움을 사서 巡軍獄에 간혔으나, 李存性의 도움으로 도망하였다가 1388년에 잡혀서 처형되었다.

225) 兩殿은 太妃나 大妃를 가리킨다.

어두운 뒤에야 끝마쳤다. 깨고 나서 앉아서 생각하니 여러 원로들은 모두 원나라 조정의 은명[227]을 받았다. 원사는 지정[228] 황제를 섬겨서 자정원[229]의 장관을 지내셨고, 곡성은 조정에서 여러 번 벼슬을 하다가 또 정동행성[230]의 낭중[231]이 되셨으며, 칠원군 또한 낭중이 되셨다. 월성은 원외랑[232]이 되셨고, 길창은 왕부[233]의 단사관[234]이 되셨으며, 영녕은 북원의 조정에 하정사[235]로 가서 한림원의 승지에 제배되셨다. 순흥 또한 입근[236]하여 우승지에 제배되고, 젊은 한정당은 유학제거[237]가 되셨다. 색은 요

---

226) 仙醞은 仙人이 빚은 술로 美酒를 비유한다.
227) 恩命은 제왕의 은혜로운 명령이다.
228) 至正은 天統(1333~1334)·至元(1335~1340)에 이은 元 順帝의 세 번째 年號(1341년~1367년)이다.
229) 資政院은 국정에 도움을 주기 위한 업무를 담당하던 관청이다.
230) 征東行省은 征東行中書省의 준말이다. 忠烈王 6년에 元 世祖가 일본정벌을 위하여 고려에 설치하였던 관아이다. 두 차례 설치와 폐지를 반복하다가 충렬왕 11년에 다시 설치되었고, 뒤에 잠시 征東行尙書省으로 고쳤다가 곧 전대로 회복되어 恭愍王代에 이르기까지 고려의 내정을 간섭하였다. 고려의 왕이 겸하는 丞相 밑에 平章政事·右丞·左丞·參知政事·員外郞·郞中·都事 등을 두었으며, 소속기관으로 범죄행위를 단속하는 行省理問所가 있었다.
231) 郞中은 元과 高麗에서 侍郞 다음인 尙書都省·六部·六曹의 정5품 벼슬이다.
232) 員外는 員外郞의 준말로 定員 이외의 郞官이다.
233) 王府는 元이 日本을 치기 위하여 고려에 두었던 관청인 征東行中書省을 가리킨다.
234) 斷事官은 元 至正 초에 樞密院에 예속하여 설치한 관직으로 軍府의 刑政과 獄訟의 사무를 관장하고 裁決하였으며, 定員은 처음에는 1명이었으나 나중에는 8명으로 늘어났다.
235) 賀正使는 우리나라에서 중국으로 正朝[정월 초하룻날]에 새해를 축하하러 갔던 사신으로 正朝使·正旦使라고도 하였는데, 冬至使·聖節使와 함께 三節使의 하나였다.
236) 入覲은 대궐에 들어가 임금께 알현하는 것이다.
237) 儒學提擧는 고려시대 征東行中書省에 딸린 관아의 하나인 儒學提擧司의 우두머리 벼슬이다. 『元史』「百官」에 따르면 종5품이었다.

행히 대를 이어 과거에 급제하여 한림공봉[238)]이 되고, 뒤에 정동행성의 낭중으로 일년이 되었을 때 중국에서 성인[239)]이 출현하시었다. 아, 곡성과 칠원은 같은 해에 출생하시어 일흔아홉 살이신데, 강건하고 정민하시어 조금도 쇠약하지 않으시다. 월성은 두 시중보다 한 살이 적고, 길창은 세 살이 적으며, 늙은 한은 다섯 살이 적다. 영녕은 예순아홉 살이고, 나머지는 모두 예순에 가깝다. 색은 가장 연소하여 막내이지만 또한 쉰다섯 살인데, 성대한 모임에 참여하니 어찌 지극히 다행스럽지 않으리요? 읊어서 스스로 영예로움을 자랑하노라

11-31-045 金光秀院使邀曲城漆原兩侍中及鄭月城權吉昌韓政堂永寧君順興君少韓政堂及穡　設盛饌作樂　而康平章坐主人之右　內官金實　主人之養子也　同一內官奉兩殿仙醞以來　賓主拜飮　日黑而罷　旣醒　坐念諸老皆受元朝恩命　院使事至正帝　長資政院　曲城累於朝　且爲郎中東省　漆原君亦爲郎中　月城爲員外　吉昌爲王府斷事官　永寧賀正北庭　拜翰林承旨　順興亦入覲　拜右承　少韓政堂爲儒學提擧　穡僥倖世科　供奉翰林　後爲郎中東省一年　而中國聖人出矣　嗚呼曲城漆原同年生　七十九歲　强健精敏　不少衰　月城少兩侍中一歲　吉昌少三歲　老韓少五歲　永寧六十九　餘皆近六旬　穡最少居末　然亦五十五歲　參與盛會　豈非至幸　吟成　以自誇耀焉

---

238) 翰林供奉은 고려시대 翰林院의 정7품 벼슬이다. 李穡은 급제 후 고려의 관직을 받지 않고 元 制科에 급제하여 元의 應奉翰林文字(종7품)를 제수받고 귀국하였으므로 여기에서는 이것을 가리킨다.

239) 聖人은 明 太祖 朱元璋을 가리킨다.

천하에서 달존(達尊)[240]은 덕과 벼슬과 나이인데
동한(東韓)은 예부터 풍속이 아름답다네.
상산사호(商山四皓)[241]는 한(漢)의 사직[242]을 무겁게 하였거니와
여러 공(公)들은 모두 우리의 왕자를 추대하였네.[243]
이렇게 편안한 세상[244]을 만나 잔치[245]하며 노시고
담소하며 술잔을 주고받느라고[246] 그 밖의 일[247]를 잊으시네.
대원(大元)[248]이 흥성한 때에 태어나서
중원(中原)에 성인(聖人)[249]이 출현하심을 목도(目睹)하셨네.
뽕나무와 느릅나무의 저녁햇살[250]에 슬픔과 기쁨이 섞이는데

---

240) 達尊은 천하에 통하는 높은 것을 뜻하는데, 이 말은 『孟子』「公孫丑 下」의 "천하에 통하는 높은 것이 셋이 있으니 벼슬이 그 하나요, 나이가 그 하나이며, 덕이 그 하나이다. 조정에서는 벼슬만 한 것이 없고, 鄕黨에서는 나이만 한 것이 없고, 세상을 돕고 백성을 교양하는 데에는 덕만 한 것이 없다.(天下有達尊三 爵一 齒一德一 朝廷莫如爵 鄕黨莫如齒 輔世長民莫如德)"라는 대목에서 유래한다.
241) 商山四皓는 秦나라 말년 전란을 피하여 陝西省의 商山에 은거했던 네 노인, 즉 東園公 唐秉·夏黃公 崔廣·甪里先生 周術·綺里季 朱暉를 말하며, 후일 모두 한나라 惠帝의 스승이 되었다. 그들은 漢 高祖의 부름에 응하지 않고 은거하다가, 고조가 태자를 폐하려 할 때에 呂后가 張良의 계책을 써서 초빙하자 그에 응하여 태자를 보필하였으므로, 『史記』「留侯世家」에서 "내가 바꾸고자 하였으나 저 네 사람이 보좌하여 우익이 이미 정해졌으니 움직이기 어렵다.(我欲易之 彼四人輔之 羽翼已成 難動)"라고 하였다.
242) 漢鼎은 漢나라의 重器인 솥으로 漢의 社稷을 가리킨다.
243) 이 구절은 元나라에서 외척의 전횡으로 국정을 문란케 한 忠定王〔忠惠王의 庶子〕을 폐위시키고, 忠肅王의 둘째 아들이요 충혜왕의 동생인 恭愍王을 즉위시키는 데에 원로들이 함께 힘을 합친 사실을 가리킨다.
244) 小康은 조금 편안한 세상으로 『禮記』「禮運」에서 禹·湯·文王·武王·成王·周公의 시대를 가리킨 말이다.
245) 式宴(燕)은 飮宴, 잔치이다.
246) 獻酬는 술잔을 주고받는 것이다.
247) 外事는 자기가 하고 있는 일 이외의 다른 일을 가리킨다.
248) 大元은 元나라를 높여서 부른 말이다.
249) 聖人은 明 太祖 朱元璋을 가리킨다.
250) 桑榆晩景은 桑榆日景과 같은 말로 해가 질 무렵에 뽕나무와 느릅나무 끝에 비치는 햇빛인데, 晩年을 비유한다.

가지런한[251] 빈연(賓筵)[252]을 베풀 때마다[253] 노래하네.
태평시대를 가장 핍진(逼眞)하게 형용하려는데
다만 안타까운 것은 세월이 나는 새처럼 빠름이네.
옛 사람은 한갓 술을 마시고도 오히려 이름을 남겼는데[254]
이 모임은 곧 송악산(松岳山)과 높이[255]를 함께 하리.
단아하신[256] 군자들이라 신명(神明)께서 도우시나니[257]
구전단(九轉丹)[258]을 드시지 않아도 응당 장수하시리.[259]
목동(牧童)[260]이 자리 끝에 참석함[261]은 얼마나 다행스러운가?
읊는 시[262]가 가끔 비루하고 거칢[263]을 부끄러워하네.
바라노라, 삼한(三韓) 벽상(壁上)[264]의 단청이

251) 賓筵秩秩은 손님을 청한 자리에 손님들이 좌우로 질서연연하게 앉은 모양인데, 『詩經』「小雅」〈賓之初筵〉의 "손님이 처음 자리를 잡을 때에는, 좌우로 가지런하네.(賓之初筵 左右秩秩)"라는 대목을 변용한 것이다.

252) 賓筵은 손님을 청한 자리이다.

253) 肆筵은 잔치를 위해 자리를 펴는 것이다. 『詩經』「大雅」〈行葦〉에 "정다운 형제들은, 말고 가까움이 없이 모이네. 어떤 이는 자리를 펴고, 어떤 이는 탁자를 놓네.(戚戚兄弟 莫遠具爾 或肆之筵 或授之几)"라는 대목이 있다.

254) 이 구절은 李白의 시 〈將進酒〉의 "고래의 성현들은 모두 쓸쓸해졌지만, 오직 술을 마신 사람들은 그 이름을 남겼네.(古來聖賢皆寂寞 惟有飮者留其名)"라는 연을 변용한 것이다.

255) 崢嶸은 높은 모양, 험준한 모양이다.

256) 愷悌(豈弟, 豈悌)는 용모와 기상이 和樂하고 端雅한 것이다.

257) 이 구절은 『詩經』「大雅(文王之什)」〈旱麓〉의 제5장에 나오는 "굴참나무와 두릅나무가 우거진 것은, 백성들의 땔나무로다. 즐겁고 편안하신 우리 임금님, 신들이 위로하시리.(瑟彼柞棫 民所燎矣 豈弟君子 神所勞矣)"의 끝 2구를 변용한 것이다.

258) 九轉은 아홉 번 鍛煉한 丹藥인 九轉丹을 가리키는데, 道敎에서는 不死藥인 丹藥을 鍛煉할 때 한 번부터 아홉 번까지 提煉하는 술법을 쓰고, 그 중 九轉金丹을 가장 귀하게 여겼다.

259) 長生은 오래 사는 것으로, 長壽를 가리킨다.

260) 牧童은 李穡 자신을 가리키는데, 상대가 목은보다 훨씬 연장자일 때 쓴 말이다.

261) 忝座는 자리를 더럽힌다는 뜻으로, 자신이 그 자리에 참석한 것을 표현한 謙辭이다.

262) 吐詞(辭)는 發言, 또는 詩文을 지음이다.

263) 鄙野는 鄙陋하고 粗野함이다.

천추만세(千秋萬歲)에 이르도록 동하(東夏)[265]를 비추기를.

天下達尊德爵齒　東韓古來風俗美
商山四皓重漢鼎　諸公共戴吾王子
及此小康式宴遊　談笑獻酬忘外事
生於大元全盛日　目覩中原聖人出
桑榆晚景雜悲懽　每肆賓筵歌秩秩
形容大平最逼眞　只恨光陰飛鳥疾
古人徒飮尙留名　此會直與松岳同峥嶸
愷悌君子神明所扶持　不餌九轉應長生
牧童何幸忝座下　吐詞往往慙鄙野
願從三韓壁上之丹靑　萬歲千秋照東夏

11-31-046 윤이월 초사흗날에(2수)
11-31-046 閏二月初三日

어가(御駕)[266]가 서남쪽의 교외로 나가시어
사냥을 구경하고 돌아오셨네.
(이하 2구 없어짐)

---

264) 壁上三韓은 고려시대에 1품 문관의 官階인 三重大匡·重大匡 위에 붙이던 칭호이다. 『高麗史』「百官志」'文散階'조에 의하면, 忠烈王 때에 이 칭호를 썼다가 忠宣王 2년(1310)에 이 칭호를 없애고, 다시 정1품 三重大匡과 종1품 重大匡으로 하였고, 恭愍王 11년(1362)에 관제를 고쳐 정1품의 上을 壁上三韓三重大匡, 그 下를 三重大匡으로 하고, 종1품을 重大匡으로 하였는데, 『고려사』「世家」나 「列傳」에서는 정2품의 正匡에도 이 칭호를 붙였다고 한다.
265) 東夏는 우리나라를 가리킨다.
266) 御駕는 帝王의 수레로서, 제왕의 행차를 비유한다.

駕幸西南郊　　　　觀獵而回□
□□□□□　　　　□□□□□

하늘이 나지막한 들판 너머 화렵(火獵)[267]의 자취가 푸른데
안개 낀 물과 구름 낀 산이 다 아득하네.[268]
한 쪽에만 친 탕(湯)임금의 그물[269]에서 이미 인덕이 드러났기에
노쇠한 신하는 우러러보며 홀로 뜰을 거리네.

天低野外燒痕青　　　　煙水雲山共渺冥
一面湯羅仁已著　　　　老臣瞻望獨行庭

11-31-047 김공립이 달력을 보내고 또 청어를 선물하다
11-31-047 金恭立以曆日相送 且饋青魚

황력(黃曆)[270]은 일용의 바탕이고

267) 火獵은 불을 질러 놀라 도망가는 짐승을 쫓아가 잡는 사냥이다. 10-28-067 〈病中未由扈駕觀獵 吟成短律 馳一騎奉呈李二相馬前 幸與廉政堂並轡一覽 如蒙分惠所餘 亦所不辭也〉의 첫 연에 "남쪽 교외의 火獵은 정해진 제도에 따르거니와, 武威를 講揚함은 태평의 바탕을 보전함이네.(南郊火獵案成規 講虎揚威保泰基)"라는 대목이 있다.

268) 渺冥은 아득하고 먼 모양이다.

269) 一面湯羅는 湯 임금이 새와 짐승을 잡는 그물을 한 쪽에만 치도록 한 것을 말하는데, 殷나라 湯王의 관대한 處置를 보여 주는 예이다. 湯王이 밖에 나가서 보니, 들에서 어떤 사람이 그물을 사방으로 쳐놓고 모든 새 짐승이 제 그물 안으로 들어오라고 빌고 있었다. 탕왕이 이것을 보고 짐승을 다 잡으면 안 된다고 하면서 그 삼면을 없애고, "왼쪽으로 갈 놈은 왼쪽으로 가고 오른쪽으로 갈 놈은 오른쪽을 가고 나의 명령을 따르지 않을 놈만 나의 그물로 들어오라."고 했다. 탕왕의 德이 새와 짐승에까지 미친 것을 말한다.

270) 黃曆은 옛날 曆書의 하나로서, 음력의 月日과 24절기 이외에 宜忌 등 미신적인 내용까지 표현했던 것이다. 예컨대 어느 날은 제사를 지내고, 어느 날은 외출을 삼가고, 어느 날은 喜神이 어떤 방향에 있다는 것을 표시한 달력이다.

청어는 아침밥[271]의 반찬이네.
길함과 흉함을 눈으로 알 수 있는데
냄새와 맛으로 간장을 채우네.
주옥(珠玉)이 어찌 아름답지 않으랴?
적당하게 채우면[272] 탐욕과 간사함의 빌미가 되리.
의(義)를 중시하고 재물을 중시하지 않았기에
옛 사람[273]은 이름이 없어지지 않았네.
그것을 적어 자리 오른쪽[274]에 비치하고
길이 자손들에게 보도록 하리.

黃曆資日用　　青魚助晨飧
吉凶判在目　　氣味充於肝
珠玉豈不美　　適足滋貧[275]奸
重義不重物　　古人名不刊

271) 晨飧(餐)은 朝飯, 아침밥이다.
272) 適足은 충족하되 정도가 적당하고 지나치지 않음이다.
273) 古人은 춘추시대의 鄭나라 子罕을 가리킨다. 『春秋左傳』 讓公 15년 조에 다음과 같은 일화가 수록되어 있다. 宋나라 사람이 玉을 얻어서 자한에게 바쳤으나 자한은 받지 않았다. 옥을 바치는 사람이 "이것을 옥장이에게 보였더니 옥장이가 보물이라고 하기에 감히 바치는 바입니다."라고 하였다. 자한은 "나는 탐하지 않음으로써 보배를 삼고 너는 옥을 보배로 삼는데, 만약 이것을 나에게 준다면 둘 다 보배를 잃게 되니, 둘 다 자기의 보배를 간직함만 못하다."라고 하였다. 머리를 조아리고 말하기를, "소인은 보배를 지니고 마을을 벗어날 수 없으니, 이것을 받아 주시기를 죽음으로써 청합니다."라고 하니, 자한은 그를 그 마을에 머물게 하고 옥장이에게 그것을 다듬게 하여 부유하게 만든 다음에 그를 돌려보내었다. (宋人或得玉 獻諸子罕 子罕弗受 獻玉者曰 以示玉人 玉人以爲寶也 故敢獻之 子罕曰 我以不貪爲寶 爾以玉爲寶 若以與我 皆喪寶也 不若人有其寶 稽首而告曰 小人懷璧 不可以越鄕 納此以請死也 子罕寘諸其里 使玉人爲之攻之 富而後使復其所)
274) 座右는 座右銘의 준말로 스스로 경계하기 위해 자리의 오른쪽에 갖추어 둔 銘文이다.
275) '貧'은 '貪'의 誤字인 듯하다.

書之置座右　　　　　永爲子孫觀

11-31-048 염동정[276]이 돌아와서 찾아오다
11-31-048 廉東亭回見訪

천 상자의 장경(藏經)을 옮기러[277] 가서
여덟 잎의 연꽃[278]과 함께 산을 따랐네.
자득(自得)한 도정(道情)[279]은 달콤하고
장래의 충간(忠懇)은 전할 만하네.
배에는 연하(烟霞)[280]의 기운이 있는데
몸은 동량(棟梁)의 재목이 되네.
서쪽 교외에 봄풀이 푸르게 되면
다시 함께 술잔을 기울이리.

轉藏千函去　　　　　循山八葉回
道情甘自得　　　　　忠懇勸將來
腹有煙霞氣　　　　　身爲梁棟材
西郊春草綠　　　　　更擬共傾杯

11-31-049 유항[281]과 함께 동정을 위로하다

---

276) 東亭은 고려 말의 문신 廉興邦(?~1388)의 호이다.
277) 轉藏은 大藏經을 찍어서 옮기는 것이다.
278) 八葉은 여덟 잎의 연꽃으로 佛經을 비유한다. 불교에서는 연잎을 심장이나 마음에 비유하여, 마음을 관조하여 활짝 피어나는 것과 같은 三昧의 경지를 八葉蓮花觀이라고 한다.
279) 道情은 수도하는 사람의 凡俗을 초탈한 情操이다.
280) 烟霞는 안개 놀, 또는 고요한 산수의 경치를 가리킨다.
281) 柳巷은 고려 말의 문신 韓脩(1333~1384)의 호이다.

11-31-049 同柳巷勞東亭

봄날이 비로소 길어짐을 기뻐하면서
우리가 잠시 만나지 못함을 아쉬워하네.
서로 만나자 문득 술잔을 기울이고
함께 위로하고서 일찍이 돌아왔네.
가랑비가 뜰에 어둑하게 채우는데
온화한 바람은 소매를 가볍게 스치네.
촛불을 잡고 놀며[282] 애써 노래하려는데
세상일은 저녁햇살을 따르고 있네.

春日欣初永　　吾曹惜暫違
相逢便傾倒　　共慰早來歸
小雨盈庭暗　　和風拂袖微
歌呼勤秉燭　　世事逐斜暉

11-31-050 남쪽으로 환암[283]의 법회에 참석하러 가는 절간[284]

282) 秉燭은 秉燭(夜)遊의 준말로 촛불을 잡고 논다는 뜻이다. 『樂府詩集』「相和歌辭」〈西門行〉에 "낮은 짧고 밤은 긴데, 어찌 촛불을 잡고 놀지 않으랴?(晝短而夜長 何不秉燭遊)"라는 구절에 나오고, 〈古詩十九首〉의 제15수에 "살아서 나이가 백년을 못 채우는데, 늘 천년의 시름을 품고 있네. 낮은 짧고 긴 밤을 괴로워하니, 어찌 촛불을 잡고 놀지 않으랴?(生年不滿百 常懷千歲憂 晝短苦夜長 何不秉燭遊)"라고 한 데에도 나오며, 李白은 〈春夜宴桃李園序〉에서 "옛 사람이 촛불을 잡고 논 데에는 참으로 까닭이 있었다.(古人秉燭夜遊 良有以也)"라고 했다.

283) 幻菴은 고려 말의 승려 混修(1320~1392)의 法號이다. 混修(또는 混脩)는 大禪師 繼松에게서 중이 되고, 懶翁에게 道要를 물었으며, 禑王 9년(1383)에 國師를 지냈다.

284) 絶磵(澗)은 조계종 승려로 승명이 倫이고 당호는 松風軒이다. 〈松風軒記〉(『목은문고』 권5)는 그의 당호를 풀이한 글이다. 또 〈長城縣白巖寺雙溪樓記〉(『목은문고』 권3)는 그의 청에 의하여 지어진 글인데, 『東人詩話』 卷上에 의하면 원래 鄭道傳

이 집에 들러서 떠남을 알리다. 3수
11-31-050 絶磵南赴幻菴法會 過門告別三首

송풍헌(松風軒)[285] 속에서 한가롭던 도인이
높다란[286] 천마산(天磨山)[287]을 다 다니셨다네.
갑자기 남쪽 지방으로 행화(行化)[288]하러 가신다는데
나는 새도 지치면 돌아온다고[289] 누가 말했던가?

松風軒裏道人閑　　脚踏天磨縹渺間
忽向南方行化去　　誰言飛鳥倦知還

시와 술로 젊은 시절에 함께 놀았던 환암이
중년에는 참선하더니 늘그막에는 쉬고 있네.
세속의 사람을 굽어보며 대법(大法)[290]을 넓히시니
응당 뭇 사람이 보산(寶山)[291]으로 탐구하러 오리.

幻菴詩酒少同遊　　中歲參禪老歇休
俯爲世人弘大法　　寶山應見衆來求

이 '克服'이라 명명하고 作記하였으나, 절간이 幻菴을 통하여 다시 청했으므로 '쌍계'라 명명하고 기를 지었다고 한다.

285) 松風軒은 조계종 승려 絶磵(澗)의 당호이다.
286) 縹緲는 높다란 모양이다.
287) 天磨山은 開京 북쪽에 있는 開京의 鎭山으로, 이곳에 朴淵瀑布가 있다.
288) 行化는 자기의 수행과 남의 교화를 한꺼번에 하는 일을 가리키는 불교어이다.
289) 飛鳥倦知還은 나는 새도 지치면 돌아온다는 뜻인데, 陶潛의 〈歸去來辭〉 중의 "구름은 무심히 산골짜기에서 나오고, 날기에 지친 새는 돌아갈 줄을 아네.(雲無心以出岫 鳥倦飛而知還)"라는 구절을 변용한 것이다.
290) 大法은 부처의 敎法, 小乘에 대한 大乘의 敎法을 가리키는 불교어이다.
291) 寶山은 불교에서 승려나 신도가 거주하는 산, 부처의 가르침인 보물을 모아 소장한 산을 가리킨다.

나는 매우 쇠약한데다[292] 병이 서로 이어지니
삶이 쓸쓸하여[293] 중[294]과 같다네.
여강(驪江)[295]을 거슬러 올라 빼어난 경치를 찾고 싶은데
선창(禪牕)에는 층진 흰 구름이 걸려 있으리.

吾衰也甚病相仍　　冷淡生涯似衲僧
欲遡驪江尋勝境　　禪牕掛在白雲層

11-31-051 유번 밀직을 방문하고 돌아와서 읊다
11-31-051 訪柳密直藩 歸而有詠

치술문(鵄述門)[296] 밑에서 두 산을 낀
한 줄기 푸른 시냇물이 졸졸 흐르네.[297]
주인은 고요함을 좋아하고 또 그칠 줄을 아는데[298]
노물(老物)[299]은 그윽함을 찾아[300] 함께 한가함을 깨뜨리네.[301]

---

292) 吾衰也甚은 내가 매우 쇠약해졌다는 뜻으로, 『論語』「述而」에 나오는 "심하구나, 나의 쇠약함이여! 오래도다, 내가 다시는 周公을 꿈에 뵙지 못하는 것이.(子曰 甚矣 吾衰也 久矣 吾不復夢見周公"라는 孔子의 말을 변용한 것이다.
293) 冷淡은 고요하고 쓸쓸한 모양이다.
294) 衲僧은 衲衣를 입은 사람, 곧 중을 가리킨다.
295) 驪江은 京畿道 驪州 지역을 흐르는 漢江을 가리킨다.
296) 鵄述門은 개경 근처에 있던 문인 듯하다.
297) 潺潺은 물이 졸졸 흐르는 모양이다.
298) 愛靜仍知止는 고요함을 좋아하고 또 그칠 줄을 안다는 뜻으로, 『大學』의 "그칠 곳을 안 뒤에 정해짐이 있고, 정해진 뒤에 고요해지고, 고요해진 뒤에 편안해지고, 편안해진 뒤에 사려 깊게 되고, 사려 깊게 된 뒤에 터득하게 된다.(知止而后有定 定而后能靜 靜而后能安 安而后能慮 慮而后能得)"라는 대목을 역으로 변용한 것이다.
299) 老物은 노인으로 묵은 자신을 가리킨다.
300) 幽探은 幽勝한 곳을 탐구함, 깊이 들어가 찾음이다.
301) 破閑은 심심풀이, 심심파적이다.

이미 주진촌(朱陳村)[302]이 이곳 바깥이 아님을 믿으면서
또 유완동(劉阮洞)[303]이 그 사이에 있으리라고 여기네.
더욱이 복사꽃이 놀의 햇살처럼 타오를 때가 가까우니
풍류를 본떠서[304] 홀로 갔다가 돌아오리.

鵶迒門底夾兩山　一條溪水碧潺潺
主人愛靜仍知止　老物幽探共破閑
已信朱陳非是外　更疑劉阮在其間
桃花又近蒸霞日　準擬風流獨往還

11-31-052 어제 쌍청[305] 안공이 명함을 전하고[306] 갔기에 1수를 읊어서 부치다
11-31-052 昨雙清安公投刺而去 吟成一首以寄

302) 朱陳은 徐州의 朱陳村을 가리킨다. 이곳에는 朱氏와 陳氏만이 살아 대대로 婚姻을 맺었기 때문에 朱陳之契는 兩家가 대대로 通婚한다는 뜻으로 쓰인다. 白居易의 시 중에 〈朱陳村〉이 있다.

303) 劉阮은 浙江省 天台縣의 서북쪽에 있던 劉阮洞을 가리킨다. 이곳은 東漢 永平年間에 天台山을 약을 캐러 갔던 劉晨과 阮肇가 선녀를 만난 뒤 돌아와 보니 이미 오랜 세월이 지났다고 하는 고사가 서린 곳이다. 『續齊諧記』에 "유완동은 (천태)현 북쪽 이십 리에 있다. 옛날 漢 永平 중에 유신과 완조가 산에 들어가 약초를 캐다가 길을 잃고 복숭아 열매를 보고 먹었더니 몸이 가벼워짐을 느꼈다. 몇 리를 가서 시냇가에 닿았더니 모난 비녀를 꽂은 두 여자가 웃으며 맞아서 돌아갔다. 반년을 머물고 나서 하직하고 집으로 돌아가니 자손은 이미 칠세손이 살고 있었다고 한다.(劉阮洞 在縣西北二十里 先是漢永平中 有劉晨阮肇入山採藥 失道見桃實 食之 覺身輕 行數里 至溪滸 有二女方笄 笑迎以歸 留半載 謝去至家 子孫已七世矣"라는 고사가 실려 있다.

304) 準擬는 그대로 따름, 모방함이다.

305) 雙淸은 고려 말기의 문신 安宗源(1325~1394)의 정자 이름이다. 그는 자가 嗣淸, 호가 雙淸堂으로, 按廉使·司憲侍史·大司憲 등 여러 내외직을 거쳐 벼슬이 判門下府事에 이르고 興寧府院君에 봉해졌다. 謚號는 文簡이다.

306) 投刺는 사람을 처음으로 만나려고 미리 명함을 전해 올리는 것이다.

나는 출타함이 이미 뜸하고 공은 오시는 일이 드문데
오늘 만행으로[307] 또 어긋났구려.
본래 조물(造物主)는 사람을 놀릴 뿐인데
또 그 은밀한 기밀[308]을 누가 알리요?
한가롭고 바쁨은 길이 다르고 본래 취향도 다르지만
함께 한산한 처지에 있으니 서로 의지함이 마땅하리.
물의 남쪽과 물의 북쪽은 모두 푸른 산인데
산기운은 아침저녁으로 자욱한 연기를 피우네.[309]
한 조각 봄기운이 질펀하게 엉기니[310]
새들은 벗을 찾아 서로 좇으며 나네.
이렇게 욺[311]은 오직 때를 만난 탓인데
사람을 느끼게 함이 깊으니 어찌 작겠는가?
옛 사람은 부지런히 밤에 촛불을 잡고 즐겼으니[312]
어찌 즐겨 서쪽으로 날듯이 지나가는 햇살을 헛되이 보내리요?
내가 비록 서너 살밖에 젊지 않지만[313]
얼굴은 이미 수척해서 살찔 방도가 없네.
공은 장차 순탄하게 들으려는데[314] 뺨에는 광채가 뜨고

---

307) 萬幸은 萬에 하나의 僥幸, 즉 대단히 가능성이 적은 경우를 가리킨다.
308) 冥冥은 드러나지 않고 은미한 모양이다.
309) 烟霏는 구름과 연기가 자욱함, 煙霧와 구름 덩어리이다.
310) 氤氳은 陰陽의 기운이 서로 만나 화합하는 모양, 흐리고 아득한 모양, 짙고 뜨거운 氣味이다.
311) 嚶嚶은 새 울음소리의 형용이다. 『毛詩』에서는 놀라서 두려워하는 소리로 보았으나, 朱熹는 온화한 것으로 파악하였다. 『詩經』「小雅」〈伐木〉에서 "새들이 부드럽게 지저귀는데, 그 벗을 찾는 소리라네.(嚶其鳴矣 求其友聲)"라고 하였다.
312) 秉燭은 秉燭(夜)遊의 준말로 촛불을 잡고 논다는 뜻이다.
313) 이 구절은 1328년생인 牧隱이 1325년생인 安宗源보다 세 살 젊은 것을 나타낸다.
314) 耳順은 『論語』「爲政」에 나오는 말로 말을 들어 은미한 뜻을 잘 아는 것을 말하며, 공자가 스스로 60세에 이순에 이르렀다고 한 데 따라 60세를 뜻하기도 한다.

자손은 집안에 가득하고 위의(威儀)를 갖춘 이가 많네.
한창 크게 쓰일 때에 갑자기 물러나기를 요구하시니
쌍청정(雙淸亭) 위에는 기롱하는 평가가 없으리.
마음이 맑고 자취도 맑음이 빙설(氷雪)과 같아
다만 바람과 달이 늘 둘러싸는 것만 허용한다네.
공은 모름지기 술자리를 마련하여 우리를 부르시라.
유항(柳巷)[315]이 글씨를 쓰면 구슬과 같다네.

我出旣罕公來稀　　今日萬幸還乖違
由來造物戲人耳　　冥冥誰復探其機
閑忙異途固異趨　　俱在散地宜相依
水南水北皆靑山　　山氣朝夕生煙霏
春氣氤氳成一片　　禽鳥求友相追飛
嚶嚶此鳴惟其時　　感人也深夫豈微
古人勸樂夜秉燭　　詎肯虛度西飛暉
我雖少少三四莫　　面已黃瘦無由肥
公將耳順光浮頰　　子孫滿堂多威儀
方膺大用遽求退　　雙淸亭上無評譏
心淸迹淸氷雪如　　只許風月常繞圍
公須置酒喚我輩　　柳巷落筆如珠璣

11-31-053 새벽에 읊다. 3수
11-31-053 曉吟三首

315) 柳巷은 고려 말의 문신 韓脩(1333~1384)의 호이다. 그는 글씨를 잘 써서 必闍赤를 지내기도 하였다.

맏손자는 말하다가 눕는데
둘째 손자는 한창 곤하게 잠을 자네.[316)]
늙은이가 억지로 일찍 일어나니
해가 동남쪽의 하늘에서 떠오르네.
마읍(馬邑)[317)]에는 봄풀이 돋아나고
여강(驪江)[318)]에는 구름 같은 숲[319)]이 이어지리.
끝내 마땅히 동관(童冠)[320)]을 데리고
돌아가서 남은 삶을 즐겨야 하리.

孟孫語且臥　　仲孫方爛眠
老翁强起早　　日上東南天
馬邑春草生　　驪江雲樹連
終當携童冠　　歸去樂餘年

봄바람이 나의 숲에 불어오니
터지려는 꽃봉오리[321)]가 나의 가지에서 피어나네.
봄바람이 나의 못에 불어오니

---

316) 爛眠은 매우 깊이 든 잠이다.
317) 馬邑은 牧隱의 고향인 忠淸道 韓山의 옛날 이름이다.
318) 驪江은 京畿道 驪州 지역을 흐르는 漢江을 가리킨다.
319) 雲樹는 구름이 걸릴 만한 높다란 나무나 숲이다.
320) 童冠은 아이와 갓을 쓴 사람을 가리킨다. 『論語』「先進」에서 孔子가 子路·曾皙·冉有·公西華에게 "너희들을 알아준다고 하면 어떻게 하겠는가?" 하고 물었을 때, 曾點〔曾皙의 이름〕은 다른 세 사람과는 달리 다음과 같이 답하였다는 일화에서 나오는 말이다. 즉 曾點이 "저문 봄에 봄옷이 이미 이루어지면 冠을 쓴 자 5, 6인과 동자 6, 7인으로 沂水에서 목욕하고 舞雩에서 바람쐬고 읊으며 돌아오리다."라고 하니, 공자께서 탄식하며 말하기를 "나도 點처럼 하고자 한다."라고 했다.(曰莫春者 春服旣成 冠者五六人 童子六七人 浴乎沂 風乎舞雩 詠而歸 夫子喟然歎曰 吾與點也)
321) 蓓蕾는 막 피려고 하는 꽃봉오리이다.

잔물결[322]이 나의 물가에 가득하네.
봄바람이 나의 살쩍에 불어오니
날마다 흰 실이 더해지네.
흰 실을 누가 다시 검게 하랴?
다만 손자들에게 남길 계책을 생각할 뿐이네.

春風吹我林　　　蓓蕾生我枝
春風吹我池　　　淪漪盈我湄
春風吹我鬢　　　日日添素絲
素絲誰復緇　　　祇念孫謀貽

장차 남길 계책은 어떠한가?
근원이 맑으면 이에 물줄기가 맑아진다네.
곧은 나무에는 굽은 그림자가 없고
바른 음악에는 음란한 소리가 없네.
내가 몸소 선업(善業)을 쌓지 않으면
무엇으로써 후생에게 보여 주리요?
아득한 천지 속에서
누가 나와 맹약할까?[323]

貽謀將如何　　　源潔流斯淸
直木無曲影　　　正樂無淫聲
我躬不積善　　　何以示後生
茫茫天地內　　　誰與吾同盟

322) 淪漪는 잔물결이다.
323) 同盟은 맹약함이다.

11-31-054 즉석에서 짓다
11-31-054 卽事

늙고 병들어 한가롭게 살며 늘 스스로 만족하는데[324)]
벼슬의 바다로 머리를 돌리니 풍파가 넉넉하네.
어디에 있는 푸른 산이 돌아갈 만한 곳인가?
밝은 달은 때때로 노래 부르기에 좋으리.
부질없이 고요한 물처럼 마음을 편안하게 함을 본뜨고
늘 급한 강물처럼[325)] 혀를 놀리는 것을 싫어하네.
거문고와 책이 있는 방에서는 향전(香篆)[326)]이 피어나는데
다시 『시경(詩經)』[327)]을 잡고 〈벌가(伐柯)〉[328)]를 읊네.

老病閑居每自多　　回頭宦海足風波
青山何處可歸去　　明月有時□嘯歌
謾擬安心如止水　　常嫌掉舌似懸河
琴書一室香生篆　　更把毛詩詠伐柯

11-31-055 가랑비
11-31-055 微雨

---

324) 自多는 스스로 만족하다, 스스로 자랑하다의 뜻이다.
325) 懸河는 급한 경사를 세차게 흐르는 강이다.
326) 香篆은 모양이 篆文과 같은 향이다.
327) 『毛傳』은 『毛詩』을 가리키는데, 漢代의 毛氏가 訓釋한 현전 最古의 『詩經』으로 『漢書』「藝文志」에 『毛詩』 29권, 『毛詩故訓傳』 30권으로 기록되어 있으며, 모씨의 이름은 亨·萇 등 여러 설이 있다.
328) 〈伐柯〉는 『詩經』「豳風」의 편명으로, 『毛詩』의 序에서 이 작품에 대해 "역시 周公을 찬미한 것이다.(美周公也)"라고 하였다.

가랑비로 뜰이 어둑한데
가벼운 연기가 지붕 위에 떠 있네.
세월[329]은 한식(寒食)[330]이 가까워지는데
봄의 못물은 연유(煉乳)[331]와 같네.
사물을 완상함은 한가로운 때에 더욱 심한데
시를 읊조림은 늘그막에도 그치지 않네.
금관성(錦官城)[332]은 붉게 젖은 곳이었으니
풍류가 어렴풋이 상상되네.[333]

微雨庭中暗　　輕煙屋上浮
年光近寒食　　春澤似酥油
玩物閑尤甚　　吟詩老不休
錦官紅濕處　　髣髴想風流

11-31-056 동갑인 백운[334] 선사의 서신을 받았는데, 가지고 온 이가 말하기를 지금 나주의 흥룡사[335]에 있다고 한다

---

329) 年光은 歲月, 光陰이다.
330) 寒食은 節氣의 하나로 冬至가 지난 뒤에 105일째 되는 날인데, 양력으로는 4월 5·6일 쯤에 들며, 그 전일에 나라에서는 宗廟와 陵園에 祭享을 올리고 민간에서는 조상의 무덤에 제사를 지냈다.
331) 酥油는 우유나 양유에서 추출한 脂肪, 蒙古 등에서 우유나 양유를 끓여서 식힌 것의 제일 위층에 엉긴 기름과 같은 것이다.
332) 錦官城은 唐의 시인 杜甫가 晩年에 살던 錦里를 가리킨다. 杜甫의 五絶 〈春夜喜雨〉(『杜少陵詩集』 권10)의 尾聯에 "새벽에 붉게 젖은 곳을 보는데, 금관성에는 꽃이 무성하리.(曉看紅濕處 花重錦官城)"라는 대목이 있다.
333) 髣髴(彷彿)은 비슷한 것이다.
334) 白雲은 고려 말의 승려라는 사실 이외에는 알려진 바가 없다.
335) 興龍寺는 전라도 羅州의 금강진 북쪽에 있던 절이다. 『新增東國輿地勝覽』 권35, 「羅州牧」 '佛宇'에 "고려 태조 莊和王后 吳氏의 조부는 富伅이요, 아버지는 多憐君인데, 대대로 주의 木浦에 살고 있었다. 다련군은 沙干 連位의 딸 德交를 아내로

11-31-056 得同甲白雲師 持書來者云 今在羅州興龍寺

막 가지사(迦智寺)[336]를 떠나더니
또 혜종사(惠宗祠)[337]를 받드시네.
득실[338]은 모두 운명에 말미암고
인연은 본래 때가 있다네.
원숭이는 구름 속의 나뭇가지에 걸려 있고
고래는 해 옆에서 물결을 뿜어대리.
분명히[339] 마음을 편안하게 할 곳을
다음에 또 선사에게 물으리라.

纔離迦智寺　　又奉惠宗祠
得失皆由命　　因緣自有時
猿枝雲裏掛　　鯨浪日邊吹

맞아 장화왕후를 낳았다. 장화왕후가 일찍이 꿈을 꾸는데, 바다의 용이 품안으로 들어왔다. 놀라 깨어 부모에게 이야기하니, 모두 이상하게 여겼다. 얼마 안 되어 太祖가 水軍將軍으로 나주에 와 鎭守할 때, 목포에 배를 정박시키고 물위를 바라보니 오색의 구름이 서려 있어서 태조가 그리로 가보니 장화왕후가 빨래를 하고 있었다. 태조가 그 여자를 불러 동침하는데 미천한 신분이라고 임신을 시키지 않으려고 정액을 자리에 쏟았더니 왕후가 곧 빨아 먹었다. 드디어 임신하여 아들을 낳으니 이가 惠宗이다. 얼굴에 자리 무늬가 있으므로 세상에서는 襵主[주름살 임금]라고 하였다. 그 자리에 큰 절을 세워 흥룡사라 하고, 앞에 있는 샘을 浣絲泉이라 하는데 속설에 오씨가 빨래하던 샘이라 한다."라는 전설이 실려 있다.

336) 迦智寺는 전라도 長興에 있는 절인 듯하다.

337) 惠宗祠는 나주의 興龍寺 안에 있던 고려의 제2대 왕인 惠宗을 제사하던 祠堂이다. 『新增東國輿地勝覽』 권35, 「羅州牧」 '祠廟'에 "惠宗祠는 興龍寺 안에 있는데 고을 사람들이 지금까지 제사지낸다.(惠宗祠 在興龍寺中 州人至今祀之)"라는 설명이 있다.

338) 得失은 이익과 손해, 얻음과 잃음이다.

339) 的是는 '분명히', '확실히'를 뜻한다.

的是安心處　　　　　他年更問師

11-31-057 강릉의 김용수가 와서 두 분 최씨가 탈이 없다고[340] 말하다

11-31-057 江陵金龍壽來言兩崔無恙

예국(蘂國)[341]에서 이름이 높아 크고 작음을 가리기 어려운데
꿴 구슬과 쌓인 옥[342]이 삼한(三韓)[343]을 비추네.
한가로워서 담박하니 마음에는 근심이 없고
늙을수록 더욱 건강하니 몸은 절로 편안하네.
오대산(五臺山)[344]에 향불 피우면 형영(形影)[345]이 가볍고
총석정(叢石亭)[346]에서 풍악을 울리면 성정(性情)이 느긋하리.
병든 사람이 부질없이 머리를 돌리면서 홀로 안타까워하는데
어느 날이나 음식을 가지고 가서[347] 둥근 달[348]을 함께 할까?

---

340) 無恙은 탈이 없음, 병이 없음이다.

341) 蘂國은 강원도 江陵의 옛 이름이다.

342) 連珠疊璧은 꿴 구슬과 쌓인 옥이란 뜻으로, 아름다운 詩文을 비유한다. 蘇軾의 七言律詩 〈天竺寺〉(『東坡詩集』 권35)의 頷聯에 "부질없이 꿴 구슬을 노래하고 쌓인 옥을 읊조리는데, 이미 나는 새는 없어지고 놀라운 뱀은 잃어 버렸네.(空詠連珠吟疊璧 已亡飛鳥失驚虵)"라는 대목이 있다. *連珠疊璧은 詩文을, 飛鳥驚虵는 草書를 비유한다.

343) 三韓은 馬韓·辰韓·弁韓, 또는 高句麗·百濟·新羅의 삼국으로 우리나라의 異稱이다.

344) 五臺山은 강원도 平昌·洪川·襄陽에 걸쳐 있는 산이다. 동쪽의 滿月, 남쪽의 麒麟, 북쪽의 象王, 중앙의 智爐 등 다섯 봉우리가 고리처럼 보여서 붙은 이름이다.

345) 形影은 몸과 그림자로 사람의 모습이나 자취를 가리킨다.

346) 叢石亭은 강원도 通川郡 동해 바닷가에 있는 정자로서, 關東八景의 하나이다. 정자의 아래쪽 바다에는 현무암 6각 石柱가 叢立하여 절경을 이루고 있다.

347) 行廚는 집을 나갈 때에 지니는 酒食이다.

348) 玉盤은 옥쟁반으로 둥근 달을 비유한다.

蕊國名高大小難　　連珠疊璧照三韓
閑來淡泊心無悶　　老益强康體自安
香火臺山形影薄　　管絃叢石性情寬
獨憐病客空廻首　　何日行廚共玉盤

11-31-058 한식. 3수
11-31-058 寒食三首

해마다 한식(寒食)[349]이 되면 나그네의 정[350]이 생기는데
아득한 고향[351]에는 푸른 물결이 고요하리.
어찌하면 선산에 참배하고[352] 띳집으로 돌아와서
배꽃이 환하게 빛나는 땅에 취하여 누울까?

寒食年年動客情　　鄕山縹渺碧波平
何當拜掃回茅舍　　醉臥梨花照地明

정릉(正陵)[353]과 광암사(光岩寺)[354] 골짜기에 봄이 몇 번째인가?
온 나라[355] 사람들이 달려가느라고 길에 먼지가 일어나리.

---

349) 寒食은 節氣의 하나로 冬至가 지난 뒤에 105일째 되는 날인데, 양력으로는 4월 5·6일 쯤에 들며, 그 전일에 나라에서는 宗廟와 陵園에 祭享을 올리고 민간에서는 조상의 무덤에 제사를 지냈다.
350) 客情은 客地에서 느끼는 懷抱이다.
351) 鄕山은 故鄕의 산인데, 흔히 고향을 가리킨다.
352) 拜掃는 掃墳과 같은 말로 조상의 무덤에 參拜함이다.
353) 正陵은 恭愍王의 妃인 魯國大長公主의 陵으로, 공민왕의 능인 玄陵과 나란히 開豊郡 海仙里의 鳳鳴山 기슭에 있다. 공민왕 14년(1365) 조성되었고, 이듬해에 王輪寺 남쪽에 影殿을 건립하였다.
354) 光岩寺는 開城의 鳳鳴山에 있던 절로 雲巖寺·廣通普濟禪寺라고도 하는데, 恭愍王의 陵인 玄陵을 모신 뒤로 현릉의 冥福을 비는 願刹이 되었다.
355) 闔國은 온 나라이다.

문득 두 무덤의 공역(功役)은 삽시간에 끝났지만
이제까지 함께 말을 타고 간 것은 서쪽 이웃[356]뿐이네.

正陵岩谷幾番春　　闔國奔馳路起塵
忽見雙墳功役畢　　至今聯騎獨西隣

비가 지나간 동쪽 교외에 물소리가 맑은데[357]
앓은 뒤에 나는 오히려 답청(踏靑)[358]을 좋아하네.
만약 나를 부르는 사람이 있으면 나는 문득 가서
긴 술병을 가지고 가서 취하면 곧 드러누우리.

東郊雨過水泠泠　　病後吾猶喜踏靑
如有喚吾吾便去　　醉來卽臥伴長甁

11-31-059 서신을 받고 한동년[359]에게 답하다
11-31-059 得書答韓同年

오랫동안 소식이 없어 더욱 서로 그리워하더니
또 동풍이 호탕하게 부는 때가 되었네.
단체를 만들어[360] 성대한 모임을 열자고 스스로 말하니
그대가 늘그막에도 완전히 미련하지는 않음을 기꺼워하네.

---

356) 西隣은 서쪽에 사는 이웃으로, 柳巷 韓脩를 가리킨다.
357) 泠泠은 물·바람의 맑은 소리, 또는 맑거나 선선한 모양이다.
358) 踏靑은 옛날 중국에서 청명절에 교외를 거닐며 자연을 즐기던 일을 가리키는데, 후대에는 봄에 파릇파릇한 풀을 밟으면서 거니는 것을 지칭하기도 하였다.
359) 韓同年은 목은의 監試 동년인 韓弘을 가리키는 듯하다.
360) 結社는 단체를 조직하는 것인데, 여기에서는 監試의 同年 모임을 가리키는 듯하다.

久無音信倍相思　又是東風浩蕩時
結社自言開盛會　喜公垂老不全癡

11-31-060 면양부[361]에서 쌀 실은 배가 이르렀기에 기뻐서 기록하는데, 앞서 잘못된 말이 떠돌았기 때문이다
11-31-060 沔陽府米船至 喜而志之 先有訛言故也

남쪽에서 먼 바닷길에 배로 쌀을 보냈는데
밤새도록 광풍(狂風)[362]은 산을 찢으려 하였으리.
하물며 잘못된 말이 한 번 귀에 들렸음에랴?
어찌 깊은 탄식[363]이 아홉 번 창자를 비틀지[364] 않으리요?
부지해 준 은혜는 신명의 힘에서 나왔는데
기뻐서 날뛰는 감정은 짧은 글로 형용하였다네.
어느 날이나 섬나라 오랑캐를 다 없애서[365]
앉아서 사방의 땅에서 두루 농사짓고 누에치도록 할까?

南船送米海天長　一夜顚風欲裂岡
況有訛言一經耳　豈辭沈嘆九回腸
扶持惠出神明力　喜躍情形短小章
何日島夷禽獮了　坐令四境遍農桑

11-31-061 유항과 함께 광암사[366]에 가서 능[367]을 참배하고 들

361) 沔陽은 충청도 당진군 沔川面의 옛 이름이다.
362) 顚風은 暴風, 狂風이다.
363) 沈嘆은 깊은 탄식이다.
364) 九回(廻)腸은 창자가 아홉 번 비틀릴 정도로 몸부림치며 괴로워하는 것이다.
365) 禽(擒)獮는 잡아서 죽이는 것이다.
366) 光岩寺는 開城의 鳳鳴山에 있던 절로 雲巖寺·廣通普濟禪寺라고도 하는데, 恭愍

어가서 장로를 뵈니 음식을 베풀었다. 두 박공[368]이 비음[369]의 일로 먼저 와서 있고, 문생인 노상[370]의 아들들이 술을 가지고 와서 국청사[371]에서 맞이하였다. 집에 돌아와서 읊다

11-31-061 **同柳巷詣光岩拜陵 入謁長老設食 兩朴公以碑陰事先在 門生盧相兒子輩 携酒迓于國淸寺 旣歸吟成**

쓸쓸한 광암사(光岩寺)의 골짜기의 문으로 들어가니
점점 소나무 그늘에 낀 기다란 푸른 이끼가 보이네.
해마다 새해에 함께 한 번 참배하였는데
올해에는 한식(寒食)에 비로소 함께 모시었네.
비음(碑陰)을 새기지 못하여 공은 아직 근심하는데
해 그림자가 기울려고 하여 나는 돌아가려 하네.
방장(方丈)[372]의 진귀한 음식[373]은 참으로 옛 맛인데
돌아오는 길에 또 술이 가득한 술잔을 만났네.

王의 陵인 玄陵을 모신 뒤로 현릉의 冥福을 비는 願刹이 되었다.

367) 陵은 恭愍王의 능인 玄陵이다.

368) 兩朴公은 廣通普濟禪寺〔光岩寺〕의 공사 감독관이었던 陟山君 朴元鏡과 密陽君 朴成亮을 가리킨다.

369) 碑陰은 비석의 뒷면, 또는 거기에 쓴 글을 말한다.

370) 盧相(湘)은 고려 말의 문신으로, 생평이 자세하지 않으나, 이 시에서 그가 목은의 문생임을 알 수 있고, 『高麗史』에는 恭讓王 4년(1392)에 盧湘을 持平에 임명했다는 기사가 있다.

371) 國淸寺는 경기도 開豊郡에 있던 절이다. 고려 宣宗 6년(1189) 仁睿太后의 願에 의해 지은 天台宗의 큰 절인데, 고려 말에 건물은 불타 없어지고 터만 개성에 남아 있다.

372) 方丈은 원래 절을 뜻하는 말이었는데, 뒤에는 절의 長老·住持가 거처하는 곳, 또는 寺院·道觀의 주지를 가리킨다.

373) 珎(珍)羞는 진귀한 음식, 맛있는 음식이다.

光岩寂寂洞門開　漸見松陰長綠苔
每歲新年同一拜　今年寒食始相陪
碑陰未刻公猶歉　日影將斜我欲回
方丈珎羞眞舊味　歸途又見酒盈杯

*이 행차는 크게 쓸쓸하지 않았다
*此行不甚蕭索

11-31-062 몸이 피곤하여
11-31-062 身困

종일토록 만나서 논 뒤에 꽤 한가로워지니
문득 사지가 시리고 아픈 것이 서로 관련이 있네.
오랜 즐거움은 옛날부터 적음을 분명히 알거니와
쇠잔한 삶이 이제 점점 어려워짐을 매우 한스러워하네.
자욱한[374] 바람에 이는 먼지로 붉은 거리[375]는 희미하고
어여쁜[376] 구름이 낀 날의 달빛은 푸른 산에 가득하네.
갓을 걸어 놓고[377] 떠나려는 것은 다른 뜻이 아니라
우[378]·직[379]도 처지를 바꾸면 도리어 안회[380] 같기 때문이네.[381]

---

374) 漠漠은 빽빽이 깔린 모양, 짙은 모양, 자욱한 모양, 드넓게 아득한 모양이다.
375) 紫陌은 都城의 郊外의 길, 또는 도성의 거리이다.
376) 娟娟은 어여쁜 모양, 산뜻하고 고운 모양이다.
377) 掛冠은 갓을 벗어서 걸어 놓는 것으로 벼슬을 내놓는 것, 즉 辭職을 비유한다.
378) 禹는 중국 夏나라의 始祖라고 전해지는 전설상의 인물이다. 堯舜時代에 대규모의 治水事業에 성공하여 인심을 얻고, 舜으로부터 왕위를 이어받아 모든 제도를 세워 夏王朝의 창시자가 되었다고 한다. 堯·舜·湯·武와 함께 聖人으로 일컬어져 온다.
379) 稷은 后稷을 가리키는데, 중국 전설상의 周나라의 건설자이다. 그는 어머니가 거인의 발자국을 밟고 태어났다고 하는데, 農業을 다스리는 신으로 숭배되었다.
380) 顔回는 春秋時代 말기 魯나라의 학자로 字는 子淵이며, 孔子의 제자로서 十哲 가

一日遨遊剩得閑　　四支酸痛忽相關
明知長樂古來少　　稍恨殘生今漸艱
漠漠風塵迷紫陌　　娟娟雲月滿青山
掛冠欲去非他意　　禹稷還同易地顏

11-31-063 정종지[382]가 찾아왔기에 대신 짓다. 3수
11-31-063 鄭宗之見訪 代作三首

한 필 말로 종군(從軍)하러[383] 북방에 갔다가
돌아오니 봉화(烽火)가 고향을 비추네.
침상에서 가지는 끝없는 생각을 누가 알겠는가?
빗방울은 점점 빈 섬돌에 떨어지고 밤은 더욱 길어지네.

운데 으뜸으로 꼽히는데 安貧樂道한 일과 德行으로 이름이 높았다.

381) 이 구절은 『孟子』「離婁 下」의 다음 대목을 변용한 것이다. 禹와 稷이 세상을 편안하게 하려는 때에 세 번 자기 집 문 앞을 지나면서도 들어가지 않았는데 공자께서 그들을 어질게 여기셨다. 顏子는 난세를 당하여 더러운 골목에 살면서 한 그릇의 밥과 한 바가지의 물을 마셨는데, 사람들이 그 근심스러움을 견디지 못하지마는 안자가 그 즐거움을 고치지 않으니 공자께서 그를 어질게 여기셨다. 맹자께서 말씀하시기를, "우와 직과 안회의 도는 같은 것이다. 우는 천하에서 물에 빠진 자가 있으면 자기가 빠지게 한 것처럼 여기셨고, 직은 천하에 굶주린 자가 있으면 자기가 굶주리게 한 것처럼 여기셨기 때문에, 그래서 이처럼 급하게 하신 것이다. 우와 직과 안자가 처지를 바꾸면 다 그렇게 할 것이다."라고 하였다.(禹稷當平世 三過其門而不入 孔子賢之 顏子當難世 居於陋巷 一簞食一瓢飮 人不堪其憂 顏子不改其樂 孔子賢之 孟子曰 禹稷顏回同道 禹思天下有溺者 由己溺之也 稷思天下有饑者 由己饑之也 是以如是其急也 禹稷顏子 易地則皆然)

382) 宗之는 여말선초의 문신·학자인 鄭道傳(1337~1398)의 字이다. 호는 三峰이고 본관은 奉化이다. 云敬의 아들로 恭愍王 11년(1362)에 문과에 급제, 忠州司祿·通禮門祗候 등을 역임했다. 李成桂의 천거로 成均館大司成에 올라 이성계의 右翼으로 전제개혁을 단행하도록 건의하였고, 불교를 배척하고 구세력을 탄핵하여 조선건국의 기틀을 다졌다.

383) 從戎은 병역에 복무하는 것이다.

匹馬從戎向朔方　　歸來烽火照家鄕
誰知枕上無窮意　　雨滴空階夜更長

강호에서 떠돈[384] 지 이미 십년인데
조정의 벗들은 그릇되게도 가엾게 여겼다네.
구괘(九卦)[385]의 삼진(三陳)[386]으로 분명히 대처하는데
또 무슨 마음이 있어서 감히 하늘을 원망하리요?

流落江湖已十年　　朝中親舊枉相怜
明明九卦三陳處　　更有何心敢怨天

선친[387]께서는 날카로운 말솜씨[388]로 금세 분란을 해결하시니
한 시대의 호걸들이 은근히 치하하였네.
나는 이제 입을 열면 도리어 비방을 초래하니
운명 탓인지 시절 탓인지 매우 부끄럽다네.

---

384) 流落은 타향에서 떠돌아다니는 것, 즉 타향살이이다.

385) 九卦는『周易』「繫辭傳 下」에서 설명하고 있는 9개의 卦, 즉 履·謙·復·恒·損·益·困·井·巽卦를 가리킨다. 宋나라 董楷의『周易傳義』附錄에 "이 장은 九卦를 세 가지로 진술하여 憂患에 대처하는 道를 밝히고 있다.(三陳九卦 以明處憂患之道)"라는 해설이 붙어 있다.

386) 三陳은 세 가지를 진술함인데, 여기에서는『周易』「繫辭傳 下」에서 九卦[履·謙·復·恒·損·益·困·井·巽]의 卦名과 體와 用을 진술한 것을 뜻한다.

387) 先子는 先親으로, 鄭道傳의 부친인 鄭云敬(1305~1366)을 가리킨다. 고려 말의 문신으로, 본관은 奉化이다. 1330년 禮部試에 급제하여 尙州司錄· 知密城郡事를 지냈다. 지밀성군사로 있을 때, 재상 趙永暉가 밀성인에게 대여하였던 布의 징수를 종용하였으나 거절하였고, 福州判官으로 있을 때는 송사를 잘 처리하였으며, 1346년 書狀官으로 燕京에 다녀왔다. 그 뒤 寶文閣知製敎·典法摠郞을 지내고, 恭愍王 5년(1356) 병부시랑에 올라 무반의 銓選을 관장하였고, 1363년 檢校密直堤學에 제수되었으나 사퇴하였다. 私諡는 廉義.

388) 談鋒은 담화의 鋒芒, 날카로운 말솜씨이다.

先子談鋒立解紛　　一時豪傑致慇懃
我今開口翻招謗　　命也時耶愧十分

11-31-064 주상 전하께서 남쪽 교외에서 사냥을 구경하시는 때를 맞았지만 병 때문에 몸소 모실 길이 없기에 슬퍼져서 1수를 읊다

11-31-064 伏値 主上殿下觀獵南郊 病躬末由陪侍 悵然吟成一首

천지가 신령스러운 성상(聖上)을 도우니
나라가 태평시절을 만나네.
사냥[389]을 익히지 않으면
어찌 군비(軍備)[390]를 마련할 수 있으랴?[391]
가랑비는 젖지 않을 만큼 뿌리는데
화창한 바람은 또 가볍게 부네.
병든 신하는 종사하는 일이 없으니
안온하게 앉아서 흐리고 갬이나 생각하네.

天地扶神聖　　邦家屬大平
非因講田獵　　何以詰戎兵
微雨灑不濕　　和風吹更輕
病臣無所執　　安坐念陰晴

389) 田獵은 狩獵, 사냥이다.
390) 戎兵은 軍隊와 兵器이다.
391) 詰戎兵은 군대와 병기를 다스리는 것이다. 『書經』 「周書」 '立政'에 "그 능히 戎兵을 다스림으로써 禹임금의 자취에 오른다.(其克詰爾戎兵 以陟禹之迹)라는 구절이 있다.

11-31-065 정원재[392]를 찾아가서 취하여 돌아오다
11-31-065 訪鄭圓齋醉歸

원재(圓齋)는 재상을 그만두고 나서 군(君)에 봉해졌거니와[393]
물처럼 흐르는 세월은 다시 돌아오지 않는다네.
스스로 겨자와 바늘[394] 같음을 믿으면서도 깊은 교정은 있는데
홀로 술통을 가지고 오니 좋은 회포가 열리네.
살구꽃은 난간 앞에서 비에 망울을 터뜨리고
대나무 빛은 섬돌 위에서 이끼와 서로 침범하네.
다만 동년(同年)이 이미 거의 없어진 것을 한탄하나니
또 모름지기 죽은 사람[395]을 위해 술잔을 연달아 들어야 하리.

圓齋罷相受封來　　歲月如流不再回
自信芥針深契在　　獨携樽酒好懷開
杏花欲吐檻前雨　　竹色相侵階上苔
只恨同年已無幾　　更須連擧古人杯

11-31-066 이날 두 한씨[396]가 그 자리에 있었다
11-31-066 是日 兩韓在席

---

392) 圓齋는 고려 말의 문신 鄭樞(1333~1382)의 號이다.
393) 被封은 君에 봉해지는 것인데, 鄭樞는 禑王 초에 淸城君에 봉해졌다.
394) 針芥相隨는 針芥相投·針芥相契·針芥之合과 같은 말로 磁石이 바늘을 끌어들이고 호박에 겨자가 잘 붙는 것처럼 서로 잘 따름을 말한다.
395) 古(故)人은 죽은 사람인데, 여기에서는 죽은 同年을 가리킨다.
396) 兩韓은 두 韓氏라는 뜻인데, 이 두 사람이 牧隱을 宗伯이라고 부른다고 하였으므로 목은의 부친인 李穀의 문생일 것이므로, 한 명은 韓脩(1333~1384))이고 다른 한 명은 韓蕆(1325~?)인 듯하다.

두 한씨(韓氏)는 나를 종백(宗伯)[397]이라고 부르는데
예의를 갖춤[398]과 친밀한 정이 뭇 사람과 다르네.
선군(先君)[399]의 남은 은택이 남아 있을 줄 누가 알았으랴?
세간에서는 모두 흰 머리가 되도록 사귀어도 서먹서먹하다네.[400]

兩韓呼我爲宗伯　　禮數情親異衆人
誰識先君餘澤在　　世間皆是白頭新

11-31-067 증각사[401]에 가는 길에
11-31-067 證覺途中

말 앞의 산 빛이 어둡다가 또 밝아짐은
천공(天公)[402]이 비를 내리게 하려다 또 개게 하기 때문이네.
응당 시련(詩聯)을 짓는 데는 신의 도움이 있어
붓 끝으로 적으면 매우 청아(淸雅)하리.

馬頭山色晦還明　　欲雨天公又欲晴
應爲詩聯作神助　　筆端模寫十分淸

---

397) 宗伯은 고려시대의 과거 급제자가 그 시험관의 아들을 공경하여 이르는 말이다.
398) 禮數는 신분에 맞추어 예의를 갖추는 것이다.
399) 先君은 先考, 先親과 같은 말인데, 여기에서는 李穡의 부친 李穀을 가리킨다.
400) 白頭新은 白頭如新의 준말인데, 머리가 셀 때까지 사귀어도 서로 이해하지 못하면 처음 사귄 사람처럼 서먹서먹하다는 뜻이다. 『文選』에 실린 鄒陽의 〈獄中上書自明〉에 "속담에 '머리가 세도록 사귀어도 처음 만난 사람처럼 서먹서먹한 경우가 있고, 수레를 세우고 처음 만나도 오랜 친구와 같은 경우가 있다.'라는 말이 있다고 한다. 왜냐하면 알아 주고 알아 주지 않음 때문이다.(語曰 白頭如新 傾蓋如故 何則 知與不知也)"라는 대목이 있다.
401) 證覺寺는 경기도 長湍郡 寶鳳山의 華藏寺 위에 있던 절이다.
402) 天公은 하늘의 擬人化한 표현으로서 하느님, 조물주이다.

11-31-068 돌아오는 길에. 1수
11-31-068 歸途 一首

요리하는 사람들이 끊임없이[403] 도성(都城)으로 들어오는데
며칠 동안 행궁(行宮)에서 사냥을 마치고 돌아옴이네.
자허(子虛)와 오유(烏有)[404]의 부(賦)를 바치고 싶지만
거칠고 딱딱해진 늙은이라 재주가 없음[405]을 부끄러워하네.
밤비가 거실의 장막[406]에 스며듦을 싫어하지는 않지만
봄추위가 술잔에 근접함을 어찌 방치하리요?
동문[407]에서 어가(御駕)를 맞으려고 한창 고니처럼 서 있노라니[408]
엷은 구름과 지는 햇볕에 물은 돌면서 흐르네.[409]

廚人絡繹入城來　　數日行宮獵罷回
欲獻子虛烏有賦　　白頭荒澁愧非才
不嫌夜雨侵廬帳　　肯放春寒近酒杯
迓駕東門方鵠立　　淡雲殘照水洄洄

11-31-069 동정[410]이 술자리에 초대하다

403) 絡繹은 끊이지 않는 모양이다.
404) 子虛와 烏有(先生)는 亡是公과 함께 漢나라 司馬相如의 〈子虛賦〉에 등장하는 인물로서, 모두 실재하지 않는 가상적 인물들이다. 〈자허부〉는 諸侯의 遊獵에 대한 讚美와 諷諫을 담은 작품이다.
405) 非才는 不才·無能과 같은 말로, 재주가 일을 감당하기 어려움을 가리킨다.
406) 廬帳은 거실로 삼고 있는 장막이다.
407) 東門은 開京의 동쪽에 있던 宣仁門을 가리키는데, 양주·전주·나주로 통하는 문이었다.
408) 鵠立은 고니처럼 목을 늘이고 서는 것으로, 蘇軾의 시 〈催試官考較戲作〉에 "원컨대 그대는 이를 듣고 납촉을 더 태우시라, 문 밖에는 백포들이 고니처럼 서 있다네.(願君聞此添蠟燭 門外白袍如立鵠)"라는 연이 있다.
409) 洄洄는 물이 돌면서 흐르는 모양이다.

11-31-069 東亭招飮

남쪽 교외로 어가를 호종하여 사냥을 마치고 돌아오니
말라 버린 폐부(肺腑)를 적심에는 큰 술잔[411]이 있다네.
늙은이는 실컷 마시며 근심스러운 창자[412]를 윤택하게 하는데
먼 데서 온 손님은 큰 소리로 노래하여 웃는 입을 벌리네. *먼 데서 온 손님은 이민도를 가리킨다
수많은 나무들은 마치 좋은 일이 있는 듯이 기뻐하고[413]
샛바람은 또 서로 재촉하며 거세게 부네.[414]
꽃이 핀 시절에 다시 붉은 치마[415]를 입은 이에게 취하니
흘러가는 빛[416]에 보답할 재주 없음을 부끄러워하네.

扈駕南郊獵罷回　灌來生肺有深杯
老夫劇飮愁腸潤　遠客高歌笑口開 *遠客 指李敏道
萬木欣欣如有喜　東風蕩蕩又相催
花時更著紅裙醉　報答流光愧不才

11-31-070 동당시[417]의 지공거[418]로 흥녕군[419] 안공과 판개

410) 東亭은 고려 말의 문신 廉興邦(?~1388)의 호이다.
411) 深杯는 춤이 깊고 큼직한 술잔이다.
412) 愁腸은 근심스러운 마음이다.
413) 欣欣은 기뻐하는 모양이다.
414) 蕩蕩은 물이나 바람 등이 거세게 흐르는 모양이다.
415) 紅裙은 붉은 치마로 기녀를 가리킨다. 唐나라 韓愈의 五言古詩 〈醉贈張祕書〉에 "장안에는 부잣집 아이들이 많아, 소반에 양고기와 훈채를 벌려 놓네. 글을 지으면서 마실 줄을 알지 못하고, 다만 붉은 치마 입은 기생에 취하기만 한다네.(長安衆富兒 盤饌羅羶葷 不解文字飮 惟能醉紅裙)라는 대목이 있다.
416) 流光은 흐르는 빛으로 세월을 가리킨다.
417) 東堂試는 고려의 文科인 禮部試의 별칭인데, 禮部의 주관으로 대궐의 便殿 동쪽에 있는 東堂에서 과거시험을 보였으므로 생긴 말이다. 禮闈・春官試・春闈・春

성[420] 윤공, 성균시원[421]으로는 이숭인[422]을 낙점한다는 문서가 내려왔다는데, 색이 듣고서 주란[423]으로 곧 집에 가서 하례하지 못하지만 정을 그만둘 수 없어서 읊다. 4수

11-31-070 **東堂知貢擧興寧君安公 判開城尹公 成均試員李崇仁落點狀下 穡聞之 以酒困不卽造門致賀 情不能已 吟成四首**

열일곱 살[424]에 기예를 다투는 과장(科場)을 마음대로 다니면서
한 해에 연달아 합격하고 조정의 반열[425]에 드셨네.

墻 등으로도 불리었고, 武科가 없었던 탓에 文科·文闈라는 말은 드물게 사용되었다.

418) 知貢擧는 고려와 조선 초에 文科의 시험을 맡아 주관하던 試官이다. 光宗 9년 雙冀로 지공거를 삼은 것이 시초인데, 동왕 23년부터 同知貢擧 1인을 더 두어 계속 시행하다가 조선 태종 13년에 폐하였다. 都考試官, 考試官으로 부른 적도 있었다.

419) 興寧은 府院君에 봉해진 고려 말기의 문신 安宗源(1325~1394)의 封號이다.

420) 判開城은 判開城府尹, 判開城府事의 준말인데, 고려시대 개성부의 으뜸 벼슬로서 품계는 종2품이었는데, 여기에서는 禑王 8년(1382)의 禮部試에서 同知貢擧를 맡았던 尹珍(1332?~?)을 가리킨다. 그는 1386년 찬성사로서 밀직부사 李希蕃과 함께 明나라에 사신으로 파견되어 세공을 감소시켜준 데 대하여 사례하였으며, 1388년 문하찬성사가 되었다.

421) 成均試員은 成均館試〔國子監試·司馬試〕의 試官이다.

422) 李崇仁(1347~1392)은 고려 말의 문신으로 자는 子安, 호는 陶隱, 본관은 星州, 星山君 元具의 아들이다. 공민왕 9년(1360)에 감시에 급제하고, 11년에 병과로 급제한 뒤 進德博士가 되어 성리학 교육에 힘썼다. 우왕 초 북원의 사신을 돌려보내라고 주청하였다가 유배되었으며, 해배된 뒤 右諫議大夫·密直提學을 거쳐 簽書密直司事가 되어 李穡 등과 함께 명나라에 사신으로 다녀왔다. 귀국 후 탄핵당하여 유배되었고, 1392년에 정몽주의 일당으로 몰려 다시 유배되었으며, 조선조 개국 후에 杖流刑에 처해졌으나 그를 미워한 鄭道傳이 보낸 黃居正에게 살해당하였다.

423) 酒困은 酒亂과 같은 말로 술이 과하여 마음이 어지러움이다.

424) 17세는 1341년에 金光轍가 주관한 司馬試에 급제하였을 때의 安宗源의 나이이다. 목은도 함께 급제했는데 목은은 당시의 나이가 14세였다.

425) 朝行은 朝列·朝班으로, 朝廷의 班列이다.

시과(詩科)[426]에서 가장 어렸던 나는 이제 늙었거니와
비로소 문위(文闈)[427]를 관장하는데 두 뺨이 빛나시네.

十七橫行戰藝場　　一年連中入朝行
詩科最少吾今老　　始掌文闈兩頰光

열세 살[428]에 과거에 응시하여[429] 이미 사람을 놀라게 하더니
널리 알아서[430] 이제는 더욱 절륜해졌네.
오순(五旬)이 넘자말자 공사(貢士)[431]를 맡으시니
한 시대의 풍채가 신하들을 비추네.

十三射策已驚人　　博洽如今更絶倫
才過五旬司貢士　　一時風采照臣隣

열네 살[432]에 진사과(進士科)[433]에 등제하여
문장은 곧장 은하수를 끌어당기려 하였네.[434]

---

426) 詩科는 司馬試의 다른 명칭으로 5언 배율로 시험하였기 때문에 쓰인 말이며, 百字科로도 불리었다.
427) 文闈는 고려시대의 禮部試인 東堂試의 別稱으로 文科 또는 大科라고도 한다.
428) 열세 살은 우왕 8년(1382)의 東堂試에서 同知貢擧를 맡은 尹珍이 監試에 급제했을 때의 나이인 듯하다.
429) 射策은 漢代의 選士方法의 하나로, 難問疑義를 策에 적어 놓고 그 등급에 따라 갑과・을과라고 적어서 늘어 놓고 응시자가 능력에 맞는 것을 활로 쏘아 해석하게 하여 우열을 정하던 방식인데, 여기서는 과거시험을 말한다.
430) 博洽은 널리 알아서 사물에 막힌 것이 없음을 말한다.
431) 貢士는 지방에서 중앙으로 뽑아 보내는 급제자나 천거하는 인재인데, 여기에서는 과거에 응시하는 선비를 가리킨다.
432) 열네 살은 우왕 8년(1382)의 監試에서 試員을 맡은 이숭인(1347~1392)이 공민왕 9년(1360)에 감시에 급제했을 때의 나이이다.
433) 進士科는 고려시대에 실시되었던 國子監試의 별칭이다.
434) 挽天河는 은하수를 끌어당긴다는 뜻인데, 杜甫 시 〈洗兵行〉에 "어찌하면 장사를

다행히 지금 국대부인(國大夫人)[435]께서 생존해 계시니
대청 앞에서 헌수(獻壽)하는 노래를 함께 들으시리.

十四初登進士科　　　文章直欲挽天河
幸今國大夫人在　　　共聽堂前獻壽歌

사문(斯文)[436]의 성대한 일이 태평한 시절[437]를 빛내는데
좌주(座主)[438]들은 금년에 또 인재를 얻으시리.[439]
쇠약한 몸을 버티면서 하객으로 매우 참여하고 싶지만
다만 시중(侍中)의 깔개에 취하여 토할[440] 것을 근심하네.

얻어 은하수를 끌어와서, 갑병을 깨끗이 씻어 길이 쓰지 않게 할까?(安得壯士挽天河 淨洗甲兵長不用)"라는 연이 있다.

435) 國大夫人은 고려시대에 外命婦에게 주어진 封爵으로 文宗 때 정3품으로 정해졌는데, 여기에서는 李崇仁의 모친을 가리킨다.

436) 斯文은 이 학문, 즉 儒學을 뜻하며, 선비를 가리키기도 한다.

437) 昌辰은 盛世이다.

438) 座主는 고려시대에 과거에 급제한 사람이 시험관을 높여서 부르던 말이다.

439) 得人은 德과 재주를 겸비한 인재를 얻음이다. 『論語』「雍也」에는 武城의 邑宰가 된 子游에게 공자가 "너는 人材를 얻었느냐?"라고 물으니, 자유가 "담대멸명이라는 사람이 있는데 이 사람은 행동이 구차하지 않으며, 공무가 아니면 제 방에 온 일이 없습니다."라고 답한 대목(子游爲武城宰 子曰 女得人焉耳乎 曰有澹臺滅明者 行不由徑 非公事 未嘗至於偃之室也)이 있다.

440) 醉吐는 술이 취하여 토하는 것이고, 醉吐茵은 술이 취하여 높은 사람의 자리에 취하여 토하는 것이다. 『漢書』〈魏相丙吉傳〉에 다음과 같은 고사가 있다. 병길의 마부는 술을 좋아하여 자주 할 일을 잊고 제멋대로 놀았다. 일찍이 병길을 따라 출타하였다가 취하여 승상의 수레 위에 토하였다. 西曹[승상부의 인사 관리를 담당하는 부서]를 주관하는 관리가 그를 내쫓자고 아뢰자, 병길은 "술에 취해 실수했다고 선비를 버린다면 이 사람은 장차 어디에서 받아들여지겠는가? 서조에서 참기 바란다. 이것은 승상의 수레 깔개를 더럽힌 데 지나지 않을 뿐이다."라고 하고 끝내 내치지 않았다고 한다.(吉馭吏耆酒 數逋蕩 嘗從吉出 醉嘔丞相車上 西曹主吏 白欲斥之 吉曰 以醉飽之失去士 使此人將復何所容 西曹地忍之 此不過汙丞相車茵耳 遂不去也)

斯文盛事耀昌辰　　座主今年又得人
甚欲扶衰參賀客　　唯愁醉吐侍中茵

11-31-071 느낌이 있어
11-31-071 有感

아득한 천지 속에는
정연한[441] 위의(威儀)가 있네.
해와 달은 황도(黃道)[442]를 돌고
뭇 별들은 자미(紫微)[443]를 받드네.
부평(浮萍)은 물결 따라 떠서 움직이는데
버들개지는 바람을 좇아 떨어지며 나네.
누구의 힘으로 가지런하게 하랴?
돌아갈 사람은 마땅히 일찍 돌아가야 하리.

茫茫天地內　　秩秩有威儀
日月循黃道　　星辰拱紫微
萍浮隨水動　　絮落逐風飛
整頓知誰力　　歸人宜早歸

11-31-072 개경으로 돌아온 밀성[444]의 두 박선생을 찾아가다 (4수)

441) 秩秩은 질서 정연한 모양이다.
442) 黃道는 지구가 태양을 도는 軌道이다.
443) 紫微는 北斗星의 북쪽에 위치하는 성좌로서 天帝가 거처하는 곳이라 한다. 그래서 대궐이라는 의미로 쓰인다.
444) 密城은 경상도 密陽의 옛 이름이다.

11-31-072 訪密城兩朴先生還京

달빛이 몽롱한[445] 벽도화(碧桃花)[446] 밑에서
긴 가지를 다투어 잡아당기자 눈이 술잔에 뿌려졌다네.[447]
당시에 함께 노닐던 사람이 몇이나 남아 있는가?
그림자를 데리고 다시 문을 두드림을 스스로 가여워하네.

碧桃花下月黃昏　　　爭挽長條雪洒樽
當日同遊幾人在　　　自怜携影更敲門

살짝이 희끗해져서[448] 바닷가에서 돌아오시는데
갈매기와 함께 몸과 마음이 함께 펄펄 날았으리.[449]
뜰의 꽃과 나무는 새로 심은 게 많지만
다만 큰 소나무만이 홀로 늦게 시든다네.[450]

海上歸來鬢二毛　　　沙鷗身世共飄飄
園中花木多新種　　　只有長松獨後凋

445) 月黃昏은 달이 질 무렵의 누르고 어두운 모습, 즉 몽롱한 달의 모습을 나타내는 말이다.

446) 碧桃는 복숭아나무의 일종으로 千葉의 희고 아름다운 꽃이 피는 관상용 식물이며, 열매는 매우 작은데 먹지는 못한다.

447) 이 구절은 소식의 시 〈月夜與客飮酒杏花下〉(『東坡詩集』 권10)의 “꽃 사이에 술상을 차리니 맑은 향기 피어나고, 다투어 긴 가지를 잡아당기니 향기로운 눈이 떨어지네.(花間置酒清香發 争挽長條落香雪)”라는 연의 下句를 변용한 것이다.

448) 二毛는 斑白의 머리, 또는 斑白이 되는 나이의 노인이다.

449) 飄飄는 나부끼는 모양이다.

450) 後凋(彫)는 소나무와 잣나무는 날이 추워지고 난 뒤에 시든다는 뜻으로, 진면목을 알기 위해서는 시련을 겪어 보아야 함을 비유한다. 『論語』 「子罕」의 “날씨가 추워진 다음에야 소나무와 잣나무가 늦게 시듦을 안다.(歲寒然後 知松栢之後彫也)”라는 구절에서 유래한 말이다.

절[451]에는 긴 시내가 섬돌을 감싸고 흐르기에
주인은 영남(嶺南)에서 놀기를 특히 사랑하였다네.
돌아오니 친구[452]들은 전 날과 달라져서
나도 이제 머리가 하얗다네.

黑寺長溪遶砌流　　主人偏愛嶺南遊
歸來故舊非前日　　年少吾今亦白頭

앓는 가운데 한가롭게 살며 왕래를 끊는데
산빛은 창에 가득하고 이끼는 뜰에 가득하네.
모습은 모두 바뀌었지만 가난은 옛날과 같으니
다만 새 시로 술잔을 대신하네.

病裏閑居絶往來　　滿牕山色滿庭苔
形容改盡貧如舊　　只把新詩當酒杯

11-31-073 윤달[453] 스무나흗날에 광평시중[454]이 기로회[455]의 여러 분을 초청하여 흥국리[456]의 댁에서 잔치를 베풀었는데

451) 黑寺는 검은 지붕의 절이라는 뜻으로 절을 가리킨다. 『四庫全書』 史部, 地理類의 『欽定日下舊聞考』 卷107에 따르면 중국에서 청나라 초기에 慈度寺를 功德林의 동북쪽에 세우고 그 절을 黑寺라고 부른 것은 雙黃寺와 함께 라마승이 거주하고 지붕을 푸른 기와로 덮었기 때문이라고 한다.(臣等謹按 慈度寺建於本朝初年 在功德林之東北隅俗 名黑寺 以其與雙黃寺 同為喇嘛所居此 覆以青瓦 故有是稱)

452) 故舊는 옛 친구이다.

453) 閏月은 윤달로서, 윤이월을 가리킨다.

454) 廣平侍中은 廣平府院君 李仁任(?~1388)을 가리킨다.

455) 耆老會는 나이가 일흔이 넘어 벼슬에서 물러난 정이품 이상의 문관들이 친목을 도모하기 위하여 조직한 모임을 말한다.

456) 興國里는 開城의 滿月洞에 있던 興國寺 근처의 마을인 듯하다.

저녁에 돌아와서 높은 소리로 읊조리다

11-31-073 閏月廿又四日 廣平侍中 請耆老諸公 設讌于興國里第 晩歸高詠

곡성(曲城)[457]과 칠원(漆原)[458]은 연세가 가장 높고
광평(廣平)과 철성(鐵城)[459]은 이제 머리가 희어졌네.
네 분 시중(侍中)[460]은 삼달존(三達尊)[461]이고
모든 원로들은 훌륭하여[462] 모두 사람 중의 호걸이시네.
비단 휘장과 수놓은 장막에다 비단 병풍을 펼쳤는데
집[463]은 높다랗고 금화로에서는 향기가 피어오르네.
바람이 불지 않는 맑은 날에 한낮이 긴데
풍악소리가 가끔 일면 노랫소리 드높아지네.
중관(中官)[464]이 임금님이 하사하시는 술을 가져오니
황금 술잔에 포도주가 넘실거리네.
배례하고 마시는 여러 분들에게 기쁜 빛이 있고
화락한 모습[465]은 꼭 봄날의 누대[466]에 오른 듯하네.

---

457) 曲城은 曲城府院君 廉悌臣(1304~1382)의 封號이다.
458) 漆原은 尹桓(1304~1386)의 封號이다.
459) 鐵城은 鐵原府院君 崔瑩(1316~1388)을 가리킨다.
460) 侍中은 고려시대 門下省·都簽議使司·都簽議府·門下府의 종1품 벼슬인데, 때에 따라 侍中 1인만을 두거나, 左侍中·右侍中 또는 侍中·守侍中을 두었다.
461) 三達尊은 천하에 통하는 세 가지 높은 것이다. 『孟子』「公孫丑 下」에서 "천하에 통하는 높은 것이 셋이 있으니 벼슬이 그 하나요, 나이가 그 하나이며, 덕이 그 하나이다. 조정에서는 벼슬만 한 것이 없고, 鄕黨에서는 나이만 한 것이 없고, 세상을 돕고 백성을 교양하는 데는 덕만 한 것이 없다.(天下有達尊三 爵一齒一德一 朝廷莫如爵 鄕黨莫如齒 輔世長民莫如德)"라고 했다.
462) 赫赫은 뚜렷이 빛나거나 盛大한 모양이다.
463) 庭宇는 房舍, 庭院이다.
464) 中官은 內侍府 관원의 총칭, 또는 임금의 內密한 사신이다.
465) 熙熙는 화락한 모양이다.
466) 春臺는 봄날의 누대로 잘 다스려지는 세상을 비유한다. 『老子』 20장에 "뭇 사람

모두들 축원하기를, '임금님의 수명이 하늘과 같아지고
인자한 성예(聲譽)[467]와 혜택이 무궁토록 흐르며
우리 생령(生靈)[468]들이 수역(壽域)[469]에 들어가고
거리의 술통[470] 앞에서 춤추며 해마다 풍년이 들게 하소서.' 하네.
내가 방장산(方丈山)[471]과 봉래산(蓬萊山)[472]에 대해 들었는데
약수(弱水)[473] 너머 만리나 된다니 얼마나 아득한가?
이곳이 진경(眞景)[474]을 옮겨 온 것처럼 황홀하니
환골(換骨)[475]하여 날아다니는 신선[476]을 따를 것 없으리.
인간세상이란 금방[477] 묵은 자취[478]가 되니
다만 필묵과 함께 모두 전해지기를 바라네.

들이 和樂하여 마치 太牢〔나라의 제사에서 소를 통째로 바치던 일〕를 대접 받은 듯하고 봄날의 누대에 오른 듯하다.(衆人熙熙 如享太牢 如春登臺)"라는 대목이 있다.

467) 仁聲은 교화 작용이 갖추어져서 風俗이 淳厚한 음악이나 음악소리를 갖도록 변하는 것, 仁德을 베풂으로써 얻게 되는 聲譽이다.
468) 生靈은 生民, 백성이다.
469) 壽域은 사람마다 天壽를 다할 수 있는 태평성세를 말한다.
470) 衢樽(尊)은 여러 사람이 자유롭게 마실 수 있도록 길거리에 설치한 술통으로서, 人望을 얻는 것을 비유하는 말로 쓰인다. 『淮南子』「繆稱訓」에 "성인의 도는 마치 큰 길 가운데에 술통을 놓아두어 지나가는 사람들이 마시게 하면 많고 적음에 차이가 있지만 각기 그 마땅함을 얻게 됨과 같다. 이래서 한 사람을 얻으면 백 사람을 얻게 되는 까닭이다.(聖人之道 猶中衢而置尊邪 過者斟酌 多少不同 各得其所宜 是故得一人 所以得百人也"라는 구절이 있다.
471) 方丈山은 동해의 동쪽에 있는 선인이 산다는 三神山의 하나이다.
472) 蓬萊山은 동해의 동쪽에 있는 선인이 산다는 三神山의 하나이다.
473) 弱水는 『書經』·『山海經』 등에 나오는 전설상의 물로 仙境을 둘러싸고 있는데, 새털도 가라앉을 만큼 부력이 약하다고 한다.
474) 眞境은 道敎에서 말하는 仙境을 가리킨다.
475) 換骨은 道家의 說로, 仙을 배운 사람이 金丹을 삼키고, 凡骨이 仙骨로 바뀌는 것을 말한다.
476) 飛仙은 날아다닐 줄 아는 신선인데, 『海內十洲記』〈方丈洲〉에서는 蓬萊山이 왕래하기 어려운 곳이어서 비선만 도착할 수 있다고 했다.
477) 俯仰은 짧은 시간이다.
478) 陳跡은 옛 일, 묵은 자취이다.

曲城漆原年最高　廣平鐵城今二毛
四侍中公三達尊　諸老赫赫皆人豪
羅幃繡幕錦屛張　庭宇高峻金爐香
天晴不風白日永　樂聲間作歌聲揚
君王賜酒中官來　葡萄醞瀲黃金杯
諸公拜飮有喜色　熙熙酷似登春臺
共言聖壽齊蒼穹　仁聲惠澤流無窮
驅我生靈納壽域　衢樽蹈舞年屢豐
吾聞方丈蓬萊山　弱水萬里何茫然
移來怳惚是眞境　不待換骨追飛仙
人間俯仰已陳跡　只與筆墨俱流傳

11-31-074 서쪽 이웃[479]이 와서 초대하다
11-31-074 西隣來招

판삼사사(判三司事)[480]께서는 팔순(八旬)이 가까우시니
송재(松齋)[481]의 남은 경사가 아직도 끊임없이 새로워지네.[482]
목동(牧童)[483]이 분수에 넘치게[484] 자주 자리 끝에 앉아 있는데[485]

479) 西隣은 서쪽 이웃으로 吉昌君 權適(1307~?)을 가리킨다.
480) 判事三司는 三司에서 일을 맡는다는 뜻으로 判三司事를 가리킨다. 판삼사사는 고려시대 錢穀 등 나라의 재물의 출납과 회계를 맡아보던 관청인 三司의 장관으로 종1품 관직이었다.
481) 松齋는 權準(1280~1352)의 號이다. 그는 본관이 安東이고, 자는 平仲이며, 호가 松齋이고, 시호는 昌和이다. 永嘉府院君 溥의 아들로, 등제한 뒤 忠宣王을 燕邸에서 만나 代言에 발탁되고, 密直副使·知密直司事에 올랐다. 忠肅王을 모함하여 瀋陽王 暠를 세우려는 曺頔에 동조하지 않고 의리를 지켜 僉議贊成事가 되고, 忠惠王 즉위 후 吉昌府院君에 올랐으며, 恭愍王의 즉위를 청하기도 하였다. 아들은 廉과 適이다.
482) 新新은 부단히 새로워지는 것이다.
483) 牧童은 李穡 자신을 가리키는데, 상대가 목은보다 훨씬 연장자일 때 쓴 말이다.

금빛 버들잎은 또 한 번의 봄을 알리네.

判事三司近八旬　　　松齋餘慶尙新新
牧童分外頻隅坐　　　柳色黃金又一春

11-31-075 정첨서[486]·김정언[487]·두 회장[488]이 찾아왔다가 간 뒤에 박자허[489] 정[490]과 이유[491] 사문[492]이 또 오다

484) 分外는 분수에 넘치는 일이다.

485) 隅坐는 자리의 끝에 앉는 것으로, 높은 사람이 正席에 앉고 낮은 사람이 隅坐에 앉는다.

486) 簽(僉)書는 簽書中樞院事 또는 簽書密直司事의 준말이다. 簽書中樞院事는 簽書院事라고도 하는데 고려시대 中樞院의 정3품 벼슬이고, 簽書密直司事는 簽書密直 또는 簽書司事라고도 하는데 고려시대 密直司의 종2품 또는 정3품 벼슬이었다. 여기에서 鄭簽書는 鄭樞(1333~1382)를 가리키는데, 牧隱과는 恭愍王 2년(1353) 禮部試의 同年이다.

487) 正言은 고려시대 中書門下省에서 낭관으로서 諫爭과 封駁을 맡았던 종6품 관직으로, 穆宗 때 拾遺라는 명칭으로 두었던 것을 睿宗 11년(1116)에 고친 이름이다. 忠烈王 34년(1308)에 思補로 고치고 정6품으로 올렸으나 恭愍王 5년(1356)에 다시 정언으로 고쳤다.

488) 會長은 科擧에서 장원한 사람들의 모임인 龍頭會를 마련한 사람들을 가리키는 듯한데, 두 회장은 용두회의 모임을 주관하였던 사람으로서 廉興邦과, 그의 문생으로서 恭愍王 23년 甲寅科(1374)에서 장원하였던 金子粹를 가리키는 듯하다.(09-25-013 〈歷科壯元作讌曰 龍頭會 (중략) 明日吟成一首 錄呈諸會長座下〉 참조)

489) 子虛는 朴宜中(1337~1403)의 字이다. 여말선초의 문신으로 初名은 實, 號는 貞齋로서, 공민왕 11년(1362)에 장원급제하여 獻納·司藝를 지냈고, 1371년에 明制科에 급제하였다. 禑王 즉위 후 大司成·密直提學이 되었으며, 1388년에 명에 사신으로 가서 鐵嶺 以北의 땅이 명에 복속되는 것을 막고 돌아와 공신이 되었다. 조선조 개국 후에 檢校參贊議政府事에 올랐으며, 『貞齋逸稿』가 있다.

490) 正은 고려 후기의 3·4품 관직으로, 忠烈王이 관제 개혁을 단행하면서 司僕寺·司醫署·書雲觀·內謁司의 속관으로 처음 설치한 뒤, 폐지와 존손이 되풀이 되었다가, 恭愍王 21년(1372)에 사천대·전농시·전의시·서운관의 부활과 함께 다시 설치되었다.

491) 李㮚는 고려 말의 문인으로, 恭愍王 11년(1362) 朴宜中 榜에서 禮部試에 급제하

11-31-075 鄭簽書金正言兩會長見訪 旣去 朴正子虛與斯文李嵘又來

재주 없으면서도 당시에 용두(龍頭)[493]의 자리를 더럽혔는데
이제는 늙고 병들어 나가서 노닒이 적네.
회장 세 분이 이어서 말을 내리시니[494]
묵은 술과 새 차가 모두 풍류롭다네.
다들 가문에 전해지는 『천금익방(千金翼方)』[495]을 부러워하는데
일찍이 고기를 먹는 만리후(萬里侯)[496]를 따랐다네.
벼슬길의 부침(浮沈)[497]은 우연한 일이 아니거니와
천명을 알고서 즐기거늘[498] 또 누구를 허물하리요?

不才當日忝龍頭　　老病如今少出遊
會長三人連下馬　　舊醅新茗摠風流
傳家共羡千金翼　　食肉曾隨萬里侯

였으며, 尙衣直長을 지낸 것이 확인된다.

492) 斯文은 이 학문이라는 뜻으로 儒學을 가리키며 선비를 비유하기도 한다.

493) 龍頭는 壯元의 異稱이다.

494) 下馬는 말에서 내리는 것인데, 여기에서는 찾아와 준 것을 가리킨다.

495) 『千金翼方』은 隋·唐代의 醫術家인 孫思邈(581?~682)의 저서이다. 그는 孫眞人으로 불리기도 하는데, 老莊·陰陽·天文·醫藥에 정통했으며 태백산에 은거했다. 그는 여러 약방문을 모아 보기 쉽고 알기 쉽게 설명한 『備急千金要方』 30권을 편찬했다.

496) 萬里侯는 萬里의 땅에 봉해지는 侯爵이다. 『後漢書』 권47, 「班超列傳」에 "관상 보는 사람이 가리키며 말하기를, '生은 제비의 턱에 호랑이의 목을 하고 있으니, 날아다니면서 고기를 먹게 될 것이오. 이것은 萬里侯에 봉해질 관상입니다.'라고 하였다.(相者指曰 生燕頷虎頸 飛而食肉 此萬里侯相也)"라는 대목이 있다.

497) 升沉은 번성함과 쇠함, 浮沈, 盛衰를 말한다.

498) 樂天知命은 天性을 즐기며 운명을 아는 것인데, 『周易』 「繫辭 上」에 "천성을 즐기며 운명을 알기 때문에 근심하지 않는다.(樂天知命 故不憂)"라는 대목이 있고, 같은 내용이 『列子』 「仲尼」에도 나온다.

宦路升沈非偶耳　　　樂天知命更誰尤

11-31-076 느낌이 있어
11-31-076 有感

현(縣)과 읍(邑)이 영락하고 전야(田野)는 거칠어지니
곳곳의 인가(人家)[499]에서는 기색이 처량하네.
바닷가에서 풍속을 살피는[500] 이에게 말하노니
모름지기 그림[501]을 만들어 묘당(廟堂)[502]에 바치시라.

縣邑凋零田野荒　　　人煙到處色凄涼
寄聲岸海觀風者　　　須作新圖獻廟堂

11-31-077 귀법사[503]의 물 가에서 짓다
11-31-077 歸法寺川上作

백 번 꺾이는 맑은 시내가 돌 위를 흐르는데
빠를 때는 달리는 듯하고 느릴 때는 멈춘 듯하네.
늘그막에도 아잇적에 보던 것과 비슷하니
어느 때에나 너와 더불어 오래 멈추어[504] 보랴?

百轉淸溪石上流　　　急如馳去緩如留

499) 人煙(烟)은 人家에서 나는 연기로 人家를 비유한다.
500) 觀風은 民情을 살펴 施政의 得失을 아는 것으로, 지방의 守令을 가리킨다.
501) 圖는 그림으로, 觀風圖를 나타내는 듯하다.
502) 廟堂은 정치를 논의하는 朝廷이다.
503) 歸法寺는 開京 炭峴門 밖에 있던 절로서, 光宗 14년(963)에 창건되었다.
504) 休歇은 休止, 멈춤이다.

白頭髣髴童時見　　與爾何時大歇休

11-31-078 장차 윤개성[505]을 찾아가려다가 느낌이 생기기에 짓다

11-31-078 將訪尹開城 成感而作

쇠약한 몸에 백 가지 병이 모이니
고루한 사람[506]은 늘그막을 슬퍼하네.
봄빛에 문득 정이 솟구쳐서
뭇 새들은 서로 더불어 우네.
함께 조화를 따르며[507] 즐기니
소리와 기운이 화창하고 맑네.
나는 어찌하여 홀로 슬프게 탄식하여[508]
성정(性情)을 손상시키는가?
이른 아침[509]에 나가서 벗을 찾으려고
말을 몰아 파평(坡平)[510]의 집으로 가네.
옛 군자(君子)와 같은 파평은
수령이 되어[511] 월성(月城)[512]에 갔네.
조정으로 돌아온 지 얼마 되지 않았으니[513]

---

505) 開城은 開城府尹의 준말로, 尹開城은 尹虎를 가리킨다.
506) 孤生은 고독한 사람, 고루한 사람이다.
507) 乘化는 천지자연의 조화를 따르는 것인데, 陶淵明은 〈歸去來辭〉에서 "애오라지 조화를 따라 죽음으로 돌아가나니, 천명을 즐길 뿐 무엇을 의심하랴?(聊乘化以歸盡 樂夫天命復奚疑)"라고 했다.
508) 悲嘅는 비통한 탄식이다.
509) 平明은 해가 돋을 무렵의 아침이다.
510) 坡平은 경기도 坡州에 위치한 坡平面의 옛 이름으로 尹氏의 貫鄕이다.
511) 分閫은 將帥의 임무로 출정하거나 지방의 守令으로 나감이다.
512) 月城은 慶州의 옛 이름이다.

영걸들이 달려와 노고를 위문하리.
많은 분들이 앞서고 나는 뒤처졌으나
정의 경중(輕重)과는 관계가 없다네.
꽃이 피고 술도 익었으리니
속마음[514]을 기울이기에 좋으리.
빈둥거리면서[515] 또 무엇을 바라리요?
술 마시면 이름에서 도피할[516] 수 있으리.

衰躬萃百病	晩年悲孤生
春光忽動盪	衆禽相與鳴
樂哉共乘化	聲氣和且淸
我何獨悲嘅	而以傷性情
平明出求友	駕言適坡平
坡平古君子	分閫臨月城
還朝今甫爾	候勞馳群英
衆先我乃後	非關情重輕
花開酒亦熟	好將肝肺傾
悠悠復何望	飮也可逃名

11-31-079 동정[517]의 갑인년[518] 문생들이 잔치를 베푸니, 형제[519]들이 모인 뒤에 말을 보내어 나와 한맹운[520]에게 함

513) 甫爾는 처음 시작함이다. 이 때 '爾'는 종결어미이다.
514) 肺肝은 폐와 간으로 眞心, 속마음을 비유한다.
515) 悠悠는 빈둥거리면서 노는 모양, 게을리하며 애쓰지 않는 모양이다.
516) 逃名은 名聲에서 벗어남, 罪名을 벗어남이다.
517) 東亭은 고려 말의 문신 廉興邦(?~1388)의 호이다.
518) 甲寅年은 恭愍王 23년(1374)으로 李茂芳이 知貢擧가 되고, 廉興邦이 同知貢擧가 되어 金子粹 등 33명의 及第者를 뽑은 해이다.

께 참석하라고[521] 초대하였다. 이르니 정포은[522] 밀직[523]이 먼저 와 있고 지문하[524] 박학사가 또 왔는데 실컷 마시고 밤이 되어 돌아왔다. 윤달 그믐날이다

11-31-079 **東亭甲寅門生設宴 昆季既會 使騎招僕與韓孟雲侑坐 至則鄭密直圃隱先在 知門下朴學士又來 劇飲入夜而歸 閏月晦日也**

사문(斯文)[525]의 성대한 모임이 세상에 흔하지 않거늘
동정(東亭)에는 늘 옥가(玉珂)[526]가 모이네.
도리[527]가 핀 뜰[528]에서 해그림자가 옮겨지도록[529] 이야기하고
비단[530]으로 장식한 관현(管絃)에 구름을 멈추도록[531] 노래하네.

---

519) 昆季는 형제, 同年을 가리킨다.

520) 孟雲은 고려 말의 문신 韓脩(1333~1384)의 字이다.

521) 侑坐는 陪坐, 함께 앉는 것이다.

522) 圃隱은 고려 말의 문신 鄭夢周(1337~1392)의 號이다.

523) 密直은 고려시대 密直司, 또는 그 장관을 가리킨다. 密直司는 고려시대에 王命의 출납과 宮中의 宿衛·軍機 등에 관한 일을 맡아보던 관아이다.

524) 知門下는 知門下府事의 준말로, 고려 후기 恭愍王 18년(1369)에 설치한 門下府의 종2품 관직으로, 정원은 1명이었다.

525) 斯文은 이 학문, 즉 儒學을 뜻하며, 선비를 가리키기도 한다.

526) 玉珂는 현귀한 사람이 타는 말의 목을 장식하는 옥인데, 여기서는 그렇게 장식한 말을 말한다.

527) 桃李는 門生을 비유하는데, 이 말은 唐나라 狄仁傑의 문생인 姚元崇 등 수십 명이 모두 名士가 되자 어떤 사람이 적인걸에게 "천하의 복사꽃과 오얏꽃이 모두 공의 문하에 있습니다.(天下桃李 悉在公門矣)"(『資治通鑑』 권207)라고 했다는 고사에서 유래한다.

528) 門庭은 대문이나 중문 안에 있는 뜰이다.

529) 移日은 해그림자가 옮겨지는 것으로 긴 시간을 뜻한다.

530) 綺羅는 아름다운 비단, 또는 비단옷이다.

531) 遏雲은 구름을 멈추게 하여 나아가지 못하게 하는 것으로, 『列子』「湯問」의 "설담이 진청에게 노래를 배웠는데, 진청의 재주를 다 배우지 않고도 스스로 다 알았다고 생각하고 마침내 돌아가겠다고 하였다. 진청은 말리지 않고 교외의 갈림길에서 전별하면서 장단을 잡으며 슬픈 노래를 불렀다. 노래 소리가 숲과 나무

앞에 가득한 빼어난 인재들이 지금 이와 같거늘[532]
우측[533]에 앉은 늙은이[534]인 나는 어찌하랴?
깊은 밤에 잔뜩 취하여[535] 유리(柳里)[536]에 돌아오니
은하수를 끌어다가[537] 속된 생각[538]이 텅 비도록 씻어내리.

斯文盛會世無多　　每向東亭簇玉珂
桃李門庭移日語　　綺羅絃管遏雲歌
滿前才俊今如許　　居右衰遲我奈何
泥醉夜深歸柳里　　洗空塵慮挽天河

11-31-080 서쪽 봉우리에서 돌아오는 길에. 1수
11-31-080 西峯歸途 一首

목은 늙은이는 늘그막에 형제가 드문데
하물며 봄바람에 또 이별하였음에랴?
흐르는 물과 세월은 모두 빠르고[539]

를 뒤흔들고, 울림은 지나가는 구름까지 멈추게 하였다. 설담은 곧 사죄하면서 되돌아올 것을 요청하고는, 평생토록 감히 돌아가겠다는 말을 하지 못하였다.(薛譚學謳於秦青 未窮青之技 自謂盡之 遂辭歸 秦青弗止 餞於郊衢 撫節悲歌 聲振林木 響遏行雲 薛譚乃謝求反 終身不敢言歸)"라는 글에서 유래하여 노래소리가 진동하는 것을 가리킨다.

532) 如許는 이와 같음, 저와 같음이다.
533) 右側은 윗자리, 上席이다.
534) 衰遲는 衰年遲暮의 준말로 노년을 가리킨다.
535) 泥醉는 술에 몹시 취하는 것이다.
536) 柳里는 柳洞·柳村을 가리킨다.
537) 挽天河는 은하수를 끌어당긴다는 뜻인데, 杜甫 시 〈洗兵行〉에 "어찌하면 장사를 얻어 은하수를 끌어와서, 갑병을 깨끗이 씻어 길이 쓰지 않게 할까?(安得壯士挽天河 淨洗甲兵長不用)"라는 연이 있다.
538) 塵慮는 俗念과 같은 말로 속세에 얽매인 생각이다.
539) 袞袞은 바쁜 모양, 끊이지 않는 모양이다.

뜬 구름과 신세는 온통 희미하네.[540]
노란 줄기 같은 길가의 버들에서는 꾀꼬리가 장차 울려고 하는데
파란 점[541] 같은 고향의 산으로 말은 벌써 달려갔네.
어느 날에나 돌아갈지 알지 못하여
술통 앞에서 손을 잡으니 눈물이 옷을 적시네.

牧翁垂老弟兄稀　　況是春風又別離
流水光陰俱袞袞　　浮雲身世儘依依
絲黃陌柳鸎將囀　　寸碧鄕山馬已馳
不識歸來在何日　　樽前握手淚沾衣

11-31-081 밀양 박판서가 찾아오다
11-31-081 朴判書密陽見訪

새 시를 읊고서도 게을러서 전하지 못하였는데
문 밖에서 나는 발자국 소리[542]에 문득 놀라네.
배나무 꽃이 두루 피고 모정(茅亭)[543]은 고요한데
늙은 계집종은 차를 끓이려 돌샘에서 물을 긷네.
공(公)은 칠순(七旬)이 가까운데도 아직 원기가 왕성한데[544]
나는 벌써 병이 많아서 손가락이 굳은[545] 듯하네.
주고 빼앗는 하늘의 마음을 또한 헤아리기 어려우니

540) 依依는 희미한 모양이다.
541) 寸碧은 파란 점처럼 보이는 것으로, 먼 곳의 景物을 가리킨다. 산수와 樹林을 먼 곳에서 보면 매우 작게 보이므로 일컫는 말이다.
542) 跫然은 발자국 소리를 형용하는 말이다.
543) 茅亭은 짚이나 새 따위로 지붕을 이은 정자이다.
544) 钁(矍)鑠은 노인의 원기가 왕성하고 동작이 빠른 모양이다.
545) 拘攣은 손발이 굳어지는 병이다.

벼슬길에서 먼저 채찍을 잡은[546] 것을 매우 부끄러워하네.

吟得新詩懶不傳　　忽驚門外有跫然
梨花開遍茅亭靜　　老婢煎茶汲石泉
公近七旬猶矍鑠　　我今多病似拘攣
天心與奪亦難料　　愧殺宦途先著鞭

11-31-082 듣자니 주상 전하께서 천동[547]으로 이어[548]하시려고 길일을 이미 잡았다는데, 병든 신하는 할 일이 없기에 다만 봉인[549]이 빌기를 청한 것을 본받아 1수를 읊다
11-31-082 竊聞 主上殿下移御泉洞 已得吉日 病臣無所事 第效封人請祝而已 吟成一首

깊은 궁에서 현묵(玄默)[550]으로 정신(精神)을 보전하시니[551]

---

546) 著鞭은 채찍으로 때리거나 채찍을 드는 것인데, 노력해서 나아가도록 함을 비유한다.

547) 泉洞은 開京 근처에 있는 골짜기인 듯하다.

548) 移御는 임금이 거처하는 곳을 옮김이다.

549) 封人은 변경을 지키는 벼슬아치이다. 『莊子』「天地」에 실린 華封三祝의 일화는 다음과 같다. 堯가 華란 지방에 갔을 때, 華의 封人이 말하였다. "아, 성인이시여! 성인께 축복을 드려 성인으로 하여금 長壽하도록 비나이다." "그만두게." "그러면 성인께서 富者가 되시기를 바랍니다." "그만두게." "그러면 성인으로 하여금 아들을 많이 두시도록 빌겠습니다." "그만두게." "壽와 富貴와 多男은 사람들이 누구나 바라는 바인데 당신만은 바라지 않으니 무슨 까닭입니까?" "아들이 많으면 두려움이 많고, 부자가 되면 일이 많으며, 오래 살면 욕이 많네. 이 세 가지는 덕을 기르는 까닭이 못되기 때문에 사양하네."(堯觀乎華 華封人曰 嘻 聖人 請祝聖人 使聖人壽 堯曰 辭 使聖人富 堯曰 辭 使聖人多男子 堯曰辭 封人曰 壽富多男子 人之所欲也 女獨不欲何邪 堯曰 多男子則多懼 富則多事 壽則多辱 是三者 非所以養德也 故辭)

550) 玄默은 침묵을 지키면서 말이 없음이다.

551) 이 구절은 漢나라 揚雄의 〈長楊賦〉에 나오는 "임금은 玄默으로 정신을 삼고, 澹泊

뭇 별들이 환하게 붉은 대궐[552]을 두르고 있네.
목은자(牧隱子)가 말이 많음을 누가 알리요?
화(華)의 봉인(封人)이 세 번 축원한 일을 스스로 같이 한다네.
앵계(鶯溪)[553]는 달빛을 띠고 동리(東里)에서 울고
용수산(龍岫山)[554]은 구름에 싸여 북신(北辰)[555]을 떠받치네.
흰 머리로 갓끈을 매고[556] 여러 원로들을 좇기는 하지만
수로(獸爐)[557]의 연기 속에서 또 혼자 남고 싶네.[558]

深宮玄默保精神　　列宿煌煌遶紫宸
誰識多言牧隱子　　自同三祝華封人
鶯溪帶月鳴東里　　龍岫籠雲拱北辰
白髮纓冠逐諸老　　獸爐煙裏更留身

11-31-083 삼월 삼짇날에 보은사[559]의 초주[560]를 받다(2수)

으로 덕을 삼는다.(人君以玄默爲神 以澹泊爲德)"라는 대목을 변용한 것이다.

552) 紫宸은 君王의 正殿·便殿으로 宮闕·君王을 가리킨다.

553) 鶯溪는 開京의 龍岫山과 松嶽山 근처에 있던 시내이다. 李奎報의 〈鶯溪草堂偶題〉 시의 주석에 "앞에는 용수산과 곡령이 있다.(前有龍首山鵠嶺)"라는 말이 있고, 같은 시인의 〈卜居鶯溪 偶書草堂閑適兼敍兩家來往之樂 贈西隣梁閣校〉에는 "앵계에 와서 살 곳을 정하니, 곡령이 참으로 집에 해당하네.(鸎溪來卜宅 鵠嶺正當軒)"라는 표현이 있다.

554) 龍岫(峀·首)山은 開城府의 남쪽 2리쯤에 있는 산으로 府의 外城이었다.

555) 北辰은 北極星으로, 제왕을 상징한다.

556) 纓冠은 갓끈을 맨다는 뜻으로, 급박할 때에 남을 구조하는 것을 비유한다.

557) 獸爐는 짐승모양으로 생긴 香爐이다.

558) 留身은 조정의 신하들이 물러난 다음 아뢰려고 혼자 남았다가 제왕을 면대하여 아뢰는 것이다.

559) 報恩寺은 奉恩寺의 착오인 듯하다. 태조의 眞殿을 봉안한 곳은 봉은사이기 때문이다. 09-25-102 〈伏蒙重房諸將送報恩寺祖眞殿醮酒兩瓶 視其外曰 奉常大夫親禦軍護軍申夏謹封 臣穡如在殿庭飮福 慶幸之至 吟成一首〉에는 太祖의 御眞을 모신 祖眞殿이 이곳에 있고, 重房의 장군들이 삼짇날과 중구일에 모인다고 하였다.

560) 醮酒는 壇을 만들어 기도하거나 신에게 제사지내는 醮祭에서 사용하는 술이다.

11-31-083 三月三日 拜報恩醮酒

보은사(報恩寺)의 푸른 소나무에는 새 빛이 움직이는데
뜰에 가득한 여러 장수들이 법석(法席)[561]을 베풀었으리.
또 사당에서는 더욱 송구스러웠으리니[562]
문득 하늘에서 상서로운 조짐[563]을 내릴 것을 알겠네.

報恩松翠動新光　　諸將盈庭設道場
更向廟中增怵惕　　便知天上降休祥

임금님께서 복을 받으시면 나라의 터전이 굳어지고
장수와 재상이 서로 기뻐하면 세상의 도리가 편안해지네.
한가롭게 살면서 남은 술을 받듦을 스스로 부끄러워하지만
흥안(興安)[564]은 응양(鷹揚)[565]의 후사(後嗣)라네.

君王受福邦基固　　將相交懽世道康
自愧閑居拜餘瀝　　興安後嗣是鷹揚

11-31-084 어제 쌍청[566] 안공이 나와 한유항[567]을 초대하여 함

561) 道場은 法席으로, 불교에서 法會하는 大衆이 둘러앉아서 說法·讀經·講經·法話 등을 행하는 자리이다.
562) 怵惕은 두려워서 조마조마한 마음이다.
563) 休祥은 吉祥과 같은 말로 길한 징조, 상서로운 징조이다.
564) 興安은 경상도 星州의 옛 이름이다. 여기에서는 興安을 본관으로 하는 李氏를 가리키는 듯하다.
565) 鷹揚은 姜太公이 뒤에 周나라에 벼슬하여 殷나라를 칠 때 牧野 싸움에서 매처럼 위세를 떨친 것을 뜻하는 말로서, 鷹揚將軍을 가리킨다. 『詩經』「大雅」〈大明〉에 "태사 상보가 있어, 매처럼 떨치었네.(維師尙父 時維鷹揚)"라는 구절이 있다.
566) 雙淸은 고려 말기의 문신 安宗源(1325~1394)의 정자 이름이다. 그는 자가 嗣

께 마시며 연구[568]를 지었다. 아들 종학[569]이 '쌍청정 위에 계신 분들은 옥과 같네'라고 읊고, 계속해서[570] 여러 대구를 지어 올렸다. 해가 장차 저물 무렵에 함께 도영공[571] 댁에 갔는데, 가례[572]가 있었기 때문이었다. 밤이 되어 돌아오다

11-31-084 **昨雙淸安公 招僕與韓柳巷 同飮聯句 兒子種學唱曰雙淸亭上人如玉 往返數對而上 日且晚 同至都令公宅 有嘉禮故也 入夜而歸**

삼월 삼짇날에 남쪽 동네에서 놀고 있자니
짙은 구름 속에서 가랑비가 방울방울 떨어졌네.
쌍청정(雙淸亭) 위에 계신 분들은 옥과 같은데
모두 배꽃을 꺾어서 머리에 꽂은 듯하네.
한 잔 또 한 잔을 마시느라 손을 멈추지 않지만
풍광에 보답하려면 모름지기 잠시 쉬어야 하네.
풍광은 끊임없이 이어져서[573] 절로 서로 교대하는데
영락(零落)한 옛 친구[574]는 찾기 어렵네.

淸, 호가 雙淸堂으로, 按廉使・司憲侍史・大司憲 등 여러 내외직을 거쳐 벼슬이 判門下府事에 이르고 興寧府院君에 봉해졌다. 諡號는 文簡이다.

567) 柳巷은 고려 말의 문신 韓脩(1333~1384)의 호이다.

568) 聯句는 작시의 한 방법으로 두 사람 또는 여러 사람이 각각 한 구 또는 몇 구를 이루고 이를 합하여 한 편을 이루는 것으로, 漢 武帝가 여러 신하와 화답하여 지은 〈柏梁詩〉에서 비롯되었다고 한다.

569) 李種學(1361~1392)은 고려 말의 문신으로 이색의 둘째 아들이며 자는 仲文, 호는 麟齋이다.

570) 往返은 반복하여 논란함이다.

571) 令公은 正二品과 從三品의 관리를 일컫는 말이다.

572) 嘉禮는 吉・凶・軍・賓・嘉 등 五禮의 하나로 경사스러운 의례를 뜻하는데, 임금의 成婚・卽位, 또는 王世子・王世孫의 성혼・책봉 같은 때의 예식을 가리킨다.

573) 袞袞은 바쁜 모양, 끊이지 않는 모양이다.

좋은 날에 아름다운 경치에 한 번 취하지 않으면
가슴 속의 감개가 어느 때에나 그치리요?
비파의 줄 위에서 나는 아녀자 같은 소리[575]는
귀에 들려도 시끄럽지 않고 맑고 또 그윽하네.
어찌 읊조리며 밤이 깊도록 앉아 있음을 사양하랴?
마침 우는 기러기[576]를 만나 징경이[577]를 노래함을 당해서리요?
나란히 말을 타고 함께 이르니 찬란함이 문에 가득하고[578]
북적이는[579] 빈헌(賓軒)[580]에 있는 이는 모두 공후(公侯)들이네.
돌아오는 길에 헤어져서 왼쪽 마을을 지나노라니
서쪽 봉우리에 걸린 달이 은빛 갈고리와 같았네.
옷을 벗고 편한 잠자리[581]에서 문득 깊이 잠자는데
금방[582] 절간의 다락에서 새벽종이 울리네.
멍하여 화서(華胥)의 꿈[583]에서 돌아오는데

574) 故交는 옛 친구이다.

575) 兒女語는 아녀자 소리처럼 가늘고 높은 비파소리를 가리킨다. 韓愈의 〈聽穎師彈琴〉 시에 "아녀자 소리 같은 악기소리가 친밀하지만, 은혜와 원망이 소리가 네게 섞여 있네.(昵昵兒女語 恩怨相爾汝)"라는 구절이 있다.

576) 鳴鴈은 기러기가 우는 것으로, 婚姻을 상징한다. 『詩經』「邶風」〈匏有苦葉〉의 제3장에 "끼룩끼룩 기러기 울고, 밝은 해에 아침이 되네. 선비가 장가들고 싶으면, 얼음이 풀리기 전에 미쳐야 하네.(雝雝鳴鴈 旭日始旦 士如歸妻 迨氷未泮)"라는 대목이 있다.

577) 雎鳩는 물새인 징경이로, 군자가 짝인 숙녀와 잘 어울림을 상징한다. 『詩經』「周南」〈關雎〉에 "쩡쩡 우는 징경이는, 황하의 물가에 있네. 아리따운 아가씨는, 군자의 좋은 짝이네.(關關雎鳩 在河之洲 窈窕淑女 君子好逑)"라는 대목에 나오는 새이다.

578) 爛盈門은 찬란한 빛이 문에 가득한 것으로, 『詩經』「大雅」〈韓奕〉의 "한후가 돌아보니, 찬란함이 그 문에 가득하네.(韓侯顧之 爛其盈門)"라고 노래한 혼인의 축복 부분을 인용한 것이다.

579) 雜沓은 북적북적하고 복잡한 모양이다.

580) 賓軒은 손님을 모시는 대청이다.

581) 奠枕은 安枕과 같은 말로, 편안하게 자는 것이다.

582) 俄而는 '곧', '멀지 않아', '잠시'의 뜻이다.

인간세상의 잠깐[584]이 참으로 아득하네.[585]
느긋하게 붓을 잡아 노닒을 기록하니
목은 노인은 늘그막에 오히려 풍류스럽다네.

三月三日南里游　微雨點點雲浮浮
雙淸亭上人如玉　折得梨花俱揷頭
一杯一杯不停手　爲報風光須少留
風光袞袞自相代　故交零落難追求
良辰美景不一醉　胸中感慨何時休
琵琶絃上兒女語　入耳不煩淸且幽
肯辭吟哦坐深夜　適値鳴鴈歌睢鳩
聯鞍共至爛盈門　賓軒雜沓皆公侯
歸途分馬左經里　西峯掛月如銀鉤
解衣敧枕便熟睡　俄頃曉鍾鳴寺樓
怳然夢從華胥回　人間俯仰眞悠悠
悠悠援筆紀游歷　牧翁老矣猶風流

11-31-085 앵두꽃을 읊다
11-31-085 詠櫻桃花

앵두꽃이 가벼움을 뽐내는데[586]
갠 다락에서 잠을 깨니 눈을 환하게 비추네.

---

583) 華胥之夢은 『列子』 「皇帝」에 나오는 것으로, 黃帝가 낮잠을 자는데 꿈에 華胥國에 가서 그 나라의 태평한 모양을 보았다는 내용을 담고 있다.
584) 俯仰은 한 번 쳐다보고 한 번 내려다볼 만큼의 짧은 시간이다.
585) 悠悠는 아득한 모양, 종잡을 수 없는 모양이다.
586) 輕盈은 여자의 자태가 부드럽고 행동이 경쾌함을 형용한다.

옛날[587]에는 붉은 규룡의 알[588]을 여름철 공물로 바치니
비궁(閟宮)[589] 깊숙한 곳에는 여름철에도 바람이 시원했다네.

櫻桃花發弄輕盈　　睡起晴軒照眼明
蚪[590]卵異時供夏薦　　閟宮深處暑風淸

11-31-086 민중립[591]이 찾아오다
11-31-086 閔中立來見

양천(楊川)[592]에서 사위가 되어[593] 늙은 농부에게 배우는데
어버이를 뵈려고 간혹 도성 안으로 들어오네.
쪽배[594] 타고 곧장 함께 따르고 싶거니와
듣자니 좋은 물고기가 혼동강(混同江)[595]의 것과 같다네.
지극한 이치는 형체가 없지만 작을수록 드러나고[596]

---

587) 異時는 옛날, 다른 때이다.

588) 虯(虬)卵은 虯龍의 알이다. 韓愈의 〈遊靑龍寺 贈崔大補闕〉에서는 "구름을 태우고 나무를 태우는 불타는 열매가 모여 있으니, 金烏가 내려와서 붉은 규룡의 알을 쪼네.(然雲燒樹火實騈 金烏下啄赬虬卵)"라고 하여 붉은 감을 비유하고 있으나, 여기에서는 붉은 앵두를 비유하고 있다.

589) 閟宮은 神廟 또는 宗廟이다.

590) '蚪'는 '虯'의 착오이다.

591) 閔中立은 목은의 바로 윗동서인 閔瑾의 큰 아들로서, 侍郞을 지낸 사실이 확인된다.

592) 楊川은 平安道 德川의 옛 이름이다.

593) 作贅는 데릴사위로 들어가는 것으로 入贅라고도 한다.

594) 扁舟는 쪽배로서, 통나무를 파서 만든 조각배를 가리킨다.

595) 混同江은 滿洲에서 鴨綠江으로 흘러드는 黑龍江의 다른 이름이다. 『異魚圖贊箋』, 卷4에 따르면, "혼동강에는 牛魚라는 물고기가 나는데 그 크기가 한 길이 넘고 무게는 300근이나 되며 비늘과 뼈가 없는데, 고기와 기름이 섞여 있어서 맛이 좋다.(牛魚出女直混同江 大者長丈餘 重三百斤 無鱗骨 其肉脂相間 食之味長)"고 한다.

596) 이 구절은 『中庸』의 "道라고 하는 것은 숨은 것보다 더 잘 나타나는 것이 없고, 작은 것보다 더 잘 드러나는 것이 없다.(道也者 莫見乎隱 莫顯乎微)"라는 구절을

덧없는 인생[597]은 맛이 있지만 담박할수록 짙어진다네.
나는 쇠약해져서 바라는 바가 윤리를 밝힘일 뿐인데
부모님께서 다 계시니[598] 몸을 잘 보전해야 하리.

作贅楊川學老農　　覲親時或入城中
扁舟直欲相隨去　　聞說嘉魚似混同
至理無形微處顯　　浮生有味淡時濃
吾衰所願明倫耳　　具慶堂前善保躬

11-31-087 연도[599]를 회억하다
11-31-087 憶燕都

지나간 일을 깊이 생각하며[600] 괴롭게 머리를 긁는데
꿈속에도 신선이 나와 함께 노니네.
천상(天上)에서 배회한 지 겨우 한나절인데
인간세상은 적막하여 또 천년이 지났네.
꾀꼬리가 노래하고 제비가 춤추어도 시름은 다하지 않은데
범이 괴롭고 용이 지치니 전쟁은 이미 그쳤네.
먼 데서 생각하노라, 난파(鑾坡)[601]에 봄빛이 푸른 때에
목동이 피리를 불면서 절로 풍류스러웠음을.

沉思往事苦搔頭　　夢裏神仙與我遊

변용한 것이다.
597) 浮生은 덧없는 인생이다.
598) 具慶은 부모가 다 살아 계심을 뜻한다.
599) 燕都는 元의 首都인 燕京이다.
600) 沉思는 깊이 窮究하느라 정신을 모아 가만히 생각하는 것이다.
601) 鑾坡는 翰林院의 별칭인데 唐의 德宗이 翰林院을 옮긴 곳인 데서 생긴 말이다.

天上徘徊才半日　　人間寂寞又千秋
鶯歌燕舞愁無盡　　虎困龍疲戰已休
遙想鑾坡春色綠　　牧童吹笛自風流

11-31-088 감회. 1수
11-31-088 感懷一首

어둑한 봄의 음기[602] 속에 새소리가 많은데
숲에는 붉고 흰 꽃이 피고 언덕에는 푸른 풀이 가득하네.
사물의 모습[603]은 시절 따라 분방하도록[604] 맡겨두는데
사람의 감정은 예로부터 어긋남[605]을 안타까워하네.
종자기(鍾子期)[606]를 이미 만났지만 나를 알지 못하는데
이광(李廣)[607]이 봉후(封侯)되지 못함을 어찌 남에게 물으리요?
속세(俗世)[608]에는 시비가 어지러울 뿐이니
소공(邵公)[609]의 안락와(安樂窩)[610]를 찾고 싶네.

---

602) 春陰은 봄철에 하늘이 흐릴 때의 공중의 陰氣, 봄 그늘이다.
603) 物意는 景物의 情態, 造物의 趣向이다.
604) 流蕩은 자유분방함, 구속 받지 않음이다.
605) 蹉跎는 발이 물건에 걸려 넘어지거나 발버둥질을 친다는 말로 때를 놓치거나 불운하여 뜻을 얻지 못함을 비유한다.
606) 鍾子期는 춘추시대 楚人으로 친구인 伯牙가 거문고를 연주하는 뜻을 잘 이해했으므로 知音이란 말의 유래가 되었다.
607) 李廣은 西漢의 무장으로 文帝 때에 匈奴를 치는 데 공이 있어 郎騎常侍가 되고 武帝 때에 北平太守가 되었는데, 활을 잘 쏘았으므로 흉노가 飛將軍이라 부르며 두려워하여 수년 동안 北平 오른쪽으로는 들어오지 않았다. 흉노와 70여회나 싸워 공을 세웠으나 운수가 기박하여 封侯되지 않았다. 뒤에 大將軍 衛青을 따라 흉노를 치다가 길을 잃어 問責 당하게 되자 스스로 목을 찔러 죽었다.
608) 塵世는 俗世이다.
609) 邵公은 宋의 학자 邵雍(1011~1077)을 가리킨다. 宋나라의 학자·시인으로, 字가 堯夫이고 號가 安樂先生이다. 周濂溪와 같은 시대 사람으로, 李之才로부터 도서·天文·易數를 배웠다. 司馬光 등의 舊法黨과 친교하면서 市井의 학자로서 평

春陰漠漠鳥聲多　　紅白生林綠滿坡
物意隨時任流蕩　　人情自古嘆蹉跎
鐘期既遇莫知我　　李廣不封何問他
塵世紛紛是非耳　　欲尋安樂邵公窩

11-31-089 유항[611]이 문에 와서 곧 도성의 북쪽에 놀러간다고 하는데 몸이 피곤하여 사양하였다. 홀로 앉아서 매우 슬프기에 긴 노래를 부르다

11-31-089 柳巷臨門 將游城北 以身困辭 獨□□悲 發爲長歌

봄바람에 복사꽃과 오얏꽃이 도성에 가득하니
붉은 꽃은 붉고 흰 꽃은 희니 얼마나 빛나는가?
구름 없는 갠 하늘에는 햇볕이 다섯 빛깔이고
땅은 두루 찬란하여 모두 정화롭다네.
재단하여 이루고 부족함을 도움[612]은 사람의 일에 달려 있지만
천기(天璣)를 교묘히 빼앗음은 참으로 놀랄 만하네.
낮은 울타리와 부서진 집에서도 매끄럽고 아름다우니
높은 다락과 커다란 집에서는 더욱 산뜻하고 밝으리.
부유한 동네나 가난한 집이나 다 같은 봄이지만
누려서 씀이 다름은 하늘의 뜻[613]이 공평함이네.

생을 마쳤다. 南宋의 朱子는 周濂溪, 程明道, 程伊川과 함께 그를 道學의 중심인물로 간주하였다. 시호는 康節이다.

610) 安樂窩는 성리학 형성기의 北宋의 학자인 邵雍의 거실 이름으로, 편안하고 즐거운 거처라는 뜻이다.

611) 柳巷은 고려 말의 문신 韓脩(1333~1384)의 호이다.

612) 裁成輔相은 지나친 것을 제어하고(裁成), 부족한 것을 돕는(輔相)이다. 『周易』「泰卦」의 象辭에 "임금은 이것으로써 천지의 道를 재성하고, 천지의 마땅함을 보상함으로써, 백성을 돕는다.(后以財成天地之道 輔相天地之宜 以左右民)"라는 대목이 있다.

하늘이 넉넉하게 베풂이 세신(世臣)[614]에게 있는데
성대하고[615] 높은 지위로 공명을 온전히 하네.
훌륭한 형과 나은 아우[616]에 자식과 조카가 많은데
봄과 달을 보고 즐기며 풍악과 노래를 울리네.
붉은 문[617]이 높다랗게 수덕(壽德)을 누리는 동네를 누르는데
연세가 일흔을 넘었는데도[618] 강건하고 정밀하시네.
빼어난 구절은 춥고 배고픔 속에서 나온다고 누가 말하였던가?[619]
창화(唱和)[620]는 곧 소황(蘇黃)[621]과 다툰다네.
목동(牧童)[622]은 비록 젊은 시절에 결사(結社)에 참여하였지만
부질없이 땀을 흘리며 질그릇 소리만 우레처럼 울렸네.[623]
아침에 문득 술병이 나서 서로 빌미가 되니
종일토록 묵묵히 앉아 정을 품을 뿐이네.[624]
서쪽 이웃이 취해서 높은 천현(穿峴)[625]으로 돌아올 때에는

---

613) 天心은 天意와 같은데, 하늘의 뜻 또는 임금의 뜻이다.
614) 世臣은 대대로 임금을 섬기는 신하로 世祿之臣이라고도 한다.
615) 赫赫은 뚜렷이 빛나거나 盛大한 모양이다.
616) 昆令季强은 훌륭한 형과 나은 아우를 뜻하는데, 宋 蘇籀의 〈欒城遺言〉에서 蘇軾의 아우 蘇轍을 두고 "공보〔劉攽의 자〕가 일찍이 공이 지은 훈사에 대하여 말하기를 '그대가 지은 것이 훌륭한 형보다 낫다.'라고 하였다.(貢父嘗謂公所爲訓辭曰君所作 强於令兄)"라는 글에서 유래한다.
617) 朱門은 붉은 칠을 한 문으로 지위가 높은 관리의 문이다.
618) 年過七十은 일흔 살이 넘었다는 뜻인데, 韓仲禮(1309~?)를 가리킨다. 그는 韓脩의 叔父이다.
619) 이 구절은 시가 사람을 궁핍하게 한다는 뜻인 詩能窮人의 관념을 표현하고 있다.
620) 唱和는 시나 노래를 한 쪽에서 짓거나 부르면 다른 쪽에서 화답함이다.
621) 蘇黃은 北宋의 시인 蘇軾(1036~1101)과 黃庭堅(1045~1105)의 竝稱이다.
622) 牧童은 李穡 자신을 가리키는데, 상대가 목은보다 훨씬 연장자일 때 쓴 말이다.
623) 瓦缶(釜)雷鳴은 질그릇 두드리는 소리가 우레처럼 울리는 것으로, 보잘것없음을 비유한다. 『楚詞』 권6에 실린 屈原의 〈卜居〉에 "黃鐘은 깨어져 버려지고, 질그릇은 우레처럼 울리네.(黃鐘毁棄 瓦釜雷鳴)"라는 구절이 있다.
624) 含情은 깊은 정을 품는 것이다.
625) 穿嶺은 開京에 있던 고개인 穿峴을 가리킨다. 목은의 거처 부근에 있었으며 穿峰

초경(初更)[626]에 누대 위에는 초승달이 걸리겠네.

春風桃李花滿城　朱朱白白何光榮
天晴無雲日五色　遍地燦爛皆精英
裁成輔相在人事　巧奪天機眞可驚
短籬破屋亦流麗　高樓傑閣尤鮮明
富里貧家同一春　受用則異天心平
天之所厚在世臣　赫赫高位全功名
昆令季强多子姪　賞春賞月絃歌聲
朱門高壓壽德洞　年過七十强而精
誰言秀句出寒餓　唱和直與蘇黃爭
牧童雖少忝結社　汗發瓦缶徒雷鳴
朝來酒病忽相祟　默坐竟日聊含情
西隣醉歸穿嶺高　樓上新月懸初更

11-31-090 이호연[627]이 장차 옛집으로 돌아가려고 하기에 나도 좇아가고 싶어서 긴 노래를 부르다
11-31-090 李浩然將歸舊居 僕欲從之 發爲長歌

호연(浩然)은 뜻이 크고 재주도 웅장한데
늘그막에야 비로소 시절이 용납하지 않음을 아시네.
아내와 아들을 데리고 참으로 오랜 동안 궁핍함을 잘 견디지만[628]

이라고도 하였다.

626) 初更은 밤 일곱 시부터 아홉 시 사이의 시간으로 初夜라고도 한다.

627) 浩然은 고려 말의 문신 李集(1327~1388)의 字이다.

628) 固窮은 곤궁함을 잘 견디는 것이다. 『論語』 「衛靈公」에 "군자는 궁핍함을 잘 견디지만, 소인은 궁핍하면 나쁜 일도 하게 된다.(君子固窮 小人窮斯濫矣)"라는 공자의 말씀이 있다.

고상한 말로 여러 거공(鉅公)[629]들을 흘겨보셨다네.
봄바람이 불어와서 지맥(地脈)[630]이 풀리니
또 전원으로 돌아가서 늙은 농부를 방문하네.
관직이 통하지 않는[631] 허직[632]임을 스스로 다행으로 여기면서
잔두(棧豆)[633]에 매여 있는 저 추풍마(追風馬)[634]를 비웃네.
붉디붉은 푸른 산에 구름은 엷어지고 짙어지는데
여강(驪江)[635]의 물은 얼마나 세찰까?[636]
강변의 시골 중은 시어(詩語)가 공교로워
여러 잘못을 보여줌이 있어도 마음은 비었다네.
짚신에 대지팡이로 날마다 서로 좇으며
참선하다 도망쳐서[637] 가득한 유리 술종을 당기리.
늙은 목은은 근래에 전부터 하던 일을 그만두고
흑백의 중간에서 옛 자취를 더듬네.
몸에 병이 있어 쇠약함이 심하지만
본래 호걸스러움이 있어서 유종(儒宗)[638]을 도왔다네.
바람은 범을 따르고 구름은 용을 따르니[639]

---

629) 鉅公은 天子, 王公大臣, 巨匠 등을 뜻한다.
630) 土脉(脈)은 地脈과 같다.
631) 通籍은 궁문의 출입 허가를 받은 사람의 성명·연령 등을 적은 명패이다.
632) 虛職은 명칭만 있고 직무가 부여되지 않은 관직으로 일명 散職이라고도 한다.
633) 棧豆는 馬房의 콩으로 才智가 짧은 사람이 작은 이익을 애석해 함을 비유한다.
634) 追風은 秦 始皇이 가졌던 일곱 名馬 중의 하나이다.
635) 驪江은 京畿道 驪州 지역을 흐르는 漢江을 가리킨다.
636) 溶溶은 물이 滔滔하게 흐르는 모양이다.
637) 逃禪은 禪의 戒律에서 도망쳐 나오는 것이다. 杜甫의 〈飮中八仙歌〉에 "소진은 늘 수놓은 불상 앞에서 재계하지만, 취하면 이따금 참선하다가 도망가기를 좋아하네.(蘇晋長齋繡佛前 醉中往往愛逃禪)"라는 연이 있다.
638) 儒宗은 儒林의 宗師인데, 漢나라 이후에는 글 읽는 사람들에게 추앙받는 학자를 가리킨다.
639) 雲從龍風從虎는 龍이 숨쉬면 구름이 생기고 범이 울면 바람이 생긴다는 뜻으로, 이 말은 聖君이 나오면 반드시 賢臣이 나와 도움을 준다는 것을 나타내기도 하

벽옹(辟雝)[640]이 열릴 때에는 물고기가 뛰고 솔개가 날았네.[641]
사문(斯文)[642]은 만세(萬世)토록 우리나라[643]를 빛내리니
내 몸의 거취는 홍모(鴻毛)[644]와 같네.
가벼운 털은 무리와 같아 나는 있는 둥 없는 둥하니
쇠잔한 생애가 눈에노리[645]처럼 애닯다네.
호연이 떠나가서 낚싯통을 수리하면
나도 가서 붉은 복사꽃을 따르리.

浩然志雄才又雄　　老矣始知時不容
携持婦兒長固窮　　高談睥睨諸鉅公
春風吹來土脉融　　又欲歸田尋老農
自幸虛職籍不通　　笑彼棧豆縻追風
靑山丹丹雲淡濃　　驪江之水何溶溶
江邊野僧詩語工　　示有諸過心則空
芒鞋竹杖日相從　　逃禪引滿琉璃鍾
老牧邇來廢前功　　黑白中間探舊蹤
甚矣衰也病在躬　　自有豪傑扶儒宋
風從虎兮雲從龍　　魚躍鳶飛開辟雝

고, 늘 함께 하여 서로 떠나지 않는 두 사람 사이의 긴밀한 관계를 나타내기도 한다.

640) 辟(璧)雝(雍)은 太學을 가리킨다.

641) 鳶飛魚躍은 『詩經』「大雅」〈旱麓〉의 "솔개는 하늘에서 날고, 물고기는 연못에서 뛰네.(鳶飛戾天 魚躍于淵)"라는 구절에서 유래한 말로, 만물이 각각 그 처소를 얻는 것과 같은 天地調和의 妙用을 가리킨다.

642) 斯文은 儒學者들이 儒學을 부를 때 쓰는 말로 '이 學問', '이 글'이라는 뜻이다.

643) 天東은 천자의 동쪽나라, 곧 우리나라를 가리킨다.

644) 鴻毛는 기러기의 털로, 매우 가벼운 사물을 비유한다.

645) 蠛蠓은 눈에놀이를 말한다. 눈에놀이는 모기와 비슷한 곤충으로 풀숲 속에 살며, 여름에 사람 눈 앞에 어지럽게 떼를 지어 나돈다. 작은 것, 小人을 비유하는 말인데, 여기서는 매우 작은 것이라는 뜻이다.

斯文萬世耀天東　　我身去就鴻毛同
毛輶有倫我在有無中　　殘生哀哉如蠛蠓
浩然往矣修釣筒　　我行亦趁桃花紅

11-31-091 사관[646]들이 모두 다른 연고가 있어서 대신 관[647]에서 숙직하다가 오경[648]에 일어나니, 달빛이 참으로 밝아 여러 분들의 운을 사용하다. 이때 막 주금[649] 중이었다.

11-31-091 史官皆有他故 代宿館中 五更而起 月色正明 用諸公韻 時方酒禁

올해의 주금(酒禁)은 옛날과 다른데
도성에 가득한 사람이 성인을 의심하고 또 현인을 시기하네.[650][651]

---

646) 史官은 史書의 초고를 작성하는 관리인데, 광의로는 藝文館〔藝文春秋館〕의 修撰官 이하 모든 관리를 말하고, 협의로는 史草 작성과 時政記 찬술에 전념하는 供奉·修撰·直館을 가리킨다.

647) 館은 藝文春秋館을 가리킨다. 목은은 禑王 5년(1379) 10월에 重大匡政堂文學 右文館大提學 領藝文春秋館事兼成均館大司成 上護軍에 복직되었다.

648) 五更은 오전 세 시부터 다섯 시 사이의 시간으로 五夜라고도 한다.

649) 酒禁은 술을 빚거나 팔지 못하게 법으로 금하는 것이다.

650) 聖賢은 淸酒와 濁酒를 비유적으로 표현한 말이다.

651) 이 구절은 李白의 四言古詩 〈雪讒詩贈友人〉(『李太白集』 권8)의 "먼지 묻은 밥을 줍고 벌을 떼려 하였으니, 성인을 의심하고 현인을 시기한 것이네.(拾塵掇蜂 疑聖猜賢)"라는 연의 바깥 구를 인용한 것이다. 이 예문의 拾塵은 『孔子家語』에 나오는 亞聖인 顔回의 고사에서 유래한 말이다. 즉 공자가 陳蔡에서 곤핍을 당할 때 7일 동안 음식을 먹지 못하고 나서 쌀을 얻어 안회와 仲由가 한 칸의 파옥에서 밥을 짓게 되었다고 한다. 안회가 보니 재가 하나 밥 속에 떨어진 것을 보고 밥을 더럽히게 될까 싶어서 그것을 먹어 버렸는데, 子貢이 먼 곳에서 바라보고는 그가 밥을 훔쳐 먹는다고 생각하여, 공자에게 알리니 공자는 안회에게 다시는 그러지 말라고 하였는데, 나중에 그 사정이 밝혀지게 되자 공자는 "나도 이처럼 하였을 것이다."라고 하였다고 한다. 掇蜂은 劉向의 『列女傳』에 나오는 伯奇의 고사에서 유래한 말이다. 즉 尹吉甫의 아들인 백기는 계모를 잘 섬겼는데, 어느 날 계모의 가슴 편 옷자락에 앉은 벌을 떼려다가 추행을 하려던 것으로 오해를 받

늘그막에 다시 난파(鑾坡)[652]에서 숙직하노라니
하늘에서 빛나는 달빛에 뼈가 시리고 혼이 서늘하네.

酒禁今年異昔年　　滿城疑聖又猜賢
白頭更向鑾坡直　　骨冷魂淸月照天

11-31-092 장방평[653] 상서[654]를 오랫동안 못 보았는데 오늘 문에 왔기에 기뻐서 기록하다
11-31-092 張方平尙書久不見 今日臨門 喜而志之

장건(張騫)[655]의 뗏목[656]으로 만리 밖 하늘에 가서
절동(浙東)[657]의 좋은 산천을 다 살펴보았으리.
약해(若海)[658]를 가져옴은 바로 그 전과 같지만

아 자결하게 되었다고 하는데, 뒤에 이 말은 骨肉 간의 관계를 이간시키는 것을 가리키게 되었다.

652) 鑾坡는 翰林院의 별칭인데 唐의 德宗이 翰林院을 옮긴 곳인 데서 생긴 말이다.

653) 張方平은 고려후기의 문신으로 생평이 자세히 알려져 있지 않은 인물이다. 『高麗史』에 따르면 그는 判宗簿寺事를 지냈으며, 禑王 10년(1384) 6월 明에 가서 歲貢으로 말 2천 필을 바쳤고, 이듬해 6월에는 密直副使로서 密直使 安翊과 함께 명에 가서 황제의 생신을 축하하였으며, 우왕 12년에도 명에 가서 세공으로 말 50필을 바치는 등 주로 명과의 외교에 중요한 역할을 담당하였으며, 우왕 13년에는 명으로 가다가 요동의 첨수참에서 황제의 명에 의해 중국으로 들어가지 못하고 되돌아오기도 하였다.

654) 尙書는 고려시대의 六司·六部의 장관으로 判書라고도 하였으며 품계는 정3품이다.

655) 張騫(?~BC.114)은 漢 武帝 때의 商人으로, 황제의 명을 받고 凶奴를 협공하기 위해 大月氏와 동맹하려 長安을 출발하여 가던 도중에 흉노에게 붙잡혀 억류되어 있다가 10여년 만에 귀국하였다.

656) 張槎는 張騫의 뗏목으로, 일찍이 장건이 떼를 타고 黃河의 근원을 찾아가다가 마침내 銀河水에 당도하여 牽牛와 織女를 만났다는 고사가 있다.

657) 浙東은 浙江의 동쪽지방이다.

658) 若海는 浩若煙海의 준말로 안개가 가득한 바다처럼 넓다는 뜻인데, 흔히 많은 書

슬프게도[659] 사성(司成)[660]은 이미 신선이 되어 올라갔다네.

渺渺張槎萬里天　　浙東看盡好山川
携來若海直如舊　　惆悵司成已上仙

11-31-093 삼월 초여드렛날에 주상 전하께서 천동[661]으로 이어[662]하시어 죽은 재상 허강[663]의 집을 궁궐로 삼았다. 새벽에 일어나서 낯을 씻고 머리를 빗고 나서[664] 곧 여러 군들의 반열에 나아가려고 하면서 1수를 읊다

11-31-093 三月初八日 主上殿下移御泉洞 以故宰相許綱宅爲宮闕 曉起盥櫛 將赴諸君之列 吟成一首

바닷가[665]의 봉강(封疆)[666]은 크고
개성(開城)은 형세[667]가 웅장하네.
용의 웅크림[668]에서 지킴이 있음을 알겠고

冊을 비유한다. 宋나라 劉克莊의 七言絶句 〈題齋壁〉의 起承句에 "넓기는 안개 낀 바다와 같고 쌓이기는 산과 같은데, 종이 위의 옛 사람은 불러도 돌아오지 못하네.(浩如煙海積如山 紙上陳人叫不還)"라는 대목이 있다.

659) 悵望은 실망하여 슬퍼하고 괴로워하는 것이다.

660) 司成은 成均館에서 儒學을 가르친 종3품 관직으로, 恭愍王 18년(1369) 祭酒를 고친 이름이다.

661) 泉洞은 開京 근처에 있는 골짜기인 듯하다.

662) 移御는 임금이 거처하는 곳을 옮김이다.

663) 許綱(?~1366)은 고려 말기의 인물로, 按撫使를 지냈으며 재상의 반열에 오른 인물임을 이 시에서 알 수 있다.

664) 盥櫛은 낯 씻고 머리를 빗는 것이다.

665) 表海는 바닷가라는 뜻이다.

666) 封疆은 諸侯로 봉한 땅, 領地를 말한다.

667) 體勢는 形勢, 狀態의 뜻이다.

668) 龍盤은 龍盤虎踞의 준말로 용이 서리고 범이 웅크린 지형으로서, 지세의 웅장함과 험요함을 형용함으로써 帝王의 都邑地를 비유한다. 『太平御覽』에 따르면, 諸

제비의 날개[669]는 다함이 없는 데까지 미치네.
봄에 뜬 기운은 땅에 두루 퍼지고
새벽에 일어난 바람은 먼지를 없애네.
군(君)에 봉해짐[670]은 특이한 은혜를 입은 것인데
송도(頌禱)[671]가 공교롭지 못함을 부끄러워하네.

表海封彊大　　開城體勢雄
龍盤知有守　　燕翼及無窮
遍地春浮氣　　淸塵曉起風
封君蒙異渥　　頌禱愧非工

11-31-094 비
11-31-094 雨

자욱한[672] 가랑비가 그쳤다가 또 내리는데
뭇 꽃들이 흐드러지게 피어 비단 무더기를 이루었네.
높은 집에 올라가서 장차 마음껏 보려는데[673]

葛亮이 劉備의 사신으로 南京의 秣陵에 가서 그곳의 형세를 보고, "鍾山은 용이 서린 듯하고 石頭山은 호랑이가 서린 듯하니, 이곳은 帝王의 저택이로다.(鍾山龍盤 石頭虎踞 此帝王之宅)"라고 하면서 탄식하였다고 한다.

669) 燕翼은 조상이 자손의 안락을 위해 도와 편안하게 하는 것, 輔佐를 뜻한다. 『詩經』「大雅」〈文王有聲〉의 "자손에게 좋은 계책 남기시어, 길이길이 후대를 편히 하시다.(詒厥孫謀 以燕翼子)"라는 구절에 대해, 『毛傳』에서는 燕은 安이요, 翼은 敬이라고 풀이하였다.

670) 封君은 임금의 嫡子를 大君으로, 임금의 서자·왕비의 아버지 또는 2품 이상의 宗親·功臣 등을 君으로 봉하던 일이다. 李穡은 恭愍王 22년(1373) 11월에 韓山君에 봉해졌다.

671) 頌禱를 慶事를 기리고 축하함이다.

672) 濛濛은 가랑비가 자욱하게 내리거나 어두운 모양이다.

673) 游目는 마음대로 바라보는 것이다.

문득 새 시를 얻으니 이미 탈태(奪胎)[674]하였네.
하늘에 가득한 봄빛은 다 걷히지 않는데
물을 좇는 세월[675]은 되돌리기 어렵네.
새벽에 붉게 젖은 것을 보고 공부(工部)[676]를 생각하는데
남은 꽃은 향기[677][678]가 팔해(八垓)[679]에 두루 퍼지네.

小雨濛濛止又來　　群花爛熳錦成堆
欲登高閣將游目　　便得新詩已奪胎
春色滿天收不盡　　年光逐水挽難回
曉看紅濕思工部　　賸馥遺芳徧八垓

11-31-095 꽃을 구경하는 벗
11-31-095 看花伴

674) 奪(脫)胎는 宋 江西詩派의 영수인 黃庭堅에서 유래한 시작기교로 고인의 말을 모방하되 의취를 심화하여 자신의 의경으로 표현하는 것을 말하는데, 흔히 換骨과 함께 쓰여 換骨奪胎라고 한다. 黃庭堅은 그 뜻을 바꾸지 않고 그 말을 만드는 것을 換骨法이라 하고, 그 뜻을 본떠서 그것을 형용하는 것을 脫胎法이라(不易其意而造其語 謂之換骨法 規模其意而形容之 謂之脫胎法)고 하였다.

675) 年光은 歲月, 光陰이다.

676) 工部는 당의 시인 杜甫((712~770)를 가리키는 말이다. 西川節度使 嚴武의 막하에서 工部員外郎을 지냈으므로 杜工部로 불린다. 杜甫의 五絶 〈春夜喜雨〉(『杜少陵詩集』 권10)의 尾聯에 "새벽에 붉은빛이 젖은 곳을 보니, 꽃이 금관성[杜甫가 晩年에 살던 錦里]에 겹쳐져 있네.(曉看紅濕處 花重錦官城)"라는 대목이 있다.

677) 賸馥은 남긴 향기를 뜻하는데, 『新唐書』 「文藝傳 上」 〈杜甫傳〉의 贊에 "다른 사람에게 부족한 것을 보가 마침내 넉넉하게 갖추어서 남긴 기름과 향기를 뒷사람에게 적셔 준 것이 많다.(他人不足 甫乃厭餘 殘膏賸馥 沾丐後人多矣)"라는 글이 있다.

678) 遺芳은 겨울철에 온갖 꽃들이 凋落하고 난 다음에도 남아서 전하는 난초·국화·매화 등의 향기로운 꽃과 방초, 또는 남아 있는 향기인데, 앞 사람이 남긴 盛德과 아름다운 이름, 또는 遺墨을 비유하기도 한다.

679) 八垓는 八方의 境界이다.

꽃을 구경하는 벗들은 모두 시를 잘 짓는데
이르는 곳마다 사람을 만나면 함께 술잔을 드네.
자운(子雲)[680]과 더불어 적막(寂寞)[681]을 함께 하지 않지만
도리어 장수(莊叟)[682]를 좇아서 지리(支離)[683]를 배우네.
여러 날 분 미친 듯한 바람에 붉은빛이 숲에서 날고
막 갠 묵은 비[684]로 초록빛이 못에 가득하네.
덧없는 세상에 백년의 인생이 이제 반을 넘겼으니
수레[685]를 달리며 밤에 따르는 일을 사양하지 마시라.

看花有伴盡能詩　　到處逢人共擧巵
不與子雲同寂寞　　却從莊叟學支離
狂風累日紅飄樹　　宿雨初晴綠滿池
浮世百年今過半　　莫辭飛蓋夜追隨

680) 子雲은 揚雄(B.C. 53~18)의 字이다. 前漢의 유학자로 字가 子雲, 蜀郡 成都 사람이다. 어릴 때부터 공부하기를 좋아하여 많은 책을 널리 읽었다. 詞賦에 능했으나, 晩年에는 오직 經學에만 뜻을 기울였다. 『太玄經』·『揚子法言』·『方言』·『訓纂』·『州箴』 등 많은 책을 저술했는데, 특히 그는 『太玄經』을 지어 숨어 살면서 寂寞으로 덕을 지킨다고 했다.
681) 寂寞은 揚雄이 『太玄經』을 짓고 숨어 살면서 寂寞으로 덕을 지킨다고 자처한 일을 가리키는데, 揚雄이 누각에서 투신하자 사람들이 "寂寞은 投閣이다."라고 말하였다고 한다.
682) 莊叟는 장씨 노인이라는 뜻으로 莊子를 가리킨다. 전국시대의 도가사상가로 이름은 周, 자는 子休, 宋人이다. 老子의 학설에 근본을 두고 유가사상을 비판했으며, 『莊子』를 남겼다.
683) 支離는 육신이 온전하지 못한 사람을 형용하는 말이다. 『莊子』「人間世」에 疏라는 꼽추가 몸이 온전하지 못한 까닭에 武士를 징발당하지 않고, 賦役에 동원되지 않았으며, 나라에서 병자에게 나누어주는 곡식을 받아먹으며 天年의 壽를 누렸다고 하는 일화가 있다.
684) 宿雨는 밤비, 또는 오랫동안 내리는 비이다.
685) 飛蓋(盖)는 수레 위에 세우는 가리개로서, 수레를 가리킨다. 三國時代 魏나라 曹植의 시 〈公宴〉(『文選』 권20)에 "맑은 밤에 西園에서 노니니, 달리는 수레가 서로 따르네.(淸夜遊西園 飛盖相追隨)"라는 구절이 있다.

11-31-096 어제 저녁에 하성[686] 성선생[687]이 기로회[688]를 마련하고 문에 와서 초대하였기에 새벽에 일어나서 1수를 읊다

11-31-096 昨晚 夏城成先生辦耆老會 臨門相邀 曉起吟成一首

어젯밤에 날씨가 음산하여 병든 몸이 시리더니
새벽에 다시 기거하기 어려움을 느끼네.
기로(耆老)들을 따르려고 함은 술을 즐기고자 함이 아니요
여러 번 아동(兒童)[689]을 부르시기에 곧 의관을 차린 것이네.
도리(桃李)의 흥성한 시기는 열흘이 못 되지만
풍운(風雲)의 경사로운 모임[690]은 삼한(三韓)[691]에 미치리.
빨리 흘러가는[692] 세월은 흐르는 물과 같으니
꽃 앞에서 옥쟁반을 씻음이 어찌 해로우리요?[693]

昨夜天陰病骨酸　　曉來更覺起居難
欲陪耆老非耽酒　　旋喚兒童爲整冠

686) 夏城은 慶尙道 昌寧의 옛 이름이다.
687) 成先生은 昌寧府院君 成汝完(1309~1397)을 가리키는 듯하다.
688) 耆老會는 나이가 일흔이 넘어 벼슬에서 물러난 정이품 이상의 문관들이 친목을 도모하기 위하여 조직한 모임이다.
689) 兒童은 牧隱 자신을 지칭하는 말이다. 기로회에 참석한 노인들에 비하면 자기는 아이와 같다는 의미에서 사용한 말이다.
690) 風雲會合은 風雲際會와 같은 말로 임금과 신하가 잘 어울림, 신하가 어진 임금을 만남을 뜻한다.
691) 三韓은 馬韓·辰韓·弁韓, 또는 高句麗·百濟·新羅의 삼국으로 우리나라의 異稱이다.
692) 荏苒은 세월이 빨리 지나가는 모양이다.
693) 이 구절은 杜甫의 七絶 〈嚴公仲夏枉駕草堂兼攜酒饌〉의 首聯 "숲 속에 설치한 주방에서는 옥쟁반을 씻고, 꽃 주변에 서 있는 말들은 금안장이 빽빽하네.(竹裏行廚洗玉盤 花邊立馬簇金鞍)"라는 대목을 변용한 것이다.

桃李盛時無十日　　風雲慶會亘三韓
年光荏苒如流水　　豈害花前洗玉盤

11-31-097 **하성이 마련한 자리에 시중[694]과 여러 원로들이 모두 계셨는데, 오직 곡성[695]은 병으로 참석하지 못하셨다. 이튿날에 읊어서 졸렬한 시구를 기록하여 드리다**

11-31-097 **夏城席上 侍中諸老咸在 唯曲城以病不與 明日吟成拙句錄呈**

삼한(三韓)이 이렇게 태평한 시기를 맞으니
아름다운 경치와 좋은 날이 전보다 낫네.
하물며 지금은 일년 중 좋은 봄날임에랴?
여러 원로들이 날마다 서로 좇아도 상관 없으리.
관현(管絃)의 절주(節奏)에서 기쁜 뜻을 얻고
산해(山海)의 진수(珍羞)[696]는 병든 치아에 좋네.
세상의 일은 본래 다 훌륭하기는 어려워
곡성(曲城)께서 작은 병환[697]으로 상귀(床龜)[698]를 벗하셨다네.

---

694) 侍中은 고려시대 門下省・都僉議使司・都僉議府・門下府의 從一品 벼슬로서 左侍中・右侍中이 있었다.

695) 曲城은 曲城府院君 廉悌臣(1304~1382)의 封號이다.

696) 珍羞는 진귀하고 맛있는 음식이다.

697) 微恙은 대단찮은 병, 또는 자기의 병을 겸손하게 일컫는 말이다.

698) 床(牀)龜는 支床龜의 준말로 침상을 받치는 거북이라는 뜻인데, 속박을 받거나 마음속이 寂寞함을 비유하며, 『史記』〈龜策列傳〉에 나오는 南方老人의 고사에서 유래한 말이다. 즉 南方老人은 거북이를 침상을 받치는 다리로 사용하였는데 20여 년이 지나서 노인이 죽자 침상을 옮겨 보았더니 거북이는 아직 죽지 않고 살아 있었는데, 이것은 거북이가 行氣導引에 능하였기 때문이라고 한다.(南方老人用龜支牀足 行二十餘歲 老人死 移牀 龜尙生不死 龜能行氣導引)

三韓當此大平期　美景良辰勝舊時
況是一年春好處　不妨諸老日相追
管絃節奏懽情得　山海珍羞病齒宜
世事由來難盡美　曲城微恙伴床龜

11-31-098 시골 사람이 말을 타고 구정[699]을 지나다가 어사[700]를 만나서 잡히자 글을 요구하므로 주필[701]하여 요청하다
11-31-098 野人騎馬過毬庭 遇御史被繫 求書 走筆以請

시골 사람은 다만 매우 교만하여
말을 타고 궁전의 문을 지나갔네.
문득 지나가는 청총마(靑驄馬)[702]를 만나고도
저 사람은 알지 못하였으니 참으로 어리석네.
실정을 살피자면[703] 응당 과실을 범한[704] 것이니
법을 살피더라도 가볍게 따질 죄이리.
불쌍하게 여기라고 만 번 구걸하니
앞에 불러다 한 마디 말씀을 내리시라.[705]

---

699) 毬庭은 毬場으로 擊毬를 하는 데 쓰는 큰 마당이다.
700) 御史는 監察御史의 준말로 고려시대에 御史臺 및 司憲府에 속했던 종6품의 관직이다. 관서의 명칭 변경에 따라 각기 監察史・監察內史・監察糾正 등으로 불렸다.
701) 走筆은 붓을 달리듯이 급히 글을 짓거나 글씨를 씀을 말한다.
702) 靑驄馬는 총이말, 즉 갈기와 꼬리가 파르스름한 흰말인데, 御史를 비유하기도 한다. 『後漢書』 권37, 〈桓榮丁鴻列傳〉에는 桓典이 侍御史가 되었을 때 환관들이 권력을 잡고 있었으나 환전은 법을 집행함에 회피하는 것이 없었고, 늘 총이말을 타고 다녔는데 온 도성 사람들이 두려워하였으므로 갈 데는 가고 그칠 데는 그치되, 총이말을 탄 어사를 피하라는 말이 있었다고 한다.(拜侍御史 是時宦官秉權 典執政無所回避 常乘驄馬 京師畏憚 爲之語曰 行行且止 避驄馬御史)
703) 原情은 사정을 알고 불쌍히 여김이다.
704) 誤犯은 과실로 죄를 범하는 일, 또는 그 죄이다.
705) 賜言은 말씀을 내린다는 뜻으로, 訓戒의 말을 하는 것이다.

野人驕亦甚　　騎馬過宮門
忽值靑驄過　　不知眞彼昏
原情應誤犯　　按法在輕論
萬乞垂憐察　　呼前一賜言

11-31-099 회포를 적다
11-31-099 述懷

나의 쇠약함이 심하여[706] 물이 새는 배와 같은데
환단(還丹)[707]으로 찢어진 옷을 삼아 물 위에 떠 있다네.
밝은 달을 싣고 돌아오면 서로 매우 어울리겠지만
거센 바람을 만나게 된다면 크게 근심스러우리.
선서(善逝)[708]의 향기로운 깃발이 겁해(刼海)[709]에 떠 있고
장생(長生)의 조개 궁궐[710]이 영주(瀛洲)[711]에서 빛나네.
스스로 두 가지 길에는 갈 생각이 없어서
수사(洙泗)[712]의 물 가로 돌아오니 살쩍은 이미 가을철이네.[713]

---

706) 甚矣吾衰는 자기의 쇠약함이 심하다는 뜻으로 『論語』 「述而」에 나오는 "심하구나, 나의 쇠약함이여! 오랜 동안 내가 다시 꿈에 주공을 뵙지 못하였다.(甚矣吾衰也 久矣吾不復夢見周公)"라는 孔子의 말을 인용한 것이다.

707) 還丹은 道家에서 九轉丹과 朱砂를 합하여 다시 만든 仙丹이다.

708) 善逝는 불교에서 부처를 일컫는 열 가지 이름 중의 하나로서, 因으로부터 果에 가기를 잘하여 다시는 돌아오지 않는다는 뜻이다. 부처는 彼岸에 여실히 감으로써 다시 生死의 바다에 빠지지 않기 때문에 붙은 이름이다.

709) 刼海는 인간세상에 액운이 많음을 큰 바다에 비유하여 표현한 불교어이다.

710) 貝闕은 조개로 꾸민 門觀으로 水神이 거처하는 궁전이다.

711) 瀛洲는 三神山의 하나로 신선이 산다는 전설상의 山이다.

712) 洙泗는 孔子가 門徒를 모아 講學하였던 洙水와 泗水의 부근을 가리키는데, 『禮記』 「檀宮 上」에서 曾子가 子夏에게 "나와 그대가 사수와 수수 사이에서 부자를 섬겼다.(吾與女事夫子於洙泗之閒)"라고 말한 데서 유래하여 孔子와 儒家를 代稱한다.

713) 秋鬢은 蒼白한 살쩍, 하얗게 센 귀밑머리이다.

甚矣吾衰似漏舟　　還丹爲栁泛中流
載來明月偏相稱　　遇著狂風大可愁
善逝香幢浮劫海　　長生貝闕照瀛洲
兩途自是無心去　　洙泗沿回鬢已秋

11-31-100 유호 강릉부사가 부임하러 감을 알리다
11-31-100 江陵府使柳瑚赴任告行

바다를 끌어안고 산천을 등진 강릉(江陵)[714]은
무수한 기이한 경치를 양쪽에 끼고 있네.
혹시 거주하는 백성들이 오고(五袴)를 노래하도록 한다면[715]
또 어느 땅에서 신선을 찾을 것 있으랴?

江陵控海負山川　　無數奇觀夾兩邊
儻使居民歌五袴　　更從何地覓神仙

11-31-101 삼월 열이튿날에 육우[716] 김경지[717]와 도은 이자

714) 江陵은 지금의 江原道 江陵市 지역에 있던 府 이름이다.
715) 〈五袴(絝)歌〉는 後漢 때 蜀郡太守 廉范[字 叔度]의 공덕을 기리면서 백성이 불렀다는 노래이다. 『後漢書』 권31, 〈郭杜孔張廉王蘇羊賈陸列傳〉에 따르면 염범이 촉군태수가 되었더니, 옛 제도에 백성들이 야간에 다니는 것을 금지하여 화재를 막으려고 하였으나 더욱 서로 은폐하여 불은 나날이 이어서 일어나고 있었다. 염범은 이 법령을 없애고 다만 엄하게 물을 저장케 하니 백성들이 편하게 되자 노래를 지어 부르기를, "염숙도여, 어찌 늦게 오셨는가? 불을 금하지 않으시니, 백성들이 편안하게 되었네. 평소에 속옷도 없었는데, 이제는 바지가 다섯 벌이네.(廉叔度 來何暮 不禁火 民安作 平生無襦 今五絝)"라고 하였다고 한다.
716) 六友는 金九容(1338~1384)이 驪州에 귀양가 있을 때 지은 堂 이름이다. 李穡은 〈六友堂記〉에서 金九容이 四友라 하여 대체로 邵康節[邵雍: 宋代의 철학자] 선생의 雪·月·風·花를 취했다는 사실과 여기에 江·山을 더하여 六友라고 한 사실을 지적했다. 또 徐居正은 任元濬의 四友堂을 대상으로 한 〈四友堂記〉에서 "근자

안[718]이 나와 한청성[719]을 정포은[720]의 산정[721]에서 꽃을 감상하라고 초청하였는데 포은이 사신의 일로 출타하였으므로 이에 봉선사[722]의 소나무 언덕으로 갔다. 이윽고 포은이 돌아오고, 권주[723] 판사[724]·민제[725] 판사·이호연[726]

에 金敬之 선생이 驪江에 있으면서 그 堂을 四友라 이름하였는데, 이것은 雪·月·風·花를 위한 것이었다. 뒤에 江·山을 더하여 六友로 하였다. 그 벗함이 어찌 뜻이 없겠는가. 그러나 그 숭상하는 것이 다 선생이 벗한 바가 人倫 日用의 떳떳한 데 있고, 形色이 玩好한 데 있지 아니한 것만 같지 못하니, 벗을 취하는 도리가 이에 극진하였다."라고 하였다.

717) 敬之는 金九容(1338~1384)의 字이다. 고려 말의 문신으로 초명은 齊閔, 號는 惕若齋·六友堂, 본관은 安東이다. 恭愍王 4년에 등제하여 成均直講이 되고 우왕 때에 北元과의 수교를 반대하다가 유배되었다. 大司成으로 있던 禑王 10년에 明에 行禮使로 가다가 本國의 獻馬가 遲滯된 일로 雲南省 大理衛로 귀양가서 병사했다. 『惕若齋學吟集』을 남겼다.

718) 子安은 여말의 문신 李崇仁(1347~1392)의 자이다. 호는 陶隱, 본관은 星州로 星山君 元具의 아들이다. 공민왕 11년(1362)에 병과로 급제한 뒤 進德博士로 성리학 교육에 힘썼다. 우왕 초 북원의 사신을 돌려보내라고 주청하였다가 유배되었으며, 해배된 뒤 右諫議大夫·密直提學을 거쳐 簽書密直司事가 되어 正使 李穡의 副使로 明에 사신으로 다녀왔다. 귀국 후 곧 탄핵당하여 유배되었고, 1392년에 정몽주의 일당으로 몰려 다시 유배되었으며, 조선조 개국 후에 杖流刑에 처해졌으나, 그를 미워한 鄭道傳이 보낸 黃居正에게 살해당하였다.

719) 淸城은 柳巷 韓脩(1333~1384)의 君號이다.

720) 圃隱은 鄭夢周(1337~1392)의 號이다.

721) 山亭은 산 속의 정자이다.

722) 奉先寺는 開城에 있던 절이다.

723) 權鑄(?~1394)는 고려 말의 문신·서예가로, 자는 希顔이고 호는 葵軒이며 본관은 안동이다. 일찍이 등제하여 충주목사·황주목사를 역임하였으며, 공민왕 10년(1361) 홍건적의 침입으로 왕이 남천할 때, 전법총랑으로 왕을 호종한 공으로 신축호종이등공신에 서훈되었다. 1374년 조카 瑨이 洪倫·崔萬生과 더불어 공민왕을 살해하자 이에 연루되어 유배되었다. 昌王 원년(1389) 知申事가 되어 과거시험을 관장하였고 밀직제학에 올랐다.

724) 判事는 고려시대 都僉議使司·門下府·典客寺 등 諸寺司의 으뜸 벼슬로 품계는 종1품에서 종3품까지이다.

725) 閔霽(1339~1408)는 고려 말·조선 초의 문신으로, 本貫이 驪興, 字가 仲晦, 號가 漁隱, 諡號가 文度이다. 恭愍王 때 禮部試에 급제, 國子直學에 보직되고, 禑王 때 典工·禮儀判書에 이르고, 昌王 때 開城尹商議密直司事에, 恭讓王 때 漢陽府尹

판사·이사영[727] 판사가 또 왔는데, 이들은 모두 경지와 약속이 있는 사람들이다. 내가 아들[728] 종학[729]에게 말을 타고 가서 동년 정원재[730]를 모시고 오도록 하였고, 동년 박진록[731]·이석지[732] 판사·계우 최원유[733] 판서[734]·이서원[735] 우윤[736]은 모두 경지의 초대로 모였다. 소나무 아래

을 지냈다. 朝鮮 개국 후 太宗 때 領禮曹事·門下右政丞을 지내고, 태종 1년(1401) 國舅로서 驪興伯에 봉해지고, 이듬해 佐命功臣으로 府院君의 封爵을 받았다.

726) 浩然은 李集(1327~1388)의 字이다. 고려 말의 문신으로 初名은 元齡, 號는 遁村이며, 廣州의 향리 唐의 아들이다. 恭愍王 4년(1355)에 禮部試에 급제하여 문장과 절의로 알려졌다. 辛旽 執權時에 永川으로 도망가서 숨어살다가, 辛旽 伏誅後 잠시 복직했으나 驪州 川寧縣에 내려가서 지냈다.

727) 李士穎은 고려 말의 문신으로 禑王 2년에 왜구 300여기가 全州와 臨陂縣을 함락시킨 뒤에 다리를 철거하고 굳게 지키고 있을 때에, 병마사 柳實과 함께 다리를 놓고 싸웠으나 패하였으며, 공양왕 4년에 정몽주가 피살되자 그 당으로 몰려 南原에 유배되었다.

728) 豚犬은 자기 자식의 겸칭이다.

729) 李種學(1361~1392)은 고려 말의 문신으로 이색의 둘째 아들이며 자는 仲文, 호는 麟齋이다.

730) 圓齋는 고려 말의 문신 鄭樞(1333~1382)의 號이다.

731) 朴晋祿은 고려 말의 문신으로 恭愍王 2년(1353)에 등제하여 獻納을 지내고 辛旽에 대하여 엇갈린 대응을 하였으며, 禑王代에는 代言을 지내면서 遷都에 관여하고 趙浚의 개혁적 주장에 제동을 걸었다.

732) 李釋之는 고려의 문인으로, 本官은 永川이요, 號는 南谷이며, 稼亭 李穀의 문인으로 李穡과 함께 辛巳年〔1341〕에 監試에 합격한 同年이다. 『牧隱文藁』 권1에 〈南谷記〉가 있다.

733) 崔元儒(濡)는 고려 말의 문신으로, 『高麗史』에 恭愍王 23년(1374)에 崔瑩을 비판하다가 持平에서 延安府使로 좌천되었다는 기사가 있을 뿐인데, 이 시를 통해서 判書를 지낸 사실을 알 수 있다.

734) 判書는 고려시대의 六司·六部의 장관으로 尙書라고도 했으며 품계는 정3품이다.

735) 李舒原(源)은 고려 말의 문신으로, 『高麗史』에 恭讓王 元年(1389)) 5월에 密直副使가 되었다는 기사가 있을 뿐인데, 『牧隱詩藁』를 통해서 三司右尹을 지낸 사실을 알 수 있다.

736) 右尹은 고려시대 三司의 從三品 관직으로, 恭愍王 11년(1362)에 처음 설치되었다.

에는 바람이 많아서 휘장을 쳐서 피하였다. 연구를 짓고 술잔을 날리노라니 저녁이 되려고 하였다. 이판사가 저녁밥을 차리기에 취하고 배가 부르고 나서 달빛을 타고 돌아왔다

11-31-101 三月十二日 六友金敬之 陶隱李子安 邀與韓淸城賞花于鄭陶隱山亭 圃隱以使事出 於是至奉先寺松岡 旣而圃隱回 權判事鑄 閔判事霽 李判事浩然 李判事士穎又至 此皆與敬之有約者也 僕馳豚犬種學 邀同年鄭圓齋 而同年朴判書晉祿 李判事釋之 契友崔判書元儒 李右尹舒原 皆以敬之之招而集 松下風多 帷以避 聯句飛斝 日將夕 李判事設晩食 醉飽 乘月而歸

천하는 나누어지고 살쩍은 희끗희끗한데[737]
소강(小康)[738]에 어찌 함께 소요(逍遙)하지 않으리요?
좋은 날[739]에는 늘 여러 분들과 모이는데
늙은이[740]가 먼저 육우(六友)의 초청을 받았다네.
바람이 불어오는 소나무는 홀로 우뚝한 듯하고
햇살이 비치는 숲의 꽃은 완전히 날아가지는 않네.
후생(後生)을 두려워할 만하니[741] 나는 장차 떠나가서

---

737) 二毛는 斑白의 머리, 또는 斑白이 되는 나이의 노인이다.
738) 小康은 조금 편안한 세상이다. 『禮記』「禮運」에서 禹·湯·文王·武王·成王·周公의 시대를 小康이라 한 데서 유래한다.
739) 良辰은 좋은 날, 吉日을 말한다.
740) 老物은 老人을 가리킨다.
741) 後生可畏는 후배가 두려워할 만하다는 뜻으로, 『論語』「子罕」의 "後生이 두려운 것이니, 어찌 오는 자가 이제만 못하다는 것을 알겠는가? 사십이나 오십이 되어도 아직 세상에 들림이 없다면 두려울 것이 없을 것이다.(子曰 後生可畏 焉知來者之不如今也 四十五十而無聞焉 斯亦不足畏也已)"라는 글에서 유래한다.

다만 새 시로 성조(聖朝)[742]를 찬미하리.

天下分離鬢二毛　　小康胡不共逍遙
良辰每與諸公會　　老物先承六友招
松樹來風如特立　　林花映日未全飄
後生可畏吾將去　　只把新詩美聖朝

11-31-102 송헌[743] 이아상[744]이 문에 와서 술자리에 초대하다
11-31-102 松軒李亞相 臨門招飮

도성에 가득한 복숭아꽃과 오얏꽃이 비단 병풍 속에 있는 듯한데
머리가 흰 한 늙은이는 얼굴이 창백하다네.
가인(可人)[745]을 만나 손을 잡고 떠나가니
곳곳에서 말발굽으로 쇠잔한 붉은 꽃잎을 밟네.
송헌(松軒)은 여러 번 산천을 건 맹서에 참여하였고[746]
보전(寶典)[747]은 원래 한묵(翰墨)[748]의 일에 의지하였네.

---

742) 聖朝는 聖君이 다스리는 朝廷인데, 흔히 當代의 王朝를 일컫는 말로 쓰인다.
743) 松軒은 李成桂(1335~1408)의 號이다. 字는 仲潔, 號는 松軒으로 雙城의 千戶인 子春의 아들이다. 恭愍王 5년(1356)에 高麗가 쌍성총관부를 공격할 때, 李子春이 원나라의 세력을 축출하는데 공을 세우고 뒤에 朔方道萬戶兼兵馬使로 임명되어 東北面 지방의 실력자가 되자, 이성계는 이러한 배경과 군사적 재능을 바탕으로 두각을 나타내어, 恭愍王 10년(1361)에 반란을 일으킨 禿魯江萬戶 朴義를 죽이고, 이듬해에 원의 장수 納哈出를 대파하였으며, 恭愍王 13년(1361)에 德興君을 받들고 들어온 崔濡를 섬멸하였고, 禑王 3년(1377)에 경상도와 전라도 지역의 왜구를 대파하고, 禑王 6년(1380)에는 경상도순찰사로 荒山에서 크게 왜구를 물리치는 등 큰 활약을 하였고, 뒤에 조선의 太祖가 되었다.
744) 亞相은 두 번째 宰相으로 判兵部事를 겸대한 재상을 가리킨다.
745) 可人은 쓸 만한 사람, 좋은 사람이다.
746) 이 구절은 李成桂가 공신이 되었다는 뜻이다.
747) 寶典은 經典을 아름답게 일컫는 불교어이다. 李成桂가 『華嚴經』을 간행한 사실을

비루한 글을 책의 끝에다 적은 것을 부끄러워하면서
또 여러 선비들을 따라 봄바람 속에서 취한다네.

滿城桃李錦屛中　　一箇蒼顔白髮翁
邂逅可人携手去　　馬蹄隨處踏殘紅
松軒累與山川誓　　寶典元憑翰墨功
自愧鄙詞題卷尾　　又隨群彦醉春風

11-31-103 을사년[749]·기유년[750]·신해년[751] 세 과거의 여러 문생이 내가 좌주라고 하여 술과 음식을 갖추고 와서 대접하였다. 이에 익재[752] 선생의 사자[753]인 개성[754]공을 초대하고, 또 동년 안대부[755]·정정당[756]·선군[757]의 문생 박정

『牧隱詩藁』 권30의 〈昨李商議松軒 求跋華嚴經 因設酒〉에서 확인할 수 있다.

748) 翰墨은 文翰과 筆墨으로, 글을 짓고 쓰는 것을 가리킨다.

749) 乙巳年은 恭愍王 14년(1365)으로 이 해에 윤10월에 李仁復이 知貢擧가 되고 李穡이 同知貢擧가 되어 尹紹宗 등 28인을 뽑았다.

750) 己酉年은 恭愍王 18년(1369)으로 이 해 6월에 李仁復이 知貢擧가 되고 李穡이 同知貢擧가 되어 柳伯濡 등 33명을 뽑았다.

751) 辛亥年은 恭愍王 20년(1371)으로 이 해 3월에 이색이 知貢擧가 되고 田祿生이 同知貢擧가 되어 시험을 보았는데 6월에 왕이 친히 시험을 쳐서 金潛 등 31명을 뽑았다.

752) 益齋는 고려 말의 문신 李齊賢(1287~1367)의 號이다.

753) 嗣子는 대를 잇는 아들이다.

754) 開城은 開城府尹의 준말인데 開城公은 開城尹을 지낸, 李齊賢의 막내아들인 彰路를 가리킨다.

755) 大夫는 고려시대 文官의 官階에 붙여 부르던 호칭으로, 처음에는 종5품 이상의 품계에 사용되었으나, 忠烈王 34년(1308) 이후에는 종4품 이상으로 고쳐졌다. 여기에서 安大夫는 牧隱의 司馬試 동년인 安宗源(1325~1394)을 가리킨다.

756) 政堂은 고려시대 中書門下省의 종2품 관직인 政堂文學의 약칭이다. 여기에서 鄭政堂은 牧隱과 恭愍王 2년(1353)의 禮部試 동년인 鄭樞(1333~1382)를 가리킨다.

757) 先君은 先考, 先親과 같은 말인데, 여기에서는 李穡의 부친 李穀을 가리킨다.

당[758] · 한첨서[759]를 초대하여 자리에 앉게 하였다. 그리고 이반주[760]는 초은[761]의 손자이므로 여러 문생이 초대하여 오고, 큰 동서 민개성[762] · 처남[763]인 권대부도 참여하였으며, 세 과거의 여러 문생은 나이 순서로[764] 섞여 앉았다. 내관이 와서 선온[765]을 하사하기에 절하고 마셨다. 밤이 되자 끝[766]에 가서 나는 이미 취하였다. 말이 자세할 수 없기에 충효 두 글자를 대략 들어서 면려하였다. 이튿날 궁궐로 가서 사은하고 감정이 움직이는 바가 있어서 노래로 형용하였다

11-31-103 **乙巳己酉辛亥三科諸生 謂僕爲座主 具酒食來享 於是邀益齋先生嗣子開城公 又邀同年安大夫 鄭政堂 先君門生朴政堂 韓簽書押坐 而李班主樵隱之孫也 故諸生邀以來 大姨夫閔開城 妻弟權大夫亦與焉 三科諸生 序齒交坐 內官來賜宣醞拜飮 入夜於旅也 僕已醉矣 言不能詳 略擧忠孝二字以勉之 明日詣闕謝恩 情有所感 形于歌章**

---

758) 朴政堂은 朴形(?~1398)을 가리킨다. 본관이 竹州, 시호는 靖康인데, 그는 李穀이 동지공거였던 忠穆王 3년(1347)에 등제했다.

759) 簽(僉)書는 簽書中樞院事 · 簽書密直司事의 준말로 고려시대 中樞院 · 密直司의 종2품 또는 정3품 관직인데, 여기에서 韓簽書는 韓脩를 가리킨다.

760) 班主는 班首와 같으며 반열 가운데 수위 또는 그 수위에 있는 사람을 가리키는데, 李班主는 목은의 문생 가운데 品階가 가장 높았던 李存性(?~1388)을 가리킨다. 그는 李仁復의 손자이며 伺容의 아들로서 知申事 · 政房提調 · 三司右使 등을 지냈다.

761) 樵隱은 고려 말의 문신 李仁復(1308~1374)의 號이다.

762) 閔開城은 목은의 바로 윗 同壻인 閔瑾을 가리킨다.

763) 妻弟는 아내의 남동생 즉 처남인데, 여기에서는 목은의 둘째 처남인 權季容을 가리킨다. 『高麗史』에서 禑王 6년 6월에 典法判書로서 楊廣全羅道 察理使가 된 일과 10년 9월에 同知密直으로 있었던 사실이 확인된다.

764) 序齒는 年齡과 長幼를 살펴 先後의 순서를 나열하여 정하는 것이다.

765) 宣醞은 임금이 신하에게 술을 내려주는 것, 또는 그 술이다.

766) 旅는 '끝'이라는 뜻의 方言이다.

현릉(玄陵)[767] 한 시대에 문장의 종장인
익재(益齋)와 초은(樵隱)은 참으로 영웅이셨네.
색(穡)은 개꼬리일 뿐이었는데
담비꼬리를 이었기에[768] 또 저절로 종공(宗工)[769]이라 일컬어지네.
세 과거의 뭇 선비들은 하늘의 기약이 있었기로
변화하여 범과 같고 또 용과 같기도 하네.
비로소 오늘 나이 순서로 섞여 앉는데
머리가 흰 좌주(座主)는 그 가운데 앉아 있네.
정신은 쇠약해지고 하물며 병까지 많음에랴?
봉군(封君)되어 녹봉을 받으니 임금의 은혜가 두텁네.
광암(光岩)[770]을 생각할 때마다 눈물을 비처럼 흘리는데
또 천지를 바라보니 동풍이 부네.
동풍은 호탕하게 음악소리와 어울리고
유리 술종으로 술을 돌리며 춤을 추네.
자리에 가득한 훌륭한 손님들은 아름다운 옥[771]인데
개성(開城)의 연구(聯句)는 역옹(櫟翁)[772]을 생각하게 하네.
중관(中官)[773]이 왕지(王旨)를 받들어 내온(內醞)[774]을 하사하니

767) 玄陵은 고려의 제31대 임금인 恭愍王의 陵號이다.
768) 續貂는 狗尾續貂·狗續貂尾의 준말로, 개꼬리로 담비꼬리를 대신한다는 뜻이며 封爵의 남발을 비유한다. 『晉書』 〈趙王倫傳〉에 따르면, 司馬倫이 趙王이 된 뒤에 일가친척과 심복들에게 함부로 官爵을 내려서 조회 때마다 감투를 쓴 벼슬아치로 꽉 들어차게 되니, 항간에 담비꼬리가 부족하게 되어 나중에는 개꼬리로 대신하게 되었다고 한다.
769) 宗工은 宗師·宗匠이다.
770) 光岩(또는 光巖)은 光巖寺를 말하며 경기도 개성의 鳳鳴山에 있던 사찰이다. 원래 始興宗에 소속되어 있었는데 恭愍王 때 시흥종과 曹溪宗 사이에 소유권 문제를 둘러싼 분규가 일어나자, 시흥종이었던 이 절을 조계종에 예속시킨 다음 '廣通普濟禪寺'라는 사액을 내렸다.
771) 美玉은 아름다운 옥으로 훌륭한 인격이나 문장을 비유한다.
772) 櫟翁은 益齋 李齊賢의 또 다른 號이다.

절하고 마시면서 화숭(華嵩)[775]과 같기를 축수하였네.
즐기면서도 음란하지 않아서[776] 조화롭게 절제하고[777]
뜻과 기운이 잘 어울리니[778] 얼마나 구성진가?[779]
늙은이는 매우 기뻐서 진심[780]을 토하여
사문(斯文)[781]의 혈맥을 끝없이 전하라고 하네.
'집안에 있는 것을 효라고 하고
나라에 있는 것을 충이라 하네.
충과 효는 본래 같은 것이라서
물이 곳에 따라서 형체가 동일하지 않음과 같네.
나는 벌써 취하여 말을 다할 수 없으니
그대들은 책 속에서 정종(正宗)[782]을 찾으라.
신령한 누대[783]는 매우 시원하고 방촌(方寸)[784]은 붉으니
모든 본체와 큰 작용[785]이 다 유통되리.

---

773) 中官은 內侍府 관원의 총칭, 또는 임금의 內密한 사신이다.
774) 內醞은 宣醞과 같은 말로 임금이 신하에게 내리는 술이다.
775) 華嵩은 중국의 五嶽에 속하는 華山과 嵩山의 겸칭인데, 長久함을 뜻한다.
776) 樂而不淫은 즐거워하되 음란하지 않다는 뜻으로, 『論語』 「八佾」의 "關雎는 즐거워하되 음란하지 않고, 슬퍼하되 감상에 빠지지 않는다.(樂而不淫 哀而不傷)"라는 대목에서 인용한 것이다.
777) 和以節은 조화하되 禮로써 절제한다는 뜻으로, 『論語』 「學而」의 "예를 행하는 데 조화가 귀중하니, 선왕의 도가 이처럼 아름다워서 작고 큰 것이 이에 말미암는다. 행하지 못할 바가 있으니, 조화만 알아서 조화만 하고 예로써 절제하지 않으면 또한 행하지 못한다.(禮之用 和爲貴 先王之道 斯爲美 小大由之 有所不行 知和而和 不以禮節之 亦不可行也)"라고 한 有子의 말을 변용한 것이다.
778) 浹洽은 잘 어울림, 사이가 좋음이다.
779) 渢渢은 소리가 법도에 맞음이다.
780) 肺肝은 폐와 간으로 眞心, 속마음을 비유한다.
781) 斯文은 이 학문, 즉 儒學을 뜻하며, 선비를 가리키기도 한다.
782) 正宗은 발라서 근원이 되는 표준을 뜻하며 正印이라고도 한다.
783) 靈臺는 사람의 마음·정신을 가리킨다.
784) 方寸은 사방 한 치의 땅으로 마음을 비유한다.
785) 大用은 중요한 용도, 중요한 물건, 중요한 쓰임을 뜻한다.

나는 본래 혼미하고도 협소하여
끓는 물을 퍼내어 끓음을 멈추게 하려다가[786] 얼굴이 붉어졌네.
두려워할 만한 후생[787]들에게 바람이 작지 않으니
노력하여 중흥(重興)의 공업(功業)을 세우시라.'

玄陵一代文章宗　益齋樵隱眞英雄
在於穡也狗尾耳　續貂亦自稱宗工
三科群士天有期　變化如虎仍如龍
序齒交坐始今日　白頭座主居其中
精神衰耗況多病　封君受綠君恩濃
每思光岩淚如雨　又見天地吹東風
東風浩蕩樂聲合　迭舞行酒琉璃鍾
嘉賓滿座並美玉　開城聯句思櫟翁
中官奉旨賜內醞　拜飮祝壽如華嵩
樂而不淫和以節　志氣浹洽何渢渢
老翁喜甚吐肝肺　斯文血脈傳無窮
在於家門名曰孝　在於邦國名曰忠
忠之與孝本一物　如水隨地形不同

786) 揚湯止沸는 끓는 물을 퍼냈다가 다시 부어서 끓는 것을 멈추게 하는 것으로, 末端을 고칠 뿐 근본은 고치지 못함을 비유한다. 漢 枚乘의 〈奏吳王書〉(『經濟類編』, 卷27)에 "끓는 물을 식히려고 할 때, 한 사람이 불을 때면 백 사람이 퍼내어도 소용이 없으니, 땔 나무를 없애서 불을 꺼 버리는 것만 같지 못합니다. 저 땔 나무를 없애지 않고서 이 물을 식히려고 하는 것은 비유하건대 섶을 지고 불을 끄려는 것과 같습니다.(欲湯之滄 一人炊之 百人揚之 無益也 不如絶薪止火而已 不絶之於彼而救之於此 譬猶抱薪而救火也)라는 대목이 있다.

787) 後生可畏는 후배가 두려워할 만하다는 뜻으로, 『論語』「子罕」의 "後生이 두려운 것이니, 어찌 오는 자가 이제만 못하다는 것을 알겠는가? 사십이나 오십이 되어도 아직 세상에 들림이 없다면 두려울 것이 없을 것이다.(子曰 後生可畏 焉知來者之不如今也 四十五十而無聞焉 斯亦不足畏也已)"라는 글에서 유래한다.

我今醉矣言莫盡　　汝向書中尋正宗
靈臺灑灑方寸赤　　全體大用俱流通
我自昏迷狹且小　　揚湯止沸面發紅
後生可畏望不淺　　努力樹立重興功

11-31-104 백련사[788]의 모임에 갔다가 돌아와서 느낌이 있어서
11-31-104 赴白蓮會 歸而有感

두 시중 어른께서 나오시지 못하여
문득 고상한 모임에 풍류가 줄어드네.
국가가 무겁게 의지함을 어찌 말로 형용할 수 있으리요?
술통의 술로 한가롭게 됨[789]은 구하기가 쉽지 않네.
세월을 따라 한은 여전하지만 근심은 새로워지는데
숲의 언덕에 가득한 붉은 꽃은 사라지지만 푸른 잎은 새로 돋네.
마침내 향화(香火)[790]의 인연이 얕지 않음을 알기에
또 국화를 감상할 가을[791]을 기다리네.

兩侍中翁不出遊　　便敎高會減風流
國家倚重寧容說　　樽酒投閑未易求
舊恨新愁隨歲月　　殘紅嫩綠滿林丘

788) 白蓮社는 목은이 洪永通・李茂芳 등과 조직한 불교결사인 白蓮會를 말하며, 근거 사찰은 『고려사』에는 이름만 나오나, 『牧隱詩藁』 권35의 내용으로 보아 長湍 남쪽에 있던 南神寺이고, 결사의 목적도 恭愍王에 대한 추념이 개재하고 있는 것으로 보인다.
789) 投閑은 한가로운 곳으로 나아감, 몸을 淸閑한 경지에 둠이다.
790) 香火는 향불을 피워 부처님에게 공양함을 뜻한다.
791) 素秋는 가을의 別稱인데, 素가 흰빛이고 白色은 五行에서 가을을 가리키기 때문이다.

終知香火緣非淺　　　　更待黃花賞素秋

11-31-105 현화사[792]의 생공[793]이 모친을 뵈러 남원으로 감을 와서 알리다

11-31-105 玄化生公覲母南原 來告行

서법(書法)을 가진 생공(生公)은 경과(經科)[794]에도 합격하였거니와
유식(唯識)[795]과 현담(玄談)[796]이 강물을 터뜨린 듯하네.[797]
남쪽으로 전라도(全羅道)에 가서 어머니를 뵈려는데
여러 해 동안 자갈밭이 가물어 수확을 못 하였기 때문이라네.
푸른 숲에서 또 유창한 꾀꼬리소리[798]를 들으면서
하얀 쌀[799]을 문득 여윈 말에 실으라고 하네.
사중(四重)의 은혜[800]를 갚아야 하는 줄 누가 모르랴?
스님이 천리를 파도처럼 달려감[801]을 부러워하네.

---

792) 玄化寺는 開城 북쪽에 있던 절이다.

793) 生公은 고려 말기의 승려로, 『牧隱詩藁』에서 忠州의 龍頭寺 住持를 지낸 사실이 확인되고, 이 시에서 南原 출신으로 開城 북쪽의 玄化寺에 駐錫하였음을 알 수 있다.

794) 經科는 僧科를 가리키는 듯하다.

795) 唯識은 삼라만상은 心識 밖에 실존하는 것이 아니어서 다만 心識뿐이라고 하는 불교어이다.

796) 玄談은 玄妙한 이치를 말하는 이야기이다.

797) 決河는 決河之勢의 준말로 둑이 무너져 강물이 맹렬히 흐르는 것 같은 형세이다.

798) 流鶯은 이 나무에서 저 나무로 날아다니며 우는 꾀꼬리, 또는 고운 소리로 우는 꾀꼬리를 가리킨다.

799) 白粲은 잘 찧은 하얀 쌀, 精米이다.

800) 四重恩은 불교용어로 四恩이라고도 하는데, 『心地觀經』에서는 父母·國王·衆生·三寶〔佛·法·僧〕의 은혜의 네 가지를 들었고, 『釋氏要覽』에서는 父母·師長·國王·施主의 은혜의 네 가지를 들었는데, 전자는 世人들이 마땅히 갚아야 할 은혜이고 후자는 僧徒들이 마땅히 갚아야 은혜라고 한다.

801) 奔波는 달리고 솟구치는 파도로 바쁘고 분주함을 비유한다.

生公書法入經科	唯識玄談似決河
南適全羅謁慈母	石田連歲旱無禾
青林又見流鶯囀	白粲還將瘦馬馱
四重恩誰不知報	羡師千里爲奔波

11-31-106 아침에 일어나다
11-31-106 晨興

늦게 일어나도 몸은 여전히 노곤한데
큰 소리로 읊노라니 기운이 비로소 평안해지네.
남쪽 누각은 산을 마주하기에 좋고
북쪽창은 바람이 있어서 시원하네.
들판의 아지랑이[802]는 창 사이에 그림자를 드리우고
숲의 꾀꼬리 울음소리는 베갯머리에 들리네.
끝없이[803] 흐르는 물 같은 세월을 좇는데
이름을 숨길 만한 곳이 어디일까?

起晏身猶困	吟高氣始平
南樓對山好	北牖有風淸
野馬牕間影	林鶯枕上聲
悠悠逐流水	何處可逃名

11-31-107 흰 구름을 바라보며 짓다
11-31-107 望白雲而作

802) 野馬는 아지랑이, 야생마이다.
803) 悠悠는 끝없이 먼 모양이다.

갠 날 추녀에 기대어 흰 구름을 바라보며 읊노라니
갑자기 남녘의 밭에서 밭을 갈고 김을 맬 것이 생각나네.
백성의 생계와 나라의 재용은 모름지기 모두 충족되어야 하고
하늘의 뜻과 사람의 마음은 본디 분리된 게 아니라네.
푸른 바다와 파란 하늘은 다 아득하고
푸른 담쟁이와 밝은 달은 모두 어지럽네.
늙은 나는 거침없이[804] 떠나감을 배우고 싶나니
임금[805]님을 보좌할 뭇 영걸들은 저절로 있다네.

嘯倚晴軒看白雲　　忽從南畝念耕耘
民生國用須皆足　　天意人心本不分
蒼海碧天俱杳杳　　綠蘿明月共紛紛
老吾欲學飄然去　　自有群英佐大君

11-31-108 김공립이 복직하여 그 어버이를 영화롭게 해 드리려고 나에게 말을 요구하기에 나는 누가 듣고서 임용하겠느냐면서 곧 1수를 짓다

11-31-108 金恭立 欲復職以榮其親 求予言 予言誰聽用 乃作一首

오래 버려졌으니 추천의 말을 누가 들어 주랴?
처음 날 때에는 천명이 절로 주어진다네.[806]

---

804) 飄然은 거침없이 떠나는 모양, 가볍게 팔랑거리는 모양이다.
805) 大君은 하늘, 天子, 天神을 뜻한다.
806) 命自貽는 운명을 스스로 받는다는 뜻인데, 『書經』「召誥」에서 召公이 成王에게 고한 말 가운데 "왕께서 처음으로 국정을 주관하시니, 아, 마치 갓 태어난 자식이 그 처음에는 절로 밝은 운명을 받지 않음이 없음과 같습니다. 이제 하늘이 그 운명을 밝게 하실지, 그 운명을 길하게 하실지 흉하게 하실지, 오랜 국운을 명하

행장(行藏)[807]은 갑자기[808] 정해지는 게 아닌데
청탁 때문에 점차 어긋나게 되었다네.
천명(天命)을 내가 어찌 간여하랴마는
시운(時運)은 그대가 알 수 있으리.
봄바람 부는 것이 다하려 하거니와
어버이를 염려하는 그대를 애석하게 여긴다네.

久廢言雖聽　　初生命自貽
行藏非造次　　請托漸乖違
天也吾何與　　時乎子可知
春風吹欲盡　　惜汝念庭闈

11-31-109 흰 머리털
11-31-109 白髮

빗노라면 흰 머리털이 점점 드물어지는데
눈처럼 어지럽게 옷에 잘 붙네.
늙은 아내는 머리가 벗어질 것을 꽤 의심하는데
어린 아들은 아직 살진 얼굴이라고 아직 말하네.
푸른 산에서 비치면 얼마나 산뜻한가?[809]

실는지요?(王乃初服 嗚呼 若生子 罔不在厥初生 自貽哲命 今天其命哲 命吉凶 命歷年)"라는 대목이 있다.

807) 行藏은 나아가고 숨는 것으로 出仕와 退居를 가리키는데, 『論語』 「述而」의 "쓰면 나아가고, 버리면 숨는 일은, 오직 나와 네가 가졌을 것이다.(用之則行 舍之則藏 惟我與爾有是夫)"라는 글에서 유래한 말이다.

808) 造次는 造次顚沛와 같은 말로 발을 헛디디고 넘어지는 사이라는 뜻으로 짧은 시간을 가리킨다.

809) 洒(灑)落은 인품이 깨끗하여 속기가 없는 모양이다.

밝은 달빛을 받으면 함께 흐릿해지네.
인간세상에서는 오색(五色)이 사람의 눈을 흐리게 하니[810]
다만 너와 함께 돌아가고자 기약하기를 바라네.

白髮梳來漸漸稀　　紛紛如雪巧粘衣
老妻頗訝頭將禿　　童子猶言面尙肥
映得靑山何洒落　　披從明月共熹微
人間五色迷人眼　　只願期將與爾歸

11-31-110 염시중[811]을 곡하다
11-31-110 哭廉侍中

하늘이 시중(侍中)의 내외손을 내셨는데
게다가 총재(冢宰)[812]의 가문에 납채(納采)[813]하셨다네.
부귀와 광영이 누가 아울러 훌륭하리요?
공명과 덕업이 홀로 높았다네.
두 조정[814]에서 백관을 관장하니[815] 백성들이 의지함이 많았고

---

810) 五色迷人眼은 오색이 사람의 눈을 흐리게 한다는 것으로, 『老子』 12장의 "오색은 사람의 눈을 멀게 하며, 五音은 사람의 귀를 멀게 한다.(五色令人目盲 五音令人耳聾)"라는 대목을 변용한 것이다.

811) 廉侍中은 廉悌臣(1304~1382)을 가리킨다. 字는 愷叔, 본관은 瑞原, 謚號는 忠敬이다. 元에서 泰定皇帝를 시종하다가 귀국하여 忠肅王의 신임을 받았으며, 忠穆王 때에 都僉議評理를 거쳐 忠定王 1년에 贊成事가 되었다. 恭愍王 초에 守門下侍中으로 西北面都元帥로 나갔고, 辛旽의 미움을 받아 한때 파직되었다가 領都僉議가 되었고, 딸이 愼妃로 책봉되었다. 禑王 때 領門下府事를 거쳐 曲城府院君에 봉해졌다. 그는 목은의 처고모부이다.

812) 冢宰는 執政者로 首相을 가리킨다. 여기에서는 權漢功을 지칭하는데, 廉悌臣은 권한공의 사위이다.

813) 納采는 신랑 집에서 신부 집에 혼인을 구하는 것, 또는 그 의례를 가리킨다.

814) 兩朝는 두 조정으로 忠穆王과 恭愍王의 조정을 가리킨다.

세 아들[816)]이 과거에 급제하니 세상 사람들이 모두 떠들었네.
팔순이 다만 몇 달밖에 남지 않았는데
바람에 펄럭이는 붉은 깃발[817)]에 배나 안타까워하네.

天生內外侍中孫　　納采仍於冢宰門
富貴光榮誰並美　　功名德業獨爲尊
兩朝宅揆民多賴　　三子登科世共喧
未到八旬唯數月　　倍傷丹旐逐風飜

11-31-111 곡성의 상사 때문에 사흘을 읊지 않다가 이제 마침내 장구[818)]를 읊다
11-31-111 因曲城喪 三日不吟 今乃吟成長句

조회를 멈추고 사흘 동안 읊조림을 그만두고서
다만 〈해로(薤露)〉[819)]의 노래에 상심했을 뿐이네.
길한 땅[820)]의 가운데로는 겹친 산 고개[821)]가 북쪽에서 뻗어오고
평탄한 비탈[822)]의 바깥으로는 긴 시내가 동쪽으로 흘러가네.
쓸쓸한 별원(別院)[823)]에는 꽃나무가 남아 있고

---

815) 宅揆는 使宅百揆의 준말로, 百官을 관장하여 國政을 總領함이다.
816) 三子는 廉悌臣의 세 아들로 廉國寶·廉興邦·廉廷秀인데 이들은 모두 과거에 급제하였다.
817) 丹旐는 葬禮式에 쓰이는 붉은 깃발이다.
818) 長句는 본래 七言古詩를 가리켰으나, 나중에는 七言律詩도 謙稱하는 말이다.
819) 〈薤露〉는 樂府 相和曲의 이름으로 고대의 挽歌나 喪歌이다. 戰國時代 楚나라 屈原의 〈對楚王問〉에 그 이름이 보이고, 晋 崔豹의 『古今注』에 〈蒿里〉와 함께 喪歌의 하나로 실려 있다.
820) 福地는 吉地를 가리킨다.
821) 複嶺은 중첩된 산 고개이다.
822) 平坡는 경사가 완만한 비탈이다.
823) 別院은 본 채 이외에 따로 지은 집, 別莊이다.

우뚝한 높은 봉분에는 벽라(薜蘿)[824]가 빛나네.
기구(耆舊)[825]가 영락[826]함은 세상의 도리[827]와 관련이 있는데
세월은 어찌하여 빨리[828] 흐르는가?

停朝三日輟吟哦　　只得傷心薤露歌
複嶺北來中福地　　長川東去外平坡
寂寥別院留花木　　突兀高墳照薜蘿
耆舊凋零關世道　　流光苒苒欲如何

11-31-112 길을 가며 지은 시를 추가로 기록하다. 3수
11-31-112 追記途中三首

11-31-112-01 도원정[829]
11-31-112-01 桃源亭

잣나무와 소나무의 산림은 이미 묵은 자취[830]가 되었는데
흰 머리가 된 오늘 도원정(桃源亭)을 지나가네.

---

824) 薜蘿는 마삭줄과 여라풀인데, 모두 나무를 칭칭 감고 올라가는 풀이다.
825) 耆舊는 耆故와 같은 말로 60세 이상의 늙은이이다.
826) 凋零은 零落, 凋落이다.
827) 世道는 세상을 다스리는 도리, 세상의 도의이다.
828) 冉冉은 세월이 흐르는 모양이다.
829) 桃源亭은 京畿道 長湍의 桃源驛에 있던 驛亭이다. 李穀은 〈宿桃源驛〉(『稼亭集』 권19) 시에서 "역의 이름을 도원이라 하기에는 적합하지 않으니, 부서진 집과 거친 숲이 門도 기억하기 어렵네. 지나는 나그네가 풍악산에 치성을 드리러 가는데, 복을 나누어 백성들에게 줄 수 있을는지?(驛名不合作桃源 破屋荒林不記門 過客乞靈楓岳去 可能分福與黎元)"라고 하였다.
830) 陳迹(跡)은 옛 일, 묵은 자취이다. 宋나라 蘇軾의 시 〈送芝上人游廬山〉에 "빙빙 도는 것은 맷돌질을 하는 소와 같고, 걸음마다 묵은 자취를 밟네.(團團如磨牛 步步踏陳跡)"라는 구절이 있다.

도성 동쪽은 산과 물이 청수(淸秀)[831]함을 보태는데
길 가에는 모래바람이 어둑한 빛[832]을 쓸어버리네.
진(秦)나라를 피함[833]을 배우려고 부질없이 흥에 의탁하고
위(魏)나라를 논의[834]할 필요가 없으니 오래 말을 잊네.
눈앞에 선인(先人)[835]의 자취가 흐릿하게[836] 보이는데[837]
금강산(金剛山)의 꼭대기가 높음을 먼 곳에서 생각해 보네.

栢嶽松林迹已陳　　白頭今日過桃源
城東山水增淸秀　　路上風沙掃翳昏
欲學避秦空托興　　不須論魏久忘言
眼中髣髴先人跡　　遙想金剛嶽頂尊

11-31-112-02 점심밥 *이원핑 정당[838]과 권계용[839] 대부[840]가 자리에 있었다

831) 淸秀는 청아하고 수려함이다.
832) 昏翳는 빛이 어두움, 어리석음이다.
833) 避秦은 秦나라를 피한다는 말로 난리를 피하는 것을 가리킨다. 陶潛의 〈桃花源記〉에 "선세에 진나라의 난리를 피해 처자와 읍인을 거느리고 이 절경에 왔다.(先世避秦時亂 率妻子邑人 來此絶景)"라는 대목이 있다.
834) 論魏는 魏를 논한다는 말로, 陶潛의 〈桃花源記〉에 秦나라를 피해 武陵으로 들어온 사람이기 때문에, 이에 지금이 어느 시대인지를 물어 보았더니 漢나라 있었던 줄을 모르니 魏晉은 논할 필요가 없었다(問今何世 乃不知有漢 無論魏晉)고 한다.
835) 先人은 先親과 같은 말로 稼亭 李穀(1298~1351)을 가리킨다.
836) 髣髴은 隱約·依稀과 같은 말로 희미한 모양이다.
837) 이 구절은 목은의 부친 李穀이 金剛山으로 가는 길에 이곳에서 〈宿桃源驛〉(『稼亭集』 권19)를 지은 사실을 염두에 두고 쓴 것이다.
838) 政堂은 고려시대 中書門下省의 종2품 관직인 政堂文學의 약칭이다.
839) 權季容은 고려 말의 문신으로 목은의 장인인 權仲達의 둘째 아들이자 崔瀣의 사위인데, 『高麗史』「世家」에 禑王 6년 6월에 典法判書로서 楊廣全羅道 察理使가 된 일과 10년 9월에 同知密直으로 있었던 사실이 확인된다.
840) 大夫는 고려시대 文官의 官階에 붙여 부르던 호칭으로, 처음에는 종5품 이상의 품계에 사용되었으나, 忠烈王 34년(1308) 이후에는 종4품 이상으로 고쳐졌다.

11-31-112-02 午飧 *李政堂元紘權大夫季容在席

시냇가에 말을 풀어 놓고 점심밥을 먹는데
천마산(天磨山)[841]의 빛깔이 술잔과 쟁반에 떨어지네.
정당(政堂)의 바람 같은 풍채가 응당 서로 달구지만
헌부(憲府)[842]의 서리 같은 위엄도 매우 차갑지는 않네.
어찌 가문(家門) 때문에 마음이 비통하겠는가?[843]
다만 사직(社稷)으로 인하여 눈물이 줄줄 흐르네.[844]
조금 취하여 인간세상의 일을 잊으려 하면서도
종일토록 까닭 없이[845] 콧구멍이 시큰하네.

放馬川邊進午飧　　天磨山色落杯盤
政堂風彩應相爍　　憲府霜威不甚寒
豈爲家門情惻楚　　只緣社稷涕汍瀾
微酣欲忘人間事　　盡日無端鼻孔酸

11-31-112-03 송산[846]을 바라보다
11-31-112-03 望松山

송산(松山)의 푸르름이 사철 같으니

841) 天磨山은 開京 近郊에 있는 산으로 여러 봉우리가 높이 솟아 있어 푸른 기운이 감돈다고 하여 붙여진 이름이다.
842) 憲府는 司憲府의 준말로서, 고려시대에 時政을 論執하고 풍속을 교정하며 糾察·彈劾하는 등의 일을 맡아 보던 관아이다. 司憲臺·御史臺·金吾臺·監察司 등으로 불리기도 하였다.
843) 惻楚는 悲痛함이다.
844) 汍瀾은 눈물이 줄줄 흐르는 모양이다.
845) 無端은 無故, '까닭 없이'의 뜻이다.
846) 松山은 開京의 鎭山인 松嶽山의 다른 이름이다.

국운(國運)[847]이 만세토록 풍성할 것을 분명히 알겠네.
모든 것이 대신(大臣)의 경제(經濟)[848]의 역량에 힘입음인데
공덕을 따진다면 대부분이 시중(侍中)[849] 공에게 있네.

松山蒼翠四時同　　國祚明知萬世豐
盡是大臣經濟力　　論功多在侍中公

11-31-113 절간[850] 윤공이 청룡사[851]에 갔다가 돌아와서 조롱박[852]에 순채를 가득 담아 보내고 또 환암[853]의 서신을 가져다가 주기에 매우 기뻐서 1수를 읊다

11-31-113 絶礀倫公游靑龍回 以瓠蘆盛蓴菜相遺 又以幻菴書來投 喜甚 吟成一首

남쪽창 가에 피곤하여 누워서 낮 꿈을 꾸고 나니
문득 맑고 상쾌하게 눈빛이 펼쳐지네.
조롱박에서 기울인 것은 계응(季鷹)[854]의 순채요

847) 國祚는 國運, 皇位이다.
848) 經濟는 經世濟民 또는 經國濟民의 준말로, 국가를 다스리는 재주와 능력을 가리킨다.
849) 侍中은 고려시대 門下省・都簽議使司・都簽議府・門下府의 종1품 벼슬인데, 때에 따라 侍中 1인만을 두거나, 左侍中・右侍中 또는 侍中・守侍中 두었다.
850) 絶礀(澗)은 조계종 승려로 승명이 倫이고 당호는 松風軒이다. 〈松風軒記〉(『목은문고』 권5)는 그의 당호를 풀이한 글이다. 또 〈長城縣白巖寺雙溪樓記〉(『목은문고』 권3)는 그의 청에 의하여 지어진 글인데, 『東人詩話』 卷上에 의하면 원래 鄭道傳이 '克服'이라 명명하고 作記하였으나, 절간이 幻菴을 통하여 다시 청했으므로 '쌍계'라 명명하고 기를 지었다고 한다.
851) 靑龍寺는 충청북도 중원군 소태면 오량리 소재 청계산 중턱에 있는 사찰이다.
852) 瓠蘆는 조롱박이다.
853) 幻菴은 고려 말의 승려 混修(1320~1392)의 法號이다. 混修(또는 混脩)는 大禪師 繼松에게서 중이 되고, 懶翁에게 道要를 물었으며, 禑王 9년(1383)에 國師를 지냈다.
854) 季鷹은 晉나라 때 江東 출신인 張翰의 字이다. 그는 吳 땅 사람으로 글을 잘 지어

책상 위에서 뜯은 것은 청룡사(靑龍寺)의 서신이네.
안개 낀 나무와 바람 부는 꽃에는 절기(節氣)가[855] 빠를 텐데
구름 낀 산과 사슴이 노는 들판[856]에서는 서신[857]이 드무네.
황려(黃驪)[858]의 동쪽 언덕에 사찰[859]이 있으니
달 밝은 밤에 이야기를 나누고 낚시터를 보고 싶네.

困臥南牕午夢餘　　忽然淸快眼光舒
壺中倒載季鷹菜　　案上拆開靑龍書
煙樹風花節序速　　雲山鹿陌音問疏
黃驪東岸有梵刹　　夜話月明看釣魚

11-31-114 일찍 일어나다
11-31-114 早起

높은 하늘을 쳐다보니 또 아득하기만 한데

당시에 '江東步兵'이라 불리었는데, 서울로 가는 賀循을 만나 함께 서울로 갔지만, 천하가 분분하자 "나는 본래 산림 속의 사람이라 세상에는 바랄 것이 없다"라고 같은 郡 출신의 顧榮에게 말하니 그도 같은 생각이라고 했다. 마침 가을바람이 이는 것을 보자 吳中의 菰菜와 순채국과 농어회를 생각하면서, "인생은 뜻에 맞게 사는 게 중요한데, 어찌 수천리 밖의 객지에서 宦路에 얽매여 명성과 작위를 구하리요?(人生貴得適志 何能羈宦數千里以要名爵乎)"라고 하고 마침내 고향으로 돌아갔다고 한다.

855) 節序는 節氣, 또는 절기의 순서이다.

856) 鹿陌은 鹿野와 같은 말로 鹿野園을 가리키는데, 여기에서는 절을 뜻한다. 녹야원은 釋迦가 成道한 지 三七日 뒤에 처음으로 法輪을 굴려서 다섯 比丘를 제도한 곳인데, 中印度 바라내국 王舍城의 동북쪽에 있었다.

857) 音問은 音訊, 書信이다.

858) 黃驪는 驪興으로, 현재의 경기도 驪州를 가리킨다.

859) 梵刹은 일반적으로 사찰을 가리키는데, '梵'은 淸淨하다는 뜻이고 '刹'은 지방이라는 뜻이다.

옅은 흰 구름을 끌면서 작은 구름이 끊어졌다가 이어지네.
비 내릴 조짐이 전혀 없음을 누가 근심하는가?
하늘의 마음과 멀리 떨어져 있으니 스스로 안타까워할 만하네.
사민(四民)[860] 중에 농민이 근본임이 확실하고[861]
팔정(八政)[862] 가운데 먹는 것이 우선임이 분명하네.[863]
또 『인경(獜經)』[864]에 선니(宣尼)[865]께서 기록하셨거니와
목은 늙은이가 시를 읊고 있노라니 오장[866]이 타네.

瞻望長空更杳然　　微雲曳素斷還連
絶無雨意誰知悶　　懸隔天心自可憐
的的四民農是本　　明明八政食居先
獜經更有宣尼筆　　牧老吟詩五內煎

11-31-115 허리가 시리다
11-31-115 腰酸

얼굴의 주름살이야 내가 어찌 간여하랴?
먼지 낀 거울에서도 없애고 싶네.

---

860) 四民은 士・農・工・商의 네 계급, 또는 그 계급의 백성을 가리킨다.
861) 的的은 밝은 모양, 고운 모양, 확실한 모양이다.
862) 八政은 국가를 운영하기 위한 여덟 가지 중요한 사항으로, 『書經』「虞書」〈洪範〉에 나오는 먹는 것〔食〕・재물〔貨〕・제사〔祀〕・토지 및 생활을 관장하는 관리〔司空〕・교육을 관장하는 관리〔司徒〕・사법과 경찰을 관리하는 관리〔司寇〕・손〔賓〕・군사〔師〕를 가리킨다.
863) 明明은 의심의 여지없이 분명한 모양이다.
864) 『獜(麟)經』은 『春秋』를 가리킨다. 이 책은 "西狩獲麟"의 구절로 끝나기 때문이다.
865) 宣尼는 孔子를 가리킨다. 漢 平帝 元始 원년에 공자의 謚號를 褒成宣尼公으로 정한 뒤로 공자를 선니라고 불렀다.
866) 五內는 五臟이다.

허리가 시려서 스스로 참기 어려워
불로 달군 기와로 자주 지지네.
백년(百年)을 지내듯이 하루가 길고
천산(千山)을 넘어가듯 밤이 오래네.
만약 나를 잊어버린다면
사물과 함께 소요할 수 있으리.

面皺吾何與　　塵埋鏡欲消
腰酸自難忍　　火烈瓦頻燒
百歲經長日　　千山度永宵
若爲忘有我　　與物共逍遙

11-31-116 뜻이 있어
11-31-116 有意

남쪽으로 한강(漢江)의 상류에 가서 놀 뜻이 있어서
높은 데 올라서 노래하노라니 뜻이 아득해지네.[867)]
다만 축항사두(縮項槎頭)[868)]의 물고기 맛 때문일 뿐인데
이르는 곳마다 강과 산은 절로 누각에 가득하리.
천명은 본래 마땅히 순순히 받아들임[869)]을 감수해야 하는데

867) 悠悠는 아득한 모양, 종잡을 수 없는 모양이다.
868) 縮項槎頭는 鯿魚〔魴魚〕의 별명으로 縮頭鯿・縮項鯿・槎頭縮頸鯿・縮項仙人이라고도 하는데, 『襄陽耆舊傳』에서는 峴山 밑의 漢水에서 맛이 극히 기름지고 훌륭한 鯿魚가 나오는데, 襄陽人들이 뗏목으로 물을 가로막아서〔斷水〕 잡기 때문에 槎頭縮項鯿이라고 이른다고 하였다. 여기에서는 중국의 漢水와 南京府尹이 있는 漢江을 중의적으로 나타내고 있다.
869) 順受는 天命을 순종하여 받는 것이다. 『孟子』「盡心 上」에서 맹자는 "천명이 아닌 것이 없으니, 그 바른 것을 순종하여 받아야 한다. 그래서 천명을 아는 사람은 무너지려고 하는 담장 아래에 서지 않는다.(莫非命也 順受其正 是故知命者不立乎

나의 삶은 어찌 반드시 죽음에 가까워짐[870]을 한탄하리요?
마침내 밝은 달빛 속에 거룻배 타고 멀리 떠나리니[871]
구차스럽게[872] 〈사수시(四愁詩)〉[873]를 읊은 것을 크게 웃네.[874]

有意南游漢上流　　登高舒嘯思悠悠
只緣縮項槎頭耳　　到處江山自滿樓
天命固宜甘順受　　吾生何必嘆行休
扁舟明月終長逝　　笑殺區區賦四愁

11-31-117 꾀꼬리 소리를 듣다. 3수
11-31-117 聞鶯三首

북쪽창 밖의 꾀꼬리 소리가 생황처럼 교묘한데
취한 꿈을 막 깨니 석양이 되려 하네.
상림원(上林園)[875]에서 일찍이 한 번 들은 것을 기억하는데
오색구름이 짙은 곳에 백화(百花)가 향기로웠네.

北牕鶯語巧如簧　　醉夢初回欲夕陽

巖牆之下)"라고 하였다.

870) 行休는 점점 죽음에 가까워짐을 뜻한다. 休는 死의 뜻이다. 陶潛의 〈歸去來辭〉에 "만물이 때를 만남을 부러워하며, 내 생애가 운행을 멈추게 됨을 느껴워하네.(羨萬物之得時 感吾生之行休)"라는 구절이 있다.

871) 長逝는 멀리 떠나는 것으로 세상을 떠남, 죽음을 비유한다.

872) 區區는 조그마한 모양, 변변치 못한 모양이다.

873) 〈四愁詩〉는 後漢의 張衡이 河間王의 宰相이 되었을 때 천하의 예의와 법도, 정치가 제대로 운용되지 않음을 탄식하면서 지은 4수의 古詩로 『文選』에 실려 있다.

874) 笑殺은 一笑에 붙이거나, 크게 웃는다는 뜻이다.

875) 上林園은 원래 秦나라의 園囿의 이름으로 후대에는 帝王의 園囿를 가리키게 된 말이다.

記得上林曾一聽　　五雲深處百花香

젊은 시절에 강 마을에 초당(草堂)을 지었는데
높고 낮은 푸른 버들이 못을 비추었다네.
울음소리[876]는 그때에 들은 것과 매우 비슷하지만
다만 내 머리가 서리처럼 희어진 것을 한탄할 뿐이네.

少向江村搆草堂　　綠楊高下映池塘
綿蠻恰似當時聽　　只恨吾頭白似霜

한낮의 잠자리에 홀연히 벗을 구하는[877] 소리가 들리는데
쇠잔한 생애에 외로운 그림자를 짝함을 스스로 안타까워하네.
일찍이 멈추어야 할 곳을 앎[878]에 깊은 뜻이 있다고 들었는데
『대학(大學)』[879]의 공부를 어느 날에나 이룰까?

午枕忽聞求友聲　　自憐孤影伴殘生
曾聞知止有深意　　大學功夫何日成

11-31-118 삼월 스무닷샛날에 비가 내림을 기뻐하다.[880] 3수
11-31-118 三月廿五 喜雨 三首

876) 綿(緜)蠻은 『詩經』 「小雅」 〈緜蠻〉에 나오는 말로 새의 울음소리이다.
877) 求友는 벗을 부르는 것으로, 『詩經』 「小雅」 〈伐木〉의 "꾀꼴꾀꼴 우는 것은, 벗 부르는 소리이네.(嚶其鳴矣 求其友聲)"라는 구절에서 유래한다.
878) 知止는 멈추어야 할 곳을 아는 것으로, 『大學』의 "그칠 곳을 안 뒤에야 안정이 된다.(知止而後有定)"라는 글에서 유래한다.
879) 『大學』은 四書의 하나로서, 儒敎의 明德·親民·至善의 三綱領과, 格物·致知·誠意·正心·修身·齊家·治國·平天下의 여덟 조목을 기록 설명하고 있다.
880) 喜雨는 오랜 가뭄 끝에 내리는 반가운 비, 즉 단비이다.

천도(天道)의 운행은 아득하니
나의 삶을 근심스레 살피네.[881]
쇠잔한 삶이라 다만 배부름만 구하지만
좋은 비가 또 밭갈기를 재촉하네.
약물로 쇠약하고 병든 몸을 부지하면서
시편으로 태평시대를 드러내네.
그늘이 짙은 뜰은 고요한데
똑바로 앉아[882] 닭 울음소리를 듣네.

杳杳運天道	悠悠觀我生
殘生但求飽	好雨又催耕
藥物扶衰病	詩聯表大平
綠陰庭院靜	危坐聽鷄聲

성 위에서 짙은 구름이 누르고
전답 사이에는 새 물이 생겨나네.
일찍이 누가 농사를 지으려[883] 하였던가?
나는 경작하러 돌아가지 못함을 안타까워하네.
바위굴은 운무 속의 봉우리[884]에 숨어 있고
보의 못[885]은 거울의 표면처럼 평평하네.

---

881) 悠悠는 우수가 깃든 모양이다.
882) 危坐는 正坐와 같은 말로, 단정하게 앉는 것이다.
883) 學稼는 농사짓는 법을 배운다는 뜻인데, 여기에서는 『論語』 「子路」에서 공자에게 농사짓는 법을 물었던 樊遲의 고사를 가리킨다. 번지가 농사짓는 법을 배우기를 청하자 공자는 자기가 늙은 농부만 못 하다고 하고, 채소 가꾸는 법을 묻자 자기는 늙은 채소 농사꾼만 못 하다고 한 다음, 번지가 나간 다음에 그를 小人이라고 하였다고 한다.(樊遲請學稼 子曰 吾不如老農 請學爲圃 曰吾不如老圃 樊遲出 子曰 小人哉 樊須也)
884) 烟鬟은 부녀자의 아름다운 머리털인데, 雲霧에 싸인 봉우리를 비유한다.

늘그막의 끝없는 생각을
나는 읊조리는 시에 부치네.

城上濃雲壓 田間新水生
問誰曾學稼 恨我未歸耕
岩岫烟鬟隱 陂塘鏡面平
白頭無限意 寄我詠詩聲

갑자기 때맞추어 내리는 비[886]를 만나니
문득 민생이 넉넉해질 것을 생각하네.
풍성한 풀에서 말을 막 먹이는데
높은 밭에서는 사람들이 경작하려고 하네.
시내에 뜬 꽃잎은 이미 다 없어지고
구름이 일어나는 숲은 모두 평평하네.
더욱이 묘한 그림[887]과 같거늘
누가 물방울 떨어지는 소리를 더하였는가?

忽逢時雨至 便覺裕民生
豐草馬初牧 高田人欲耕
溪浮花已盡 雲起樹俱平
更似丹靑妙 誰添點滴聲

11-31-119 봄의 음기.[888] 3수

885) 陂塘은 池塘과 같다.
886) 時雨는 때맞추어 내리는 비이다.
887) 丹靑은 그림이다.
888) 春陰은 봄철에 하늘이 흐릴 때의 공중의 陰氣, 봄 그늘이다.

11-31-119 春陰三首

봄의 음기는 자욱하고 한낮의 바람은 가벼운데
환한 조그만 뜰에는 녹음이 짙고 붉은 꽃이 쇠잔하네.
언뜻 내리던 비가 보이지 않는데
갑자기 두어 마디 꾀꼬리 울음소리가 들리네.

春陰漠漠午風輕　　綠暗紅殘小院明
微雨乍來看不見　　忽聞黃鳥兩三聲

하늘이 늘그막[889]에 그윽한 거처[890]에 살게 하니
서책만 어지러울 뿐 모든 일이 끝났네.
대청의 뒤와 앞에는 늙은 나무가 많은데
가장 높은 우듬지에서 비둘기가 우네.

天敎晩歲卜居幽　　書冊紛紛萬事休
堂北堂前多老樹　　最高樹上有鳴鳩

원정(園丁)[891]이 봄이 다한 늦은 때에 채소를 심었으니
묵은 뿌리에 싹이 난들 꽃을 피우지는 못하리.
늙은이는 본래 계획하는 것[892]을 알지 못하지만
도리어 반찬은 전과 같기를 바라네.

889) 晩歲는 늘그막이다.
890) 卜居는 살 만한 곳을 가려서 정하거나, 그 정한 곳이다.
891) 園丁은 정원을 맡아 다스리는 사람이다.
892) 區畫(劃)은 按排이다.

春盡園丁種菜遲　　宿根雖出未敷蕤
老翁本不知區畫　　却要盤飡□□□[893)]

11-31-120 느낌이 있어
11-31-120 有感

앉아서 동풍을 마주하여 한바탕 새로 웃는 것은
건곤은 이 늙고 쇠약한 몸을 용납하기 때문이네.
조그만 기예[894)]인 문장은 점점 풍속을 좇고
헛된 이름인 기두(箕斗)[895)]는 참으로 사람을 얽매네.
흐르는 물과 뜬 구름은 자취가 없는데
떨어진 꽃과 우는 새에게는 정신[896)]이 있네.
남은 삶에 다시 임금의 은혜가 소중함을 느끼나니
강 가에 시골집이 있어서 가난을 걱정하지 않는다네.

坐對東風一笑新　　乾坤容此老衰身
文章小技漸趨俗　　箕斗虛名眞累人
流水浮雲沒蹤迹　　落花啼鳥有精神
餘生更感君恩重　　江上田廬不患貧

893) □□□이 『靑丘風雅』에는 '似舊時'로 되어 있다.
894) 文章小技는 문장은 도덕에 비하여 작은 기예에 지나지 않는다는 뜻으로, 흔히 雕(彫)蟲小技라고 한다.
895) 箕斗는 二十八宿 중의 동쪽에 있는 箕宿와 북쪽의 斗宿를 가리키는데, 『詩經』「小雅」〈大東〉에서 "남쪽 하늘에 두수가 있어도 까불 수 없고, 북쪽 하늘에 두수가 있어도 술을 풀 수 없네.(維南有箕 不可以簸揚 維北有斗 不可以挹酒漿)"라는 말에서 헛되이 이름만 있는 것을 비유한다.
896) 精神은 精彩 있는 神韻이다.

11-31-121 동년 박밀직[897]을 받들어 하례하다. *진록[898]이다
11-31-121 奉賀同年朴密直 *朴晋祿

국간(菊澗)[899]의 문장[900]은 달이 하늘에서 빛나는 듯한데
함께 단계(丹桂)[901]를 잡으려다가 내가 앞선 것을 부끄러워하네.
비록 질병으로 몇 년 동안 중간에 막혔지만
영광스럽던 양부(兩府)[902]에서 이미 왼쪽으로 옮겼네.[903]
엄안(嚴顔)[904]께서 장정의 나이와 같음을 가장 다행스러워하는데
기쁜 눈물을 화려한 잔치자리에 뿌릴 것을 먼 곳에서도 알겠네.
사문(斯文)[905]의 성쇠[906]를 어찌 반드시 염려하랴?
총재(冢宰)[907]께서 오늘 아침에 또 어진 이를 추천하셨다네.

菊澗詞華月照天　　　同攀丹桂媿吾先

897) 密直은 고려시대 密直司, 또는 그 장관을 가리킨다. 密直司는 고려시대에 王命의 출납과 宮中의 宿衛·軍機 등에 관한 일을 맡아보던 관아이다.
898) 朴晋祿은 고려 말의 문신으로 恭愍王 2년(1353)에 등제하여 獻納을 지내고 辛旽에 대하여 엇갈린 대응을 하였으며, 禑王代에는 代言을 지내면서 遷都에 관여하고 趙浚의 개혁적 주장에 제동을 걸었다.
899) 菊澗(磵)은 朴晋祿의 堂號로, 〈菊澗記〉(『牧隱文藁』 권3)는 禑王 6년(1380) 4월에 그의 거처에 대해 쓴 기문이다.
900) 詞華는 詞藻와 같은데, 시와 문장, 글맵시를 가리킨다.
901) 丹桂는 붉은 계수나무 가지로 晉의 郤詵이 과거에 급제한 것을 가리켜 계수나무 한 가지를 얻은 데 불과하다고 하였다는 『晉書』 〈郤詵傳〉에서 유래하여 登第를 베유한다.
902) 兩府는 고려시대 中書門下省과 中樞院을 합하여 일컫는 것인데, 후일에는 僉議府와 密直司를 합하여 일컬었다.
903) 左遷은 왼쪽으로 옮겼다는 것으로 승진을 뜻한다. 右侍中보다 左侍中이 높은 것처럼 관직에서는 右보다 左가 붙은 것이 더 상위직이다.
904) 嚴顔은 엄숙한 顔色인데, 여기에서는 嚴親의 모습을 뜻한다.
905) 斯文은 이 학문, 즉 儒學을 뜻하며, 선비를 가리키기도 한다.
906) 興替는 盛衰라는 뜻이다.
907) 冢宰는 大冢宰의 준말로서, 首相을 달리 부르는 말이다.

數年疾病雖中否　　兩府光榮已左遷
最幸嚴顔如壯歲　　遙知喜淚洒華筵
斯文興替何須念　　冢宰今朝又進賢

11-31-122 즉석에서 짓다. 3수
11-31-122 卽事三首

누런 책[908]의 맑은 향기는 대빈(大賓)[909]과 같고
푸른 산과 흐르는 물은 단정한 사람이라네.
또 성현(聖賢)[910]에 해당함[911]을 일삼으니
다만 없는 것은 귀신을 울게 할 새로운 시라네.

黃卷淸香如大賓　　靑山流水是端人
更將中聖賢爲事　　只欠新詩泣鬼神

기러기가 손님[912]으로 올 때마다 고향이 생각나는데

908) 黃卷은 책을 가리키는데, 옛날에 책이 좀먹는 것을 막기 위하여 黃蘗나무의 외피로 염색한 황색 종이를 썼기 때문에 생긴 말이다.
909) 大賓은 제후나 향음주례에서 나이와 덕이 높은 賓客을 뜻한다.
910) 聖賢은 淸酒와 濁酒의 竝稱으로 술을 가리키고, 中聖人은 성인의 경지에 도달했다는 뜻으로 잔뜩 취함을 나타내는 隱語이다. 『三國志』 권27, 「魏志」 〈徐邈傳〉에 尙書郎으로 있던 서막이 酒禁을 어기고 술을 마셔서 매우 취하였는데, 校事 趙達이 曹事에 대해 묻자 邈이 '中聖人'이라고 대답하니 이를 太祖에게 알리자 태조는 매우 화를 내었는데, 鮮于輔가 "평소 술 취한 사람이 맑은 술을 聖人이라 하고 흐린 술을 賢人이라 하니, 邈의 성격은 공경스럽고 신중하니, 아마 취해서 한 말일 것입니다."라고 하여 위기를 벗어났다는 일화가 있다.
911) 中聖人은 성인에 해당한다는 뜻으로 술에 취하여 있음을 이르는 隱語이다.
912) 鴈(雁)賓은 객지에 날아오는 기러기로서, 음력 9월을 가리키기도 한다. 『禮記』 「月令」에 "늦가을에는 (중략) 기러기가 손님으로 온다.(季秋之月 (中略) 鴻鴈來賓)"라는 대목이 있다.

말을 빌려 준 사람과 시대가 멀어진 것에 놀랄 만하네.[913]
조각배를 사서 문득 돌아가고 싶으니
돛에 부는 바람을 어찌 반드시 강의 신에게 물으랴?

鄕情每動雁來賓　　世遠堪驚馬借人
欲買扁舟便歸去　　風帆何必問江神

소년시절에 〈녹명(鹿鳴)〉[914]을 부르며 잔치의 좋은 손님이 되었는데
관작과 봉록[915]으로 지금도 아직 임금의 은혜를 입네.[916]
두 눈에는 불똥이 어른거리고[917] 양쪽 살쩍은 희어
태평시대를 노래로 찬송하려니 정채와 신명[918]이 모자라네.

鹿鳴少也讌嘉賓　　爵秩今猶荷主人
兩眼昏花雙鬢白　　大平歌頌少精神

11-31-123 앉아서 졸다
11-31-123 坐睡

913) 이 구절은『論語』『衛靈公』에서 "내가 오히려 史官이 사실을 모르면 闕文으로 두는 것과 말을 가진 사람이 남에게 빌려 주어 그것을 타게 하는 것을 보았는데, 지금은 그런 것이 없어졌구나.(吾猶及史之闕文也 有馬者借人乘之 今亡矣夫)"라고 한 孔子의 말을 변용한 것이다.
914) 〈鹿鳴〉은『詩經』「小雅」가운데 하나로서 天子가 群臣을 거느릴 때의 시이다. 唐나라 때에는 長吏가 그 郡縣의 시험에 급제한 擧人을 招致한 때에 이 시를 읊어서 前途를 축하하였다.
915) 爵秩은 爵祿, 즉 官爵과 俸祿이다.
916) 主人은 임금을 가리키고, 荷主人은 임금의 은혜를 입는다는 뜻이다.
917) 昏花는 눈앞에 불똥 같은 것이 어른어른하는 것을 말하며, 眼花・飛蚊症이라고도 한다.
918) 精神은 精彩 있는 神韻이다.

긴 날에 일이 없어 앉아서 길게 읊조리느라고
비 그친 빈 대청에서 푸른 숲을 마주하네.
마음은 갈 곳이 있어서 한창 활발하게 움직이는데
기운이 모두 엄습해 오니 문득 혼미해지네.[919]
꾸벅거림을 옆 사람이 웃도록 매번 맡겨두지만
게으름을 상제(上帝)께서 굽어보실 것을 늘 놀라워하네.
건곤(乾坤)의 기운이 서로 통하는[920] 곳을 알고자 하는데
훈훈한 바람이 오현금(五絃琴)[921]에 불어오네.

日長無事坐長吟　　雨罷虛堂對碧林
心有所之方活動　　氣來相襲便昏沈
低昂每任傍人笑　　怠惰常驚上帝臨
欲識乾坤交泰處　　熏風吹入五絃琴

11-31-124 도성의 남쪽
11-31-124 城南

도성의 남쪽의 한 구역은 후미진데
고요함을 사랑하니 나의 마음이 기쁘네.

---

919) 昏沈은 昏暗, 昏亂, 沈迷의 뜻이다.
920) 乾坤交泰는 하늘과 땅의 기운이 서로 통하여 합해지는 것인데, 『周易』「泰卦」의 象辭에 "천지의 기운이 서로 통하여 합해지는 것이 泰卦이다. 임금은 이것으로써 천지의 道를 재성하고, 천지의 마땅함을 보상함으로써, 백성을 돕는다.(天地交泰 后以纔成天地之道 輔相天地之宜 以左右民)"라는 대목이 있다.
921) 五絃琴은 舜임금이 만들었다고 하는 다섯 줄의 거문고인데, 순임금은 이 거문고로 〈南風〉이라는 악곡을 노래했다고 한다.(『禮記』「樂記」: 昔者舜作五絃之琴 以歌南風) 그 〈南風〉에서 "남풍의 훈훈함이여, 우리 백성의 성냄을 풀어줄 만하네. 남풍이 때를 맞춤이여, 우리 백성의 재물을 풍족하게 할 만하네.(南風之薰兮 可以解吾民之慍兮 南風之時兮 可以阜吾民之財兮)"라고 노래하였다.

늙은 나무는 지붕보다 높다랗고
뭇 봉우리는 창에서 가깝네.
들의 구름은 곡령(鵠嶺)[922]으로 돌아가는데
뜰의 달빛은 여강(驪江)[923]을 비추리.
홀로 서서 길게 휘파람을 부니
청아하고 호방한[924] 기운이 절로 가슴을 채우네.

城南一區僻	愛靜我心降
老樹高於屋	群峯近在牕
野雲歸鵠嶺	庭月照驪江
獨立舒長嘯	淸豪自滿腔

11-31-125 느낌이 있어서 유항[925]께 드리다
11-31-125 有感呈柳巷

쇠약해져서 살쩍이 서리와 같은 늙은 목은은
누대에 기대어 읊조리며 아득한 곳[926]을 굽어보네.
떨어지는 꽃과 우는 새에 봄이 장차 다하는데
따뜻한 햇살과 부드러운 바람에 낮은 점점 길어지네.
계찰(季札)[927]은 주(周)나라의 예악을 두루 살피고

---

922) 鵠嶺은 開京의 松嶽山의 다른 이름으로 鵠峰·松山·扶蘇山이라고도 하였다.
923) 驪江은 京畿道 驪州 지역을 흐르는 漢江을 가리킨다.
924) 淸豪는 청아하고 호방함이다.
925) 柳巷은 고려 말의 문신 韓脩(1333~1384)의 호이다.
926) 蒼茫은 廣闊無邊한 모양이다.
927) 季札은 春秋時代 吳나라의 公子로서, 여러 나라에 사신으로 가서 풍속을 살폈는데, 특히 魯나라에 가서 周의 음악을 듣고 각각 그 특징을 평가한 내용이 『史記』 「吳太伯世家」에 남아 있다. 예컨대 「周南」과 「召南」을 듣고는 "아름답구나, 비로소 왕국의 기초를 닦았으나 아직 雅頌처럼 공을 이루지는 못했구나. 그러나 편안

연명(淵明)[928]은 진(晉)나라의 문장을 홀로 천단(擅斷)하였네.
남은 생애에 흥취에 의탁함[929]이 부질없는 것만은 아니어서
늘 서쪽 이웃에 가서 마음대로 술기운을 부리네.[930]

老牧摧頹鬢似霜　　倚樓吟嘯俯蒼茫
落花啼鳥春將盡　　暖日和風晝漸長
季札徧觀周禮樂　　淵明獨擅晉文章
餘生托興非徒耳　　每向西隣發酒狂

11-31-126 총지사[931]의 도대선사[932]에게 부치다
11-31-126 寄摠持都大禪師

구룡사(九龍山)[933]의 윤필암(潤筆菴)[934]은 옛 절[935]인데

하고 즐겁지는 않지만 그 소리가 원망스럽지도 않구나."(請觀周樂 爲歌周南召南 曰美哉 始基之矣 猶未也 然勤而不怨)라고 하였다고 한다.

928) 淵明은 東晉 말의 시인 陶潛(365~427)의 字이다. 字는 元亮·淵明, 號는 五柳先生이다. 29세에 관직에 나갔다가 곧 사직하였고 41세에 彭澤縣令이 되었으나 두 달 만에 사직하고 전원으로 돌아가 농사를 지으며 시를 짓는 데 힘써 魏晉時代 최고의 시인이 되었다. 대표작으로는 〈歸去來辭〉·〈桃花園記〉·〈飮酒〉·〈歸田園居〉 등이 있다.

929) 托興은 사물을 빌려서 情趣를 부치는 것이다.

930) 酒狂은 마음대로 술기운을 부리는 이를 말하는데, 『漢書』〈蓋寬饒傳〉의 다음 고사에서 유래한다. 즉 平恩侯 許伯의 집이 낙성되었을 때 權貴들이 다 축하하러 갔으나 개관요는 가지 않고 술이 깬 뒤에 갔는데, 許伯이 술을 따르려 하니 관요가 "나에게 술을 많이 따르지 말라. 나는 酒狂이다."라고 말했더니, 丞相 魏侯가 웃으며 말하기를 "次公은 깨어 있어도 미치니 하필 술 때문이겠는가?"라고 하였다.

931) 摠持寺는 黃海道 牛峯郡의 聖居山에 있는 절로서, 摠持宗의 중심 사찰 중의 하나이다. 총지종은 眞言密敎의 일파로서, 신라의 惠通이 唐나라에 가서 비법을 배우고, 文武王 5년(665)에 돌아와서 세운, 우리나라에서 밀교를 처음 표방한 종파이다.

932) 都大禪師는 禪宗의 大禪師 다음의 法階이다.

933) 九龍山은 黃海道 牛峯郡에 있는 산으로 고려의 國祖 聖骨將軍의 사당이 있기 때

백련사(白蓮寺)[936]와는 놀이 낀 고개 하나로 나뉘네.
북쪽의 신수(神秀)와 남쪽의 혜능(慧能)[937]이 다른 무리가 아닌데
동쪽의 벼랑과 서쪽의 기슭이 어찌 다른 집이겠는가?
유가의 문중에서 도를 믿음은 잘못이지만
스님의 책자에서 위엄을 떨치면 또한 옳겠는가?
다만 바라는 것은 이제부터 담장을 없애 버리고
오고가면서 밤을 굽거나 차를 끓임이네.

九龍潤筆古蓮花　　與白蓮分一嶺霞
北秀南能非異族　　東崖西麓豈他家
儒門信道雖乖矣　　僧籙揚威亦是邪
但願從今撤屛障　　往來燒栗或烹茶

11-31-127 어찌하랴?

문에 聖居山으로 불리며 平那山이라고도 한다.

934) 潤筆菴은 妙香山·金剛山·四佛山 등에 있던 懶翁의 사리를 보관하기 위해 세운 절인데, 『牧隱文藁』에 〈香山潤筆菴記〉(『牧隱文藁』 권2), 〈金剛山潤筆菴記〉(『牧隱文藁』 권2), 〈潤筆菴記〉(『牧隱文藁』 권4) 등이 있다. 원래 潤筆은 붓을 적시는 것인데, 후세에는 글이나 그림을 부탁하고 난 다음에 주는 사례하는 금전 또는 물품을 가리킨다. 『新增東國輿地勝覽』 권8, (경기도) 「砥平縣」 '佛宇'條의 潤筆菴 항목에 "李穡이 王命으로 懶翁의 浮屠銘을 지었는데, 그 무리들이 潤筆物을 바쳤는데, 이색은 받지 않고 허물어진 절을 수리하게 하였으므로 암자 이름으로 삼았다.(李穡以王旨 撰懶翁浮屠銘 其徒致潤筆物 穡不受 使修廢寺 因名之)"라는 설명이 있다.

935) 蓮花는 불교를 상징하는 꽃으로 절을 비유한다.

936) 白蓮寺는 黃海道 牛峯郡의 九龍山[聖居山]에 있는 사찰로, 李穡이 白蓮會를 결성하여 모인 白蓮社인 南神寺가 있는 곳이다.

937) 北秀南能은 중국 禪宗에서 北宗禪의 開祖인 神秀(?~706)와 南宗禪의 開祖인 慧能(638~713)의 합칭이다. 神秀는 북방에서 수행하면서 漸修를 주장하였고, 慧能은 남방에서 도법을 펴면서 頓悟를 주장하였으므로 혜능이 전한 것을 南宗이라 하고, 신수가 전한 것을 北宗이라고 한다.

11-31-127 何哉嘆

지난해에는 왜인(倭人)[938]들이 죽주(竹州)[939]를 침범하더니
올해에는 왜인들이 춘주(春州)[940]를 침범하네.
두 고을은 길[941]이 댓새의 거리인데
중간쯤에 여강(驪江)[942]의 누각이 우뚝하다네.
강의 동쪽 언덕에는 벽탑(甓塔)[943]이 서 있는데
아래에는 깊은 못이 있어서 물고기가 헤엄치네.
도인(道人)이 새로 대장전(大藏殿)[944]을 일으켜서
뾰족한 모서리[945]의 단청[946]이 풀이 향기로운 물가에서 빛나네.
나는 경전을 보면서 여생을 보내고 싶어서
이미 염도(塩島)[947]에 조각배를 구해 놓았네.
배로 가는 것은 좋은 시절을 타야 하거늘
화창한 봄바람[948]에 쇠잔한 꽃잎이 떠 있으리.
홀연히 급박한 경보를 들으니 마음이 즐겁지 않은데
이 또한 천명이니 장차 누구를 탓하리요?
인생의 공명은 참으로 운수가 있으니

---

938) 倭子는 倭人이다.
939) 竹州는 京畿道 安城郡 二竹面 竹山里의 옛 이름이다.
940) 春州는 고려시대의 都護府 또는 州인 春川의 다른 이름이다.
941) 驛程은 驛路의 里數를 말한다.
942) 驪江은 京畿道 驪州 지역을 흐르는 漢江을 가리킨다.
943) 甓塔은 벽돌탑으로 驪州의 神勒寺에 있다. 神勒寺는 경기도 여주군 북내면 상교동 鳳尾山에 있는 절로서 報恩寺라고도 하고, 이곳에 벽돌탑이 있기 때문에 甓寺라고도 불렀다.
944) 大藏殿은 大藏經을 봉안한 佛殿이다.
945) 觚稜은 殿閣의 가장 높고 뾰족한 모서리를 가리킨다.
946) 金碧은 노랗고 푸른 고운 빛으로 丹靑을 칠한 절을 비유한다.
947) 塩島는 驪州의 驪江에 있는 작은 섬인 듯하다.
948) 惠風은 화창한 봄바람, 또는 음력 삼월을 일컫는다.

늘그막[949]에 귀하게 여기는 것은 유유자적함이네.[950]
흥이 나면 갔다가 흥이 다하면 돌아오고[951]
삶은 떠 있음과 같고 죽음은 쉼과 같네.[952]
구하는 것이 있으면 자유롭지 못하거니와
저들은 모두 큰 나무인데 나는 왕개미[953]라네.
내 몸은 본래 천지에서 떨어져 나왔는데
어지럽고[954] 시끄러우니[955] 참으로 부끄러워할 만하네.
어찌하랴, 어찌하랴, 크게 부르짖음에 이르렀음을?
순(舜)임금[956]의 창오산[957]에는 늘 쓸쓸히 구름[958]이 떠 있네.

往年倭子犯竹州　　今年倭子侵春州
兩州驛程四五日　　半途突兀驪江樓
江之東岸甓塔立　　下有深潭魚所游
道人新起大藏殿　　觚稜金碧輝芳洲

949) 晩景은 晩年, 老後이다.
950) 優游(遊)는 한가롭게 지내는 모양이다.
951) 이 구절은 晉의 王徽之가 雪夜에 배를 타고 戴逵를 찾아가서 문간에서 되돌아서매 누가 물으니 '흥이 나서 찾아왔다가 흥이 다하니 돌아간다.(乘興而往 興盡而還)'라고 대답했다는 『六藝之一錄』 권317, 〈王徽之〉에 실린 일화를 변용한 것이다.
952) 이 구절은 『莊子』 「刻意」의 "그가 살아 있을 때는 물에 뜬 것 같고, 그가 죽을 때는 쉬는 것과 같다.(其生若浮 其死若休)"라는 대목을 변용한 것이다.
953) 蚍蜉撼大樹는 왕개미가 큰 나무를 흔드는 것으로 스스로 힘을 헤아리지 못함을 비유한다. 韓愈의 五言古詩 〈調張籍〉에 "왕개미가 큰 나무를 흔들려고 하니, 스스로 헤아리지 못함이 우습네.(蚍蜉撼大樹 可笑不自量)"라는 연이 있다.
954) 紛紛은 많고 성한 모양, 번잡한 모양, 어지러운 모양이다.
955) 擾擾는 시끄러운 모양, 소란한 모양이다.
956) 虞舜은 舜임금을 가리키는데, 원래 舜은 有虞氏 부락의 추장이었으므로 일컫는 말이다.
957) 蒼梧山은 湖南省에 있는 산 이름으로 九疑山라고도 하는데, 舜임금이 崩御한 곳이다. 여기에서는 恭愍王이 묻힌 곳을 가리킨다.
958) 愁雲은 쓸쓸한 구름이다.

我欲看經送餘日　　已向塩島求扁舟
舟行要趂好時節　　惠風和暢殘花浮
忽聞急警心不樂　　此亦命也將誰尤
人生功名信有數　　所貴晩景能優游
乘興而往盡而返　　生也若浮死若休
如其有求不自由　　彼皆大樹吾蚍蜉
吾身本從天地分　　紛紛擾擾眞堪羞
何哉何哉至於大叫　　虞舜蒼梧雲正愁

11-31-128 서쪽 이웃인 길창군[959]이 칠원[960] 시중을 초대하여 음식을 베풀면서 시중의 아우인 밀직공과 색을 불러서 함께 앉게[961] 하였다. 돌아와서 홀로 읊다

11-31-128 西隣吉昌君 邀漆原侍中設食 招侍中弟密直公及穡侑坐 歸而獨吟

점심밥에 풍성한 음식[962]은 기력을 높임[963]에 뜻이 있는데
꽃과 나무가 무성한 뜰 안에는 한낮이 기네.
동국(東國)[964]에서 달존(達尊)[965]은 모두 헤아릴 수 있는데

959) 吉昌君은 權適(1307~?)의 封號인데, 그는 『高麗史』 「世家」에서 忠肅王 17년에 判事, 忠穆王 즉위년에 判密直司使, 恭愍王 8년에 贊成事, 恭愍王 14년에 僉議贊成事를 지낸 것이 확인된다.

960) 漆原은 尹桓(?~1386)의 封號이다. 그는 본관이 漆原, 謚號가 忠孝인데, 忠惠王 때 代言을 지내고, 忠肅王 복위 1년(1332)에 海島에 유배되었으나 元나라로 도망하여, 1340년에 충혜왕이 복위되자 同知密直이 되어 元으로부터 行省員外郞의 관직을 받았다. 忠定王 1년(1349) 漆原府院君에 봉해지고, 恭愍王 때 贊成事·左政丞·門下侍中·監春秋館事를 지내고, 禑王 때 문하시중에 올랐다.

961) 侑坐는 陪坐, 함께 앉는 것이다.

962) 兼味는 한 가지 이상의 맛을 합한 음식, 또는 두 종류 이상의 음식이다.

963) 扶襄은 기력을 높이도록 도와 줌이다.

964) 東國은 渤海의 동쪽에 있는 나라로, 우리나라를 가리킨다.

칠원(漆原)이 홀로 계심은 더욱 상심할 만하네.
금릉(金陵)[966]의 행차에는 바다의 하늘이 넓었고
옥서(玉署)[967]의 제명(題名)[968]은 연기 낀 풀에서 거칠리.
어찌 서로 아끼는 마을[969]을 잘 선택하였다고 말하랴?
늘그막의 삶[970]을 푸른 하늘[971]에 사례드린다네.

午飡兼味在扶襄　　花木園中白日長
東國達尊皆可數　　漆原孤立更堪傷
金陵行李海天闊　　玉署題名煙草荒
敢道里仁能自擇　　老來行止謝蒼蒼

11-31-129 서늘한 저녁에
11-31-129 晩涼

저녁에 초록빛이 가득한 뜰의 숲에 서늘한 기운이 생겨나니

---

965) 達尊은 천하에 통하는 높은 것을 뜻하는데, 이 말은 『孟子』「公孫丑 下」의 "천하에 통하는 높은 것이 셋이 있으니 벼슬이 그 하나요, 나이가 그 하나이며, 덕이 그 하나이다. 조정에서는 벼슬만 한 것이 없고, 鄕黨에서는 나이만 한 것이 없고, 세상을 돕고 백성을 교양하는 데에는 덕만 한 것이 없다.(天下有達尊三 爵一齒一德一 朝廷莫如爵 鄕黨莫如齒 輔世長民莫如德)"라는 대목에서 유래한다.
966) 金陵은 江蘇省 南京 부근의 지명으로 明의 처음 首都이다.
967) 玉署는 관부의 미칭으로 보통 翰林院을 말하며, 玉堂이라고도 한다.
968) 題名은 성명을 사람의 눈에 잘 띄는 데 적는 것을 말하며, 題名記는 퇴관한 관리의 이름을 적어놓은 것으로 壁記라고도 한다. 雁塔題名은 唐代에 進士에 급제한 사람들이 慈恩寺의 탑에 이름을 적는 것이 습속이 되었으므로 진사에 급제함을 이른다.
969) 里仁은 마을이 서로 사랑하는 것으로, 『論語』「里仁」에 "마을이 서로 사랑하는 것이 아름다우니, 그런 곳을 골라서 어질게 살지 아니하면 어찌 슬기롭다 하겠느냐?(子曰 里仁爲美 擇不處仁 焉得知)"라는 구절이 있다.
970) 行止는 起居動作이다.
971) 蒼蒼은 푸른 하늘이다.

노란 꾀꼬리가 울어대고 또 햇살은 기우네.
날아오르는[972] 겹옷[973]으로 정신이 씩씩해지고
지은 시구에는 흥취가 유장하네.
벼슬길에서는 먼지와 티끌이 얼굴 밖에서 일어나지만
신선의 누대에서는 바람과 이슬을 마음속에 간직하네.
늙은 목은은 이제 또 속세를 벗어났으니[974]
반드시 또 신선의 밥[975]과 술[976]을 찰 것이 없다네.

綠滿園林生晩涼　　黃鸝恰恰又斜陽
袷衣輕擧精神健　　詩句圓成興味長
宦路塵埃外面起　　仙臺風露中心藏
老牧於今亦蕭洒　　不須更佩飡玉漿

972) 輕擧는 날아오름, 登仙, 隱遁, 避世, 경솔한 행동이다.
973) 袷衣는 솜을 두지 않고 거죽과 안을 맞추어 지은 옷, 겹옷이다.
974) 蕭洒(灑)는 맑고 고상하여 탈속한 모습이다.
975) 飡玉은 餐玉과 같은 말로 仙術을 얻고자 옥으로 식사하는 것을 말한다.
976) 玉漿은 仙人의 음료로, 맛있는 술을 비유한다.

목은시고 권지삼십이
牧隱詩藁 卷之三十二

11-32-001 개다
11-32-001 晴

비가 땅을 적시지는 못하는데
구름은 괜히 하늘에 가득하네.
하늘이 개자 푸르름이 끝이 없어
더욱 내 마음을 끓게 하네.
마음을 끓인들 마침내 무슨 도움이 되랴?
두 어깨에는 흰 머리털이 드리워졌네.
백성의 삶에서 먹는 것은 목숨과 관계되거니와[1)]
국가가 풍족해야[2)] 곧 어진 이를 기르네.[3)]

---

1) 司命은 命運을 掌握하는 것, 命運에 관계되는 것이다.
2) 足國은 국가가 풍족한 것으로, 『荀子』「富國」에 "국가를 풍족하게 하는 길은 씀씀이를 아끼고 백성을 부유하게 하는 것이다.(足國之道 節用裕民)"라는 글이 있다.
3) 養賢은 어진 인재를 기르는 것인데, 『周易』「頤卦」 卦辭의 "천지는 만물을 기르고, 성인은 어진 이를 길러서, 만민에게 미친다.(天地養萬物 聖人養賢 以及萬民)"라는 글에서 유래한다.

만일 이런 것이 흡족하지 않으면
왕도(王道)가 온전할 길이 없다네.
남쪽창은 물처럼 고요하고
새소리는 내 앞으로 다가오네.
흥얼거리며[4] 서로 화답하는데
정취(情趣)[5]를 누구에게 전하랴?

有雨不濕地　　有雲空滿天
天晴碧無際　　益使吾心煎
心煎竟何補　　白髮垂兩肩
民生食司命　　足國仍養賢
如其慊於此　　王道無由全
南窓寂如水　　鳥聲來我前
沉吟與相和　　情致誰能傳

11-32-002 성균시[6]의 시원[7]인 이도은[8]이 사월 초하룻날에 선비를 시험하는데 날씨가 매우 맑으므로, 거자[9]들이 젖은 것을 피할 근심이 없었기에 기뻐서 1수를 읊다

11-32-002 成均試員李陶隱 以四月朔試士 天甚晴 擧子無避濕之患 喜而吟成一首

4) 沉吟은 낮은 소리로 중얼거림이다.
5) 情致는 情趣이다.
6) 成均試는 고려시대의 太學인 國子監의 입학자격 시험인 國子監試를 가리키는데, 南省試・司馬試・進士試・擧子試 등으로도 불리었다.
7) 試員은 科擧를 맡아보는 試驗官이다.
8) 陶隱은 麗末의 문신 李崇仁(1349~1392)의 호이다.
9) 擧子는 鄕試에 합격하고 會試를 보는 사람으로 擧人이라고도 한다.

뜰에 가득한 뭇 선비들이 붓으로 소리를 내는데
새벽하늘이 맑으니 햇빛으로 소나무는 그림자를 드리우리.
황색을 뽑고 흰색을 짝하여[10] 문채(文采)를 만들고
달을 노래하고 바람을 읊으며 태평을 그리네.
안목을 갖추어 다들 빠뜨림이 없기를 기대하는데
머리를 끄덕이는 일[11]이 더군다나 더욱 분명함에랴?
일찍이 빗속에 습기에 방해받은 일을 기억하거니와
오늘 아침에 마음껏[12] 갠 것을 가장 기뻐하네.

群士盈庭筆有聲　　日光松影曉天淸
抽黃配白生文采　　咏月吟風寫大平
具眼共期無漏失　　點頭何况更分明
雨中曾記妨霑濕　　最喜今朝盡意晴

11-32-003 이백승이 분상[13]하러 가면서 와서 알리기에 시로써 곡하다

11-32-003 李伯升奔父喪 來告行 以詩哭之

---

10) 抽黃配[對]白은 황색을 뽑고 흰색을 짝하는 것으로 시문을 지으면서 對句만을 교묘하게 맞춤을 비유한다. 唐 柳宗元의 〈乞巧文〉에 "눈이 부시도록 빛나게 글을 짓고 자질구레하게 짝을 배열하며, 황색을 뽑고 흰색을 짝하여 중얼거리고 지저귀며 날고 달린다.(眩耀爲文 瑣碎排偶 抽黃對白 啽哢飛走)"라는 글이 있다.

11) 點頭는 머리를 끄덕거린다는 말인데, 여기서는 『侯鯖錄』의 다음과 같은 고사에서 유래하여 과거에 급제함을 가리킨다. 宋의 歐陽脩가 과거시험관을 맡을 때마다 항상 자리 뒤에 朱衣를 입은 사람이 있음을 알았는데, 그가 때때로 머리를 끄덕거린 뒤에 그 글을 합격시켰다. 한편 唐代에 과거에 합격한 자에게 고시관이 응시자의 성명 위에 붉은빛 글씨로 점을 하나 내려긋는 것을 점두라고 하였다고도 한다.

12) 盡意는 의견을 충분히 나타냄, 성의를 다함이다.

13) 奔喪은 먼 곳에서 親喪을 당하여 급히 집으로 돌아가는 것이다.

정선[14]에서 따르고 놀 때에는 스무 살이 되지 않았는데[15]
사람됨은 또 혜(惠)[16]도 아니고 이(夷)[17]도 아니었다네.[18]
의기로 투합하여[19] 동맹함에 의욕이 서로 맞았는데[20]
나이를 잊고 급제하니 기쁨을 알 만하였네.
환해(宦海)에서 부침함은 응당 운수가 있거니와
서림(書林)[21]의 소어(笑語)는 이미 기약하기 어렵네.
정숙한 모습으로[22] 최질(衰絰)[23]로 분상(奔喪)하러 가니[24]
바람 앞에서[25] 목은 늙은이는 절로 눈물을 흘리네.

旌善從游未冠時　　為人非惠又非夷
同盟托契欲相得　　及第忘年喜可知
宦海升沉應有數　　書林笑語已難期

14) 旌善은 지금의 강원도 旌善郡 지역에 있던 고을 이름이다.
15) 未冠은 스무 살이 되지 않은 나이를 가리킨다.
16) 惠는 魯國의 大夫 展禽으로, 柳下에 采邑을 가지고 있었고, 사후에 謚號가 惠였으므로 柳下惠라 한다.
17) 夷는 殷末周初 孤竹國 부족장의 아들 伯夷를 가리키는데, 아우 叔齊를 후사로 삼으려는 부친의 뜻을 알고 집을 떠났는데, 숙제도 뒤를 따랐으므로 함께 유랑하다가 文王에게 의탁하였다. 武王이 殷을 치려 하자 부친의 상중에 군대를 일으키고 신하로서 임금을 치는 일이 불가하다고 말렸다. 주나라가 서자 무도한 나라의 백성이 될 수 없다고 首陽山에 들어가 고사리를 먹다가 죽었다.
18) 이 구절은 『孟子』 「公孫丑 上」의 "伯夷는 도량이 좁고, 柳下惠는 태도가 불공하다. 도량이 좁고 태도가 불공함을 군자는 취하지 아니한다."라는 글을 염두에 두고 李伯升의 인품을 평가한 것이다.
19) 托契는 서로 의기가 투합함이다.
20) 相得은 서로 맞음이다.
21) 書林은 문인학자의 무리이다.
22) 斬然은 가지런하고 엄숙한 모양, 정돈된 모양이다.
23) 衰絰(최질)은 喪服의 衰와 絰로, 衰는 外艱喪에 입는 거친 삼베로 만든 斬衰(참최)이고 絰은 머리에 두르는 삼으로 된 띠이다.
24) 斬然은 整肅한 모양, 整齊된 모양이다.
25) 臨風은 迎風, 當風이다.

斬然衰絰奔喪去　　牧老臨風涕自垂

11-32-004 느낌이 있어
11-32-004 有感

푸른 산 어느 곳인들 돌아가지 못하랴?
구름은 처마 사이에 있고 물은 삽짝을 두르리.
세상일은 어지러워 미리 헤아리기[26] 어려운데
높은 벼랑에 붙은 해적은 나는 듯이 내달린다네.
인가(人家)[27]는 참담하여 시들어 떨어진 듯하고
조진(鳥陣)[28]은 종횡하며 푸른 산[29]에 있으리.
추풍마(追風馬)[30] 만 마리를 장차 어디에 쓰랴?
늙은이가 남쪽을 바라보노라니 눈물이 옷깃을 적시네.

青山何處不堪歸　　雲在簷間水遶扉
世事紛紛難逆料　　懸崖海賊走如飛
人烟慘惔疑黃落　　鳥陣縱橫在翠微
萬馬追風將底用　　老翁南望淚沾衣

11-32-005 어찌하여
11-32-005 奈何

26) 逆料는 미리 헤아리는 것이다.
27) 人烟은 집에서 炊事하는 연기로, 人家를 가리킨다.
28) 鳥陣(陳)은 鳥雲陣의 준말로, 새가 흩어지고 구름이 합하듯이 변화가 무궁한 陣法이다.
29) 翠微는 산의 푸른 기운, 그것이 있는 산허리의 幽深한 곳이다.
30) 追風은 駿馬의 이름이다. 晉 崔豹의 『古今注』 「鳥獸」에서 秦始皇의 七名馬로 追風·白免·躡景·犇電·飛翮·銅爵·神鳧 등을 들었다.

어찌하여 그대는 염려하지 않는가?
백성의 고달픔[31]이 전보다 갑절이나 되네.
바다 도적은 원숭이처럼 나무에 오르고
고을의 군대는 학처럼 연기를 피하네.
여라(女蘿)를 더위잡고 깊은 골짜기를 건너고
돌 위에 기대어서[32] 폭포수[33]를 움키네.
사람이 없는 땅을 밟는 듯하기에
느낌을 말하며[34] 눈물을 하늘에 뿌리네.

奈何汝不念　　民瘼倍於前
海賊猿緣木　　鄕兵鶴避烟
攀蘿渡深壑　　倚石掬飛泉
如蹈無人地　　興言淚洒天

11-32-006 정종지[35]가 도성에 들어와서 찾아오다
11-32-006 鄭宗之入城見訪

31) 民瘼은 백성의 疾苦, 고통이다.
32) 倚石은 바위 위에 기대는 것으로, 唐 白居易의 〈上香爐峰〉의 기・승구에 "바위에 기대어 여라를 더위잡고 아픈 몸을 쉬노라니, 푸른 대나무 지팡이에 흰 깁의 두건이네.(倚石攀蘿歇病身 靑筇竹杖白紗巾)"라는 대목이 있다.
33) 飛泉은 폭포, 또는 솟아오르는 샘물이다.
34) 興言은 마음에서 느끼는 바를 말로 드러내는 것이다.
35) 宗之는 여말선초의 문신 鄭道傳(1342~1398)의 字이다. 호는 三峯, 본관은 奉化, 刑部尙書 云敬의 아들이다. 恭愍王 11년(1362)에 등제하여 成均博士를 지냈고, 친원책을 반대하여 禑王 원년에 유배되었다가 2년만에 해배되고 나서 7년 동안 후진을 가르쳤다. 이성계가 정권을 잡은 뒤에 혁명을 꾀하여 목은 일파를 공격하였고, 개국 후의 제도・문물의 정비를 주도했으며, 明이 表辭가 不謹하다고 자신을 소환하자 요동정벌을 꾀하던 중에 태종에게 살해당하였다. 『三峯集』을 남겼다.

종지(宗之)는 평소에 병이 많더니
다행스럽게도 이제는 얼굴에 광채가 뜨네.
잘 기억함은 어린 시절부터 앞설 사람이 적고
동몽(童蒙)이 청구함[36]은 대부분 글에 있었네.
선생(先生)[37]은 사신의 부절을 지니고
상장(上將)[38]은 과거 시험장을 열었네.
보지 않고서도 정이 얕지 않거니와
서로 만나니 기뻐서 미칠 듯하네.

宗之素多病　　幸此面浮光
彊記少居右　　蒙求多在章
先生持使節　　上將闢科場
未見情非淺　　相逢喜欲狂

11-32-007 느낌이 있어. 3수
11-32-007 有感三首

오래 문서의 감진(監進)[39]을 맡았지만
점획(點畫)[40]과 편방(偏傍)[41]엔들 무엇을 도왔으랴?

---

36) 蒙求는 童蒙을 구하는 것으로 교육을 가리킨다. 『周易』 「蒙卦」 卦辭에 “〔몽은〕 형통하니 내가 동몽에게 구함이 아니라 동몽이 나에게 가르쳐주기를 청구함이다. (亨 匪我求童蒙 童蒙求我)”라는 글이 있다.
37) 先生은 禑王 10년(1384) 典校寺 副令으로 圃隱 鄭夢周의 서장관이었던 鄭道傳을 가리킨다.
38) 上將은 禑王 8년(1382) 上護軍으로 감시를 맡았던 李崇仁을 가리킨다.
39) 監進은 물품이나 문서를 검토하여 위에 올리는 것이다.
40) 點畫은 文字의 點과 가로 긋는 筆劃이다.
41) 偏傍(旁)은 漢字 合體字의 왼쪽인 偏과 오른쪽인 旁을 뜻하는데 보통 合體字의 上下左右의 部首를 가리킨다.

도필(刀筆)[42]을 맡았던 이들은 지금 모두 삼공(三公)[43]인데
나만 홀로 환단(還丹)[44]을 만들며 깊은 병을 앓고 있네.[45]

久忝文書監進　　何裨點畫偏傍
刀筆今皆台鼎　　還丹我獨沉綿

이로(李老)[46]는 희던 수염이 다시 검어지고
당생(唐生)[47]은 철면(鐵面)이 늘 검네.
가장 다행스러운 것은 내가 한가하게 문을 닫고 있음인데
오직 이학(吏學)[48]의 요점을 잡은[49] 이들에게 부끄러워하네.

李老霜髭再黑　　唐生鐵面長蒼
最幸吾閑閉戶　　唯慙吏學提綱

북조(北朝)[50]에서는 혼후(渾厚)[51]를 배우고[52]
남방(南方)[53]에서는 정화(精華)를 체득하네.
기초한 것에다 수식을 아우른다면[54]

---

42) 刀筆은 대나무에 문자를 새기거나 틀린 곳을 긁어 고치는 데 쓰던 칼인데, 여기서는 문서에 기록하는 일을 가리킨다.
43) 台鼎은 三台星과 三足鼎에서 유래하여 三公을 가리킨다.
44) 還丹은 道家에서 九轉丹과 朱砂를 합하여 다시 만든 仙丹이다.
45) 沉綿은 질병이 이어져서 오래도록 낫지 않음을 가리킨다.
46) 李老는 東嘉君 李光輔를 가리킨다.
47) 唐生은 陶唐의 唐을 취한 것으로 陶隱 李崇仁을 가리킨다.
48) 吏學은 관리의 행정이다.
49) 提綱은 그물의 벼릿줄을 잡아 올리는 것으로 요점을 잡음을 비유한다.
50) 北朝는 北元을 가리킨다.
51) 渾厚는 크고 넉넉함이다.
52) 模楷는 본받음, 배움이다.
53) 南方은 明나라를 가리킨다.
54) 草創修飾은 外交文詞인 辭命을 작성하는 절차들로서, 孔子가 『論語』 「憲問」에서

어찌 이문(移文)[55]이 어긋날 것을 근심하랴?

北朝模楷渾厚　　南方體□精華
草創仍兼脩飾　　文移豈患差訛

11-32-008 느낌이 있어
11-32-008 有感

학술은 참으로 대로(大路)를 나서는[56] 것과 같아서
반드시 임금을 이끌어서 우리 백성에게 혜택을 주어야 한다네.[57]
문장은 본래 천탁(遷擢)[58]을 매개하는 것이 아니거니와
과거로는 숨은 인재[59]에게 일을 맡길[60] 길이 없네.
양곡(暘谷)[61]은 불일(佛日)[62]을 따라 빛을 내고 *쌍왕(雙王)[63]이 과거를

춘추시대 鄭나라의 경우를 들어 "사명을 지을 때에는, 비심이 기초하고, 세숙이 토론하고, 행인 자우가 수식하고, 동리 자산이 윤색하였다.(爲命 裨諶草創之 世叔討論之 行人子羽修飾之 東里子産潤色之)"라고 말한 데에 유래한다.

55) 移文은 官衙 사이의 照會, 곧 回狀으로서, 돌려서 보여 주는 명령서이다.
56) 遵大路는 큰길 위를 따라 나서는 것으로 군자들이 조정을 떠나지 않게 만류함을 뜻한다. 『詩經』「鄭風」〈遵大路〉에 "큰길 위에 따라 나서서, 그대의 옷소매를 움켜잡네.(遵大路兮 摻執子之袪兮)"라는 대목이 있다.
57) 致君은 임금을 보좌하여 聖君이 되게 하는 것이다.
58) 遷擢은 관직에 승진하는 것이다.
59) 隱淪은 숨은 인재이다.
60) 幹蠱는 蠱幹과 같은 말로 어떤 일을 주관하여 관리함이다. 『新唐書』〈陸贄傳〉에 茂異·賢良·幹蠱의 三科를 설치하여 뛰어난 인재를 등용하자는 글이 있다.
61) 暘谷은 『書經』「虞書」〈堯典〉의 "희중에게 명령하여 동쪽 바닷가에 살게 하시니 양곡이라 한다. 해가 뜨는 것을 경건하게 맞아서, 봄철의 농사를 고르게 순서대로 짓게 하였다.(分命羲仲 宅嵎夷 曰暘谷 寅賓出日 平秩東作)"라는 글에서 유래하여 해가 뜨는 곳을 가리킨다.
62) 佛日은 부처를 해에 비겨서 높이는 말이다.
63) 雙王은 고려 초에 과거 제도를 건의하고 지공거를 맡은 雙冀와 王融을 아울러 가리킨다.

맡을 때에 〈불일중휘송(佛日重輝頌)〉이 있었다

금릉(金陵)[64]에는 왕춘(王春)[65]을 펼치는 기운이 있네.
선법(選法)[66]을 누가 얻었는지 알지 못하거니와
분명한 공론(公論)을 뒷사람에게 맡기네.

學術眞如大路遵　　致君須要澤吾民
文章本不媒遷擢　　科第無由蠱隱淪
暘谷生光從佛日 *雙王知擧有佛日重輝頌　　金陵有氣布王春
未知選法誰爲得　　公論明明付後人

11-32-009 맏손자 맹유[67]가 진사과에 급제하였다는 말을 듣고 기뻐하다

11-32-009 喜聞孟孫孟㽥中進士科

열네 살에 처음으로 십운과(十韻科)[68]에 올랐는데
지금은 흰 머리로 난파(鑾坡)[69]를 영솔한다네.
맏손자의 수레의 출발[70]이 참으로 서로 비슷한데
말년에 벼슬을 쉬면 정말로 어떠하랴?
차례로 불러서[71] 방을 건 뒤에 단봉문(丹鳳門)[72]을 나서서

---

64) 金陵은 江蘇省 南京 부근의 지명으로 明의 처음 首都이다.
65) 王春은 新春이다.
66) 選法은 관리를 선발하는 法規이다.
67) 李孟㽥는 목은의 맏아들인 種德의 장남으로 목은의 맏손자이다.
68) 十韻科는 十韻으로 된 排律로 치르는 과거로 百字科라고도 한다.
69) 鑾坡는 唐 德宗 때 翰林院을 金鑾殿으로 옮긴 데서 비롯하여, 翰林院 또는 翰林學士를 가리킨다.
70) 發軔은 수레가 떠난다는 뜻으로 喪輿가 처음 떠남을 이르기도 하며, 일을 시작하거나 벼슬을 시작함을 비유한다.
71) 傳臚는 殿試에 합격한 사람의 이름을 차례로 불러 발표하는 의식이다.
72) 丹鳳門은 고려시대 도성 궁궐문의 하나로 南門으로 추정된다. 『高麗史』 권81

사람을 물리며[73] 집으로 돌아올 때에는 청노새가 빛나리.
급히 더운밥을 짓느라고 부엌사람들이 분주하려니와
방울[74] 단 말을 타고 축하하는 손님이 구름처럼 모이리.

十四初登十韻科　　白頭今日領鑾坡
孟孫發軔眞相似　　末路休官定若何
放榜傳臚出丹鳳　　還家喝道耀青騾
旋炊熱飯廚人走　　賀客如雲簇玉珂

11-32-010 순채를 보내 준 남경[75]윤[76]에게 사례하다 *주필이다
11-32-010 謝南京尹送蓴菜 *走筆

학의 이마[77]처럼 붉은 빛이 희미하게 서로 비추는데
용의 침 같은 미끄러움이 넉넉하네.
강동(江東)으로 돌아가고 싶은 흥취[78]가 일렁이거니와

에 仁宗 10년(1132) 3월에 丹鳳門 밖에서 기병과 보병을 사열하였다는 기사가 있다.

73) 喝道는 귀한 사람이 행차할 때 길가는 사람에게 큰소리로 길을 비키라고 하는 것을 말하는데, 辟除라고도 한다.

74) 玉珂는 현귀한 사람이 타는 말의 목을 장식하는 옥, 또는 그렇게 장식한 말을 가리킨다.

75) 南京은 고려시대 三京의 하나인 漢陽을 가리키는데, 文宗 21년(1067)에 처음 설치되었다가 肅宗 9년(1104)에 다시 설치되었으며, 처음에 南京留守官을 두었고 忠烈王 34년(1308)에 漢陽府로 고쳤다.

76) 尹은 고려시대 중앙 관아의 寺와 지방 행정 구역의 단위인 府에 두었던 벼슬로 품계는 종2품 또는 정3품이었다.

77) 鶴頂은 학의 정수리로 붉은 색이다.

78) 江東興은 『晉書』 〈張翰傳〉의 다음 고사에서 유래하여 고향으로 돌아감을 비유한다. 그는 吳人으로 글을 잘 지어 당시 사람들이 '江東步兵'이라 불렀는데, 首都에서 벼슬하다가 天下가 어지러워지자, "나는 본래 山林間人이라, 세상에는 바랄 것이 없다."고 同郡의 顧榮에게 말하니, 고영도 같은 생각이라고 했다. 마침 가을

다만 농어〔鱸魚〕가 빠졌다네.

鶴頂微相暎　　龍涎滑有餘
江東歸興動　　只是欠鱸魚

11-32-011 칠원[79] 시중[80]과 여러 원로들과 함께 금릉[81]에 가는 김사재[82]를 전별하고 돌아와서 읊다 *이름은 유[83]이다
11-32-011 漆原侍中及諸老 餞金四宰金陵之行 歸而發咏 *名庾

매우 가물다가 가랑비가 자욱하게 내리니 문득 놀라는데
아득히 금릉(金陵)으로 길을 떠난다네.[84]
인심이 마침 천심과 함께 순조롭고
민업(民業)[85]은 또 왕업을 따라 풍성하네.
사전(私田)에도 미치는[86] 가랑비[87]에 다함이 없이 읊으면서

바람이 이는 것을 보자 吳中의 菰菜와 蓴菜국과 농어회를 생각하면서, "인생은 뜻에 맞게 사는 것을 귀하게 여기는데 어찌 능히 수천 리나 멀리 떠나 벼슬하면서 명예와 벼슬을 구하겠는가?(人生貴得適志 何能羈宦數千里以要名爵乎)" 하고 드디어 고향으로 돌아갔다.

79) 漆原은 경상도에 있는 고을로 府院君 尹桓(?~1386)의 봉호이다.

80) 侍中은 고려시대 門下省·都僉議使司·都僉議府·門下府의 종1품 벼슬인데, 때에 따라 侍中 1인만을 두거나, 左侍中·右侍中 또는 侍中·守侍中을 두었다.

81) 金陵은 江蘇省 南京의 옛 이름으로 明의 처음 수도이다.

82) 四宰는 네 번째 재상이라는 뜻으로 知禮部事를 겸한 재상이다.

83) 金庾(?~1386)는 고려 말기의 무신으로 본관은 金海, 恭愍王 11년(1362) 홍건적을 격파한 공으로 二等功臣, 또 興王寺의 난을 평정한 공으로 일등공신이 되었다. 元이 德興君을 추대하는 데 반대하였고, 密直副使·同知密直司事·全羅道都巡問使 등을 지냈다. 禑王 즉위 후 判開城府事가 되고 金海君에 봉해졌다. 禑王 7년(1381) 門下評理로, 禑王 8년(1382) 門下贊成事로 歲貢物을 가지고 명나라에 갔으나 요동에서 막혀 가지 못하였다.

84) 行色은 行旅 또는 여행 출발 전후의 情狀이다.

85) 民業은 민중이 종사하는 사업이다.

86) 及私는 私田에 미치는 것으로, 『詩經』「小雅」〈大田〉에 "구름이 뭉게뭉게 일어나

기쁨을 기록한 『춘추(春秋)』를 끝없이 바라보네.
시중(侍中)과 여러 원로들이 간절히 바라는 뜻은
황은(皇恩)을 큰비처럼 이끌어 해동을 적시는 것이라네.

旱甚俄驚零雨濛　　金陵行色渺茫中
人心適與天心順　　民業更從王業豐
霂霢及私吟不盡　　春秋志喜望無窮
□□諸老殷勤意　　導霈皇恩洽海東

11-32-012 김사재가 집에 찾아와 떠남을 알리다. 2수
11-32-012 金四宰臨門告行 二首

예순[88]을 넘은 나이에도 기상이 더욱 호방하여
만리나 되는 금릉으로 폐물을 받들고[89] 조현하러 가네.
다만 권면하는 말[90]을 받으려고 누추한 집에 오셨는데
홀로 높이 날아올라[91] 전대(專對)[92]할 것을 알 수 있다네.

조용히 비를 내리네. 우리 공전에 비를 내리고, 마침내 우리 사전에 미치네.(有渰萋萋 興雨祁祁 雨我公田 遂及我私)"라는 대목이 있다.

87) 霢霂은 가랑비이다. 『詩經』 「小雅」 〈信南山〉에 "가랑비가 보태져서, 넉넉하게 적셔주네.(益之以霢霂 旣優旣渥)"라는 구절이 있다.

88) 耳順은 『論語』 「爲政」에 나오는 말로 말을 들어서 은미한 뜻을 잘 아는 것을 말하며, 공자가 스스로 60세에 이순에 이르렀다고 한 데 따라 60세를 뜻하기도 한다.

89) 奉幣는 幣物을 바치는 것이다.

90) 贈言은 좋은 말로 상대방을 권면하는 것으로 흔히 송별할 때에 쓰인다.

91) 揚翹는 치켜세움, 날아오름이다.

92) 專對는 독자적으로 응대하는 것으로, 『論語』 「子路」에 "공자께서 말씀하시기를, '『詩經』 삼백 편을 외었으되, 그에게 정사를 맡기는 일에 통달하지 못하고, 사방에 사신으로 가서는 독자적으로 응대하지 못한다면, 비록 많이 외웠다 하더라도 또한 무슨 소용이랴?'"(子曰 誦詩三百 授之以政 不達 使於四方 不能專對 雖多 亦奚以爲)"라는 글이 있다.

年過耳順氣彌豪　　萬里金陵奉幣朝
只爲贈言臨陋巷　　可知專對獨揚翹

세공(歲貢)[93]은 액수를 채우기는 어렵지만
군신이 마음을 다하여 순충(純忠)[94]을 드러내네.
표장(表章)을 윤색할 힘이 없음을 부끄러워하거니와
목은은 흰 머리가 듬성듬성한 한 늙은이라네.

歲貢艱難充額數　　君臣精意效純忠
表章潤色慙無力　　白髮蕭蕭一牧翁

11-32-013 이도은[95]이 술자리에 초대하기에 경사[96]에 가는 정포은[97]을 송별하고 밤에 돌아오다
11-32-013 李陶隱招飮 送鄭圃隱赴京 夜歸

올해의 진사 가운데 내 손자가 있는데
눈길을 쏟아[98] 방(榜)을 보면서 묵묵히 말을 하지 않네.

---

93) 歲貢은 屬國 등에서 해마다 바치는 貢物인데, 『高麗史』 권134, 辛禑 8년 4월조에 "門下贊成事 金庾 門下評理 河尙戰 知密直 金寶生 同知密直 鄭夢周 密直副使 李海 典工判書 裵行儉 등을 京師에 보내어 歲貢인 金 100斤 銀 10,000兩 布 10,000匹 馬 1,000匹을 바쳤다."라는 기사가 있고, 辛禑 9년 11월조에는 "지난 5년간 아직 바치지 못한 歲貢馬 5,000匹과 金 500斤 銀 50,000兩 布 50,000匹을 한꺼번에 가져와야 이것이 誠意라 할 것으로서 바야흐로 다음날에 使者의 군대가 너희에게 이르는 것을 免할 것이다.'"라는 기사가 있어서 歲貢의 額數에 문제가 있었던 듯하다.
94) 純忠은 진심으로 섬기는 충성이다.
95) 陶隱은 麗末의 문신 李崇仁(1349~1392)의 호이다.
96) 京師는 明나라의 수도를 가리킨다.
97) 圃隱은 麗末의 문신 鄭夢周(1337~1392)의 호이다.
98) 凝眸는 凝視와 같은 말로 시선을 모아 자세히 봄이다.

스스로 이미 병이 많음을 근심함을 알지만
세인들이 아직도 사문을 높일 줄 앎을 다행스러워하네.
지극히 기쁘게 연구를 지으면서 천종(千鍾)[99]을 기울이고
매우 빼어난 재주를 보이느라고[100] 양부(兩部)[101]가 시끄럽네.
다만 오천(烏川)[102]이 더위를 무릅쓰고 길을 떠남을 걱정하는데
제왕을 조현하는 예를 마치고 일찍 수레를 돌리시라.

今年進士有吾孫　　看榜凝眸默不言
多病已諳身是患　　斯文尙幸世知尊
稍欣聯句千鍾倒　　絶勝呈才兩部喧
只念烏川行犯暑　　朝王禮畢早還轅

11-32-014 느낌이 있어
11-32-014 有感

사방에 변고가 많아 풍진(風塵)[103]이 일어나건만
쇠약하게 앓는 나는 흰 머리가 듬성듬성하네.
비가 오라,[104] 비가 오라 하여도 또 해가 솟으니

99) 千鍾은 後漢의 孔融이 酒禁을 만든 曹操에게 보낸 〈與曹操論酒禁書〉에 나오는 "요임금은 천종이 아니었으면 태평을 이룩할 수 없었고, 공자는 백 잔이 아니었으면 최고의 성인이 될 수 없었으리.(堯不千鍾 無以建太平 孔非百觚 無以堪上聖)"라는 대목에서 유래하여 많은 양의 술을 가리킨다.
100) 呈才는 대궐 안 잔치에서 하는 춤과 노래이다.
101) 兩部는 樂官을 관장하는 두 부로 鄕樂을 담당하던 右部와 唐樂을 담당하던 左部를 아울러 가리킨다.
102) 烏川은 경상도 迎日의 옛 이름으로 鄭夢周의 本貫이다.
103) 風塵은 바람과 티끌로 兵亂을 비유한다.
104) 其雨는 비가 내리기를 바라는 것으로 其는 '바라다'의 뜻이다. 『詩經』「衛風」〈伯兮〉에 "비가 오라, 비가 오라 하는데, 환하게 해가 나오네.(其雨其雨 杲杲出日)"라는 구절이 있다.

푸른 하늘,[105] 푸른 하늘이여 어떤 사람 때문인가?
시절이 어려워지니 나라의 재용이 넉넉하기를 바라고
운수가 불길하니[106] 다만 나라의 운명이 새로워짐을 기다리네.
뭉툭한 붓[107]을 휘두르며 짙은 먹을 뿌리노라니
줄줄 흐르는 늙은이의 눈물이 나의 수건을 적시네.

四方多故起風塵　　白髮蕭蕭衰病身
其雨其雨又出日　　蒼天蒼天在何人
時艱所望國用足　　數奇只幸邦命新
敗筆揮來洒濃墨　　潸然老淚霑我巾

11-32-015 동북면[108] 도순문사[109] 화령[110]윤 장공에게 받들어 부치다 *효온이다

11-32-015 奉寄東北面都巡問和寧尹張公 *孝溫

화령(和寧)에는 화극(畵戟)[111]이 삼엄하도록
순문사(巡問使)가 연영(蓮營)[112]을 열었네.

---

105) 蒼天은 하늘을 가리키는데, 『詩經』「王風」〈黍離〉에 "저 푸른 하늘이여, 누구 때문입니까?(悠悠蒼天 在何人哉)"라는 구절이 있다.
106) 數奇는 운수가 불길함이다.
107) 敗筆은 오래 써서 끝이 뭉툭해진 붓이다.
108) 東北面은 고려시대 東界와 北界를 아울러 말한다.
109) 都巡問使는 원래 宰樞 중에서 선임되어 지방에 파견되던 고려 시대의 임시관직인데 兩界에서는 지방장관을 겸하기도 하였다.
110) 和寧은 함경도의 고을로 恭愍王 18년(1369)에 和州牧을 고친 이름이다.
111) 畵戟은 唐代에 3품 이상 관리의 집에 두던 채색한 槍으로 顯貴之家를 뜻한다.
112) 蓮營은 兵營을 가리키는데, 『南史』〈庾杲之傳〉에서 王儉이 庾杲之를 衛將軍長史로 삼자 安陸侯 蕭緬이 王儉에게 "성대한 막부에 으뜸 막료는 실로 뽑기 어려운 일인데, 庾景行이 淥水에 뜨고 연꽃에 의지하니 얼마나 고운가?"라는 글을 보냈는데, 당시 사람들이 王儉의 막부에 들어가는 것을 蓮花池라고 한 고사에서 유래

군민(軍民)이 신임하는 명망이 두텁고
이하(夷夏)[113]가 느끼는 은혜가 고르네.
일렁이는 구름 낀 바다에서 고래를 보고
평평한 갠 교외에는 말을 풀어놓으리.
피하여 가는 곳에다[114] 곧 막부(幕府)를 열었으니
뒷날에는 아름다운 이름을 칭송 받으리.

和寧森畫戟　　巡問闢蓮營
望重軍民任　　恩均夷夏情
觀鯨雲海動　　放馬霽郊平
避地仍開府　　他年頌美名

11-32-016 사월 초파일에 느낌이 있어
11-32-016 四月初八日有感

상원일[115]에 어가를 호종하며 연등(燃燈)을 구경하였거늘
당시의 전례(典禮)가 겨우 이름만 남아 있네.
여염에서는 늘 오늘밤에 시끄러웠는데
소년들은 아직 옛날처럼 달리는 듯하네.
이처럼 이단(異端)을 옳게 여겼으니 누가 또 염려하였던가?
다만 우리 풍속을 손상시키매 스스로 말을 잊네.
깊은 밤에 다시 서쪽 봉우리에 올라가서

하여 幕府를 蓮府라 일컫게 되었다.

113) 夷夏는 夷狄과 夏國[中國]으로 온 천하를 가리킨다.

114) 避地는 災禍를 避하기 위하여 땅을 옮김이다.

115) 上元은 음력 정월 보름날이다. 『高麗史』「樂志」에 정월 보름에 燃燈會를 행했다는 기사가 있다.

도성 안을 내려다보며 술잔을 기울이네.

扈駕觀燈在上元　　當時典禮僅名存
閭閻每見喧今夜　　童稚猶如□□□
等是異端誰復念　　只傷吾俗自忘言
夜深更上西峯去　　俯視城中倒一尊

11-32-017 활짝 개다
11-32-017 晴極

활짝 개면 곧 비가 내릴 것을 알거니와
사람이 궁박하니 하늘을 원망하네.
처음에는 응당 경계(警戒)를 보임이겠지만
마침내 반드시 은련(恩憐)[116]을 내려 주시리.
골짜기에서는 푸른 풀이 마르고
밭에서는 누런 먼지가 일어나네.
소리를 삼키며 끝없이 울다가
홀로 서서 아득히 생각하네.

晴極知將雨　　人窮怨在天
始應垂警戒　　終必賜恩憐
綠草乾中谷　　黃埃起下田
呑聲哭不盡　　獨立思茫然

11-32-018 유항[117]과 함께 서쪽 봉우리에서 연등을 구경하는

116) 恩憐은 은혜를 베풀며 불쌍히 여김이다.

데[118] 아들[119] 또래들이 또한 오기에, 또 부추[120]가 새로 옮긴 집의 산 위에 오르니 더욱 아름다웠다. 돌아오는 길에 가랑비가 내렸는데, 피곤해서 잠자리에 들었다가 아침에 일어나니 아직 빗방울이 떨어지고 있었지만 흙을 적시지는 않았다. 이에 느낀 바가 있어서 1수를 짓다

11-32-018 **同柳巷觀燈西峯 豚犬輩亦來 又至副樞新居山上益佳 歸途有微雨 困而就寐 晨興 尙有點滴 然不濕土 乃有所感 因題一首**

도성[121]에 가득하게 등불이 서로 이어져 있는데
무리를 이루어 다투어 달리며 부처의 이름을 부르네.
청성(淸城)[122]의 호방한 기운은 고금을 덮는데
나가 노닐 뜻이 있어서 늙은이를 초대하네.
늙은이는 근래 몸에 병이 있지만
또 흥이 나서 안장을 나란히 하며 갔네.
올해에는 연등회 구경이 지난해보다 나은데
불꽃이 유성(流星)처럼 높은 하늘로 들어가네.
금문(金門)[123]이 은은하게 용수산까지 어른거리고

---

117) 柳巷은 여말의 문신 韓脩의 號이다.
118) 觀燈은 燃燈會를 구경하는 것으로, 연등회는 음력 4월 8일에 많은 등불을 달고 釋迦의 탄일을 기념하는 행사를 말한다.
119) 豚犬은 자기 자식의 謙稱, 또는 아버지에 대한 자기 자신의 謙稱인데, 豚兒라고도 한다.
120) 副樞는 中樞院 또는 樞密院의 副司로, 여기에서는 牧隱의 장남 李種德을 가리킨다.
121) 鳳城은 宮城이다.
122) 淸城은 淸州의 다른 이름으로 淸城君에 봉해진 韓脩를 가리킨다.
123) 金門은 漢代의 未央宮의 門인 金馬門을 가리킨다. 문 앞에 銅製의 말이 있어서 생긴 이름이며, 대궐의 문을 가리킨다.

천안(天顔)[124]의 한바탕 웃음이 구름 사이로 전해지네.
늙은 신하는 이계(螭堦)[125]에서 모실 길이 없어서
눈썹을 들고[126] 눈길을 쏟노라니 얼마나 아득한가?
부추(副樞)의 새 집은 작은 산에 의지하고 있는데
불룩 솟은 꼭대기가 인환(人寰)[127]을 내려다보네.
서쪽을 우러르고 동쪽을 둘러보아도 형세[128]가 트이고
우뚝 솟은 몸[129]이 뜬구름 끝에 있는 듯하네.
다만 늙은이의 다리가 높은 계단에 피곤해지는 것을 싫어하는 것은
위로 오를 때에는 문득 남이 이끌도록 수고롭게 함이네.
돌아오는 길에는 가랑비가 몇 방울 떨어졌는데
피곤하여 누워서 이웃집 닭울음소리도 깨닫지 못했네.
날이 밝아도 또 빗방울 소리가 그치지 않으니
재상의 기도가 근거가 없는[130] 것이 아니라네.
앉아서 생각하니 청아한 놀이는 이미 옛 일[131]인데
또 녹음 속에서는 누런 꾀꼬리가 우네.

燈燈相續盈鳳城　　隊隊競馳呼佛名
淸城豪氣蓋今古　　有意出游邀老生
老生邇來病在身　　亦復乘輿聯鞚行
今年觀燈勝去年　　火障飛星高入天

124) 天顔은 임금의 얼굴이다.
125) 螭堦(階)는 용 모양의 宮殿 臺階이다.
126) 軒眉는 눈썹이 올라가도록 눈을 들어 바라보는 것으로 憂愁·得意·憤怒의 모습을 형용하는데, 여기에서는 근심스런 모양을 가리킨다.
127) 人寰은 人境과 같은 말로 사람들이 사는 곳, 이승을 말한다.
128) 面勢는 方面, 形勢이다.
129) 竦身은 몸을 높이 솟게 함이다.
130) 無稽는 근거가 없는 것이다.
131) 陳跡은 옛 일, 묵은 자취이다.

金門隱暎龍壽山　　天顏一笑雲間傳
老臣無由侍螭堦　　軒眉注目何茫然
副樞新居倚小山　　山頭突起臨人寰
西瞻東眺面勢寬　　竦身如在浮雲端
只嫌老脚困危梯　　上上却費人携提
歸途微雨數點落　　困臥不覺呼鄰鷄
天明滴滴又不止　　宰相祈禱非無稽
坐思淸游已陳跡　　綠陰又有黃鶯啼

11-32-019 회포를 적다. 1수
11-32-019 述懷一首

바람도 없이 고요한 정원(庭院)에서 새가 지저귀는데
백발의 늙은이가 한가히 거닐며 높은 소리로 읊조리네.
드문드문한[132] 가랑비가 그쳤다가 다시 내리고
널따란[133] 뜬구름은 엷어졌다가 또 짙어지네.
종일 산의 푸른빛[134] 속에서 고향을 생각하거니와
어느 해에나 곡식이 붉게 썩도록 국가가 풍족해지랴?[135]
태평시절을 읊으면서 돌아갈 계획이 이루어지면
기이한 공로를 세우려고 부지런히 애쓸 필요가 없으리.

鳥啼庭院靜無風　　散步高吟白髮翁

132) 疎疎는 드문드문 떨어지는 모양이다.
133) 浩浩는 광대한 모양이다.
134) 橫翠는 푸른빛을 나타냄, 또는 나타난 푸른빛이다.
135) 足國은 국가가 풍족한 것으로, 『荀子』 「富國」에 "국가를 풍족하게 하는 길은 씀씀이를 아끼고 백성을 부유하게 하는 것이다.(足國之道 節用裕民)"라는 글이 있다.

微雨踈踈止復作　　浮雲浩浩淡還濃
思鄕盡日山橫翠　　足國何年粟腐紅
歌咏大平歸計遂　　不須勤苦立奇功

11-32-020 강남[136)]

11-32-020 江南

강남은 아득히 푸른 하늘 끝에 나지막한데
구름이 나는 바다 위에서 해는 서쪽으로 가네.
홀로 성초(星軺)[137)]가 지금 이미 끊어졌음을 안타까워하는데
누가 세공(歲貢)[138)]을 다시 곧 갖춤을 알랴?
누가 시대를 구제할 좋은 계책을 얻으랴?
나는 병을 고칠 신비한 방술[139)]을 헤아린다네.
어찌하여 간혹 호리(毫釐)[140)]가 천리를 그르치는가?[141)]
창에 기대어 때때로 낮닭 울음소리를 듣네.

江南縹渺碧天低　　海上飛雲日向西
獨恨星軺今已絶　　誰知歲貢更方齊
濟時良策誰爲得　　療病奇方我所稽
豈或毫釐謬千里　　倚牕時聽午鷄啼

---

136) 江南은 중국의 揚子江 이남 지역을 가리킨다.
137) 星軺는 使者가 타는 수레를 말하며, 使者를 뜻하기도 한다.
138) 歲貢은 屬國 등에서 해마다 바치는 貢物이다.
139) 奇方은 神秘한 方術이다.
140) 毫釐는 자와 저울, 즉 尺度의 단위인 毫와 釐로서 아주 짧은 거리나 극히 적은 양을 뜻한다.
141) 毫釐千里는 『漢書』 〈司馬遷傳〉의 "差以毫釐 謬以千里"의 준말로 극히 미미한 과실이나 착오로 말미암아 매우 큰 차이나 오류가 생김을 비유한다.

11-32-021 흥을 풀다(2수)

11-32-021 遣興

쑤시고 시리는 아픈 몸이라 새벽 추위를 겁내어
해가 세 길이나 솟은 뒤에야 게으르게 의관(衣冠)을 차리네.
늘 고향 마을[142]을 생각하면서 누대에 자주 오르는데
새 시를 고치려고 하여도 글자를 넣기[143]가 어렵네.
오늘날에는 도학이 만초(蔓草)[144]속에 버려지는데
예로부터 세정은 미친 여울처럼 뒤집히네.
늘그막에 훌쩍 가지 못하는 것을 안타까워하거니와
강 가의 푸른 산에는 또 달이 둥글리.

病骨辛酸怯曉寒	日高三丈懶衣冠
每思故里登樓數	欲改新詩下字難
道學於今委蔓草	世情從古倒狂瀾
白頭恨不飄然去	江上青山月又團

가난함이 나에게는 유익한 점이 많거니와
담박하게[145] 사는 지금 또 살찍이 허옇네.
음식은 겸미(兼味)[146]가 없어도 여전히 창자를 채우고
술이 겨우 향기가 나지만 벌써 얼굴은 불그레하네.
솜옷을 입는 겨울에는 비단에 수를 놓음을 알지 못하거늘

142) 故里는 故鄕이다.
143) 下字는 글자를 찾아서 쓰는 것을 가리킨다.
144) 蔓草는 덩굴이 벋은 풀이다.
145) 泊然은 마음이 고요하여 욕심이 없는 모양이다.
146) 兼味는 한 가지 이상의 맛을 합한 음식, 또는 두 종류 이상의 음식을 말한다.

모시옷을 입는 여름에야 사라(紗羅)를 어디에 쓰랴?
추위와 더위를 벗어남[147]에 방법이 없는 것은 아니나
하물며 소공(邵公)[148]의 안락와(安樂窩)[149]가 있음에랴?

貧也於吾所益多　　泊然今復鬓皤皤
食無兼味腸猶飽　　酒僅生香面已酡
綿襖不知冬錦繡　　苧衫何用夏紗羅
掃除寒熱非無術　　況在邵公安樂窩

11-32-022 서쪽 이웃[150]과 함께 칠원[151] 시중의 부름에 나아가다
11-32-022 同西隣赴漆原侍中招

용이 서린 이현(梨峴)[152]에는 푸른빛이 쌓였는데
시중(侍中)의 정원은 남쪽을 향하여 활짝 열렸네.
금년에는 동갑(同甲)[153]이 줄어듦을 가장 아프게 여기니
종일토록 비속한 사람[154]이 옴을 어찌 허용하시랴?
비단 장막에는 꽃과 풀이 곱고 맑게 펼쳐져 있고
금 술잔에는 좋은 음식이 풍성하고 정결하게 빛나네.
오랜 벗[155]은 다만 송재(松齋)[156]의 후예가 계신데

147) 掃除는 깨끗이 쓸고 닦음이다.
148) 邵公은 북송의 성리학자 邵雍을 가리킨다.
149) 安樂窩는 北宋의 성리학자 邵雍의 거실 이름으로 편안하고 즐거운 거처라는 뜻이다.
150) 西隣은 서쪽 이웃으로, 여말의 문신 吉昌君 權適(1307~?)을 가리킨다.
151) 漆原은 경상도에 있는 고을로 府院君 尹桓(?~1386)의 봉호이다.
152) 梨峴은 開京에 있던 고개 이름이다.
153) 同庚은 同甲이나 同年을 말한다.
154) 俗子는 비속한 사람, 俗物이다.
155) 舊交는 전부터 사귄 交分, 또는 전부터 교분이 있는 사람을 가리킨다.
156) 松齋는 吉昌君 權準(1280~1352)의 號이다. 本貫 安東, 字 平仲, 溥의 아들이다.

또 한 서생이 모시도록 허락하셨네.

梨峴龍盤翠作堆　　侍中庭院向南開
今年最痛同庚減　　盡日寧容俗子來
花卉鮮明張錦幄　　珍羞豐潔映金杯
舊交只是松齋後　　更許書生一箇陪

11-32-023 여러 분과 함께 정포은[157]을 송별하다
11-32-023 同諸公送鄭圃隱

사절이 되어[158] 여러 해[159] 바다를 건넜으니
충간(忠肝)과 의담(義膽)이 다 높다랗네.
하늘에 운명이 달렸으니 어찌 자신과 관계가 있으랴?
나라뿐이고 집을 잊으니 맹세코 다른 것은 없다네.
월굴[160]에서 붉은 계수나무[161]를 멋대로 하며 재주를 빛내고[162]
반궁[163]에서는 푸른 쑥[164]을 읊으며 풍속을 교화하였네.

등제하여 연경에서 忠宣王을 만나 代言에 발탁된 뒤, 密直副使, 知密直司事, 僉議贊成事 등을 지내고 吉昌君에 봉해졌다.

157) 圃隱은 여말의 문신 鄭夢周(1337~1392)의 號이다. 초명은 夢蘭·夢龍, 자는 達可, 본관은 延日이다. 恭愍王 6년(1357)에 禮部試에 장원급제한 뒤, 檢閱·司成·大司成·密直提學·政堂文學을 거쳐 昌王 초에 贊成事에 올랐고, 李成桂와 함께 恭讓王을 옹립하여 佐命功臣, 守門下侍中이 되었으며, 이성계 일파의 혁명을 막으려다가 李芳遠의 문객 趙英珪에게 善竹橋에서 피살당했다.
158) 斧節은 돌·대나무·옥 등으로 만든 물건으로 옛날 使臣이 가지고 다니던 符信인데 하나는 朝廷에 두고 하나는 본인이 가지고 다니며 信標로 사용했다.
159) 頻年은 連年·多年이다. 鄭夢周는 恭愍王 22년(1373) 書狀官으로 明나라를, 禑王 3년(1377)에 日本을, 禑王 8년(1382)에 明나라를 다녀왔다.
160) 月窟은 달, 또는 달에 있다는 굴을 말한다.
161) 丹桂는 껍질이 붉은 계수나무로 及第者에게 계수나무 가지를 준 데서 유래하여 급제자를 가리킨다.
162) 才華는 빛나는 재주이다.

또 집정(執政)[165]으로 참여하여 제왕을 조현하러 떠나는데
지금 황제(皇帝)께서는 마침 전쟁을 그만두셨다네.[166]

使節頻年涉海波　　忠肝義膽共嵯峨
天邪有命何關我　　國耳忘家矢靡他
月窟才華擅丹桂　　泮宮風化詠靑莪
又參執政朝王去　　皇帝如今正止戈

11-32-024 올해의 날씨[167]
11-32-024 今天

올해의 날씨는 가뭄이 이미 심하니
우리 농부들이 어떻게 살아가랴?
즈문 마을에는 근심하는 빛이 있고
온 고을에서는 탄식하는 소리가 이어지네.
보리밭에는 푸른 물결이 뜨고
뽕숲에서는 꾀꼬리가 우네.
높다란[168] 묘당(廟堂)에서는
백성을 걱정하는[169] 마음으로 쩔쩔매네.[170]

---

163) 泮宮은 成均館의 文廟로 太學·成均館을 가리킨다.
164) 靑莪는 푸른 쑥으로, 인재를 교육하는 내용인『詩經』「小雅」의 〈菁菁者莪〉를 가리킨다. 「毛詩序」에 "〈菁菁者莪〉는 인재를 기름을 즐거워한 시이니, 군자가 인재를 키우고 기를 수 있으면 천하가 기뻐하고 즐거워한다.(菁菁者莪 樂育材也 君子能長育人材 則天下喜樂之矣)"라는 글이 있다.
165) 執政은 나라의 정사를 관장함, 어떤 일을 주관하는 사람이다.
166) 止戈는 停止干戈의 준말로 兵亂을 그치는 것이다.
167) 今天은 지금, 현재의 날씨이다.
168) 巍然은 높은 모양, 뛰어난 모양이다.
169) 憂民은 백성을 걱정하는 것인데, 范仲淹의 〈岳陽樓記〉에 "묘당의 높은 자리에 있

늙은이[171]도 지위는 같지만
몸은 기러기 털보다 가볍다네.[172]
시를 이루고 다시 흐느껴 우나니
어느 날이나 풍년이 오겠는가?

今天旱旣甚	我農何以生
千村有愁色	百邑連嘆聲
麥壟翠浪浮	桑林黃鳥鳴
巍然廟堂上	汲汲憂民情
老夫同在位	身則鴻毛輕
詩成更嗚咽	何日臻豐年

11-32-025 진헌[173]하는 사신이 출발하는데,[174] 색은 병이 나서 야외에서 송별할 수 없어서 홀로 1수를 읊다
11-32-025 進獻使臣啓行 穡以疾發 不得送于野 獨吟一首

서쪽 교외의 전별하는 장막[175]에 새벽빛이 분명해지고
숲 위에 해가 솟으면[176] 그림자가 어지러우리.

으면 그 백성을 걱정하고, 강호의 먼 곳에 있으면 그 임금을 걱정한다.(居廟堂之高 則憂其民 處江湖之遠 則憂其君)"라는 대목이 있다.

170) 汲汲은 마음이 급박한 모양이다.

171) 老夫는 年老한 男子가 자기 자신을 일컫는 말이다.

172) 鴻毛輕은 輕於鴻毛와 같은 말로 非常輕微 또는 터럭이 가치가 없음을 비유한다. 漢 司馬遷의 〈報任少卿書〉에 "사람은 본래 한 번 죽는데, 어떤 사람은 태산보다 무겁고 어떤 사람은 기러기 털보다 가볍다. 쓰이고 따르는 바가 다르다.(人固有一死 或重於太山 或輕於鴻毛 用之所趨異也)"라는 글이 있다.

173) 進獻은 임금께 예물을 바치거나 중국에 供物을 바치는 것이다.

174) 啓行은 길을 연다는 뜻으로 출발함을 가리킨다.

175) 祖帳은 遠行하는 사람을 보낼 때 교외의 길 가에서 전별하기 위해 설치한 帷帳으로, 송별의 酒宴을 가리킨다.

삼한의 문물(文物)은 천하(天下)를 압도하는데
천리의 방기(邦基)[177]를 바닷가에 두었다네.
상제(上帝)[178]를 걱정하며 큰 나라를 섬기는 정성을 다하고
선군(先君)과 같이 새롭게 고치고 은혜를 두텁게 하네.
벌써 큰 가뭄에 단비를 만나기를 기대하느라고
종산(鍾山)[179]의 한 조각 구름을 끝없이 바라보네.[180]

祖帳西郊曉色分　　樹頭初日影紛紛
三韓文物傾天下　　千里邦基奠海濆
事大忠誠懸上帝　　更新厚渥似先君
已期大旱逢甘澍　　極目鐘山一片雲

11-32-026 비를 기뻐하다(3수)
11-32-026 喜雨

조용히[181] 비가 내려서[182] 땅으로 깊이 드는데
사람을 사랑함이 끝내 상천(上天)의 마음이네.
서쪽 교외에서는 기쁜 빛이 갑절이나 나타나고
우림(羽林)[183]에서는 말을 제멋대로 달리며 짐승을 잡으리.

---

176) 初日은 아침에 뜨는 해로서 旭日이라고도 한다.
177) 邦基는 邦國의 基本이다.
178) 上帝는 上國의 황제이다.
179) 鍾山은 江蘇省 南京의 朝陽門 밖에 있는 산으로, 紫金山·聖遊山·北山·蔣山이라고도 한다.
180) 極目은 視力이 미치는 데까지 보는 것이다.
181) 祁祁는 조용한 모양이다. 『詩經』「小雅」〈大田〉에 "구름이 뭉게뭉게 일어나 조용히 비를 내리네. 우리 공전에 비를 내리고, 마침내 우리 사전에 미치네.(有渰萋萋 興雨祁祁 雨我公田 遂及我私)"라는 대목이 있다.
182) 興雨는 비가 내리는 것이다.

輿雨祁祁入土深　　愛人終是上天心
西郊倍見欣然色　　擊獸橫馳有羽林

나는 강 마을에 이끼 낀 낚시터[184] 하나를 가졌는데
경화(京華)[185]에서 병으로 누워서 홀로 사립을 닫고 있네.
푸른 도롱이[186] 아래의 숨은 흥취가 문득 일어나니
어느 날에나 돌아가서 빗속에서 고기를 낚으랴?

江村我有一苔磯　　病臥京華獨掩扉
忽起綠簑衣底輿　　釣魚何日雨中歸

날마다 시를 읊으며 입으로 소리를 내었는데
염려함이 창생(蒼生)에 있음을 누가 알랴?
오늘 아침에 한 번 기뻐함을 하늘이 응당 알리니
끝내 배를 두드리며 태평을 함께 하기를 기대한다네.

日日吟詩口出聲　　誰知有念在蒼生
今朝一喜天應識　　鼓腹終期共太平

11-32-027 음식을 마련하는[187] 계집종[188]이 병으로 죽었기에

183) 羽林은 天子를 수비하던 군사를 말한다.
184) 苔磯는 이끼가 끼어 있는 낚시터이다.
185) 京華는 京師로 京은 大, 師는 衆으로 곧 大衆이 사는 곳이란 뜻이다.
186) 綠簑衣는 綠簑衣 靑蒻(篛)笠의 준말로, 張志和의 〈漁父詞〉에 나오는 "푸른 대삿갓과 파란 도롱이로, 비껴 부는 바람과 가랑비에도 굳이 돌아가지 않네.(靑篛笠 綠簑衣 斜風細雨不須歸)"라는 대목을 염두에 둔 표현이다.
187) 治具는 음식을 마련함이다.
188) 赤脚은 맨발의 여자 종이다.

슬퍼하여 며칠 시 읊기를 그만두다
11-32-027 治具赤脚病亡 哀之廢吟數日

아침과 저녁의 밥에 없어서 안 되는 것은
간[189]과 기름기[190]를 조절하는 것이네.
가엾게도 저것이 날마다 작은 힘을 써서
내가 여러 해 앓는 몸을 보전하게 하였네.
어미와 자식이 서로 만남은 한창 기쁘지만
죽음과 삶에 운명이 있음을 다만 탄식하네.
늙은이가 살고 젊은이가 죽음은 예로부터 있는 일이니
은미한[191] 천도(天道)를 누가 감히 헤아리랴?

朝夕餐飧不可無　　調和醎淡與膏腴
憐渠每日施微力　　使我多年保病軀
母子相逢方喜快　　死生有命但嗚呼
老存少沒由來事　　天道冥冥誰敢圖

11-32-028 민중립[192]이 사위를 맞이하였는데[193] 돌아오는 길에. 1수
11-32-028 閔中立納壻 歸途一首

선생은 이미 남김이 없이 머리가 희지만

---

189) 醎(鹹)淡은 짠맛과 싱거운 맛이다.
190) 膏腴는 기름진 것으로 맛있는 음식을 가리킨다.
191) 冥冥은 드러나지 않고 은미한 모양이다.
192) 閔中立은 여말의 문신으로 本貫은 驪興, 漬의 증손, 瑾〔權仲達의 셋째 사위〕의 장남으로 恭愍王 23년(1374)에 禮部試에 등제하였다.
193) 納壻(婿)는 사위를 맞아들이는 것이다.

오히려 인정을 표현하고서[194] 이문(里門)[195]으로 들어오네.
혼례(婚禮)는 본래 함부로 미루어서는 안 되지만[196]
향풍(鄕風)이 아직 처음과 같음을 오히려 기뻐하네.
반짝반짝 빛나는[197] 밀랍 횃불이 대낮처럼 밝은데
희고 깨끗한[198] 은하수는 허공에 걸려 있었네.
시중공[199]의 명망이 무거움을 가장 다행스러워하거니와
한 가문의 광채가 우리나라[200]를 비추리.

先生白髮已無餘　尙做人情入里閭
婚禮固知非敢後　鄕風猶喜尙如初
煌煌蠟炬明如晝　皎皎銀河掛在虛
最幸侍中公□重　一門光彩照桑墟

11-32-029 비
11-32-029 雨

칙명(勅命)을 받들어 빗속에서 비문을 짓노라니
처맛물이 동이를 쏟듯이 시원하게 내리네.[201]

---

194) 做情은 뜻을 표현함이다.
195) 里閭는 里門이다.
196) 이 구절과 관련하여 '婚姻大事는 急大事'라는 속담이 있고, 『漢書』 「宣帝紀」에 "대저 혼인의 예는 인륜 가운데 큰 일이다.(夫婚姻之禮 人倫之大者)"라는 글이 있다.
197) 煌煌은 반짝반짝 빛나는 모양이다.
198) 皎皎는 희고 깨끗한 모양이다.
199) 侍中公은 閔中立의 증조부로 守政丞을 지낸 閔漬(1248~1326)를 가리키는 듯하다.
200) 桑墟는 扶桑과 같은 말로 동쪽 바다의 해 돋는 곳에 있다는 神木, 또는 그 신목이 있는 곳인데, 여기에서는 우리나라를 뜻한다.
201) 浪浪은 비가 계속해서 내리는 모양이다.

붓끝이 담금질하는 물과 같으니
응당 칼의 기운[202]이 뜬구름에 닿으리.
전모(典謨)[203]의 체재는 심오하여 본받기 어렵고
풍아(風雅)[204]의 성음[205]은 아득하여 들을 수 없네.
한당(漢唐)을 배우고 싶어도 오히려 어긋나니[206]
앉아서 뜰 가에 물방울이 이루는 무늬를 바라보네.

雨中奉敕作碑文　　簷溜浪浪快寫盆
似與筆鋒俱淬水　　應從劍氣屬浮雲
典謨體裁深難法　　風雅聲音杳不聞
欲學漢唐猶戛戛　　坐看庭際滴成紋

11-32-030 집이 가난하여
11-32-030 家貧

나는 집이 가난함을 즐기는데
보전하는 것은 오직 청전(靑氈)[207]이라네.

---

202) 劒氣는 劒의 殺氣이다.
203) 典謨는 『書經』의 편명인 「堯典」·「舜典」과 「大禹謨」·「皐陶謨」·「益稷」을 아울러 일컫는 말로 『書經』의 문체를 가리킨다.
204) 風雅는 『詩經』의 風과 雅를 아울러 이르는 말로, 『詩經』 또는 올바른 시를 가리킨다.
205) 聲音은 音樂, 詩歌를 가리키는데, 『禮記』 「樂記」에 "성음의 도는 정사와 서로 통한다. 궁은 임금에 해당하고, 상은 신하에 해당하며, 각은 백성에 해당하고, 치는 일에 해당하며, 우는 사물에 해당한다.(聲音之道 與政通矣 宮爲君 商爲臣 角爲民 徵爲事 羽爲物)"라는 글에서 유래한다.
206) 戛戛은 사물이 어긋나는 모양이다.
207) 靑氈은 푸른 毛氈인데, 『晉書』 〈王獻之傳〉의 다음 고사에서 유래하여 집안의 보물이나 舊業을 가리킨다. 王獻之가 서재에 누워 있는데, 도둑이 들어와 물건을 거의 모두 다 취하고 나서 나중에는 탑상에까지 올라와 물건을 찾으려고 하기에,

진실로 그렇게 아침저녁을 지내니
바뀜이 없음을 편안하게 여기네.
자미(子美)[208]는 두려워하고 머뭇거리면서[209]
주머니 속은 돈 한 푼이 번든다고 하였네.[210]
또한 장난스러울 뿐이요
다만 충의가 온전하기를 추구하였다네.
일생(一生)[211]이 눈을 한 번 깜박거리고 숨을 쉬는 사이이니
어리석은 사람과 어진 사람이 많다네.[212]
서로 이어서 사라지나니[213]
이름을 전할 수 있는 사람이 몇이나 되랴?
이름을 전함은 빈부(貧富) 때문이 아니라
다만 나의 천성을 온전하게 함에 달렸네.

家貧我當樂　　所保唯靑氈
苟其度朝夕　　安焉無變遷
子美恐羞澁　　囊中番一錢
亦是戲語耳　　但求忠義全
百年一瞬息　　紛紛愚與賢

그는 "광물 염료로 물들인 靑氈은 우리 집의 오래된 물건이니 특별히 남겨둘 수 있는가?"라고 하니 도둑이 놀라서 물건을 두고 도망갔다.

208) 子美는 盛唐의 시인 杜甫(712~770)의 字이다.

209) 羞澁은 부끄러워 머뭇머뭇하는 모양으로, 晉나라 阮孚가 주머니 한 개를 차고 會稽山에 놀러갔는데, 손이 주머니 속에 무엇이 있느냐고 묻자 다만 一錢이 주머니를 지키는데 그 부끄러움이 두렵다고 한 故事에서 유래하여 窮乏을 뜻한다.

210) 이 구절은 杜甫의 〈空囊〉 尾聯의 "주머니가 비니 부끄러움을 두려워하면서, 돈 한 푼을 두고 보네.(囊空恐羞澀 留得一錢看)"라는 연을 변용한 것이다.

211) 百年은 一生을 가리킨다.

212) 紛紛은 많고 성한 모양, 번잡한 모양이다.

213) 澌盡은 없어지는 것이다.

相繼以澌盡　　有幾能名傳
名傳非貧富　　只在全吾天

11-32-031 가랑비 속에 광명사[214]의 재공이 찾아오다
11-32-031 微雨 廣明齋公來訪

갠 날에 가랑비가 뿌리는데
푸른 숲에서는 시원한 바람이 일어나네.
띠로 이은 정자에서 고승(高僧)을 마주하니
사방 한 치의 마음이 담박(淡泊)해지네.[215]
우스갯소리가 매우 묘한 경지로 들어가니[216]
선학(禪學)[217]이 깊음을 알 수 있네.
속된 생각[218]이 이미 얼음 풀리듯 하니
막히지 않음이 종소리[219]와 같네.
명교(名敎)[220]의 바깥으로 벗어나니
마음의 번뇌를 없애기에 넉넉하네.
뜬구름으로 정신(精神)을 삼고
흐르는 물로 성음(聲音)[221]을 삼네.

---

214) 廣明寺는 開京의 松嶽山 기슭에 있던 절로 高麗 太祖가 옛 집을 내어 절로 삼았다고 전한다.
215) 淡然은 淡泊한 모양이다.
216) 造妙는 奇妙한 경지에 이르는 것을 말한다.
217) 禪學은 禪宗의 교리이다.
218) 塵機는 속된 생각, 마음이다.
219) 金聲은 鐘과 징[鉦]의 소리이다.
220) 名敎는 인륜의 명분을 밝히는 가르침, 즉 儒敎이다.
221) 聲音은 音樂, 詩歌를 가리키는데, 『禮記』「樂記」에 "성음의 도는 정사와 서로 통한다. 궁은 임금에 해당하고, 상은 신하에 해당하며, 각은 백성에 해당하고, 치는 일에 해당하며, 우는 사물에 해당한다.(聲音之道 與政通矣 宮爲君 商爲臣 角爲民 徵爲事 羽爲物)"라는 글에서 유래한다.

나는 늙고 또 병이 많으니
뒷날 어느 곳으로 찾아가야 할까?

微雨灑白日	淸風生碧林
茅亭對高僧	淡然方寸心
戲語頗造妙	可知禪學深
塵機已氷釋	不碍如聲金
超然名敎外	足以祛煩襟
浮雲爲精神	流水爲聲音
我老又多病	他年何處尋

11-32-032 **한유항[222]이 강의 언덕에 뒤따라오고 권대부[223]가 또 왔는데, 모두 자식과 사위들이 따랐다. 조전[224]을 마친 뒤에 작은 봉우리에 올라가 물을 굽어보고 멋대로 살피면서 또 몇 잔을 마시고 서로 헤어졌다. 배 안에 홀로 앉아서 1수를 짓다**

11-32-032 **韓柳巷追至江岸 權大夫又來 皆有子壻輩隨之 祖道旣訖 登小峯 臨流縱眺 又飮數杯相別 舟中獨坐一首**

나는 등림(登臨)[225]의 흥취가 있거니와
공은 지난날의 놀이를 생각하네.

222) 柳巷은 여말의 문신 韓脩의 호이다.
223) 大夫는 고려시대 文官의 官階에 붙여 부르던 호칭으로, 처음에는 종5품 이상의 품계에 사용되었으나, 忠烈王 34년(1308) 이후에는 종4품 이상으로 고쳐졌다.
224) 祖道는 먼 여행을 하는 이에게 술자리를 베풀어서 이별하여 보내던 일을 말한다. 黃帝의 아들 累祖가 여행을 좋아하다가 行路에서 죽었으므로 行路神으로 모시고 길을 떠날 때 行路神에게 제사를 지낸 데서 유래한다.
225) 登臨은 높은 곳에 올라가 아래를 내려다 봄이다.

강과 호수는 눈앞에 분명히 있는데
서리와 눈이 머리를 오로지 덮었네.
삼산(三山)[226]의 경계는 아득하고
만리(萬里)의 물은 이어지네.[227]
술을 마시고[228] 서로 헤어진 뒤에
말을 타고 떠나는 배에 오르네.

我有登臨興　　公懷夙昔遊
江湖明在眼　　霜雪獨蒙頭
渺渺三山境　　悠悠萬里流
含杯相別後　　騎馬上行舟

11-32-033 바람이 그치기에 돛을 내리다
11-32-033 風止落帆

아침에 인녕(引寧)나루[229]에 조수가 밀려들고
저녁에는 암곶(巖串) 마을에 해가 비치네.
한 척 배가 산길을 도는데
집 몇 채가 수문(水門)에 닿았네.
막 돛을 내리고 머물러 묵으려는데[230]

---

226) 三山은 三角山의 준말로 北漢山을 가리키는데, 경기도 高陽에 있는 서울의 鎭山으로서 白雲臺·萬景臺(國望峯)·仁壽峯의 세 봉우리가 있어서 붙은 이름이며, 華山·華嶽이라고도 한다.
227) 悠悠는 흘러가는 모양이다.
228) 含(銜)杯는 입에 술잔을 머금는 것으로 飮酒를 가리킨다.
229) 引寧渡는 開城府 德水縣에 있던 나루이다. 『신증동국여지승람』 권13 豊德郡條에 "引寧渡는 德水縣에 있는데 일반에서는 引月串이라 부른다. 군의 남쪽으로 40리 떨어져 楊花渡 하류가 된다."라는 대목이 있다.
230) 止宿은 停宿이다.

또 다투어 달려와서 닻줄을 당기네.
두 손으로 절하며[231] 풍백(風伯)에게 사례함은
천지(天地)의 은혜를 깊이 입었기 때문이네.

朝潮引寧渡　　夕陽巖串村
一□遶山路　　數家臨水門
落帆將止宿　　引纜尙爭奔
拜手謝風伯　　深蒙天地恩

11-32-034 **암곶에서 저녁에 자고, 다음날 다시 용산탄[232] · 이탄 · 하돈탄 · 신탄을 지나는데, 얕은 물을 만나면 끌고 오고 매우 얕으면 배를 지고 힘을 다하여 왔다. 깊은 물을 만나 돛을 펴면 매우 유쾌하였다. 하루의 수십 리 안에서 어떤 때는 두려워하고 어떤 때는 기뻐하면서 거의 중방원[233]에 이르렀는데, 한양[234]윤[235]이 배 안에서 맞이하고 새로 지은 정자에 오르기를 청하였으나, 굳이 사양하고 몇 잔을 마시고 떠났다**

11-32-034 **巖串晩宿　明日過龍山灘梨灘河豚灘新灘　遇淺則牽以行　甚則負舟　極力乃行　遇深張帆快甚　一日數十里之內**

---

231) 拜手는 먼저 무릎을 꿇은 뒤에 두 손을 모아 拱手하고 머리를 손 높이까지 숙이는 남자의 절이다.
232) 龍山灘은 高陽에 있던 여울 이름이다.
233) 重房院은 高陽의 동쪽 50리 지점의 漢江 가에 있던 院이다.
234) 漢陽은 고려시대 三京의 하나인 南京을 가리키는데, 文宗 21년(1067)에 처음 南京이 설치되었다가 肅宗 9년(1104)에 다시 설치되었으며, 처음에 南京留守官을 두었고 忠烈王 34년(1308)에 漢陽府로 고쳤다.
235) 尹은 府尹의 준말로, 고려시대 지방행정 단위의 하나인 府의 우두머리 관직으로 開城 · 平壤 · 漢陽 · 慶州에 두었으며 종2품 또는 정3품이었다.

乍懼乍喜 將至重房院也 漢陽尹邀于舟中 請登新亭 固辭數酌而行

여울물이 얕고 빨라서
배를 부리기가 매우 어려웠네.
늘그막에 비로소 위험한 물을 건너니
마음속[236]이 어찌 감히 느긋하랴?
사윤(師尹)[237]은 친척에다 또 오래된 벗이라
수고로움을 위로하려고 술자리[238]를 펼쳤네.
나를 맞아 새 정자에 오르자고 하는데
함께 온 사람에는 판관(判官)[239]이 있네.
바빠서[240] 기슭에 내리지 아니하고
뱃전에 기대어 잠시 머물렀네.[241]
장군이 중병(重兵)[242]을 거느렸기에
차린 것[243]이 매우 정결함이 마땅하리.
감히 어지럽게 하고 싶지 않은 까닭에
사양하고 떠나서 또 여울을 거슬러 올라갔네.
아득한 하늘과 땅 사이에서는
동정(動靜)에 모두 편안함을 구한다네.
늘그막에 이르러서도 도리어 거꾸로 하고서

---

236) 中心은 心中이다.
237) 師尹은 屬官의 長을 가리킨다.
238) 杯盤은 술잔과 접시, 술상이 갖춰진 잔치를 가리킨다.
239) 判官은 고려시대 牧·都護府·留守營 등 주요 지방관아의 속관으로 품계는 6품 이상이었다.
240) 悤悤은 바쁜 모양이다.
241) 盤桓은 머뭇거려 멀리 떠나지 아니하는 모양이다.
242) 重兵은 力量이 雄厚한 군대이다.
243) 供億은 수요에 맞추어 공급함, 또는 그 물품이다.

번득이는 미음 같은 땀을 부끄러워하네.
삼각산(三角山)[244]을 돌아보니
날카롭게[245] 갠 하늘[246]에 높이 솟아 있네.
물이 깊고 또 바람이 순조로우니
참으로 아름다운 경관이 즐거웠네.
써서 뒤에 오는 사람들에게 보이려니
말없는 가운데 콧구멍이 시큰하네.

灘水淺而急　操舟知甚難
白頭始涉險　中心焉敢寬
師尹親且舊　勞慰羅杯盤
邀我登新亭　偕來有判官
悤悤不下岸　倚舷少盤桓
將軍領重兵　供億須精完
所以不敢溷　辭行又遡灘
茫茫乾坤內　動靜皆求安
臨老乃反之　愧汗漿水翻
回看三角山　聳碧高巑岏
水深風又順　樂矣誠美觀
書之示後來　默默鼻孔酸

11-32-035 한적한 거처

11-32-035 幽居

244) 三角山은 漢陽 북쪽에 있는 산으로 北漢山이라고도 하는데, 白雲臺·萬景臺(國望峯)·仁壽峯의 세 봉우리가 있어서 붙은 이름이다.
245) 巑岏은 산이 높고 날카로운 모양이다.
246) 高碧은 갠 하늘이다.

한적한 거처라 쓸데없는 일[247]이 없는데
병을 앓는 사람이 홀로 길게 읊네.[248]
바람이 고요하니 나무 모습이 엄중하고
비가 많으니 이끼 빛이 짙네.
지팡이를 짚고 개미가 싸우는 것[249]을 보고
베개에 기대어 새 울음소리를 듣네.
천명(天命)을 즐기기에 넉넉하니
군자의 마음을 그리워한다네.[250]

幽居無冗事	病客獨長吟
風定樹容重	雨多苔色深
倚笻看鬪蟻	欹枕聽啼禽
足以樂天命	悠悠君子心

11-32-036 저녁에 적탄에서 자다(2수)
11-32-036 晩宿赤灘

독포(禿浦)[251]에서 아침밥을 먹으며 잠시 길을 멈추고
언덕에 올라 호상(胡床)을 펴고[252] 한 마디를 읊네.
도미원(道美院)[253] 앞에서 막 골짜기로 들어가노라니

247) 冗事는 쓸데없는 일이다.
248) 長吟은 吟詠·吟誦이다.
249) 蟻鬪는 『世說新語』「紕漏」의 晉의 殷仲堪의 아버지가 가슴이 두근거리는 병을 앓았는데 상 아래에 개미가 움직이는 소리를 듣고 소가 싸운다고 한 데서 유래하여 몸이 허하고 마음이 두근거리는 것을 나타낸다.
250) 悠悠는 그리워하는 모양이다.
251) 禿浦는 楊州牧 동쪽 67리 지점에 있던 내이다. 『新增東國輿地勝覽』 권11 楊州牧에 "禿浦는 주 동쪽 67리 지점에 있다."라는 글이 있다.
252) 胡床(牀)은 접을 수 있는 가벼운 의자인데, 交牀이라고도 한다.

양쪽의 산의 형세가 다 가파르네.[254]

朝湌禿浦暫停行　　上岸胡床嘯一聲
道美院前初入峽　　兩邊山勢盡崢嶸

언덕 위에는 평평한 밭 몇 이랑이 기름진데
남공(南公)[255]의 별장은 안개와 아지랑이가 에워싸고 있네.
또 소년시절에는 풍운(風雲)의 만남[256]을 맞았거늘
흰 머리로 돌아갈 곳이 없음을 매우 부끄러워하네.

岸上平田數畝肥　　南公別墅擁煙霏
少年又値風雲會　　白髮深慙無所歸

11-32-037 허리를 지지다가 느낌이 있어
11-32-037 熨腰有感

맑은 새벽에 기와를 구워 허리와 팔다리를 지지고 나서
괴로움을 참으며 붓을 뽑아 시를 적네.
어느 곳의 강과 산으로 늙은이가 돌아가 쉴 수 있으랴?
하늘에 가득한 바람과 이슬이 쇠약한 몸을 떠받치는 듯하네.
관녕(管寧)[257]은 또 바다를 건너기를[258] 꾀하고자 하였는데

---

253) 道(渡)美(迷)院은 廣州牧 동쪽 楊根郡 大灘 龍津 하류에 있던 院이다.
254) 崢嶸은 높은 모양, 험준한 모양이다.
255) 南公은 고려의 武臣이며 시중 尹桓의 사위인 南佐時(?~1387)를 가리킨다.
256) 風雲會는 風雲際會의 준말로 『周易』 「乾卦」 文言傳의 "구름은 용을 따르고, 바람은 범을 따르며, 성인이 일어나고 만물이 분별된다.(雲從龍 風從虎 聖人作而萬物睹)"라는 글에서 유래하여 英雄이 聖主를 만나 재능을 발휘함을 비유한다.
257) 管寧은 三國時代 魏나라 朱虛 사람으로 字는 幼安이며, 漢末 黃巾賊의 亂 때 遼東

순욱(荀彧)[259]이 어찌 울을 걷어냄[260]을 피할 수 있었으랴?
아득한 천지에서 나는 이미 끝나버렸거니와
거울 속에서 드리워진 실같은 살쩍과 서로 말하네.

淸晨燒瓦熨腰肢　　忍苦抽毫寫出詩
何處江山可歸老　　滿天風露似扶衰
管寧又欲謀浮海　　荀彧安能免撤籬
天地悠悠吾已矣　　鏡中相語鬢絲垂

11-32-038 저녁에 병탄[261]에서 자다 *여강[262]의 물과 용진[263]의 물이 이곳에서 합쳐져서 흐르므로 병탄이라고 한다

11-32-038 晩宿幷灘 *驪江水與龍津水合流於此 故曰幷灘

물을 따라 내려가니 뱃사공도 한가하더니
잠깐 사이에 위험한 곳을 만나 놀라서 외치네.
저녁에 모래섬에 배를 대니 바람과 이슬이 차거니와
깜박이는 등불 하나가 구름 덮인 산[264]을 비추네.

으로 피난하여 詩書를 강론하여 요동 사람들을 감화시켰다.

258) 浮海는 바다를 건너는 것으로, 『三國志』「魏書」 권11 〈管寧傳〉에 文帝가 즉위하여 부르자 家屬을 데리고 바다를 건너[浮海] 고을로 돌아왔다는 고사가 있다.

259) 荀彧은 三國時代 魏나라 潁陰 사람으로 王佐의 인재로 일컬어졌으며, 난세를 평정할 뜻을 품고 曹操를 도왔다.

260) 撤籬는 울을 걷어내는 것으로, 한 곳에 정착하지 못하고 떠돎을 뜻한다. 『三國志』「魏書」 권10 〈荀彧傳〉에 王佐의 人才로 일컬어지며 曹操를 도와 전쟁에 참여하느라 고향에서 지내지 못한 내용이 나온다.

261) 幷灘은 楊根郡 서쪽 45리 지점에 있던 여울이다. 『新增東國輿地勝覽』 권8 楊根郡條에 "幷灘은 군 동쪽 45리 지점에 있다"라는 글이 있다.

262) 驪江은 경기도 驪州 지역을 흐르는 한강을 말한다.

263) 龍津은 陽根郡 서쪽에 있던 나루이다.

264) 雲山은 구름 덮인 산으로 塵世를 멀리 떠난 지방, 隱者 또는 出家한 사람의 거처

順流而下棹夫閑　遇險驚呼頃刻間
晩泊沙洲風露冷　一燈明滅照雲山

11-32-039 유월 초하룻날 새벽에 남정당[265]의 별장을 지나 독포에 이르러서 닻줄을 고치고, 저녁에 남경[266]의 사평나루[267]에서 자고서, 다음날 관악사의 승려와 헤어지다
11-32-039 六月初一日曉 過南政堂別墅 至禿浦理碇索 晩宿南京沙平津 明日與冠嶽僧相別

용진(龍津)의 나루 아래에서 배를 띄우고 가는데
구름이 덮인 숲을 벗어나니 들판의 경색이 환해지네.
닻줄을 고침은 당초에 바람과 물결을 대비한 헤아림인데
경사(京師)에 나아감은 이익과 명예를 다투려는 듯하네.
몸을 따르는 것은 붓과 벼루 외에 다른 물건이 없는데
어느 곳의 강과 산에 나의 삶을 의탁하랴?
밤에 사평나루에 배를 대자 날이 금방 밝아지는데
헤어지는 산야(山野)의 승려[268]는 무정한 듯하네.

龍津津下放舡行　出得雲林野色明
理碇始爲風浪計　赴京如與利名爭

를 가리킨다.

265) 政堂은 政堂文學의 준말인데, 南政堂은 政堂商議를 지낸 南佐時(?~1387)를 가리킨다. 『高麗史』「列傳」 권48 辛禑 9년(1383) 9월조에 "前政堂商議 南佐時"라는 대목이 나온다.

266) 南京은 고려시대 三京의 하나인 漢陽을 가리키는데, 文宗 21년(1067)에 처음 설치되었다가 肅宗 9년(1104)에 다시 설치되었으며, 처음에 南京留守官을 두었고 忠烈王 34년(1308)에 漢陽府로 고쳤다.

267) 沙平津은 廣州牧의 漢江 남쪽에 있던 나루이다.

268) 野僧은 시골 중, 승려이다.

隨身筆硯無他物　　何處江山托此生
夜泊沙平天易曉　　野僧分袖似無情

11-32-040 이날 밤에 잠자리에 든 지 오랜 뒤에, 밤이 깊어져 조수가 물러나자 물을 따라 내려가는데, 뱃사공이 번갈아 노래하니 잠깐 꿈꾸는 듯하기도 하고 잠깐 놀라는 듯하기도 하였다. 인녕나루[269)]에 이르러 배를 대고 푹 자고, 날이 밝자 동강[270)]으로 들어가 기슭에 내려서 두 아들을 데리고 말을 달려 도성으로 들어갔다

11-32-040 是夜就寢已久 夜深潮退 順流而下 棹夫迭唱 乍夢乍驚 至引寧渡 泊舟熟睡 天明 入東江下岸 率二子馳入城

눈으로 만곡(萬斛)[271)]을 실을 용양(龍驤)[272)]의 배를 보거니와
왜구(倭寇)를 평정(平定)[273)]하였으니 또 무엇을 근심하랴?
뱃사공은 이미 태평의 곡조를 연주하는데
사객(詞客)은 아직 늘그막[274)]의 시름을 생각하네.
구름이 걷힌 대궐 앞에서 해가 보이는 듯한데
바람이 부는 말 위로 갑자기 가을인가 여기네.

269) 引寧渡는 開城府 德水縣에 있던 나루이다. 『신증동국여지승람』 권13 豊德郡條에 "引寧渡는 德水縣에 있는데 일반에서는 引月串이라 부른다. 군의 남쪽으로 40리 떨어져 楊花渡 하류가 된다."라는 글이 있다.
270) 東江은 개경 동쪽을 흐르는 강으로 臨津江으로 흘러 들어간다.
271) 斛은 열 말을 담는 그릇이다.
272) 龍驤은 晉의 龍驤將軍 王濬이 吳나라를 치기 위하여 일찍이 만든 큰 배이다. 蘇軾의 칠언고시 〈大風留金山兩日〉의 5·6구에 "만곡을 실은 용양은 감히 지나지 못하지만, 한 조각 고깃배에서는 마음대로 날 듯이 춤을 추리.(龍驤萬斛不敢過 漁舟一葉從掀舞)"라는 대목이 있다.
273) 掃平은 平定이다.
274) 老大는 나이를 먹는 것이다.

돛이 푸른 산에 비추던 때를 돌이켜 생각하니
나는 스스로 찌든 모습의 속인의 행동[275]을 부끄러워하네.

眼見龍驤萬斛舟　　掃平倭寇更何憂
棹夫已奏昇平曲　　詞客猶懷老大愁
雲卷殿前如睹日　　風凉馬上忽疑秋
回思帆映碧山處　　俗狀塵容吾自羞

11-32-041 새 며느리가 뵈러 오다
11-32-041 新婦來見

앉아서 가아(佳兒)[276]와 가부(佳婦)[277]에게 배례를 받으며
너희들이 공검으로 집안의 명성[278]을 길게 하기를 바라네.
간단하면서도 깊은[279] 시서[280]는 평생 종사할 일이요
쌓이고 합하는[281] 천지가 만물을 생성시키는 주인이네.
비록 처음에 철명(哲命)[282]을 받음에 달렸다고 할지라도

---

275) 俗狀塵容은 세속에 물든 찌든 얼굴을 가리킨다. 孔稚珪의 〈北山移文〉에 "마름으로 만든 옷을 불태우고 연잎으로 만든 옷을 찢고는, 때 낀 얼굴을 들어 속인의 행동을 따르기에 분주하였다.(焚芰製而裂荷衣 抗塵容而走俗狀)"라는 대목이 있다.
276) 佳兒는 훌륭한 아들이다.
277) 佳婦는 좋은 며느리이다.
278) 家聲은 家族世傳의 聲名과 美譽이다.
279) 隱約은 의미가 깊으면서 말이 간단한 것이다. 『史記』「太史公自序」에 "대개 『詩經』과 『書經』이 간략하면서도 뜻이 깊은 것은, 그 뜻의 생각을 그렇게 드러내려고 한 것이다.(夫詩書隱約者 欲遂其志之思也)"라는 글이 있다.
280) 詩書는 『詩經』과 『書經』을 아울러 가리킨다.
281) 絪縕은 天地陰陽의 二氣가 상호 작용하는 상태로, 『周易』「繫辭傳 下」에 "하늘과 땅이 쌓이고 합함에 만물이 화하여 두터워지고, 남자와 여자가 정기를 얽음에 만물이 화하여 생긴다.(天地絪縕 萬物化醇 男女構精 萬物化生)"라는 글이 있다.
282) 哲命은 타고난 총명이다. 『書經』「周書」〈召誥〉에 "자식을 낳음에 처음 낳을 때에 달려 있어 스스로 밝은 명을 받지 않음이 없음과 같다.(若生子 罔不在厥初生 自

도리어 나중에 꽃다운 이름을 퍼뜨리기를 좇아야 하리.
또 벼슬과 재물[283]은 따지지 말고
청백리(淸白吏)의 자손임을 좌우명으로 삼으라.

坐受佳兒佳婦禮　　願渠恭儉永家聲
詩書隱約終身事　　天地絪縕萬物生
縱是在初貽哲命　　還須逐後播芳名
班資財賄且休問　　淸白子孫爲座銘

11-32-042 동정[284]이 간직한 장언보[285]의 〈산수도〉에 짓다. 곡성[286]이 지니시던 것이다

11-32-042 題東亭所藏張彦輔山水圖 曲城所畜也

곡성(曲城)의 좋은 집[287]은 얼마나 깊숙한가?[288]
맑은 향기가 종일토록 흰 옷깃[289]에 엉겨드네.
이름난 꽃과 기이한 돌이 좌우에 늘어서 있는데

貽哲命)"라는 글이 있다.

283) 班資는 官階와 資格이다. 唐 韓愈의 〈進學解〉에 "재물의 있고 없음을 헤아리고 반열의 높고 낮음을 헤아리다.(商財賄之有亡 計班資之崇痺)"라는 글이 있다.

284) 東亭은 여말의 문신 廉興邦(?~1388)의 호로, 曲城府院君 廉悌臣의 둘째 아들이다.

285) 張彦輔는 元나라의 山水畵家로, 어둡고 밝은 정취를 잘 그려 신기한 경지에 이르렀다고 했다. 金安老의 『龍泉談寂記』에 "張彦甫·顧迎卿은 특히 靑山·白雲을 잘 그렸는데, 어둡고 밝은 원근의 정취를 잘 그려 각각 신기한 경지에까지 이르렀다."라는 글이 있다.

286) 曲城은 경기도 坡州의 옛 이름으로 여말의 재상 廉悌臣(1304~1382)의 封號인데, 이 해〔禑王 8년, 1382〕 3월에 죽었다.(11-31-110 〈哭廉侍中〉 참조)

287) 甲第는 크고 너르게 잘 지은 좋은 집이다.

288) 沉沉은 깊은 모양, 성한 모양이다.

289) 素襟은 흰 도포의 옷깃이다.

그 안에는 만리에 이르는 구름이 덮인 산[290]이 있네.
멀고 가까운 산이 이어져서[291] 금세 밝아졌다가 어두워지는데
희미한 깊은 곳에서는 원숭이 울음소리가 들리는 듯하네.
이곳이 혹시 구지(仇池)[292]거나 소유천(小有天)[293]인가?
본래 선골(仙骨)[294]이 아니라 찾을 길이 없네.
공(公)[295]의 특별한 사랑[296]이 둘째 아들[297]에게 있었기에
천금(千金)처럼 보존하다가 주었다네.
그림[298]을 통한 자효(慈孝)[299]가 본받을[300] 만하여
곧바로 만고에 빛나서 사람들이 흠모하게 하네.

曲城甲第何沉沉　　清香盡日凝素襟
名花異石列左右　　中有萬里之雲岑
聯絡遠近乍明晦　　深處髣髴聞猿吟
是或仇池小有天　　非自仙骨無由尋
公之鍾愛在仲子　　持以與之如千金
丹青慈孝足模楷　　直照萬古令人歆

290) 雲岑은 雲霧가 두른 산봉우리로 높은 산을 가리킨다.
291) 聯絡은 서로 잇닿은 것이다.
292) 仇池는 甘肅省 成縣의 서쪽에 있는 산으로 산 위에 못이 있다.
293) 小有天은 河南省 濟源縣 서쪽 王屋山에 있다는 道家에서 전하는 洞府의 이름이다. 杜甫의 〈秦州雜詩二十首〉 열넷째 수의 首聯에 "만고에 구지의 구멍에, 잠기어서 소유천으로 통하네.(萬古仇池穴 潛通小有天)"라는 구절이 있으며, 小有天은 仙境을 비유한다.
294) 仙骨은 神仙의 骨格·資質이다.
295) 公은 廉悌臣을 가리킨다.
296) 鍾愛는 특별히 기뻐하고 사랑함이다.
297) 仲子는 둘째 아들로 曲城府院君 廉悌臣의 둘째 아들 廉興邦을 가리킨다.
298) 丹青은 붉은 빛과 푸른빛으로 채색하여 그린 그림이다.
299) 慈孝는 어버이의 仁慈함과 자식의 孝敬이다.
300) 模楷는 模楷는 본받음, 배움이다.

11-32-043 동정이 지닌 행촌[301]의 묵죽화[302]에 짓다
11-32-043 題東亭所藏杏村墨竹

11-32-043-01 풍죽
11-32-043-01 風竹

행촌(杏村)의 마음은 속이 빈[303] 대나무와 같은데
소쇄(瀟洒)[304]와 단장(端莊)[305]이 둘 다 넉넉하네.
완연히 밝은 창에서 바라본 듯이 그렸으니
만고의 맑은 바람을 같게 그리기는 어려우리.

杏村心似竹心虛　　蕭洒端莊兩有餘
寫向晴窓宛相對　　淸風萬古畫難如

11-32-043-02 노죽
11-32-043-02 露竹

안개와 이슬이 아침마다 약한 추위[306]를 보내니
하늘이 푸른 낭간(琅玕)[307]을 깨끗이 씻으려 함이리.

---

301) 杏村은 여말의 문신 李嵒(1297~1364)의 號이다. 본관은 固城, 초명은 君侅, 자는 古雲이다. 忠宣王 5년(1313)에 급제하였으며, 『牧隱文藁』 권17에 〈鐵城府院君李文貞公墓誌銘並序〉가 있다.
302) 墨竹은 먹으로 그린 대나무 그림이다.
303) 心虛는 마음이 공명하여 선입견이 없음이다.
304) 瀟洒(灑)는 말쑥하고 깨끗한 모양이다.
305) 端莊은 端正하고 莊重함이다.
306) 薄寒은 微寒이다.
307) 琅玕은 옥 같은 돌로 아름다운 대나무를 가리킨다. 杜甫의 〈鄭駙馬宅宴洞中〉의 首聯에 "주인 집 그늘진 골짜기에는 연기와 안개가 가늘고, 머무는 나그네의 여

분명하게 행촌(杏村)과 서로 비슷하거니와
어찌 곧은 절개[308]를 속인의 눈으로 볼 수 있으랴?

霧露朝朝送薄寒　　天敎淨洗碧琅玕
分明與杏村相似　　直節寧容俗眼看

11-32-044 유항[309]과 함께 홍오재[310]를 위로하다
11-32-044 同柳巷勞洪五宰

일찍이 강남에서 아름다운 풍의(風儀)[311]를 기렸는데
조용한 말과 행동은 시기(時機)를 놓치지 않았다네.
또 행차가 중도(中途)[312]에 이르러 저지당하였다니[313]
조정의 논의가 시비(是非)하는 것을 알지 못하겠네.

江南曾賞美風儀　　言動從容不失機
行到半塗還見阻　　不知朝論是邪非

11-32-045 강남에서 돌아온 사신들을 두루 방문하였는데,

름 대자리에는 대나무가 깨끗하네.(主家陰洞細煙霧 留客夏簟淸琅玕)"라는 연이 있다.

308) 直節은 바름을 지키며 아부하지 아니하는 평소의 品行과 志節이다.

309) 柳巷은 여말의 문신 韓脩의 號이다.

310) 五宰는 다섯 번째 재상이라는 뜻으로 判禮部事를 맡은 사람인데, 洪五宰는 門下評理 洪尙載(?~1391)를 가리킨다.

311) 風儀는 美貌·風采이다.

312) 半塗는 中途이다.

313) 이 구절은 禑王 8년(1382) 4월에 進獻使로 떠났던 金庾 등이 遼東에 이르렀다가 歲貢이 약속한 것에 미치지 못한다고 進獻하지 못하고 돌아온 일을 가리킨다. 『高麗史』 禑王 8년(1382) 6월조에 "金庾 등이 遼東에 이르렀는데 받아들이지 아니하므로 이에 돌아왔다."라는 기사가 있다.

김사재[314]는 길이 막혀 이루지 못하고, 정첨서[315]는 만났고[316] 김추상[317]은 만나지 못하고 이추상[318]은 만났다. 이어서 마정[319]에 이르러서 이상[320]과 삼재[321]를 뵙고, 돌아오다가 종덕[322]의 새 정자 위에서 쉬고 있는데, 또 그의 장인인 유공[323]이 왔기에 종일 웃으며 말하다가 돌아오다

11-32-045 **歷訪江南廻還使臣 金四宰路阻不果 鄭簽書面謁 金樞相不遇 李樞相面謁 因至馬井 謁二相三宰 歸憩于種德新亭之上 其外舅柳公又來 談笑終日而歸**

바쁘게[324] 마음을 쓰며 사신(使臣)들을 위로하고
이어서 참된 예의로 집정(執政)[325]들을 참알(參謁)하였네.
새로운 정자를 얽어서 만드는 일이 막 끝났는데
두 노인[326]이 올라서 내려보는 흥취가 더욱 새롭네.
붓 아래의 억양(抑揚)[327]은 달빛과 이슬로 달리는데
술통 앞의 담소는 바람과 티끌 바깥의 일이네.

---

314) 金四宰는 金庾를 가리킨다.
315) 簽書는 簽書中樞院事・簽書密直司事의 준말로 고려시대 中樞院・密直司의 종2품 또는 정3품 관직인데, 鄭簽書는 同知密直으로 進獻使에 참여했던 鄭夢周를 가리킨다.
316) 面謁은 拜謁이다.
317) 樞相은 中樞院의 相臣인데, 金樞相은 知密直으로 京師에 갔던 金寶生을 가리킨다.
318) 李樞相은 密直副使로 進獻使로 갔던 李海를 가리킨다.
319) 馬井은 開京에 있던 地名이다.
320) 二相은 首相 다음 재상으로 判兵部事를 맡은 사람을 말한다.
321) 三宰는 세 번째 宰相이라는 뜻으로 判戶部事를 겸한 재상을 말한다.
322) 李種德은 牧隱의 장남이다.
323) 柳公은 李種德의 장인인 柳惠孫을 가리킨다.
324) 區區는 분주하게 힘을 다함을 뜻한다.
325) 執政은 執政之臣의 준말로 정권을 잡은 재상이다.
326) 二老는 牧隱과 牧隱의 사돈인 柳惠孫을 가리킨다.
327) 抑揚은 칭찬하기도 하고 내리깎기도 하는 것이다.

저녁에 돌아오다가 또 시를 재촉하는[328] 비를 만나니
이와 같이 청한(淸閑)한 사람이 또 몇 사람이나 되랴?

用意區區勞使臣　　仍參執政禮儀眞
新亭結搆功初畢　　二老登臨興更新
筆下抑揚驅月露　　樽前笑語隔風塵
晩歸更値催詩雨　　似此淸閑更幾人

11-32-046 열아흐렛날 입추[329]에
11-32-046 十九日立秋

나는 병으로 더위를 피할[330] 것을 생각하는데
하늘이 어여삐 여기어 또 입추가 되었네.
매미 소리가 바람이 불어오는 탑상(榻床)을 두르고
기러기 그림자는 별이 아름다운 누대에 가깝네.
마땅히 보양(保養)에 더욱 삼가고
또 내달림은 조금 쉬리.
서늘한 새 기운[331]이 사람의 뜻에 맞거니와
강 가에는 거룻배[332]가 있다네.

---

328) 催詩雨는 시 짓기를 재촉하는 비로, 杜甫의 〈陪諸貴公子丈八溝携妓納涼晩際遇詩二首〉의 첫째 수 尾聯에 "조각 구름이 머리 위에 시커머니, 아마 시 짓기를 재촉하는 비이리.(片雲頭上黑 應是雨催詩)"라는 구절이 있다.
329) 立秋는 24절기의 하나로서 大暑과 處暑 사이에 있는데, 양력 8월 7·8일에 해당한다.
330) 消暑는 消夏와 같은 말로 더위를 피하는 것이다.
331) 新涼은 가을이 되어 새롭게 느껴지는 서늘한 기운이다.
332) 扁舟는 거룻배로, 통나무를 파서 만든 작은 배를 가리킨다.

我病思消暑　　天憐又立秋
蟬聲遶風榻　　雁影近星樓
保養當加謹　　驅馳且少休
新凉可人意　　江上有扁舟

11-32-047 밤비가 밝을 때까지 이어지다
11-32-047 夜雨連明

밤비가 새벽[333]까지 이어지니
서늘한 새 기운이 대허(大虛)[334]에 가득하네.
늘 읊어도[335] 좋은 구절은 없고
많은 병에도 또 편안히 지내네.
세상이 태평해지니 곧 말을 타고 돌아갈 텐데
몸이 쇠약해도 물고기를 낚을 수는 있으리.
가을바람에도 어찌하여 돌아가지 않는가?[336]
흰 머리는 이미 듬성듬성하다네.

夜雨連平旦　　新凉滿大虛

333) 平旦은 새벽, 동이 틀 때이다.
334) 大虛는 太虛와 같은 말로 宇宙, 하늘, 우주만물의 元氣를 뜻한다.
335) 長吟은 吟詠·吟誦이다.
336) 이 구절은 『晉書』 〈張翰傳〉의 다음 고사에서 유래하여 고향으로 돌아가고자 하는 마음을 나타낸다. 張翰은 吳人으로 글을 잘 지어 당시 사람들이 '江東步兵'이라 불렀는데, 首都에서 벼슬하다가 天下가 어지러워지자, "나는 본래 山林間人이라, 세상에는 바랄 것이 없다."고 同郡의 顧榮에게 말하니, 고영도 같은 생각이라고 했다. 마침 가을바람이 이는 것을 보자 吳中의 菰菜와 蓴菜국과 농어회를 생각하면서, "인생은 뜻에 맞게 사는 것을 귀하게 여기는데 어찌 능히 수천 리나 멀리 떠나 벼슬하면서 명예와 벼슬을 구하겠는가?(人生貴得適志 何能羈宦數千里以要名爵乎)" 하고 드디어 고향으로 돌아갔다.

長吟無好句　　多病且安居
世泰方歸馬　　身衰可釣魚
秋風胡不去　　白髮已蕭疎

11-32-048 술과 고기를 보내 준 박정당[337]께 사례드리다
11-32-048 謝朴政堂送酒肉

사귐은 깊어서 서른여섯 해나 되는데
어찌 일찍이 만나야만 비로소 진심을 주었으랴?[338]
지금은 맑은 술통과 연한 고기가 드문데
흰 머리로 취하여 또 한 번 읊조리네.

三十六年交契深　　何曾當面始輸心
淸樽軟肉今來少　　白髮醺然又一吟

11-32-049 유항과 함께 포은[339]을 위로했는데 아들[340]도 자리를 함께 하다
11-32-049 同柳巷勞圃隱 豚犬亦與

두 번이나 만리(萬里)를 내달렸거니와
중년에는 만나고 헤어짐이 잦았네.

337) 政堂은 政堂文學의 약칭으로 朴政堂은 前政堂 朴形(?~1398)을 가리킨다.
338) 輸心은 진심을 보내는 것으로, 杜甫의 〈莫相疑行〉의 9·10구에 "늘그막에 교제하며 젊은 사람에게 의탁하려는데, 얼굴을 마주하면 진심을 보내지만 얼굴 뒤에서는 비웃네.(晩將末契託年少 當面輸心背面笑)"라는 내용이 있다.
339) 圃隱은 여말의 문신 鄭夢周의 호이다.
340) 豚犬은 豚兒라고도 하는데 자기 자식의 겸칭, 또는 아버지에 대한 자기 자신의 겸칭이다.

사귀는 정은 늘그막이 되니 두터워지는데
세상일은 시름과 더불어 새로워지네.
누대는 도성 남쪽의 들판을 누르고
문에는 거리 위의 티끌이 없네.
한 동이 술[341]로 서로 만나니
또한 인륜을 밝힐 만하네.

萬里奔馳再　　中年聚散頻
交情臨老重　　世事與愁新
樓壓城南野　　門無陌上塵
一尊相對處　　亦足以明倫

11-32-050 **유항과 함께 광양군[342]을 초청하여 하과[343]의 여러 서생을 살피는데, 비가 내려서 바깥에 앉기가 마땅하지 않기에 구산사[344]에서 각촉부시[345]를 하였다. 교관이 술자리를 마련하기에 약간 취해서 돌아왔다. 따른 사람은 유항의 둘째 아들 상경[346]과 나의 아들들인 종학[347] · 종선[348]**

341) 一樽(尊)은 한 동이 술로, 杜甫의 〈春日憶李白〉의 尾聯에 "언제나 한 동이 술로, 다시 함께 자세하게 글을 논하랴?(何時一樽酒 重與細論文)"라는 연이 있다.

342) 光陽君은 光陽府院君 李茂芳을 가리킨다.

343) 夏課는 고려시대에 私學에서 실시하던 여름철 특별교육의 하나로, 음력 오뉴월의 50일 동안 僧房을 빌려 門徒들에게 실시하던 과거교육인데 夏天都會라고도 한다. 여기에서는 그것을 본뜬 九齋의 夏課를 가리킨다.

344) 龜山寺는 開京의 松嶽山 昭格署 동쪽에 있던 절로 고려왕실의 원찰이었다.

345) 刻燭賦詩는 초에 눈금을 그어놓고 시를 짓게 하여 그곳까지 타기 전에 지은 작품으로 우열을 정하던 詩作競爭의 慣行이다.

346) 韓尙敬(1360~1423)은 여말선초의 문신으로 본관은 淸州, 자는 叔卿 · 敬仲, 호는 信齋, 脩의 아들이다. 禑王 8년에 등제하여 右正言 · 藝文應敎 등을 거쳐 1392년에 右副代言에 올랐다. 조선 태종 때 西原府院君 · 領議政이 되었다. 시호는 文簡이며 글씨를 잘 썼다.

과 문생인 송문중[349]이다. 그리고 때마침 만난 사람은 김제·강회중[350]·신권[351]·박관[352]·유겸[353]이다

11-32-050 **同柳巷邀光陽君 觀夏課諸生 有雨不宜露坐 乃於龜山寺 刻燭賦詩 敎官設酌 微醉而歸 從者柳巷次子尙敬吾豚犬種學種善門生宋文中 而適値者金湔姜淮仲辛權朴貫柳謙也**

두 늙은이가 배회하며 다니노라니[354]
우연히 여러 분들이 오셨네.
산에 오르니 도미(道味)[355]가 생겨나는데
각촉부시(刻燭賦詩)를 하니 천재(天才)가 나타나네.
뜰의 풀은 햇빛을 창으로 여기고
솔바람은 술잔에 가득하네.
사문(斯文)[356]과 명교(名敎)[357]가

---

347) 李種學은 牧隱의 둘째 아들이다.
348) 李種善은 牧隱의 셋째 아들이다.
349) 宋文中은 여말의 문신으로 初名은 文貴, 字는 日彰, 堂號는 築隱이다. 恭愍王 18년 목은이 同知貢擧일 때 급제했다. 공양왕 원년에 上護軍兼司憲執義, 2년에 大司成이 되고 3년에 判宗簿寺事로 日本의 九州節度使에게 報聘하러 갔다. 『牧隱文藁』 권5에 〈築隱齋記〉가 있다.
350) 姜淮仲은 『高麗史』에서 司憲府 執義·軍資尹 등을 지낸 것이 확인되는 인물이다.
351) 辛權은 林堅味의 조카사위로 『고려사』에서 右司議大夫를 지낸 것이 확인되는 인물이다.
352) 朴貫은 『高麗史』에서 사헌부 掌令을 지낸 것이 확인되는 인물이다.
353) 柳謙은 『高麗史』에서 樞密院의 堂後官을 지낸 것이 확인되는 인물이다.
354) 翱翔은 배회함, 逍遙함이다. 『詩經』 「齊風」 〈載驅〉에 "노나라의 길이 평탄하고, 齊子는 어슬렁거리네.(魯道有蕩 齊子翱翔)"라는 구절이 있다.
355) 道味는 道德의 眞意로, 『晉書』 〈成公簡傳〉에 "성품이 순박하고 간소하며, 영예와 이익을 구하지 않고, 도덕의 진의에 마음을 담그다.(性朴素 不求榮利 潛心道味)"라는 글이 있다.
356) 斯文은 儒學者들이 儒學을 부를 때 쓰는 말로 '이 學問', '이 글'이라는 뜻이다.
357) 名敎는 인륜의 명분을 밝히는 가르침, 즉 儒敎이다.

다만 둘 다 쇠퇴해질까[358] 두려워하네.

二老翱翔去　　諸公邂逅來
登山生道味　　刻燭見天才
庭草摠含日　　松風滿酒杯
斯文與名教　　只恐兩摧頹

11-32-051 감진[359]색[360] 여러 분과 함께 광평[361] 시중을 뵙다
11-32-051 同監進色諸公 謁廣平侍中

머리가 흰 서생(書生)은 일을 처리함[362]이 더딘데도
늘 부름을 받아 언사(言詞)[363]를 윤색하네.
미리 정한[364] 조정의 계책은 산처럼 옮기기가 어렵지만
종횡하는 붓의 형세는 또 해도 움직이네.[365]
기우려고 해도 모자라는 바가 없을 테니
모름지기 절의(節義)를 지켜 위태롭게 하지 말아야 하리.
본래 크고 작은 나라는 참으로 대적할 수 없기에
어려움이 많음은 다만 이 한 시절만이 아니라네.

白髮書生見事遲　　每承招喚閏言詞
廟謨素定山難轉　　筆勢縱橫日又移

358) 摧頹는 꺾이고 쇠퇴함, 뜻이나 의욕을 잃음이다.
359) 監進은 물품이나 문서 등을 검토하여 위에 올리는 것이다.
360) 色은 일정한 일을 맡거나 책임을 지는 관원 또는 사무의 한 분야이다.
361) 廣平은 廣平府院君 李仁任(?~1388)의 封號이다.
362) 見事는 일의 형편을 식별함이다.
363) 言詞(辭)는 말, 말씨이다.
364) 素定은 미리 확정하는 것이다.
365) 日移는 해 그림자가 지나감, 시간이 지나감이다.

欲補之而無所缺　　須扶節義莫令危
由來大小眞非敵　　不獨多艱此一時

11-32-052 상상[366]께서 강 가에서 전함을 살피신다는 말을 듣다. 3수

11-32-052 聞上相觀戰艦江上 三首

강 가에 비껴 있는 전함(戰艦)은
위풍(威風)이 일동(日東)[367]에 떨치리.
경영(經營)은 유능한 관리에게 맡기고
지휘함[368]은 원융(元戎)[369]에게 달렸다네.
노가 일으키는 흰 물결[370]은 평평한 들판을 씻고
돛대 위의 까마귀[371]는 먼 하늘을 날아가리.
발돋움하여 도적을 평정하기를 기다릴 수 있을 텐데
무략(武略)이 뭇 영웅을 덮으신다네.

戰艦橫江上　　威風振日東

366) 上相은 上公 즉 首相인데, 여기에서는 門下侍中 洪永通을 가리킨다.
367) 日東은 日本을 가리킨다.
368) 指授는 지시하여 줌이다.
369) 元戎은 큰 戎車로 大軍 또는 主將을 뜻한다. 『詩經』 「小雅」 〈六月〉에 "큰 융거 십 승이 앞장을 서서, 위풍 있게 길을 열어 군을 이끄네.(元戎十乘 以先啓行)"라는 구절이 있다.
370) 雪棹는 눈 같은 흰 물결에 노를 젓는 것으로, 宋 鄭獬의 〈寄程公闢〉(『鄖溪集』)의 尾聯에 "언제나 끝내고 거룻배로 떠나서, 섬계에 배를 띄워 그대와 함께 흰 물결에 노를 저으랴?(何時得遂扁舟去 雪棹同君泛剡溪)"라는 구절이 있다.
371) 檣烏는 돛대 위의 까마귀 모양의 風向計로, 빨라서 일정하지 않은 생활을 비유한다. 杜甫의 오언고시 〈登舟將適漢陽〉 9·10구에 "변새의 기러기는 때에 따라 모이는데, 돛대 위의 까마귀는 죽을 때까지 나네.(塞雁與時集 檣烏終歲飛)"라는 구절이 있다.

經營屬能吏　　指授在元戎
雪棹灑平野　　檣烏飛遠空
寇平蹺足待　　武畧蓋群雄

도성 남쪽의 길에 비가 조금 내리고[372]
들판 바깥의 산에는 구름이 떠 있네.
숲 주변에서 새가 조용해짐을 알겠거니와
절을 바라보며 스님이 한가함을 부러워하네.
술을 만나면 얼굴에는 빛이 나타나는데
나라를 근심하느라고 살쩍에는 얼룩이 보태지네.
어찌하면 모시고 담소하면서
곧장 해질 녘에 돌아오랴?

小雨城南路　　浮雲野外山
傍林知鳥靜　　望寺羡僧閑
顏帶得酒暈　　鬢添憂國斑
何當陪笑語　　直到夕陽還

나는 본래 강마을[373]에서 살았기에
때때로 어부들과 놀았다네.
푸른 도롱이는 비를 무릅쓰기에 좋고
밝은 달밤에는 배가 다니기에 좋았네.
늘그막에도 돌아갈 곳이 없거니와
이제까지 싸움이 그치지 아니하네.

---

372) 小雨는 조금 오다 마는 비를 말한다.
373) 江國은 물이 많은 지방이다.

아직도 나라의 배[374]가 맞붙어 싸우니[375]
나의 근심을 위로 받기에 족하네.

我本居江國　　時從漁者游
綠簑宜冒雨　　明月好行舟
到老歸無所　　如今戰不休
官舡尙格鬪　　足以慰吾愁

11-32-053 소나기[376]

11-32-053 急雨

소나기가 몇 각(刻)[377] 남짓 동안 동이로 퍼붓듯이[378] 내려서
거품이 뜬 사나운 물살이 뜰[379]에 가득하네.
아이종을 불러서 낮은 곳으로 터놓게 하니
마치 아이의 울음을 들으면서도[380] 사재[381]를 타던 때와 같네.

374) 官舡〔船〕은 나라의 배이다.
375) 格鬪는 치고 받고 싸움, 맞붙어 싸움이다.
376) 急雨는 소나기이다.
377) 刻은 물시계의 漏箭에 시간을 보이기 위하여 새긴 금으로, 오늘날의 시간으로 약 15분 동안을 가리킨다.
378) 傾盆은 물동이를 기울여 붓듯이 비가 세차게 쏟아지는 모양이다.
379) 庭除는 뜰의 계단이다.
380) 呱呱는 어린아이의 울음소리이다. 『書經』「虞書」〈益稷〉에 "啓가 애타게 울어도 내가 아들을 챙기지 못했다.(啓呱呱而泣 予弗子)"라는 글이 있다.
381) 四載는 禹임금이 治水에 쓰던 네 가지 탈것으로, 배〔舟〕·수레〔車〕· 썰매〔輴〕·나막신〔樏〕을 가리킨다. 『書經』「虞書」〈益稷〉에 "홍수가 하늘에 넘쳐 광대하게 산을 품고 陵을 오르매 백성이 어둠에 빠지거늘, 내가 네 가지 탈것을 타고 산을 따라 나무를 깎았다.(洪水滔天 浩懷山襄陵 下民昏墊 予乘四載 隨山刊木)"라는 글이 있다.

急雨傾盆數刻餘　　暴流浮沫滿庭除
呼童決去從低處　　宛似呱呱四載初

11-32-054 유항[382]께 드리다(3수)
11-32-054 呈柳巷

늘그막에도 뜻을 표함[383]을 스스로 가여워하거니와
속세에 찌든 모습[384]은 평가할 것이 없네.
오히려 한가함[385]이 조금이나마[386] 남아 있음을 기뻐하는데
창에 가득한 비바람소리에 글 읽는 소리가 섞이네.

自憐垂老做人情　　俗狀塵容不足評
尙喜淸閑餘半點　　滿窓風雨雜書聲

쏴쏴하는 비바람소리 속에 풀이 사립에서 빛나는데
고요한 긴 날에도 오고가는 사람이 드무네.
서쪽 이웃[387]은 또 한가함 속의 흥취를 함께 하면서
홀로 높은 다락에 기대어 푸른 산을 바라보리.

風雨蕭蕭草暎扉　　闃然長日往來稀

382) 柳巷은 여말의 문신 韓脩의 號이다.
383) 做情은 뜻을 표현함이다.
384) 俗狀塵容은 세속에 물든 찌든 얼굴을 가리킨다. 孔稚珪의 〈北山移文〉에 "마름으로 만든 옷을 불태우고 연잎으로 만든 옷을 찢고는, 때 낀 얼굴을 들어 속세의 상태를 따르기에 분주하였다.(焚芰製而裂荷衣 抗塵容而走俗狀)"라는 대목이 있다.
385) 淸閑은 한가함의 敬稱이다.
386) 半點은 一點의 반으로, 조금의 뜻이다.
387) 西隣은 서쪽 이웃으로, 柳巷 韓脩를 가리킨다.

西隣也共閑中味　　　獨倚高樓對翠微

들판의 절에서 돌아와 유촌(柳村)에 누워 있으니
묘당(廟堂)[388]의 높고 귀한 분들과 문안[389]이 끊어졌네.
아직도 문장의 빚을 지고 있음을 스스로 가여워하면서
갓끈을 매고 더운 날에 자문(紫門)[390]으로 향하네.

野寺歸來臥柳村　　　廟堂尊重絶寒暄
自憐尙負文章債　　　觸熱纓冠向紫門

11-32-055 감진[391]색[392] 여러 분이 와서 정료위[393]에 보낼 이문[394]을 의논하다
11-32-055 監進色諸公 來議定遼移文

나라에 재앙의 조짐[395]이 생긴 지 벌써 여러 해이니
세도와 인정이 둘 다 무너졌네.
어찌할 수 없으니[396] 차라리 부엌귀신[397]에 아첨할까?

388) 廟堂은 朝廷이다.
389) 寒暄은 추위와 더위로 서로 인사함을 가리킨다.
390) 紫門은 대궐문을 가리킨다.
391) 監進은 물품이나 문서를 검토하여 위에 올리는 것이다.
392) 色은 일정한 일을 맡거나 책임을 지는 관원 또는 사무의 한 분야이다.
393) 定遼衛는 明나라가 遼東에 설치한 지방행정기구로, 그 관할지역이 동으로 鴨綠江, 서로는 山海關, 남으로는 旅順海口, 북으로는 開元에 이르렀으며, 그 아래에 2州 25衛가 속하여 있었다.
394) 移文은 官衙 사이의 조회, 돌려서 보여주는 명령서이다.
395) 妖孽은 재앙의 조짐이다. 『中庸』에 "나라가 장차 망하려면 반드시 재앙의 조짐이 있다.(國家將亡 必有妖孽)"라는 글이 있다.
396) 無可奈何는 어찌할 수 없이 됨이다.
397) 竈는 부엌의 아궁이를 지키는 신으로 權臣을 비유한다. 『論語』「八佾」에 "왕손가

방법을 알지 못하여 다만 하늘을 부르네.
구름을 찌는[398] 붉은 햇볕은 도망가기가 어려운데
숲이 만들어내는 시원한 바람에 기뻐서 넘어질 것 같네.
태평시절을 노래하기에 나는 이미 늙었거니와
낭묘(廊廟)[399]에 전원으로 돌아감을 비는 것이 옳으리.

國家妖孼已多年　世道人情兩靡然
無可奈何寧媚竈　不知所以但呼天
雲蒸赤日逃難去　樹産淸風喜欲顚
歌詠昇平吾已老　可從廊廟乞歸田

11-32-056 소나기
11-32-056 急雨

어느 곳에서 빠르게 왔기에
구름 속에서 번개[400]가 맞이하는가?
갑자기 지붕의 기와를 울리더니
곧 뜰의 모래를 달리게 하네.
바다가 뒤집히듯 물이 넘치니
다만 어지럽게 흩어지는[401] 꽃을 아까워하네.

가 묻기를 '방 아랫목에 아첨하는 것보다 차라리 부엌 아궁이에 아첨한다는 것은 무슨 뜻입니까?' 공자께서 말씀하셨다. '그렇지 않다. 하늘에 죄를 지으면 빌 곳도 없다.'(王孫賈問曰 與其媚於奧 寧媚於竈 何謂也 子曰 不然 獲罪於天 無所禱也)" 라는 글이 있다.

398) 雲蒸은 熱氣가 오르는 모양이다.
399) 廊廟는 나라의 정치를 맡은 궁전으로, 正殿 혹은 廟堂이라 한다.
400) 蛇電는 번개인데, 번갯불이 뱀처럼 휘었기 때문에 생긴 표현이다.
401) 紛披는 어지럽게 흩어지는 모양이다.

누가 알랴? 천년 뒤에도
대록(大麓)에 들어간[402] 중화(重華)[403]를 생각함을.

急急來何處　　雲間逆電蛇
忽聞鳴屋瓦　　旋見走庭沙
泛溢如翻海　　紛披只惜花
誰知千載下　　納麓想重華

11-32-057 즉석에서 짓다
11-32-057 卽事

날마다 빚쟁이[404]가 문에 와서 재촉하니
늙은이는 읊조림을 끝내 피하기 어려우리.
해를 희롱하는 뜬구름은 열렸다가 또 닫히는데
바람을 따르는 소나기는 그쳤다가 다시 내리네.
앉아서 버들 거리에서 꾀꼬리 우는 소리[405]를 듣고
또 뜰의 이끼에서 반딧불이[406]가 반짝이는 것을 보네.
어찌하면 밀린 빚[407]을 모두 다 갚고서

---

402) 納麓은 大麓에 들어가는 것으로, 『書經』「虞書」〈舜典〉에 "대록에 들어가셔서 빠른 바람과 우레가 치는 비에도 어지럽지 아니하시다.(納于大麓 烈風雷雨 弗迷)"라는 글이 있다.

403) 重華는 『書經』「虞書」〈舜典〉에서 말한 舜의 이름으로, 堯임금의 文德이 舜임금에 이어져서 거듭 빛을 발한 사실을 가리킨다.

404) 債主는 빚을 준 사람, 債權者이다.

405) 綿(緜)蠻은 새의 울음소리로, 『詩經』「小雅」〈緜蠻〉에 "가늘고 길게 우는 꾀꼬리가, 언덕에서 쉬네.(綿蠻黃鳥 止于丘阿)"라는 대목이 있다.

406) 熠燿는 반딧불이의 異稱이다. 『詩經』「豳風」〈東山〉에 "집 곁의 빈땅은 사슴마당이 되고 반딧불이가 밤에 다니니, 두려워할 것이 아니라 그립구나.(町畽鹿場 熠燿宵行 不可畏也 伊可懷也)"라는 대목이 있다.

407) 逋負는 밀린 負債이다.

도롱이와 삿갓을 차리고 훌쩍 낚시터로 향하랴?

債主臨門日日催　　老翁吟嘯竟難迴
浮雲弄日開還合　　急雨隨風止又來
坐聽綿蠻啼柳巷　　行看熠燿照庭苔
何當逋負俱還盡　　蓑笠飄然向釣臺

11-32-058 탐라[408]의 성담공의 편지를 받다
11-32-058 得耽羅性曇公書

바다나라[409] 탐라에서 사람이 오니
서신[410]과 향기로운 버섯이 책상 위에 쌓이네.
뜬구름처럼 가고 머무느라고 몸은 정해진 곳이 없을 텐데
동갑(同甲)이 살아 있고 죽음에 뼈가 부서지려 하네.
곳곳의 도량(道場)은 물처럼 맑은데
때때로 법고(法鼓)가 우레처럼 운다네.
아직도 오십삼인(五十三人)을 찾지[411] 못하여
보재(善財)[412]를 배우려고 남쪽에서 노닒을 알겠네.

---

408) 耽羅는 濟州의 옛 이름이다.

409) 海國은 사방이 바다로 둘러싸인 나라이다.

410) 素書는 편지이다. 『古樂府』〈飮馬長城窟行〉에 "손님이 먼 곳으로부터 와서, 나에게 두 마리의 잉어를 주네. 아이를 불러 잉어를 삶으니, 그 속에 편지가 들어 있네.(客從遠方來 饋我雙鯉魚 呼童烹鯉魚 中有尺素書)"라는 구절이 있다.

411) 五十三參은 『華嚴經』「入界法品」에서 많은 善知識을 쌓기 위하여 善財童子가 53인의 善知識을 參問하여 비로소 善果를 얻었다는 고사에서 유래하여, 文殊·菩薩·佛母를 비롯하여 마지막으로 普賢에 이르기까지 53명의 善知識을 參問함을 가리킨다.

412) 善財는 大乘佛敎에서 卽身成佛을 증명하기 위해 등장시킨 求道菩薩 善財童子를 가리킨다.

人自耽羅海國來　　素書香茸案頭堆
浮雲去住身無定　　同甲存亡骨欲摧
處處道場淸似水　　時時法鼓震如雷
卽今五十三參未　　知是南游學善財

11-32-059 자안[413]이 와서 운남[414]의 평정을 하례하는 표문[415]을 의논하다

11-32-059 子安來議賀平雲南表

푸른 한라산(漢拏山)의 빛을 바라보노라니
아래에는 만리나 떨어진 금릉(金陵)[416]에서 온 배가 있네.
물길은 아득하여[417] 끝을 알 수 없고
바람을 받는 돛은 빨라서[418] 앞을 다투는 듯하네.
힘은 운남(雲南)의 육조(六詔)[419]의 땅에 미치고
위엄이 해외의 삼한(三韓)의 하늘에 진동하네.
성대(盛代)에 백성을 옮김[420]이 만고를 뛰어넘기에

413) 子安은 여말의 문신 李崇仁(1349~1392)의 字이다.

414) 雲南은 중국 西南 邊境에 있는 省으로 苗族・泰族・儸儸族・回族 등이 대다수이며, 省都는 昆明이다. 『高麗史』 禑王 8년(1382) 7월조에 "皇帝가 雲南을 平定하고 梁王의 가족들을 보내어 濟州에 安置하였다. 禑王이 密直司事 柳藩을 京師에 보내어 축하하다."라는 기사가 있다.

415) 〈賀平雲南表〉는 『陶隱集』 권5에 실린 〈賀朝廷平定雲南 發遣梁王家屬安置濟州表〉를 가리킨다.

416) 金陵은 江蘇省 南京의 옛 이름으로 明의 처음 수도이다.

417) 微茫은 아득한 모양이다.

418) 飄忽은 빠른 모양이다.

419) 六詔는 중국의 雲南省과 四川省 서남부에 있는 나라를 가리키는데, 詔는 蠻語로 王을 뜻한다. 唐代에 이 땅에 蒙巂・越析〔一名 磨些〕・浪穹・邆睒・施浪・蒙舍 등 여섯 蠻族이 살았다.

420) 移民은 땅이 넓고 사람이 적은 곳으로 백성을 옮겨 살게 함이다.

늙은이는 길게 읊조리며 새 시를 얻네.

漢拏山色望蒼然　　下有金陵萬里舡
水道微茫不知畔　　風帆飄忽似爭先
力通六詔雲南地　　威振三韓海外天
盛代移民超萬古　　老翁長嘯得新篇

11-32-060 공주[421]목사[422] 최유경[423]에게 답하다 *주필이다
11-32-060 答公州牧使崔有慶 *走筆

아버지[424]의 풍도를 이어 공무에 힘쓰며[425] 청백하여
이미 어진 정사(政事)가 공인에 부합됨을 알았네.
아마 병을 앓는 사람이 무더위를 근심함을 가여워하여
은하(銀河)[426] 대신에 찻종[427]을 보내고자 하였네.

淸白公勤繼父風　　已知仁政洽於公
應憐病客愁炎熱　　欲代銀河寄茗鐘

421) 公州는 忠淸道에 있던 牧이다.
422) 牧使는 고려시대 牧에 파견된 지방관이다.
423) 崔有慶(1343~1413)은 여말선초의 문신으로 本貫은 全州, 자는 慶之, 호는 竹亭이다. 崔宰(?~1378)의 셋째 아들로 版圖司佐郎・司憲府掌令・典法司摠郎・密直副使 등을 지내고, 조선 개국 이후 開國原從功臣에 서훈되고 慶尙道都觀察使・知中樞院事・大司憲 등을 지냈다.
424) 父는 崔有慶의 부친 崔宰(?~1378)를 가리킨다. 本貫은 完山, 字는 宰之, 忠肅王朝에 등재하여 監察持平・尙州牧使 등을 지내고 完山君에 봉해졌다. 『高麗史』 권111 〈崔宰傳〉에 "[충숙]왕이 아버지 같은 風度가 있다.(王以有父風)"라고 한 기사가 있다.
425) 公勤은 관리가 부지런히 힘씀이다.
426) 銀河는 큰 容量의 酒器이다.
427) 茗鐘은 茶鐘과 같은 말로 찻물을 담아 마시는 작은 그릇인 찻종이다.

11-32-061 서쪽 이웃의 길창군[428]을 모시고 칠원[429] 시중과 철원[430] 시중을 뵙고 돌아오다

11-32-061 陪西隣吉昌君 謁漆原侍中鐵原侍中而歸

이현(梨峴)[431]에 있는 두 시중의 댁을 가노라니[432]
남북의 큰 거리에는 기운이 왕성하네.[433]
융성한 시대의 풍운(風雲)[434]은 영광스러움에 상대가 없고
이름난 정원에 화목(花木)은 흥겨움에 다함이 없네.
지금 소박(素朴)함으로 세상의 풍속을 바꾸시는데
예로부터 간난(艱難)은 영웅의 힘을 입었다네.
다행히 소년 시절부터 영무(英武)[435]한 기로[436]를 접했기에
주졸(走卒)[437]과 아동(兒童)도 목은 늙은이를 알아본다네.

梨峴登門兩侍中　　　大街南北氣葱葱

---

428) 吉昌君은 權適(1307~?)의 封號이다. 吉昌府院君 權準의 아들로 『高麗史』「世家」에서 忠肅王 17년(1330)에 判事, 忠穆王 즉위년(1344)에 判密直司使, 恭愍王 8년(1359)에 贊成事, 恭愍王 14년(1365)에 僉議贊成事를 지낸 것이 확인되고, 처음에 花山君에 봉해졌다가 다시 吉昌君에 봉해졌다.
429) 漆原은 경상도에 있는 고을 이름으로 府院君 尹桓(?~1386)의 封號이다.
430) 鐵原은 강원도에 있는 고을 이름으로 府院君 崔瑩(1316~1388)의 封號이다.
431) 梨峴은 開京에 있던 고개 이름이다.
432) 登門은 대문에 오름, 상대방의 집을 찾아감이다.
433) 葱葱은 기상이 왕성함, 초목의 푸른 빛이 무성함이다.
434) 風雲은 『周易』「乾卦」 文言傳의 "구름은 용을 따르고 바람은 범을 따르며, 성인이 일어나고 만물이 분별된다.(雲從龍 風從虎 聖人作而萬物睹)"라는 글에서 유래하여 英雄이 聖主를 만나 재능을 발휘함을 비유한다.
435) 英武는 뛰어나고 매우 용맹스러움이다.
436) 耆老는 나이가 많고 덕이 높은 사람으로, 예순을 耆라 하고 일흔을 老라 한다.
437) 走卒은 남의 심부름을 하러 다니는 하인이다. 蘇軾의 오언고시 〈司馬君實獨樂園〉의 19·20구에 "아이들이 군실을 외고, 주졸은 사마를 알아보네(兒童誦君實 走卒知司馬)"라는 구절이 있다.

風雲盛世榮無對　　花木名園興不窮
朴素只今移世俗　　艱難自古賴英雄
少年幸接耆英武　　走卒兒童識牧翁

11-32-062 길창군[438]과 한청성[439]을 모시고 광평[440] 시중을 뵈려고 했더니, 눈병 때문에 손을 대접하지 아니하시다
11-32-062 陪吉昌君韓昌[441]城 謁廣平侍中 以目病不接客

높은 이름이 천하[442]에 넘치고
기로(耆老)의 덕망[443]은 친훈(親勳)[444] 가운데에서 으뜸이네.
장막에 든 손[445]은 구슬과 같고
길을 메우는 말은 구름과 비슷하네.
소홀하고 게으른 나를 바야흐로 스스로 책망하는데
높고 귀한 분이 또 무엇이라고 이르실까?
돌아와서 빈 대청 위에 누워서
석양이 되도록 길게 읊조리네.

高名溢夷夏　　耆德冠親勳

438) 吉昌君은 權適(1307~?)의 封號이다
439) 淸城은 淸州의 다른 이름으로 韓淸城은 韓脩를 가리킨다.
440) 廣平은 府院君 李仁任(?~1388)의 封號이다.
441) '昌'은 '淸'의 착오인 듯하다.
442) 夷夏는 夷狄과 中國으로 온 천하를 가리킨다.
443) 耆德은 老成하여 덕이 높은 사람이다.
444) 親勳은 친척인 勳臣이다.
445) 入幕之賓은 특별히 친한 손님으로 機密을 이야기함을 가리키는데, 『晉書』 권67 〈郗超傳〉의 謝安이 王坦之와 일찍이 桓溫을 찾아가 일을 논하는데, 桓溫이 郗超로 하여금 장막 속에 누워서 듣게 하였더니 바람이 일어 장막을 열어제치자, 謝安이 웃으며 "치생은 장막에 들어온 손님이라고 할 만하다.(郗生可謂入幕之賓矣)" 라고 했다는 고사에서 유래한다.

入幕賓如玉　　塡街馬似雲
疎慵方自責　　尊重更何云
歸臥虛堂上　　長吟到夕曛

11-32-063 철원[446] 시중이 직위에서 물러났다[447]는 말을 듣다
11-32-063 聞鐵原侍中辭位

만리장성(萬里長城)[448]은 푸른 하늘에 솟아 있는데
말발굽에 바람을 일으키며 요망한 연기를 다 흩어버리셨네.[449]
조정에서는 높은 의론이 산처럼 무거웠고
일을 처리함에는 흉악한 모략[450]을 눈처럼 녹게 했네.
소제(昭帝)[451]는 밝게 살펴서 참설(讒說)[452]을 깨달았고[453]
성왕(成王)[454]은 괴롭게 배워서 강공(康功)[455]을 이루었네.[456]

---

446) 鐵原은 강원도에 있는 고을 이름으로 府院君 崔瑩(1316~1388)의 封號이다.
447) 辭位는 職位에서 물러나는 것이다.
448) 萬里長城은 秦始皇이 匈奴의 침입에 대비하기 위하여 쌓기 시작한 長城이다.
449) 이 구절은 恭愍王 3년(1354)에 元나라에서 張士誠 등을 토벌하면서 고려에 구원병을 요청하여 崔瑩 등이 군사를 거느리고 高郵 등에서 싸워서 공을 세운 일을 가리킨다. 『高麗史』「列傳」 권26 〈崔瑩傳〉에 "공민왕 3년에 大護軍으로 제배되어, 柳濯과 더불어 원나라 승상 脫脫 등을 좇아, 高郵를 쳐서 前後 27戰으로 성이 장차 함락되려 하는데, 脫脫이 참소를 입어 군사를 파하게 되었다. 다음해에 淮安路에서 賊을 막아 여러 번 八里庄에서 싸웠고, 또 泗州와 和州 等州의 적 8,000여 艘가 淮安城을 포위하거늘 밤낮으로 힘써 싸워 물리쳤는데 적이 다시 이르는지라, 崔瑩이 몸에 여러 번 창에 찔리고도 떨쳐 쳐서 죽이고 잡기를 거의 다하였다."라는 기사가 있다.
450) 兇謀는 흉악한 모략, 음흉한 계책이다.
451) 昭帝는 漢의 제8대 황제로 재위 기간은 B. C. 86~74이다. 여기서는 恭愍王을 가리킨다.
452) 讒說은 讒言이다.
453) 이 구절은 『漢書』〈霍光傳〉의 霍光이 모함을 당하자 昭帝가 곽광의 결백을 입증한 것처럼, 崔瑩이 辛旽의 참소로 恭愍王 14년(1365)에 鷄林尹으로 좌천되었다가 恭愍王 20년(1371)에 신돈이 伏誅되고 난 뒤에 門下贊成事가 된 것을 가리킨다.

고아(孤兒)를 부탁 받은[457] 성대한 전례는 고금이 같거니와
뒷날의 사업이 반드시 풍(豐)[458]에 견주어지리.

萬里長城聳碧空　　妖烟散盡馬蹄風
臨朝高議如山重　　遇事兇謀似雪融
昭帝見明知譖說　　成王學困致康功
托孤盛典今猶古　　事業他年要比豐

11-32-064 양벽운[459]이 와서 절구를 읊었는데, 떠난 뒤에 화운하다. 3수
11-32-064 楊碧雲來 吟出絶句 旣去和成 三首

아름다운[460] 대나무에 맺힌 이슬이 눈을 맑게 씻어주는데
손바닥 안에 두면 번개[461]가 놀라듯[462] 달리네.

---

454) 成王은 周나라 제2대 임금으로 武王의 아들이다. B.C. 1115~1079 동안 재위하였다.

455) 康功은 백성을 편안히 하는 일이다. 『書經』「周書」〈無逸〉에 "문왕께서는 나쁜 의복으로 백성을 편안히 하는 일과 농사일에 나아가셨습니다.(文王 卑服 卽康功田功)"라는 글이 있다.

456) 이 구절은 周公이 成王을 도왔던 것처럼, 崔瑩이 어린 나이에 즉위한 禑王을 잘 보필한 것을 가리킨다.

457) 托(託)孤는 어린 왕자를 대신들에게 부탁하는 것인데, 『三國志 蜀志』「先主紀」에 "선주가 병이 위독하자 어린 왕자를 승상 〔제갈〕량에게 부탁했다.(先主病篤 託孤於丞相亮)"라는 글이 있다.

458) 豐은 『周易』의 豐卦로 태양이 중천에 떠 있는 것처럼 온 천하가 밝게 빛나는 가운데 만물이 풍성해지고 성대해짐을 상징한다.

459) 碧雲은 중국에서 온 道士 楊宗眞의 號이다. 『高麗史』 권134, 「列傳」 47, 禑王 2년(1379) 5월 기사에, "乙酉에 旱災 때문에 判典醫 楊宗眞에게 명하여 醮祭를 행하여 비를 구하였다. 宗眞의 號는 碧雲인데, 본래 閩中의 道士였다."라는 기사가 있다.

460) 娟娟은 부드럽고 아름다운 모양이다.

곧 일흔이 될 나이에도 청수(淸秀)한 동안(童顔)이요
문사(文詞)의 격조는 청신하여 속세를 벗어난 뜻이 있네.

竹露娟娟洗眼明　　掌中飛電走如驚
年將七十童顔秀　　詞調淸新物外情

맥(脈)의 비결을 전수 받아 손가락으로 훤하게 짚고
장부(臟腑)[463]를 꿰뚫어 봄이 귀신도 놀란다네.
해동(海東)에서는 모두 그의 의술[464]의 힘을 입는데
가장 많이 감격(感激)[465]하는 이는 목은 늙은이라네.

脉訣相傳指下明　　洞看臟腑鬼神驚
海東皆被刀圭力　　最是牧翁多感情

시법(詩法)과 의방(醫方)을 앎[466]이 밝은데
이따금 기이한 계책을 써서[467] 사람을 놀라게 하네.
배에 가득한 호방한 기상을 다 감추기가 어려워
술을 마주하면 자주 뇌락(磊落)[468]한 뜻을 쏟아내네.

---

461) 飛電은 번개이다.
462) 驚電은 빠른 번개이다. 草書를 잘 쓰는 懷素上人을 읊은 李白의 칠언고시 〈草書歌行〉의 17·18구에 "왼쪽으로 구부리고 오른쪽으로 끌어당기는 것이 마치 빠른 번개인 듯하여, 모습이 초한이 서로 공격하여 싸우는 것과 같네.(左盤右蹙如驚電 狀同楚漢相攻戰)"라는 구절이 있다.
463) 臟腑는 五臟과 六腑이다.
464) 刀圭는 약을 담는 숟가락 이름으로 藥物·醫術을 비유한다.
465) 感情은 感激이다.
466) 見得은 밝게 이해함이다.
467) 出奇는 奇計를 쓰는 것이다.
468) 磊落은 뜻이 커서 작은 일에 구애되지 않는 모양이다.

詩法醫方見得明　　出奇往往使人驚
滿腔豪氣難韜盡　　對酒頻傾磊落情

11-32-065 느낌이 있어. 3수
11-32-065 有感三首

생계를 꾀함에 본래 만족할 줄 알건만
일을 만나면 늘 가난함을 부끄러워하네.
혼례(婚禮)[469]는 본래 귀중한 것이요
인륜(人倫)이 이로부터 시작되는 것이라네.
사치는 내가 숭상하는 것이 아니지만
어찌 검소함을 내가 마땅히 좇아야 하랴?
중의(衆意)를 어김과 시속(時俗)을 따름이
쓸데없이 나의 마음을 수고롭게 하네.

謀生本知足　　遇事每羞貧
婚禮由來重　　人倫自此新
奢非吾所尙　　儉豈我當遵
違衆與從俗　　徒然勞我神

밤비가 띳집을 침노하니
쇠약한 늙은이는 느꺼워서 길게 탄식하네.
스스로 공부(工部)[470]의 우산을 지니는데[471]

469) 婚禮는 婚姻의 예절이다. 『漢書』「宣帝紀」에 "혼인의 예절은 인륜에서 중대한 것이다.(婚姻之禮 人倫大者也)"라는 글이 있다.
470) 工部는 杜工部의 준말로 盛唐의 시인 杜甫의 별칭이다. 西川節度使 嚴武의 막하에서 工部員外郎을 지냈으므로 杜工部로 불린다.

누가 자첨(子瞻)[472]의 침상을 마주하랴?[473]
홀로 자노라니 더욱 적막하여[474]
길게 노래하며 드날리고자 하네.[475]
아득히 천년 뒤에
남은 향기[476]를 이은 이가 몇이나 되랴?[477]

夜雨侵茅屋	衰翁感嘆長
自持工部傘	誰對子瞻床
獨宿彌岑寂	長歌欲奮揚
悠悠千載下	幾箇襲餘芳

곤궁함을 견디며[478] 성인의 가르침을 생각하건만
병이 많으니 삶이 덧없음을 느껴워하네.
넉넉히 남김[479]이 어찌 소중하지 않으랴?

471) 持傘은 雨傘을 지니는 것인데, 여기에서는 蘇軾의 〈次韻朱光庭喜雨〉의 頸聯 "지붕이 부서져 늘 우산을 지니는데, 땔감이 없어서 거문고를 때고 싶어하네.(破屋常持傘 無薪欲爨琴)"라는 구절을 착각한 듯하다.

472) 子瞻은 北宋의 문인・학자인 蘇軾(1036~1101)의 字이다.

473) 對床은 침상을 마주하는 것으로, 蘇軾의 7언고시 〈送劉寺丞赴餘姚〉의 1・2구에 "중화당 뒤에는 석남수가 있는데, 그대와 더불어 상을 마주하여 밤비 소리를 듣네.(中和堂後石楠樹 與君對床聽夜雨)"라는 구절이 있다.

474) 岑寂은 적막함이다.

475) 奮揚은 떨쳐 드러냄이다.

476) 餘芳은 죽은 뒤에 남은 명예이다.

477) 이 구절은 『新唐書』「文藝傳 上」〈杜甫傳〉의 贊에 "다른 사람에게 부족한 것을 보가 마침내 넉넉하게 갖추어서 남긴 기름과 향기를 뒷사람에게 적셔 준 것이 많다.(他人不足 甫乃厭餘 殘膏賸馥 沾丐後人多矣)"라는 글을 염두에 둔 듯하다.

478) 固窮은 곤궁함을 잘 견디는 것인데, 『論語』「衛靈公」에 "군자는 곤궁함을 견디지만, 소인은 곤궁해지면 함부로 하게 된다.(君子固窮 小人窮斯濫矣)"라는 글이 있다.

479) 垂裕는 후세에 넉넉하게 남기는 것이다. 『書經』「商書」〈仲虺之誥〉에 "의로서 일을 절제하시며 예로서 마음을 절제하셔야, 후손에게 드리움이 넉넉할 것입니

편안하게 이끎[480]을 마땅히 가볍게 여기지 않아야 한다네.
아첨과 교만[481]은 없어진 지 오래 되었는데
전장(典章)과 의례(儀禮)를 익힘은 정밀하기 어렵네.
다만 네 벽뿐인 집을 다행스러워하나니
빗소리를 마주하면서 길게 읊조리네.

固窮思聖訓　　多病感浮生
垂裕豈不重　　引恬當勿輕
諂驕無也久　　典禮講難精
只幸家徒壁　　長吟對雨聲

11-32-066 서쪽 이웃의 맹운[482] 선생께 부쳐 드리다(3수)
11-32-066 寄呈西隣孟雲先生

어지러운 세상일을 차마 들을 수 없어서
작은 창 가에 높이 누우니[483] 비가 세차게 쏟아지네.[484]
연꽃을 감상[485]한 고사를 지금 되살림[486]이 마땅하거늘

다.(以義制事 以禮制心 垂裕後昆)"라는 글이 있다.

480) 引恬은 편안하게 이끄는 것인데, 『書經』「周書」〈梓材〉에 "양생하도록 인도하고 편안하도록 인도하다.(引養引恬)"라는 글이 있다.

481) 諂驕는 아첨과 교만으로, 『論語』「學而」에 "가난해도 아첨함이 없고, 부유해도 교만함이 없다.(貧而無諂 富而無驕)"라는 글이 있다.

482) 孟雲은 여말의 문신 柳巷 韓脩(1333~1384)의 字이다.

483) 高臥는 세속의 누를 벗어나 마음 내키는 대로 사는 것을 말한다.

484) 傾盆은 물동이를 기울여 붓듯이 비가 세차게 쏟아지는 모양이다.

485) 賞蓮은 연꽃을 감상하는 것으로, 郭預가 비가 오는 날이면 맨발로 우산을 쓰고 崇敎寺 연못에서 연꽃을 감상했는데 崔瀣를 비롯한 후대의 시인들이 그의 풍류를 수용하여 많은 작품을 남겼다. 곽예의 시는 "연꽃을 감상하러 세 번이나 三池에 이르렀는데, 푸른 잎과 붉은 꽃이 옛날과 비슷하네. 오직 꽃을 보는 옥당의 나그네가 있어서, 風情은 줄어들지 않는데 살쩍은 실과 같네.(賞蓮三度到三池 翠

어느 곳에서 홍장(紅粧)[487]이 주름비단 무늬[488]를 빛내는가?

世事紛紛不忍聞　　小窓高臥雨傾盆
賞蓮故事今當講　　何處紅粧照縠紋

남쪽으로 간 나잔자(懶殘子)[489]는 하늘 끝에 있는데
광제지(廣濟池)[490]에는 버드나무 그림자가 비껴 있으리.
벽통(碧筒)[491]이 몇 자루 없다는 말을 들었거니와
세월이 양 살쩍에 흰 빛을 보탬을 더욱 가엾어하네.

懶殘南去有天涯　　廣濟池中柳影斜
聞說碧筒無幾柄　　更憐雙鬢歲添華

평소에 일마다 앞 시대의 현인에게 부끄러워하는데
유독 연꽃을 사랑함은 염계(濂溪)[492]에게 견준다네.[493]
서쪽 이웃이 소쇄(蕭洒)[494]함을 함께 하지 않는다면

蓋紅粧似舊時 唯有看花玉堂客 風情未減鬢如絲)"이다. 『牧隱詩藁』 곳곳에서도 연꽃을 감상한 일이 언급되고 있는데, 06-16-123의 崔瀣가 郭預의 〈賞蓮〉에 차운한 시를 포함하여 07-18-037 〈兒子言 天台判事欲邀僕再賞蓮 喜而志之〉 등이 있다.

486) 講行은 익혀서 實行함이다.

487) 紅粧은 붉은 단장으로 매우 아름다운 미녀, 꽃을 비유한다.

488) 縠紋은 주름 비단의 무늬로 물의 波紋을 비유한다.

489) 懶殘子는 天台의 승려로 李穡이 어렸을 때 結契하고 지냈는데, 忠惠王 복위 5년(1344) 정월에 삼각산에서 李穡·洪義元· 吳仝 등과 놀이를 했으며, 나중에 天台判事를 지냈고 福利君에 봉해졌다. 〈贈休上人序〉(『牧隱文藁』 권8)에 懶殘子와의 관계에 대한 설명이 나온다.

490) 廣濟池는 開京 鳳鳴山에 있던 사찰인 廣通普濟禪寺 부근의 蓮池이다.

491) 碧筒은 푸른 연잎을 오므려 만든 술잔을 가리킨다.

492) 濂溪는 北宋의 성리학자 周敦頤의 호인데, 〈愛蓮說〉이라는 명문을 남긴 바 있다.

493) 竊比는 스스로 무엇에 견줌의 謙辭이다.

494) 蕭洒(灑)는 말쑥하고 깨끗한 모양이다.

함께 말을 타고 못 가로 향할 사람이 누구이랴?

平生事事愧前賢　　竊比濂溪獨愛蓮
不是西隣共蕭洒　　有誰聯騎向池邊

11-32-067 **스무아흐렛날 한밤중에 비목[495]을 내려, 판삼사사[496] 홍공[497]과 이상[498] 이공[499]을 함께 시중[500]에 제배하고, 광평[501]은 영문하[502]로 철원[503]은 영삼사[504]로 삼았다. 나머지도 순서에 따라 승진시켰는데, 새로 성[505]에 들어간 사람은 노공[506]이고, 추밀원[507]에 들어간 사람은 권대부[508]와**

---

495) 批目는 관리의 승진·임명·사면 등에 관한 발령을 적은 글이다. 『高麗史』 권 134 辛禑 8년(1382) 6월조에 "李仁任으로 領門下府事를, 崔瑩으로 領三司事를, 洪永通으로 門下侍中을, 李子松으로 守門下侍中을 삼았다."라는 기사가 있다.

496) 判三司事는 고려시대 錢穀 등 나라의 재물의 출납과 회계를 맡아보던 관청인 三司의 장관으로 품계는 종1품이다.

497) 洪公은 洪永通을 가리킨다.

498) 二相은 首相 다음 재상으로 判兵部事를 맡은 사람을 말한다.

499) 李公은 李子松(?~1388)을 가리킨다.

500) 侍中은 고려시대 門下省·都簽議使司·都簽議府·門下府의 종1품 벼슬로 左侍中과 右侍中이 있었다.

501) 廣平은 府院君 李仁任(?~1388)의 封號이다.

502) 領門下는 고려시대 門下府의 으뜸 벼슬로 恭愍王 8년(1359)에 領都僉議를 고친 이름인데, 禑王 때 이를 判門下로 고쳤다.

503) 鐵原은 강원도에 있는 고을 이름으로 府院君 崔瑩(1316~1388)의 封號이다.

504) 領三司事는 고려시대 錢穀 등 나라의 재물의 출납과 회계를 맡아보던 관청인 三司의 장관으로 判三司事를 禑王 때 바꾼 이름이다.

505) 省은 中書省의 약칭으로 고려시대에 국정을 總轄하고 政案·詔勅의 초안을 작성하여 왕에게 상주하는 일을 맡던 관아이다.

506) 盧公은 盧英壽(?~1385)를 가리키는데, 禑王의 妃인 毅妃의 아버지이다.

507) 樞密院은 고려시대 왕명의 출납과 궁중의 숙위·군기 등에 관한 일을 맡아 보던 관아로 密直司라고도 한다.

508) 大夫는 고려시대 文官의 官階에 붙여 부르던 호칭으로, 처음에는 종5품 이상의 품계에 사용되었으나, 忠烈王 34년(1308) 이후에는 종4품 이상으로 바꾸어 임명

반지신사[509]뿐이다

11-32-067 廿九日夜半 批下判三司事洪公 二相李公同拜侍中 而廣平領門下鐵原領三司 餘以次升 新入省者盧公 而入樞密者權大夫潘知申事而已

아득한 남양(南陽)[510]은 청양(靑陽)[511]에 닿아 있는데
함께 선마(宣麻)[512]로 제배되어 성당(省堂)[513]을 압도하네.
맑고 밝게 살피는[514] 회신(懷愼)[515]은 한창 늠름하고
영매한 기상을 지닌[516] 안인(安仁)[517]은 더욱 양양하네.
퇴로(退老)[518]한 시중(侍中)은 공명(功名)이 크고
이관(移官)한 참상(參上)[519]들은 은택이 크게 미치네.
생각이 화원(花原)[520]에 미치니 사사로이 절로 기뻐하거니와
막내아들[521]이 대간의 기강을 떨쳐 일으킬 줄을 어찌 알았으랴?

했다. 權大夫는 목은의 둘째 처남 權季容을 가리킨다.

509) 知申事는 고려시대 密直司의 정삼품 벼슬로, 王命의 출납을 맡았다. 潘知申事는 潘福海를 가리킨다.

510) 南陽은 全羅南道 高興郡 지역에 있었던 縣 이름으로 洪永通의 本貫이다.

511) 靑陽은 忠淸南道 靑陽郡 지역에 있었던 縣 이름으로 李子松의 본관이다.

512) 宣麻는 宰相이나 將帥를 임명할 때 黃白의 麻紙에 詔書를 베껴 조정에 公布하는 것인데, 將相에 임명하는 詔書를 내린다는 뜻이다.

513) 省堂은 官署의 廳堂이다.

514) 淸明은 맑고 밝게 살핌이다.

515) 懷愼은 唐나라의 樞密使인 盧懷愼을 가리키는데, 여기에서는 盧英壽를 代喩한다.

516) 英氣는 英邁한 기상이다.

517) 安仁은 西晉의 문장가 潘岳의 字인데, 여기서는 潘福海를 代喩한다.

518) 退老는 退休養老이다.

519) 參上은 朝參에 참여하는 종6품 이상 3품 이하의 관원을 총칭한다.

520) 花原은 경상도 安東의 옛 이름으로 牧隱의 장인 權仲達의 封號인데, 右政丞 權漢功의 아들로 본국에서 重大匡 花原君에 오르고 원나라의 明威將軍으로 諸軍萬戶府 萬戶를 지냈다.

521) 季子는 權仲達의 막내아들인 權季容을 가리키는데 牧隱의 둘째 처남이다. 『高麗史』「世家」에 禑王 6년 6월에 典法判書로서 楊廣全羅道 察理使가 된 일과 10년 9

南陽渺渺接靑陽　　同拜宣麻壓省堂
懷愼淸明方凜凜　　安仁英氣更揚揚
侍中退老功名大　　參上移官德澤霶
念及花原私自喜　　那知季子振臺綱

11-32-068 맹운[522]과 함께 서쪽 이웃[523]을 모시고 마정[524]의 이 시중[525]을 뵙고, 상당[526]의 집에서 말을 쉬게 하면서[527] 조금 마시고 돌아오다

11-32-068 同孟雲陪西隣 謁馬井李侍中 歇馬上黨宅 小酌而歸

마정(馬井)의 새 시중공(侍中公)을 찾아뵙고서
살결이 붉은 선도(仙桃)[528]를 가늘게 씹네.
또 북애(北厓)에 있는 상당(上黨)의 집을 찾아가서
하늘처럼 묽은 명주(名酒)[529]를 몇 잔 마셨네.

新參馬井侍中公　　細嚼仙桃臉帶紅
更向北崖尋上黨　　數杯名酒淡如空

11-32-069 참외를 보내준 정월성[530]께 사례드리다

월에 同知密直으로 있었던 사실이 확인된다.
522) 孟雲은 여말의 문신 柳巷 韓脩(1333~1384)의 字이다.
523) 西隣은 서쪽 이웃으로, 여말의 문신 吉昌君 權適(1307~?)을 가리킨다.
524) 馬井은 開京에 있던 地名이다.
525) 李侍中은 守門下侍中 李子松을 가리킨다.
526) 上黨은 淸州의 옛 이름으로 淸州韓氏의 본관인데, 여기에서는 여말의 문신 上黨君 韓仲禮를 가리킨다.
527) 歇馬는 말을 쉬게 함, 잠시 머무름이다.
528) 仙桃는 仙境에 있다는 복숭아이다.
529) 名酒는 이름이 나고 珍貴한 술이다.

11-32-069 謝鄭月城送晧苽

별장[531]에 가을이 막 시작되니
새 외는 꿀도 이와 같지 못하리.
마음으로 오랜 벗의 아들을 사랑하여
싸서 봉하여[532] 한적한 거처에 보내셨네.

別墅秋初入	新苽蜜不如
心憐故人子	封裹送幽居

11-32-070 서원군[533]의 부인 홍씨의 만사(2수)
11-32-070 西原君洪夫人挽詞

상당(上黨)[534] 선생의 계실(繼室)[535]께서는
외척(外戚)[536]인 남양(南陽)[537]의 이름난 집안 출신이네.
여러 자손들이 대나무와 같음[538]을 눈으로 보면서
삶에는 끝이 있음을 슬퍼하네.

---

530) 月城은 경상도 慶州의 옛 이름인데, 鄭月城은 鄭暉를 가리키는 듯하다.
531) 別墅는 농사일을 경영할 겸 田莊 부근에 별장처럼 지은 집이다.
532) 封裹는 물건을 싸서 봉함이다.
533) 西原君은 여말의 武臣 韓方信의 封號이다.
534) 上黨은 충청도 淸州의 옛 이름이다.
535) 繼室은 後娶의 아내이다.
536) 外戚은 王의 母族으로 恭愍王의 母后인 明德太后(1298~1380) 洪氏가 洪奎의 따님으로 洪彦博의 姑母이다.
537) 南陽은 全羅南道 高興郡 지역에 있었던 縣 이름으로 洪氏의 本貫이다.
538) 如[立]竹은 대나무가 서 있는 것과 같음으로 자손이 많음을 비유한다. 蘇軾의 七言古詩 〈與臨安令宗人同年劇飮〉(『東坡全集』 권4)에 "지금 늙고 젊은 것을 묻지 말라, 아들들이 대나무가 서듯이 빽빽하다네.(如今莫問老與少 兒子森森如立竹)"라는 구절이 있다.

上黨先生繼室　　南陽外戚名家
眼見諸孫如竹　　嗚呼生也有涯

또 하늘 끝에서 가을바람이 일어나니
풀잎 사이에서는 아침이슬[539]이 금세 마르네.
어느 곳에서 어렴풋이[540] 상여노래[541]가 들려오는가?
산의 풍광 속에 푸른 물방울[542]이 옷을 적시리.

天末秋風又動　　草間朝露俄晞
薤曲依依何處　　山光滴翠霑衣

11-32-071 매미소리
11-32-071 蟬聲

귀에 들어오는 매미소리가 나의 감정을 움직이는데[543]
비루하게 늘그막에도 여전히 삶을 탐하네.[544]
몸을 보양하면 살질 수 있고
본심(本心)을 보존하여[545] 편안할 수 있네.

---

539) 朝露는 아침이슬로 시간이 짧음을 비유한다.
540) 依依는 어렴풋한 모양이다.
541) 薤曲은 곧 〈薤露〉인데 樂府 相和曲의 이름으로 고대의 挽歌나 喪歌이다.
542) 翠滴은 나뭇잎에 맺힌 물방울이다.
543) 動情은 감정・욕망이 일어남이다.
544) 貪生은 뜻을 굽혀 살기를 탐함이다. 『淮南子』「人間訓」에 "간혹 삶을 탐하면 도리어 죽고, 간혹 죽음을 가볍게 여기면 살며, 간혹 천천히 가면 도리어 빨라지니, 어찌 그 까닭을 알랴?(或貪生而反死 或輕死而得生 或徐行而反疾 何以知其然也)"라는 글이 있다.
545) 存心은 하늘로부터 부여받은 本心을 보존함을 뜻하는데, 『孟子』「離婁 下」의 "군자가 다른 사람과 다른 까닭은 그 본심을 보존하기 때문이다.(君子所以異於人者以其存心也)"라는 말에서 유래한다.

임금님을 섬김에는 나의 힘을 다하고
어버이를 섬김에는 나의 정성을 다하네.
장년[546]에는 나아갔다가 늘그막에는 숨는 법인데[547]
어찌하여 분주하게[548] 마음을 수고롭게 하는가?[549]
내가 봄꽃과 가을벌레 소리를 눈으로 보고 귀로 듣노라니
만물은 어지럽게 모두 태어나고 자라네.
장차 기약하노니 세상의 맛[550]을 잊고
담박하게 나는 곧음을 보양하리.
여유 있고 한가롭게[551] 세월을 보내며
나의 맹세를 어기지[552] 않기를 바라네.
어찌하여 오늘 갑자기 슬퍼하며
도리어 절물(節物)[553]에 놀라는가?
알지 못하겠노라, 나의 마음이 쇠약해졌는가?
그렇지 않으면 인정을 피하지 못한 때문인가?
빈 대청에서 새벽[554]에 매미소리를 읊네.

---

546) 壯은 남자 나이 서른을 가리킨다. 『禮記』 「曲禮 上」에 "서른 살을 壯이라 하는데 아내를 둘 수 있다.(三十曰壯 有室)"라는 글이 있다.
547) 行藏은 나아가고 숨는 것으로 出仕와 退居를 가리키는데, 『論語』 「述而」에 "쓰면 나아가고 버리면 숨는 일은, 오직 나와 네가 가졌을 것이다.(用之則行 舍之則藏 惟我與爾有是夫)"라는 글이 있다.
548) 營營은 끊임없이 왕래함, 이리저리 다님, 쉬지 않고 애씀을 뜻한다.
549) 役志는 마음을 수고롭게 하는 것이다. 『書經』 「周書」 〈洛誥〉에 "뜻을 드림에 부리지 아니하면 무릇 백성이 이르되 드리지 아니할 것이라 하다(惟不役志于享 凡民惟曰不享)"라는 글이 있다.
550) 世味는 世態人情, 세상살이에서 느끼는 갖가지 재미이다.
551) 優悠는 느긋하게 유유자적함, 여유 있고 한가로움이다.
552) 寒盟은 盟誓를 어기는 것이다.
553) 節物은 철 따라 나는 産物이다.
554) 曉日은 旭日과 같은 말로 아침해이다.

蟬聲入耳動吾情　鄙哉老矣猶貪生
有身養得肥　有心存得平
事君致吾力　事親盡吾誠
壯而行兮老而藏　夫何役志兮營營
春花秋虫我耳目　紛紛萬物皆生成
將期忘世味　淡然抱吾貞
優悠送歲月　庶不寒我盟
奈何今日忽悽惻　反爲節物之所驚
不知吾心之衰　抑人情之所不免耶
虛堂曉日吟蟬聲

11-32-071 즉석에서 짓다
11-32-072 卽事

도성 남쪽 아주 가까운[555] 곳에 반 무의 집[556]이 있는데
먼 곳을 보고 촘촘히 걸으면 흥취가 끝이 없네.
한쪽에는 빗줄기[557]가 산을 둘러서 하얗고
몇 송이 꽃술은 이슬을 맞아 붉네.
도성[558]에서 벼슬살이한[559] 것이 어제인 듯한데
강동(江東)[560]으로 돌아갈 흥취에 또 가을바람이 부네.

---

555) 僻近은 매우 가까움이다.

556) 半畝宮은 겨우 半畝의 집으로 빈궁한 생활을 비유한다. 『禮記』 「儒行」에 "선비는 一畝의 집이 있다.(儒有一畝之宮)"라는 글이 있다.

557) 雨脚은 빗줄기이다.

558) 輦下는 천자가 타는 수레 밑이란 뜻으로 都城을 가리킨다.

559) 宦遊는 관리가 되어 타향에서 지내는 것이다.

560) 江東은 晉나라 張翰의 고향인데, 『晉書』 〈張翰傳〉의 다음 고사에서 유래하여 고향으로 돌아감을 비유한다. 그는 吳人으로 글을 잘 지어 당시 사람들이 '江東步兵'이라 불렀는데, 首都에서 벼슬하다가 天下가 어지러워지자, "나는 본래 山林間

지금은 몸도 늙고 여전히 병이 많으니
날아다닌다는 선인에게 기러기를 타는 것을 배우고 싶네.[561]

僻近城南半畝宮　　遐觀細履興無窮
一邊兩[562]脚循山白　　數點花心承露紅
輦下宦遊如昨日　　江東歸興又秋風
身今老矣仍多病　　欲向飛仙學駕鴻

11-32-073 배를 찌다
11-32-073 蒸梨

질시루에 배를 쪄서
글 읽는 대청에서 마음껏[563] 맛보네.
약한 신맛이 이와 혀 사이에서 생기고
남은 열기가 간과 장으로 들어오네.
먹고 싶은 기운[564]이 갑자기 사라지고
퍼붓던 졸음[565]은 문득 달리듯이 숨네.

人이라, 세상에는 바랄 것이 없다."고 同郡의 顧榮에게 말하니, 고영도 같은 생각이라고 했다. 마침 가을바람이 이는 것을 보자 吳中의 菰菜와 蓴菜국과 농어회를 생각하면서, "인생은 뜻에 맞게 사는 것을 귀하게 여기는데 어찌 능히 수천 리나 멀리 떠나 벼슬하면서 명예와 벼슬을 구하겠는가?(人生貴得適志 何能羈宦數千里以要名爵乎)" 하고 드디어 고향으로 돌아갔다.

561) 駕鴻은 駕鶴을 변용한 말인데, 蘇軾의 〈綠筠軒詩註〉에 나오는 다음 고사에서 유래하여 모든 세속적 욕망을 한 몸에 다 모으려 함을 비유한다. 옛날에 사람들이 모여 각각 뜻을 말할 때에, 揚州刺史·富者·神仙이 되기를 바라는 사람들의 이야기를 들은 어떤 이가 허리에 돈 십만 관을 묶고, 학을 타고 양주로 올라가겠다고 하여 세 사람의 욕망을 겸하겠다고 하였다.

562) 원문의 '兩'은 '雨'의 착오인 듯하다.

563) 盡意는 의견을 충분히 나타냄, 성의를 다함이다.

564) 食氣는 먹고 싶은 기운이다.

연경(燕京)에서 깊은 밤에 욕구가 생겨서
일찍이 문에서 달라고 외친 일이 기억나네.

瓦甑蒸梨出　　書堂盡意嘗
微酸生齒舌　　餘熱入肝腸
食氣俄消歇　　眠魔便走藏
燕京欲深夜　　曾記叫門墻

11-32-074 **가을밤**
11-32-074 **秋夜**

가을밤이 물처럼 서늘한데
외로운 사람은 침상에 누워 있네
두 눈은 등불빛을 시샘하고
쇠약한 창자는 술 생각[566]과 싸우네.
수사(洙泗)[567]는 곧 쓸쓸해지고[568]
당우(唐虞)[569]는 또 아득해졌네.
부질없이 마음을 태우는데
양 살쩍에는 이미 서리가 엉기었네.

---

565) 眠魔는 睡魔와 같은 말로 못 견디게 퍼붓는 졸음을 魔力에 비유하여 일컫는 말이다.
566) 酒氣는 술을 마시고 싶은 氣勢이다.
567) 洙泗는 孔子가 門徒를 모아 講學하였던 洙水와 泗水의 부근을 가리키는데, 『禮記』 「檀弓 上」에서 曾子가 子夏에게 "나와 그대가 사수와 수수 사이에서 부자를 섬겼다.(吾與女事夫子於洙泗之閒)"라고 말한 데서 유래하여 孔子와 儒家를 代稱한다.
568) 蕭索은 蕭條와 같은 말로 쓸쓸한 모양이다.
569) 唐虞는 堯舜을 말하는데, 唐은 帝堯 陶唐氏를 가리키고, 虞는 帝舜 有虞氏를 가리킨다.

秋夜凉如水　　孤生偃在床
燈光猜兩眼　　酒氣鬪衰腸
洙泗應蕭索　　唐虞更渺茫
有心空耿耿　　雙鬢已凝霜

11-32-075 나 또한
11-32-075 我亦

나 또한 시끄러움을 피하는[570] 사람이지만
금마문(金馬門)[571]에서 놀았다네.
병 때문에 높이 누워 있게[572] 되어
창문을 열면 남산(南山)[573]이 보이네.
구름과 안개[574]가 빼어난 경색을 뽐내더니
잠깐 동안[575]에 바뀌어 버리네.
어찌 가난하고 외로움[576]을 염려하지 않으랴?
다행스럽게도 안회(顔回)[577]의 단표(簞瓢)[578]는 있다네.
마음과 형적[579]을 실로 분별하기 어려운데

570) 避喧(諠)은 시끄러운 塵世를 피하는 것이다.
571) 金馬門은 漢나라 때 未央宮에 있던 문인데, 문 앞에 銅製의 말이 있었기 때문에 그렇게 불렀다. 玉堂殿과 함께 文學之士들이 출입하던 곳이다.
572) 高臥는 세속의 누를 벗어나 마음 내키는 대로 사는 것을 말한다.
573) 南山은 開京의 案山인 龍首山을 가리키는 듯하다.
574) 雲煙(烟)은 雲霧이다.
575) 俄頃은 잠깐 동안, 잠시이다.
576) 窮獨은 외롭고 의지할 데가 없음이다.
577) 顔回는 春秋時代 말기 魯나라의 학자로 字가 子淵이다. 孔子의 제자로서 十哲의 으뜸으로 꼽히는데 安貧樂道하여 德行으로 이름이 높았다.
578) 簞瓢는 『論語』「雍也」의 "한 소쿠리의 밥과 한 표주박의 물(簞食瓢飮)"을 줄인 말로 顔回가 가난 속에서도 도를 즐긴 삶을 비유한다.
579) 心迹(跡)은 생각과 행위, 마음과 형적이다.

뭇 사람의 의논을 어찌 근심하랴?
다만 마땅히 본래의 뜻을 지키면서[580]
생사(生死)의 관문[581]까지 이를 보전하리.

我亦避喧者　而游金馬門
因病得高臥　開窓見南山
雲烟弄秀色　變化俄頃間
豈不念窮獨　幸有簞瓢顔
心迹固難辨　衆論何足患
但當守我素　保此生死關

11-32-076 한청성[582]이 순흥군[583]과 나를 초대하여 그 외구[584]의 별장 연못에서 연꽃을 감상하자고 하였는데, 나는 마침 병이 생기고 순흥군은 작은 병이 있었다. 사람의 일이 어긋남이 많음이 이와 같아서 주필하여 부쳐 드리다

11-32-076 韓淸城 邀順興君及僕 賞蓮于其外舅別墅之池 僕適疾作 順興有微恙 人事多乖如此 走筆寄呈

늘그막에는 호방(豪放)함[585]이 마땅한데
그릇된 꾀[586]가 점점 어긋나네.[587]

580) 守素는 素志를 지키는 것이다.
581) 關頭는 상투를 잡고 나아가는 것으로 분기점, 중요한 때를 비유한다.
582) 淸城은 忠淸道 淸州의 다른 이름인데, 韓淸城은 韓脩를 가리킨다.
583) 順興君은 牧隱의 監試 동년인 安宗源의 封號이다.
584) 外舅는 장인인데, 韓脩의 장인인 吉昌君 權適(1307~?)을 가리킨다.
585) 踈曠은 豪放·豁達이다.
586) 狂謀는 그릇되거나 망령된 企圖이다.
587) 謬悠는 荒謬와 같은 말로 극단적으로 어긋나는 것이다.

스스로 고아한 명망[588]을 어김을 알거니와
하늘 또한 청신한 놀이를 아끼네.
물에 뜬 푸른 잎[589]은 안개에 잠기고
가을을 시원하게 하는 붉은 연꽃[590]에는 이슬이 내리리.
옥 같은 사람과 서로 마주하는 곳에서
풍류를 함께 할 사람이 누구이랴?

老境宜踈曠　　狂謀漸謬悠
自知違雅望　　天又靳淸遊
翠盖烟浮水　　紅粧露洗秋
玉人相對處　　誰與共風流

11-32-077 홀로 앉아서 또 짓다
11-32-077 獨坐又賦

청성(淸城)이 별장에서 노니는데
연꽃과 갈대가 연못을 비추리.
홀로 문생(門生)의 술을 마시면서
높이 마을 노인의 시를 읊조리네.
이슬방울은 둥글게 절로 쏟아지고
바람 덮개[591]는 의지하면서 서로 부축하네.
해오라기가 어디에서 오는가?

588) 雅望은 高雅한 名望이다.
589) 翠盖(蓋)는 푸른 일산으로 식물의 줄기와 잎을 가리킨다.
590) 紅粧은 붉은 단장으로 매우 아름다운 미녀, 꽃을 비유한다.
591) 風盖(蓋)는 연잎을 가리킨다. 北周 庾信의 〈賦得荷〉에 "가을옷을 곧 마름질하고 싶거니와, 바람 덮개가 점점 응당 기울리.(秋衣行欲製 風蓋漸應欹)"라는 대목이 있다.

번천(樊川)[592]의 목지(牧之)[593]를 상상하네.

淸城遊別野[594]	菡萏照□池
獨酌門生酒	高吟里老詩
露珠圓自瀉	風盖倚相持
白鷺來何處	樊川想牧之

11-32-078 이날 비가 내리기에 또 짓다
11-32-078 是日有雨又賦

연꽃을 감상하면 마음이 절로 오묘해지고
술을 마주하면 자취가 더욱 맑아지리.
속된 나는 자리에 참석하기 어려워서
한가한 아들을 대신 가게 하였네.
코 끝에는 쌓이고 합하는[595] 기운이요
귓가에는 방울져서 떨어지는[596] 소리이리.
흥취(興趣)를 누가 그릴 수 있으랴?
화가들[597]도 부질없이 명성만 있다네.

---

592) 樊川은 晩唐의 시인 杜牧(803~852)의 거처가 있었던 곳으로 그의 號이다.

593) 牧之는 晩唐의 시인 杜牧(803~852)의 字이다. 杜牧의 〈懷鍾陵舊遊四首〉의 셋째 수 頷·頸聯에 "밝은 달밤에 연꽃 따는 여인의 한 소리에, 붉은 누대의 사면에는 화려한 주렴이 걷히네. 안개를 가르는 해오라기의 빛이 선명한데, 바람이 자는 잔잔한 물결에는 푸른 잎이 간들거리네.(一聲明月採蓮女 四面朱樓卷畵簾 白鷺煙分光的的 微漣風定翠湉湉)"라는 대목이 있다.

594) 원문의 '野'는 '墅'의 착오이다.

595) 絪縕(絪縕)은 天地陰陽의 二氣가 상호 작용하는 상태로, 『周易』 「繫辭傳 下」에 "하늘과 땅이 쌓이고 합함에 만물이 화하여 두터워지고, 남자와 여자가 정기를 얽음에 만물이 화하여 생긴다.(天地絪縕 萬物化醇 男女構精 萬物化生)"라는 글이 있다.

596) 點滴은 빗방울, 또는 빗방울이 떨어지는 소리이다.

賞蓮心自妙　　對酒跡彌淸
我俗難參座　　兒閑得代行
氤氳鼻端氣　　點滴耳邊聲
興味誰描得　　丹靑謾有名

11-32-079 가을구름
11-32-079 秋雲

눈처럼 흰 가을구름이
바람을 따라 동해(東海)[598]로 향하네.
동해에는 봉래산(蓬萊山)[599]이 있다는데
아득히 어느 곳에 있는가?
가고 싶어도 나에게는 날개가 없는데
세월[600]은 바뀌고 또 바뀌네.
어느 때에나 마음대로[601] 가랴?
굽어보면 다만 진재(塵滓)[602]만 있으리.
상계(上界)[603]에는 신선이 많아서
깃으로 장식한[604] 나는 수레들[605]이 부딪히리.

---

597) 丹靑은 丹靑手와 같은 말로 畵家・畵工이다.
598) 東海는 중국의 동쪽 바다, 곧 渤海를 가리킨다.
599) 蓬萊山은 동해의 동쪽에 있는 선인이 산다는 三神山의 하나로, 『史記』「秦始皇紀」와 『史記』「武帝紀」에 언급되어 있다.
600) 年華는 나이, 세월, 봄빛 등을 뜻한다.
601) 冷然은 얽매이지 않고 자유로움이다. 宋 蘇軾의 오언고시 〈葉濤致遠見和二首 復次其韻〉의 둘째 수 15・16구에 "길이 끓는 물과 타는 불의 액을 하직하고, 자유롭게 끝없는 곳으로 벗어나리.(永謝湯火厄 冷然超無方)"라는 구절이 있다.
602) 塵滓는 티끌과 찌끼로 世間의 번거롭고 조그만 事務나 더러운 물건을 비유한다.
603) 上界는 天界로, 仙佛이 사는 곳이다.
604) 葳蕤는 깃으로 장식한 모양이다.
605) 飛蓋는 馳車・驅車로, 삼국시대 魏나라 曹植의 〈公宴〉에 "맑은 밤에 西園에서 노

낭랑하게 〈보허사(步虛詞)〉[606]를 읊으면서[607]
어슬렁거리며 밤이슬[608]을 먹으리.

秋雲白如雪	隨風向東海
東海有蓬萊	茫茫何所在
欲去我無翼	年華改又改
何時冷然行	俯視但塵滓
上界多神仙	葳蕤接飛盖
朗詠步虛詞	逍遙飡沆瀣

11-32-080 염시중[609]의 부인[610]을 곡하다
11-32-080 哭廉侍中夫人

시중(侍中)의 집[611]에서 태어나서 시중의 배필이 되었는데
평생토록 검소하여 풍속을 바꾸고자[612] 하였네.

느라고, 나는 듯한 수레들이 서로 좇고 따르네.(淸夜遊西園 飛蓋相追隨)"라는 연이 있다.

606) 步虛詞는 道敎에서 唱經禮贊하는 노랫말인데, 樂府雜曲인 〈步虛詞〉는 道家의 曲調로 뭇 신선이 아득하고 멀리 가볍게 떠도는 아름다움을 읊은 것이다.

607) 朗詠은 높은 목소리로 읊조리는 것이다.

608) 沆瀣는 옛날에 神仙이 마신다고 하는 夜間의 水氣이다. 『楚辭』〈遠遊〉에 "六氣를 흡입하고 밤이슬을 마시며, 햇빛으로 입을 가셔내고 아침놀을 머금네.(餐六氣而飮沆瀣兮 漱正陽而含朝霞)"라는 글이 있다.

609) 侍中은 고려시대 門下省·都簽議使司·都簽議府·門下府의 종1품 벼슬인데, 때에 따라 侍中 1인만을 두거나, 左侍中·右侍中 또는 侍中·守侍中을 두었다. 廉侍中은 廉悌臣(1304~1382)을 가리킨다.

610) 夫人은 제후 또는 貴人의 아내인데, 여기서는 廉悌臣의 두 번째 부인인 安東權氏를 가리킨다.

611) 侍中家는 安東權氏인 侍中 權漢功(?~1349)의 집을 가리키는데, 廉悌臣의 부인은 權漢功의 따님이다.

612) 移風은 移風易俗의 준말로 나쁜 풍속을 좋은 방향으로 고치는 것을 말한다.

집안에는 재상(宰相)[613]이 많고 과명(科名)[614]도 융성하고
국대부인(國大夫人)[615]으로 녹양(祿養)[616]이 넉넉하셨네.
복을 쌓은 좋은 땅은 응당 더욱 굳어지고
경사(慶事)가 흐르는 큰 시내는 매우 끝이 없으리.
또 상여소리[617]가 마천(痲川)의 길을 향하리니
두 무덤이 만고(萬古)에 해동(海東)을 비추리.

生侍中家配侍中　　終身儉素欲移風
門多宰相科名盛　　國大夫人祿養豐
美壤儲祥應更固　　鉅川流慶儘無窮
薤歌又向痲川路　　萬古雙墳照海東

11-32-081 칠월 초이렛날은 성탄일[618]이라서, 칠원부원군[619]·영문하[620] 광평군[621]·영삼사[622] 철원군·길창군[623] 권공·재

613) 宰相은 국왕을 보필하고 모든 관리를 감독하는 최고 관직자를 가리키는데, 고려시대에는 종2품 이상의 관직자를 모두 재상으로 통칭하였으나, 고려 전기에는 이들 가운데 中書門下省의 상위직 8인과 中樞院의 상위직 9인만을 가리키기도 하였다.
614) 科名은 과거에 급제하는 영예이다.
615) 國大夫人은 고려시대에 王妃의 모친이나 외조모에게 내려 주던 外命婦의 爵位인데, 廉悌臣·安東權氏의 넷째 딸이 恭愍王의 妃인 愼妃이다.
616) 祿養은 祿俸으로 어버이를 奉養하는 것이다.
617) 薤歌는 곧 〈薤露〉인데 樂府 相和曲의 이름으로 고대의 挽歌나 喪歌이다.
618) 聖誕日은 臣民이 임금의 생일을 일컬을 때 쓰는 말이다.
619) 漆原府院君은 여말의 문신 尹桓(?~1386)의 封號이다.
620) 領門下는 고려시대 門下府의 으뜸 벼슬로 恭愍王 8년(1359)에 領都僉議를 고친 이름인데, 禑王 때 이를 判門下로 고쳤다.
621) 廣平君은 여말의 문신 廣平府院君 李仁任(?~1388)의 封號이다.
622) 領三司事는 고려시대 錢穀 등 나라의 재물의 출납과 회계를 맡아보던 관청인 三司의 장관으로 判三司事를 禑王 때 바꾼 이름이다.
623) 吉昌君은 여말의 문신 權適(1307~?)의 封號이다.

령군 강공·영평군[624] 윤공·상당군[625] 한공·상산군[626] 김공·청성군[627] 한공과 색이 자문[628]에 나아갔다. 내관 김실[629]이 수파[630]를 받아서 들어갔는데, 예배를 받지 않는다는 전지가 있었다. 물러난 뒤에 새로 짓는 궁궐에 들어가 두루 살펴보고 공사를 감독하는[631] 뭇 관리들을 위로하고 돌아오다

11-32-081 七月七日 聖誕日也 漆原府院君領門下廣平君領三司鐵原君吉昌君權公載寧君康公鈴平君尹公上黨君韓公商山君金公淸城君韓公及穡 進紫門 內官金實受手帕入 有旨不受拜 旣退 入新宮周覽 勞董役衆官而歸

여러 원로들이 비록 한가하나 마음씀[632]이 깊어서
창백한 얼굴에 흰 머리[633]로 뜨거운 정성[634]을 함께 하네.

---

624) 鈴平君은 여말의 문신 尹陟(?~1384)의 封號이다.
625) 上黨君은 여말의 문신 韓仲禮의 封號이다.
626) 商山君은 여말의 무신 金得齊의 封號이다.
627) 淸城君은 여말의 문신 韓脩(1333~1384)의 封號이다.
628) 紫門은 대궐문을 가리킨다.
629) 金實(?~1388)은 고려 말기의 宦官으로, 禑王의 총애를 받았으며 禑王에게 擊毬가 堯舜의 도가 아니라고 간언하였고, 禑王 10년(1384)에는 門下贊成事商議가 되었으며, 士族의 여자를 취하였다가 禑王의 미움을 받아 옥에 갇혔다가 도망했으나 잡혀서 처형당하였다.
630) 手帕는 絹織으로 만든 몸에 지니고 다니는 작은 수건으로 禮物을 代稱하는데, 09-24-098 〈七月初七日 主上殿下誕日也 曲城府院君爲首 諸君進于手帕 穡從其後行禮拜吟宣賜酒 (후략)〉와 이 시로 보아 왕·왕비의 탄일에 관례적으로 이를 바쳤던 듯하다.
631) 董役은 공사를 감독하는 것이다.
632) 用意는 마음을 쓰는 것이다.
633) 蒼顔白髮은 노쇠하여 창백해진 얼굴과 흰 머리털로 노인을 비유한다. 歐陽脩의 〈醉翁亭記〉에 "창백한 얼굴에 흰 머리로 그 사이에서 무너지듯 쓰러지는 사람은 태수가 술에 취한 것이다.(蒼顔白髮 頹然乎其間者 太守醉也)"라는 글이 있다.
634) 丹忱은 丹誠과 같은 말로 마음 속에서 우러나오는 뜨거운 정성이다.

풍운의 경사스러운 모임[635]에서 시절의 계략을 바로잡고
금석과 같은 굳음으로 주상(主上)의 마음을 사랑하네.
번개가 두르고[636] 무지개가 흐르듯[637] 가절[638]이 돌아오고
꿩이 날고 새가 날갯짓을 하듯[639] 층진 구름을 넘네.
서연(書筵)의 자리는 바로 연꽃이 핀 못에 닿거니와
어찌하면 필찰(筆札)을 받아서[640] 임금님 앞에서 읊으랴?

諸老雖閑用意深　　蒼顔白髮共丹忱
風雲慶會匡時略　　金石同堅愛主心
電繞虹流回令節　　翬飛鳥革跨層陰
書筵正直蓮花沼　　給札何當對御吟

635) 風雲慶會는 風雲際會와 같은 말로 임금과 신하가 잘 어울림, 신하가 어진 임금을 만남을 뜻한다.
636) 電繞는 電繞樞光의 준말로 번개가 樞星의 빛을 두른다는 뜻인데 『史記』〈五帝本紀〉의 다음 고사에서 유래하여 임금의 탄생을 비유한다. 黃帝의 어머니는 附寶인데 祁의 들판에 갔을 때, 큰 우레가 북두성의 樞星을 두르는 것〔大電繞北斗樞星〕을 보고 감응하여 懷孕한 지 스물 넉 달만에 壽丘에서 황제를 낳았다.
637) 虹流는 큰 별이 무지개처럼 흘러내린다는 뜻인데, 『帝王世紀』의 다음 고사에서 유래하여 임금의 탄생을 비유한다. 少昊氏의 모친이 큰 별이 무지개처럼 흘러내리는〔大星如虹下流〕 꿈을 꾸고 少昊氏를 낳았다.
638) 令節은 佳節이다.
639) 翬飛鳥革은 簷阿가 화려하고 높다란 것이 꿩이 날면서 그 날개를 바로잡는 듯하고 棟宇가 높이 솟은 것이 새가 놀라서 날개 짓을 하는 것과 같다는 뜻으로 宮室이 壯麗함을 비유한다. 『詩經』「小雅」〈斯干〉의 "새가 날개 짓을 하는 듯하고, 꿩이 나는 듯하네.(如鳥斯革 如翬斯飛)"라는 구절에서 유래한다.
640) 給札은 筆札을 給與하는 것으로, 『史記』〈司馬相如列傳〉의 다음 고사에서 유래하여 朝廷의 文士에 대한 특수 예우를 가리킨다. 蜀人 楊得意가 拘監이 되어 漢 武帝를 모시는데, 임금이 〈子虛賦〉를 읽고 좋다고 하면서, '짐만 홀로 이 사람과 같이 하지 못하는구나.'라고 하자, 득의가, '신의 고을 사람인 司馬相如가 스스로 이 부를 지었다고 말했다.'라고 하자, 임금이 놀라면서 곧 司馬相如를 불러 물으니, 상여가, '그렇습니다. 그러나 이것은 곧 제후의 일이라, 볼 만한 것이 없습니다. 바라건대 天子를 위하여 遊獵賦를 짓되, 賦가 이루어지면 아뢰겠습니다.'라고 하자, 임금이 윤허하고 尙書로 하여금 筆札을 給與〔令尙書給筆札〕하게 하였다.

11-32-082 느낌이 있어. 1수
11-32-082 有感一首

연꽃을 감상하러 몇 번이나 함께 훌쩍 떠났던가?[641)]
올해에는 연꽃이 나에게 왔네.
다만 이렇게 꽃을 보는 것은 고사(故事)[642)]가 아니니
풍속이 지난날과 같지 않음을 알 수 있네.

賞蓮幾度共飄然　　今歲蓮來在我邊
只此看花非故事　　可知風俗不同前

11-32-083 청성[643)]과 함께 동가군[644)] 이광보[645)]를 방문하다
11-32-083 同淸城訪東嘉君李光輔

저자와 가까우면서도 깊은 골짜기와 같은데
문 앞에는 작은 누대가 있네.
신선의 풍치[646)]는 상계(上界)에서 온 것이요
차(茶)[647)]는 곧 중주(中州)[648)]의 것이네.
덧없는 세상[649)]에는 여전히 일이 많고

---

641) 飄然은 거침없이 떠나는 모양, 가볍게 팔랑거리는 모양이다.
642) 故事는 賞蓮故事를 가리키는데, 郭預가 비가 오는 날이면 맨발로 우산을 쓰고 崇敎寺 연못에서 연꽃을 감상한 일을 말한다.
643) 淸城은 淸州의 다른 이름으로 淸城君에 봉해진 韓脩를 가리킨다.
644) 東嘉君은 여말의 문신 李光輔의 封號이다.
645) 李光輔는 여말의 문신으로 생평을 알기 어렵지만 『牧隱詩藁』에서 判事・正尹을 지내고 東嘉君에 봉해진 사실이 확인된다.
646) 仙風은 神仙의 風致・氣質이다.
647) 茗飮은 茶 또는 茶를 마심이다.
648) 中州는 中國이다.

타향에서 또 한 해[650]를 보내네.
지름길[651]은 연라(烟蘿)[652]에 있다는데
나는 홀로 머리가 흰 것을 안타까워하네.

近市如深洞　　臨門有小樓
仙風來上界　　茗飮卽中州
浮世仍多事　　他鄕又一秋
烟蘿捷徑在　　獨恨白吾頭

11-32-084 이호연[653]이 찾아오다
11-32-084 李浩然見訪

여름에는 여강(驪江)[654] 가에서 마주치더니
가을에는 곡령(鵠嶺)[655] 앞에서 만나네.
그대는 분방하면서도 여전히 건강한데[656]
나는 유약하여 더욱 영락(零落)하였네.[657]
누추한 거리에는 연기가 땅 위에 뜨고
높은 누대에는 산봉우리가 하늘에 닿네.

---

649) 浮世는 덧없는 세상, 이 세상이다.
650) 一秋는 一年이다.
651) 捷徑은 지름길로, 『唐書』 〈盧藏用傳〉에 唐의 노장용이 벼슬할 마음이 있으면서 終南山에 숨어서 살다가 고관이 되자 道士 司馬承禎이 "終南捷徑"이라고 했다는 고사가 있다.
652) 烟蘿는 초목이 무성하여 얽혀 있는 것으로 은거하거나 수행하는 곳을 비유한다.
653) 浩然은 麗末의 문신 李集(1327~1387)의 字이다.
654) 驪江은 경기도 驪州 지역을 흐르는 한강을 말한다.
655) 鵠嶺은 開京의 鎭山으로 鵠岑·鵠峰·松嶽·松山이라고도 한다.
656) 矍鑠은 용감하고 건강한 모양이다. 『後漢書』 〈馬援傳〉에 "황제가 웃으면서 말하기를, 용감하고 건강한 이는 이 늙은이이다.(帝笑曰 矍鑠哉是翁也)"라는 글이 있다.
657) 沉淪은 汨沒·零落이다.

어찌하면 일이 없어서
곳곳에서 함께 표연히 놀랴?

夏遇驪江上	秋逢鵠嶺前
君狂猶钁[658]鑠	我弱更沉淪
陋巷烟浮地	高樓岫際天
何如兩無事	到處共飄然

11-32-085 후반기 녹봉[659]으로 보리 한 섬을 받다
11-32-085 後番祿受麥一石

어진 이를 길러야[660] 국가의 명맥이 채워지는데
녹봉을 나누어주는 것 또한 임금의 은혜이네.
흉년과 병황(兵荒)[661]이 든 때에
법제(法制)[662]가 보존되니 마음으로 기뻐하네.

養賢充國脉	頒祿亦君恩
歲嫌[663]兵荒際	心欣法制存

11-32-086 소나기

658) 본문의 '钁'은 '矍'의 착오이다.
659) 後番祿은 후반기 녹봉이다. 녹봉은 보통 정월 7일과 7월 7일에 나누어주었다.
660) 養賢은 어진 이를 기름을 뜻하는데, 『周易』「頤卦」의 卦辭에 "천지는 만물을 기르고 성인은 현인을 길러서 만민에 미치게 한다.(天地養萬物 聖人養賢以及萬民)" 라는 글이 있다.
661) 兵荒은 전쟁 때문에 생긴 饑饉과 재앙이다.
662) 法制는 法令과 制度이다.
663) 원문의 '嫌'은 '歉'의 착오이다.

11-32-086 急雨

맑은 새벽에 소나기가 내리더니
약한 우레가 공중에서 은은히 울리네.
이끼 흔적이 한창 매끈하게 윤이 나고[664)]
산의 경색은 더욱 푸르게 우거지네.[665)]
동쪽창의 해를 바라보노라니
북쪽창의 바람이 불어오네.
회포를 누구에게 말하랴?
녹비옹(鹿皮翁)[666)]을 만날 것을 생각하네.

急雨來淸曉　　輕雷隱遠空
苔痕方滑澤　　山色更蔥蘢
坐對東窓日　　吟來北牖風
有懷誰與語　　思見鹿皮翁

11-32-087 역사를 읽다
11-32-087 讀史

간사한 꾀를 간혹 하늘이 돕지만
충성스런 말이 때때로 용납되지 않네.
사당(私黨)[667)]에 치우치게 되면 나라가 위태롭고

---

664) 滑澤은 매끈하고 윤이 남이다.
665) 蔥蘢은 초목이 푸르게 무성함이다.
666) 鹿皮翁은 전설적인 신선으로 漢 劉向의 『列仙傳』에 따르면 사람이 이를 수 없다는 岑山 위에 올라가 살면서 芝草를 먹고 神泉을 마셨다고 한다.
667) 私黨은 私人의 黨徒이다.

우인(偶人)[668]과 같아지면 임금이 약해지네.
변화(卞和)의 구슬[669]이 연산(燕山)의 돌[670]과 섞이고
산의 묘목[671]은 골짜기의 소나무[672]에 가려진다네.[673]
줄줄 흐르는 맑은 눈물을 훔치면서
책을 덮고 맑은 하늘을 향하네.

姧計天或相　　忠言時不容
國危私黨偏　　君弱偶人同
卞玉參燕石　　山苗蔭澗松
潸然抆淸淚　　掩□向晴空

11-32-088 구름을 읊다
11-32-088 詠雲

구름이 비를 자식으로 삼아서[674] 뭇 싹에 은택을 내리니
신룡(神龍)[675]과 짝하는 공훈의 자취는 아득하네.

---

668) 偶人은 흙・나무・도자기 등을 이용하여 만든 사람 형상이다. 『史記』 〈殷本紀〉에 "황제 무을이 무도하여 우인을 만들어 天神이라 하였다.(帝無乙無道 爲偶人 謂之天神)"라는 글이 있다.
669) 卞玉은 楚나라의 卞和가 荊山 아래에서 얻은 天下의 寶玉으로 和氏璧이라고도 한다.
670) 燕石은 燕山에서 나는 玉 비슷한 돌로 眞價가 없음을 비유한다.
671) 山苗는 산 위의 苗木이다.
672) 澗松은 골짜기의 소나무이다.
673) 이 구절은 晉나라 左思의 〈詠史〉의 "골짜기 속에는 소나무가 울창하고, 산 위에는 묘목이 늘어졌네. 저 지름 한 마디의 줄기로써, 이 백 자의 가지를 가리네.(鬱鬱澗底松 離離山上苗 以彼徑寸莖 蔭此百尺條)"라는 대목을 변용한 것이다.
674) 子雨는 구름을 자식으로 삼는 것으로, 戰國時代 荀況의 〈雲賦〉에 "땅에 의탁하고 우주를 다니면서, 바람을 벗으로 삼고 비를 자식으로 삼는다.(託地而遊宇 友風而子雨)"라는 글이 있다.
675) 神龍은 변화를 헤아리기 어려운 신령스러운 용이다.

함께 가다가 또 서쪽으로 가는 것이 금세 보이니
풍백(風伯)[676]이 홀로 신령스러움을 비로소 알겠네.
반쯤 가린 누대의 달빛이 삼경에 밝은데[677]
가로로 끊어진 고향의 산은 만리에 푸르리.
다만 무심하여[678] 조롱(嘲弄)할 수 없거니와
홀로 명아주 지팡이를 짚고 종일토록 뜰을 거니네.

雲能子雨澤群萌　　功配神龍跡渺冥
乍見同行又西去　　始知風伯獨爲靈
半遮樓月三更白　　橫斷鄕山萬里靑
只是無心嘲不得　　杖黎[679]終日獨行庭

11-32-089 짚신. 3수
11-32-089 草屨 三首

산구(山屨)[680]는 산중의 물건인데
거죽이 매끄럽고 또 향기가 나네.
새로 눈 씻을 곳을 알고 싶나니
시냇가의 여인[681]이 아침 화장을 마쳤으리.

---

676) 風伯은 바람을 맡은 신, 곧 風神을 가리킨다.
677) 白月은 밝고 깨끗한 달빛이다.
678) 無心은 私慾이 없는 마음으로, 陶潛의 〈歸去來辭〉에 "구름은 무심히 산굴에서 나오고, 새는 날기에 지쳐 돌아올 줄 아네.(雲無心以出岫 鳥倦飛而知還)"라는 대목이 있다.
679) 본문의 '黎'는 '藜'와 通字이다.
680) 山屨는 누에섶으로 만든 신발이다.
681) 溪女는 越溪女의 준말로 越國의 미녀 西施가 비단을 씻은 傳說을 가리킨다.

山屨山中物　　肌膚滑且香
欲知新拭處　　溪女罷朝粧

옛날의 소년 시절이 기억나거니와
산사(山寺)에서 글을 읽었다네.
옷자락을 걷고 또 맨발로
솔바람을 밟으며 달렸지.

憶昔少年日　　讀書山寺中
褰衣仍赤足　　馳走踏松風

내가 조신(朝臣)의 신발을 벗은 지 오래 되었거니와
야외의 산정(山亭)에서 가볍게 산보하네.
홍진(紅塵)이 더럽힐 수 없으니
내 삶을 위하는 너에게 사례하네.

我脫朝靴久　　山亭野步輕
紅塵汚不得　　謝汝爲吾生

11-32-090 새벽안개
11-32-090 曉霧

새벽안개가 어둑하여[682] 지척도 캄캄한데
어찌 또 먼 교외[683]의 동쪽과 서쪽을 분별하랴?

---

682) 昏昏은 어두운 모양이다.
683) 遠郊는 城邑 바깥 百里의 땅이다.

창 사이에는 아지랑이[684]의 움직임이 전혀 없는데
난간 밖에는 다만 숲 속 꾀꼬리의 울음이 있다네.
산악이 평평히 잠기었는데[685] 무엇이 홀로 우뚝한가?[686]
건곤이 어지럽게 엉겼음[687]을 스스로 생각하기 어렵네.
어찌 한바탕 시원한 바람이 불어옴이 늦는가?
앉아서 새 시를 읊노라니 낮닭 울 때가 가까워지네.

曉霧昏昏咫尺迷　　遠郊那復辨東西
絶無野馬窓間動　　只有林鶯檻外啼
山嶽平沉誰特立　　乾坤混沌自難稽
淸風一陣來何晚　　坐詠新詩近午鷄

11-32-091 맑은 바람
11-32-091 淸風

맑은 바람은 어디에서 불어오기에
서로 만나자말자 시원한가?[688]
먼 하늘[689]에는 작은 먼지마저 깨끗해지고
교외의 들판[690]에서는 무더위[691]가 사라지네.

---

684) 野馬는 아지랑이를 가리키는데, 아지랑이가 피어오르는 모습이 말이 달리는 것 같아서 일컫게 된 명칭이다. 『莊子』 「逍遙遊」에 "아지랑이와 먼지는 생물이 서로 입김을 내뿜어 숨쉬는 것이다.(野馬也 塵埃也 生物之以息相吹也)"라는 글이 있다.
685) 平沉은 沉沒·隱沒이다.
686) 特立은 獨立·挺立이다.
687) 混沌은 천지가 개벽하기 전에 원기가 아직 나뉘어지지 않고 한데 엉기어있는 상태이다.
688) 灑然은 시원한 모양이다.
689) 寥廓은 遼闊한 하늘이다.
690) 郊墟는 교외의 들판이다.

게다가 나의 사방 한 치[692] 사이가
갑자기 빙설(氷雪)과 같아지는 듯하네.
옛날에는 군자에 비유되었거니와
덕이 있다는 이름이 헛되지 않네.
이름[693]을 듣기만 해도
인색(吝嗇)함이 없어지거나 간혹 떨쳐버리네.
가을달은 빛이 밝디밝고
가을 물[694]에는 연꽃[695]이 산뜻하네.
천지 사이[696]의 빼어난 맛[697]이거늘
이를 아는 사람이 누구이랴?

淸風何處來	灑然相遇初
纖塵淨寥廓	溽暑收郊墟
而吾方寸間	忽疑氷雪如
比之古君子	有德名不虛
聲聞之所觸	吝消仍或祛
明明秋月輝	淡淡秋水渠
兩間只一味	會此其誰歟

11-32-092 도당[698]에서 칠원부원군[699]과 영문하[700] 광평[701]과 영

691) 溽暑는 무더위이다.
692) 方寸은 사방 한 치의 작은 땅으로 마음을 비유한다.
693) 聲聞은 名聲이다.
694) 秋水는 淸朗한 氣質을 비유한다.
695) 원문의 '渠'는 '蕖'와 通字이다.
696) 兩間은 하늘과 땅 사이로 人間을 가리킨다.
697) 一味는 특별한 맛이다.
698) 都堂은 고려 후기에 宰樞가 政事를 의논하는 合議機關이자 百官을 總令하고 庶事를 관장하는 最高政務機關이다.

삼사[702] 철원[703]에게 모여서 의논하기를 청하였다. 그리고 강평장[704]·한상당[705]·성하성[706]·박척산[707]·한청성[708]과 색이 그 뒤를 따랐다. 도당에서 식사하고[709] 마쳤는데, 비가 내리기에 여덟 구를 짓다

11-32-092 都堂請漆原府院君領門下廣平領三司鐵原會議 而康平章韓上黨成夏城朴陟山韓淸城與穡陪其後 堂食而罷 有雨八句

국가의 운명[710]에 어려움이 많음이 이렇게 심할 때이지만

하늘이 호걸(豪傑)들에게 잘 유지하게 하네.

성대(聖代)에 용이 날아[711] 판도(版圖)[712]를 한창 여는데

제후의 봉지(封地)를 잠식하니[713] 형세가 의심할 만하네.

---

699) 漆原府院君은 여말의 문신 尹桓(?~1386)의 封號이다.

700) 領門下는 고려시대 門下府의 으뜸 벼슬로 恭愍王 8년(1359)에 領都僉議를 고친 이름인데, 禑王 때 이를 判門下로 고쳤다.

701) 廣平은 廣平府院君 李仁任(?~1388)의 封號이다.

702) 領三司事는 고려시대 錢穀 등 나라의 재물의 출납과 회계를 맡아보던 관청인 三司의 장관으로 判三司事를 禑王 때 바꾼 이름이다.

703) 鐵原은 강원도에 있는 고을 이름으로 府院君 崔瑩(1316~1388)의 封號이다.

704) 平章事는 고려시대 中書省·門下省의 정이품 벼슬이다. 忠烈王 2년(1275)에 贊成事로 고쳤다가, 恭愍王 9년(1360)에 다시 平章事로 고쳤다. 康平章은 11-32-081 〈七月七日…〉에서 載寧君의 封號를 받은 사실이 확인된다.

705) 韓上黨은 여말의 문신 上黨君 韓仲禮를 가리킨다.

706) 成夏城은 夏城君 成石璘(1338~1423)을 가리키는 듯하다.

707) 朴陟山은 陟山君 朴元鏡을 가리킨다. 그는 廣通普濟禪寺의 공사 때 密陽君 朴成亮과 함께 감독관을 맡았다.

708) 韓淸城은 淸城君 韓脩(1333~1384)를 가리킨다.

709) 堂食은 宰相이 公署에서 먹는 요리로 堂饌·堂飱이라고도 한다.

710) 國步는 국가의 운명인데, 國運의 진행을 步行에 비유한 것이다. 『詩經』「大雅」〈桑柔〉에 "아 가련하니, 국운이 위험하네.(於乎有哀 國步斯頻)"라는 구절이 있다.

711) 龍飛는 천자·왕이 즉위하거나 나라가 서는 것을 비유한다.

712) 版圖는 疆域·領土이다.

713) 蠶食는 누에가 뽕잎을 먹는 것처럼 다른 나라를 倂合함을 비유한다.

도당의 음식이 정결하고 풍성함을 누가 공경하지 않으리요?
묘당(廟堂)의 계책이 깊고 절실하니 내가 무엇을 도우랴?
사도(沙道)[714]를 달려 돌아올 때에 성긴 비가 내리니
문득 도롱이에 부들 삿갓[715]을 읊은 시가 기억나네.

國步多艱甚此時　　天敎豪傑善維持
龍飛聖代圖方啓　　蚕食侯封勢可疑
堂膳潔豐誰不敬　　廟謀深切我何裨
馳歸沙道來踈雨　　忽記簑衣蒻笠詩

11-32-093 즉석에서 짓다
11-32-093 卽事

세상일이 천지의 화기(和氣)[716]를 해치기 때문에
양 살쩍이 허연 이가 도당(都堂)의 부름을 받고 나아가네.[717]
피곤하여 누웠다가 산 비가 지나가는 것도 알지 못하였는데
새벽에 보니 뜰에 물 흔적이 많네.
공명(功名)이 끝나 버려도 또한 만족할 줄 알거니와
늙음과 병으로 쇠약해지니 어찌할 수 없네.
어찌 끝내 길게 휘파람 불 곳이 없으랴?
여흥(驪興)의 강 가에는 도롱이를 쓴 한 어부가 있으리.

---

714) 沙道는 唐나라 때 모래를 깔아 車馬가 다니기 좋도록 만든 宰相 전용 도로로 沙堤・沙路라고도 한다.
715) 簑衣蒻(篛)笠은 綠簑衣 靑蒻(篛)笠의 준말로, 張志和의 〈漁父詞〉에 나오는 "푸른 대삿갓과 파란 도롱이로, 비껴 부는 바람과 가랑비에도 굳이 돌아가지 않네.(靑篛笠 綠簑衣 斜風細雨不須歸)"라는 대목을 염두에 둔 표현이다.
716) 天和는 天地의 和氣, 또는 사람의 元氣이다.
717) 赴召는 임금의 부름에 나아가거나 나아오는 것이다.

由來世事損天和　　赴召都堂兩鬢華
困臥不知山雨過　　曉看庭際水痕多
功名已矣仍知足　　老病衰哉不奈何
畢竟豈無長嘯處　　驪輿江上一漁簑

11-32-094 늘그막에
11-32-094 老來

늘그막에 세상에서 버림받았는데
욕심이 적으니 마음이 편안할 수 있네.
한가한 가운데는 읊기[718]에 익숙한데
앓은 뒤에는 도모하기[719]가 어렵네.
시름은 진(秦)나라 땅의 숲[720]에 이어지고
꿈은 한(漢)나라 궁궐의 난대(蘭臺)[721]에서 끊어지네.[722]
천운(天運)은 끝이 없이 아득하기에
느긋하게 홀로 난간에 기대어 있네.

老來爲世棄　　欲少得心安
嘯咏閑中慣　　營求病後難
愁連秦地樹　　夢絶漢宮蘭

718) 嘯咏(詠)은 歌詠이다.
719) 營求는 도모함, 추구함이다.
720) 秦樹는 秦樹楚天의 준말로 서로 멀리 떨어졌음을 비유한다.
721) 蘭臺는 漢나라 때 宮內에 典籍을 보관하던 장소로, 漢代의 御史臺, 唐代의 秘書省을 가리킨다.
722) 이 연은 杜甫의 〈投贈哥舒開府翰二十韻〉의 17 · 18구 “해와 달은 진나라의 나무에 나지막하고, 하늘과 땅은 한나라의 궁궐을 두르네.(日月低秦樹 乾坤繞漢宮)”라는 구절을 변용한 것이다.

天運茫無際　　　悠然獨倚欄

11-32-095 궤석에 기대어
11-32-095 几坐

맑은 바람 속에 궤탑(几榻)[723]에 앉아 있는데
정신은 요순(堯舜)[724]의 뜰에 노니네.
살리기를 좋아하여[725] 비와 이슬을 베풀고
죄인을 토벌하느라고 우레와 벼락을 치네.
해가 솟으니 구름은 모두 사라지고
하늘이 맑으니 땅이 또 편안해지네.
문득 사심(私心)[726]이 생겨나니
기개와 도량[727]이 벌써 어둑해지네.[728]

几坐淸風榻　　　神遊堯舜庭
好生施雨露　　　討罪擊雷霆
日出雲皆散　　　天淸地又寧
忽然私意動　　　氣像已冥冥

11-32-096 나가서 놀다(3수)

723) 几榻은 안석과 침상이다.
724) 堯舜은 唐堯와 虞舜의 幷稱으로 經明君主의 시대를 가리킨다.
725) 好生은 生靈을 아끼는 것, 죽이기를 좋아하지 않는 것이다. 『書經』 「虞書」 〈大禹謨〉에 "살려주시기를 좋아하는 덕이 백성들의 마음을 적시네.(好生之德 洽于民心)"라는 글이 있다.
726) 私意는 私心이다.
727) 氣像은 氣槪와 度量이다.
728) 冥冥은 깜깜함, 어둑한 모양이다.

11-32-096 出遊

나가서 놀기에 어느 곳이 좋은가?
비를 무릅쓰며 삼지(三池)[729]로 다가가네.
선배들의 풍채(風采)[730]가 기억나거니와
이제는 쓸쓸해졌으니 상심하네.
붉은 연꽃[731]은 전혀 보이지 않고
푸른 연잎[732]은 또한 찾기 어렵네.
다만 옥당(玉堂)[733]의 늙은이가 있어서
지금도 여전히 실과 같은 살쩍을 드리우고 있네.

出游何處好　　冒雨傍三池
風采憶前輩　　蕭條傷此時
紅粧渾不見　　翠盖亦難追
只有玉堂老　　今猶垂鬢絲

나는 늘그막에 즐거운 취미[734]가 적고
시절의 어려움으로 즐거운 놀이도 없네.
이제 연지(蓮池)[735]마저 황폐해졌으니

---

729) 三池는 開京에 있던 못 이름인 듯한데, 郭預의 〈賞蓮〉에 "연꽃을 감상하러 세 번이나 三池에 이르렀는데, 푸른 잎과 붉은 꽃이 옛날과 비슷하네. 오직 꽃을 보는 옥당의 나그네가 있어서, 風情은 줄어들지 않는데 살쩍은 실과 같네.(賞蓮三度到三池 翠盖紅粧似舊時 唯有看花玉堂客 風情未減鬢如絲)"라고 하여 연꽃이 핀 연못으로 三池가 나온다.
730) 風采는 風度와 神采이다.
731) 紅粧은 紅粧은 붉은 단장으로 매우 아름다운 미녀, 꽃을 비유한다.
732) 翠盖는 푸른 깃으로 장식한 수레 덮개와 같은 식물의 줄기와 잎을 가리킨다.
733) 玉堂은 翰林院이다.
734) 歡趣는 樂趣와 같은 말로 사람으로 하여금 快樂에 이르게 하는 情趣이다.

어느 곳에서 나의 근심을 쏟아내랴?[736]
옛 모습[737]을 기억할 뿐이지만
남은 향기는 찾을 수가 없네.
서로 만나면 반드시 진심을 기울이며[738]
늘그막에도 아직 풍류롭다네.

我老少歡趣　　時艱無樂遊
蓮池今又廢　　何處寫吾憂
故態徒能記　　餘香不可求
相逢定傾倒　　白髮尙風流

서쪽 이웃과 약속하여 가고 싶거니와
함께 말을 타면 한나절쯤은 한가로우리.
고상한 흥취는 어긋나서 멈추었거니와
먼 곳의 놀이는 결정하기 어렵네.
숲에서 이는 바람에 물결이 움직이고
산에서 빛나는 비에 꽃이 환하네.
회포가 있어도 펼 수 없고
병이 많으니 의관을 차리기에 게으르네.

欲赴西隣約　　同乘半日閑
參差高興廢　　決定遠游難

735) 蓮池는 開京 鳳鳴山의 廣通普濟禪寺 부근에 있던 연못이다.
736) 寫憂는 근심을 쏟아내는 것으로, 『詩經』「邶風」〈泉水〉에 "수레를 타고 밖에 나가, 내 근심을 쏟아내리.(駕言出遊 以寫我憂)"라는 대목이 있다.
737) 故態는 옛 습성 또는 예전부터 내려오는 평소의 태도이다.
738) 傾倒는 가슴속의 생각을 남김없이 말함이다.

水動風生樹　　　　花明雨映山
有懷舒不得　　　　多病懶衣冠

11-32-097 장두[739] 박장이 햅쌀을 가지고 오다
11-32-097 莊頭朴庄 以新米來

유포(柳浦)[740]의 전지 끝에 한 뙈기를 샀더니
박장(朴庄)의 종이 한 해의 농사를 맡았다네.
올해에 또 벼가 처음 익은 것을 보거니와
많은 병에도 몸이 매우 여윔을 근심하지 않네.
종묘에서는 서직(黍稷)[741]을 뒤따라서 천신(薦新)[742]되는데
농가(農家)에서는 진흙[743]에 더럽혀지면서 고생하네.
또 대창(大倉)[744]에서 군왕이 하사하시는 은혜를 입으리니
썩은 선비를 양육해 주는 천지에 깊이 사례하네.

柳浦田頭買一區　　　　主耕終歲朴庄奴
今年又見稻初熟　　　　多病不憂身甚癯
宗廟薦新隨黍稷　　　　農家作苦溷泥塗
大倉更荷君王賜　　　　深謝乾坤養腐儒

739) 莊頭는 田莊의 관리인이다.
740) 柳浦는 長湍郡의 포구로 08-21-088 〈韓上黨游柳浦別墅〉와 10-29-136 〈有懷孟雲先生〉의 둘째 수의 첫 구 "나도 강 가에 전려가 있는데(江邊我亦置田廬)"로 보아 牧隱의 田莊이 있었던 곳이다.
741) 黍稷은 메기장과 찰기장으로 五穀의 하나이다.
742) 薦新은 햇곡식을 제사에 바치는 것이다.
743) 泥塗는 汚泥와 같은 말로 낮은 지위, 困苦의 경지를 비유한다. 『莊子』「田子方」에 "종을 진흙 버리듯 하는 것은 자기의 몸이 종보다 값지다는 것을 알고 있기 때문이다.(棄隷者 若棄泥塗 知身貴於隷也)"라는 글이 있다.
744) 大倉은 서울에 세운 나라의 糧食倉庫이다.

11-32-098 밤비
11-32-098 夜雨

밤비가 새는 날까지 이어져서
쉬지 않고 자욱히[745] 뿌려지네.
물 자국이 굽은 길에 보태지고
구름 기운[746]은 높은 누대를 에워싸네.
노후한 시력이라 올라가서 보기를 근심하고
쇠약한 몸이라 나가 놀기가 겁나네.
천공(天公)[747]이 마음에 두기를 바라거니와
들판에는 가을걷이가 가까워졌다네.

夜雨連明日　　霏微洒不休
水痕添曲逕　　雲氣擁高樓
老眼愁登眺　　衰躬怕出遊
天公願留意　　田野近秋收

11-32-099 스스로 읊다
11-32-099 自詠

성재(省宰)[748]와 봉군(封君)[749]이 세상에서 이미 드무니

---

745) 霏微는 눈과 비가 자욱하거나 어두운 모양이다.
746) 雲氣는 공중으로 떠오르는 기운이다.
747) 天公은 하늘을 擬人化한 표현으로서 하느님・조물주를 뜻한다.
748) 省宰는 고려 시대 內史省・門下省・尙書省 등에 소속된 2품 이상의 관리를 가리킨다.
749) 封君은 임금의 嫡子를 大君으로, 임금의 서자・왕비의 아버지 또는 2품 이상의 宗親・功臣 등을 君으로 봉하던 일이다. 李穡은 恭愍王 22년(1373) 11월에 韓山

삼중(三重)[750]의 높은 품계가 더욱 빛나네.
병이 깊어도 친붕(親朋)의 박대를 당하지 않고
녹봉이 후하니 처자들이 살지네.
백록동(白鹿洞)[751]에는 비록 학교(學校)[752]가 없지만
황려강(黃驪江)[753]에는 다행히 낚시터[754]가 있다네.
나라의 은혜를 갚지 못하여 마음이 좋지 않은데
몇 번이나 돌아가려고 하면서도 아직도 돌아가지 못하네.

省宰封君世已稀 三重階峻更光輝
病深不見親朋薄 祿厚可知妻子肥
白鹿洞雖無學院 黃驪江幸有漁磯
國恩未報心中惡 幾度欲歸猶未歸

11-32-100 낮꿈
11-32-100 午夢

땅이 치우치니 문을 닫고 있기가 좋은데

君에 봉해졌다.

750) 三重은 三重大匡의 준말로 고려시대 文散階의 하나이다. 忠烈王代에 정1품계로 처음 설치되었으며 恭愍王 원년(1352)에 폐지되었다가 1362년에 정1품 下階로 부활되고 1369년에 정1품 상계로 바뀌었다.

751) 白鹿洞은 江西省 星子縣 북쪽 廬山 五老峰 아래에 있는 지명으로 唐나라 李渤이 은거하며 독서할 때 늘 白鹿을 기르며 스스로 즐겨서 붙인 이름이다. 宋나라의 朱熹가 이 곳에서 강학하며 白鹿洞書院을 세웠다.

752) 學院은 學校이다.

753) 黃驪江은 경기도 驪州 북쪽에 있는 漢江의 상류로 驪江을 말한다. 『新增東國輿地勝覽』에 의하면 黃馬와 驪馬가 이 강에서 나왔기 때문에 驪州를 黃驪라 이름하였다고 하며, 또 고을 동쪽 1리에 있는 바위 이름도 그래서 馬巖이라 부른다고 한다.

754) 漁磯는 낚시터이다.

가을이 서늘하니 베개를 높이 베면[755] 편안해지네.
바뀐 기후에 문득 흐리멍덩해지는데[756]
잡다한 일로 더욱 끌려 들어가네.[757]
확실한 것[758]은 다만 반(半)을 차지할 뿐이요
흐릿하여[759] 온전하게 기억하기 어렵네.
『주관(周官)』[760]을 폐한 지 이미 오래 되었는데
점치는 법[761]은 누가 전수 받았는가?

地僻閉門可　　秋凉高枕便
氣變俄混沌　　事雜更牽聯
的實只居半　　依俙難記全
周官廢已久　　占法有誰傳

11-32-101 큰비의 노래
11-32-101 大雨行

755) 高枕은 베개를 높이 베는 것으로 편안하게 눕거나 한가한 곳에 몸을 붙임을 비유한다.
756) 混沌은 흐리멍덩함, 멍청함이다.
757) 牽聯은 연루됨, 끌려 들어감이다.
758) 的實은 確實・實在이다.
759) 依俙(稀)는 髣髴한 모양, 희미한 모양이다.
760) 『周官』은 周公旦이 지었다고 하는 42권의 책으로 天地春夏秋冬의 六象에 따라 관제를 세우고 職掌을 기록하여 天官・地官・春官・夏官・秋官・冬官으로 나누었는데 이를 六官 또는 六典이라고도 한다. 「春官」에 三夢(致夢・觭夢・咸陟)과 六夢(正夢・噩夢・思夢・寤夢・喜夢・懼夢)에 대한 기록이 나온다.
761) 占法은 꿈을 점치는 법을 뜻하는데, 『周禮』 「春官」 〈占夢〉에 "꿈을 점치는 것은 그 세시를 관장하여, 하늘과 땅의 만남을 살피고, 음기와 양기를 변별하여, 일월성신으로 육몽의 길흉을 점친다.(占夢掌其歲時 觀天地之會 辨陰陽之氣 以日月星辰占六夢之吉凶)"라는 글이 있다.

올해에는 오늘에야 큰비가 오는데
벼락이 위세(威勢)를 보태니 빠르게 내리네.
아이들은 집이 무너질까 두려워 뛰어서 숨고
처마의 물은 달아나는 말처럼 뜰에서 달리네.
내가 전에 배를 띄우고 여강(驪江)[762]에서 돌아올 때에는
죽령(竹嶺)[763]의 물이 나를 따라서 왔다네.
그 때에는 가문 나머지 비가 너무 적어서
한강은 포도주(葡萄酒)가 막 발효되는 듯하였네.[764]
뱃사공[765]들은 다들 큰물[766]이 모인다고 말하였는데
급히 흐르는 기세가 얼마나 웅장하였던가?
화살처럼 곧게[767] 하루에 천리를 달려서
비록 잠시 머물고자 한들 어찌할 수 있었으랴?
뭇 산은 뒤로 물러나고 언덕에서는 바람이 이는데
천지가 컴컴하여 두 눈을 움직일 수가 없었네.
당시에 듣고도 마음은 아직 두려운데
오늘 아침에 전심하여[768] 앉아서 생각하네.

---

762) 驪江은 경기도 驪州 지역을 흐르는 한강을 가리킨다.
763) 竹嶺은 경상북도 榮州市 豊基邑과 충청북도 丹陽君 大崗面의 경계에 있는 고개 이름이다.
764) 發(醱)醅는 술을 거듭 양조하는 것인데, 李白의 七言古詩 〈襄陽歌〉 11・12句에 "먼 곳에서 보니 한수는 오리의 머리처럼 푸르러, 포도주가 막 발효되는 것과 꼭 같네.(遙看漢水鴨頭綠 恰似葡萄初醱醅)"라는 구절이 있다.
765) 舟人은 船夫이다.
766) 潦水는 큰물이다.
767) 矢直은 화살처럼 곧은 것으로 치우치지 않고 바름을 비유한다. 『詩經』「小雅」〈大東〉에 "주도가 숫돌처럼 판판하니, 곧음이 화살과 같네.(周道如砥 其直如是)"라는 구절이 있다.
768) 鶴頭側은 鶴腦側과 같은 말로 鶴이 경청할 때에 머리를 옆으로 돌린다는 뜻인데, 전심하여 들음을 비유한다. 宋 蘇軾의 五言古詩 〈宿望湖樓再和〉의 15・16구에 "그대가 와서 막 읊조리기에, 참으로 학이 머리를 돌리게 되네.(君來始吟詠 定作鶴頭側)"라는 구절이 있다.

백성들은 가을의 곡식[769]이 땅에 가득하기를 바라는데
하늘이 뜻이 있으련만 끝내 아득하기만 하네.

今年大雨在今日　霹靂助威來也疾
兒童走藏恐屋破　簷溜走庭如馬逸
我初舟泛驪江回　竹嶺之水隨我來
是時旱餘雨甚少　漢江葡萄初發醅
舟人共言潦水集　奔流氣勢何雄哉
一日千里矢也直　縱欲少留那可得
群山退走岸生風　兩目不動天地黑
當時聞之心尙悸　坐想今朝鶴頭側
秋禾滿地民望秋　天意有在終悠悠

11-32-102 십년 동안 보지 못하던 주인성[770] 동년[771]이 갑자기 들렀기에 매우 기뻐서 1수를 읊다
11-32-102 同年朱印成不見十年 忽來過 喜甚吟成一首

친한 벗[772]이자 동학이라 좋은 인연인데
생년(生年)은 나보다 열한 해가 앞서네.
티끌이 눈을 어둡게 하는 벼슬길을 내달리는데

769) 秋禾는 가을에 익는 곡물이다.
770) 朱印成(1317~?)은 『牧隱詩藁』 권2의 〈旣還學之明年 (中略) 朱同年印成有詩 次其韻三首〉(01-02-070), 권5의 〈有懷朱進士〉(02-05-006), 권6의 〈有懷朱同年〉(03-06-084)라는 詩題 등을 통해 忠惠王 復位 2년(1341)에 실시된 監試에서 목은과 함께 급제했음이 확인되며, 『高麗科擧事蹟』의 급제자 명단을 통해 공민왕 2년(1353) 禮部試의 동년임도 확인된다. 그리고 이 시에서 牧隱보다 11세가 많다고 한 점으로 보아 生年이 忠肅王 4년(1317)으로 확인된다.
771) 同年은 과거에 같이 급제한 사람이다.
772) 同盟은 친한 벗이나 黨與을 일컫는 말이다.

달빛이 어깨에 닿는 수루에서 읊조리네.
비록 승침(昇沉)[773]이 다르나 함께 늙어가지만
품부(稟賦)[774]가 가지런하지 않음은 우연스러운 일이네.
오늘의 단란함[775]은 하늘이 주셨을 텐데
두 사람이 서로 마주하니 완연히 지난날과 같네.

同盟同學好因緣　　生在吾先十一年
宦路驅馳塵昧目　　戍樓吟嘯月臨肩
昇沉雖異俱老矣　　稟賦不齊眞偶然
今日團圓天所賜　　兩人相對宛如前

11-32-103 간밤에 달빛이 뜰에 가득하고 풀벌레가 울기에 느낌이 있어 한 구절을 얻었는데, 새벽에 일어나서 보충하여 이루다[776]

11-32-103 昨夜 月色滿庭草虫啼 有感得一句 曉起足成

늘그막에는 참으로 앉은뱅이 중[777]과 같은데
가을밤에 대청[778]에 앉아 벽오동을 바라보네.
옥토끼는 세 번 탄식함[779]을 엿보는 듯하고

773) 昇沉은 인생의 榮枯盛衰를 말하며, 浮沉이라고도 한다.
774) 稟賦는 선천적으로 타고난 性品과 資質이다.
775) 團圓은 가족이 단란하게 지내는 것이다.
776) 足成(주성)은 補充하여 完成하는 것이다.
777) 浮圖는 梵語 Budda의 音譯으로 부처, 스님을 말한다.
778) 秋堂은 가을날의 廳堂으로, 書生이 힘을 다하여 課業을 硏讀하는 장소를 가리킨다.
779) 三歎息은 여러 차례 感歎하는 것으로, 慨歎이 심함을 가리킨다. 『左傳』 昭公 二十八年條에 "그대는 밥을 먹는 사이에도 세 번 감탄하는데, 무엇 때문인가?(吾子置食之間三嘆 何也)"라는 글이 있다.

풀벌레는 일곱 번 슬퍼함[780]에 서로 화답하네.
산과 강은 아득하게 하늘 끝에 이어지고
바람과 이슬은 처량하게 자리 모퉁이로 들어오네.
내 머리가 다 희어지도록 작은 효과[781]도 없으니
어느 날에나 사직(辭職)을 청하여[782] 강호로 향하랴?

老來眞似贋浮圖　　夜坐秋堂對碧梧
玉兔似窺三歎息　　草虫相和七嗚呼
山河縹渺連天際　　風露凄迷入座隅
白盡我頭無寸效　　乞身何日向江湖

11-32-104 유항의 누대 위에서 술을 조금 마시다
11-32-104 柳巷樓上小酌

전에 빚은 술이 물처럼 맑은데
새로 지은 밥은 연유처럼 부드럽네.
이와 혀에 맞음을 점점 기뻐하고
살과 피부를 윤택하게 함을 문득 깨닫네.
기운은 움직이는 붓끝[783]에서 달리고
빛은 적시는 먹의 자취에서 번득이네.
시구가 졸렬함을 부끄러워하지 않거니와
광채(光彩)는 은 갈고리[784]와 같네.

---

780) 七嗚呼는 일곱 번 슬퍼하는 것으로, 唐의 杜甫가 天寶의 난리 이후 떠돌아다니다가 同谷에서 지은 〈乾元中寓居同谷縣 作歌七首〉의 제7구에서 '嗚呼'라고 시작한 것을 가리킨다.

781) 寸效는 작은 成效이다.

782) 乞身은 乞退·乞骸骨과 같은 말로 관료가 辭職을 청하는 것이다.

783) 毫鋩은 붓끝이다.

舊釀淸如水　　新炊軟似酥
稍欣宜齒舌　　便覺潤肌膚
氣走毫鋩動　　光翻墨跡濡
不慙詩句拙　　光彩似銀鉤

11-32-105 원재[785]가 세상을 떠났다[786]는 말을 듣고 곡하다(3수)

11-32-105 聞圓齋辭世哭之

과장(科場)에서 처음 얼굴을 알았고
간원(諫院)에서는 함께 마음을 논하였네.[787]
법주(法酒)[788]는 나를 초대하여 마시고
새 시는 나와 터놓고 읊었네.
피어오르는[789] 구름에 회포를 부치고
깊은 밤중에 흥을 탔네.[790]
세월은 이제 얼마 남지 않았거늘[791]

---

784) 銀鉤는 銀으로 만든 갈고리로, 草書의 별칭 또는 굽은 달을 비유한다.
785) 圓齋는 여말의 문신 鄭樞(1333~1382)의 號이다. 本貫 淸州, 初名이 公權인데 字로 불렀으며, 鄭誧의 아들이다. 恭愍王 2년(1353)에 급제하여 藝文檢閱을 거쳐 左司議大夫일 때 李存吾와 함께 辛旽의 죄를 극언하여 위험에 빠졌으나 李穡의 변호로 東萊縣令으로 좌천되었다. 신돈 사후에 左諫議로 복직하여 세자 禑의 사부가 되었으며, 禑王 즉위 후 簽書密直·政堂文學에 이르고 淸城君에 봉해졌다. 『圓齋集』 3권을 남겼고 시호는 文簡이다.
786) 辭世는 이 세상을 떠나는 것으로, 죽음을 말한다.
787) 論心은 심정을 말하는 것이다.
788) 法酒는 궁중의 잔치 자리에 쓰기 위한 술이나, 빚는 법에 맞추어 빚은 술을 가리킨다. 『高麗史』에는 杏仁으로 法酒를 빚는다는 기사가 있다.
789) 靄靄는 구름이 피어오르는 모양을 말하는데, 曺伸의 『謏聞瑣錄』에서는 '雲靄靄'가 시가 무성함을 형용하는 말이라고 했다.
790) 乘興은 興이 나서 마음이 내키는 것이다.
791) 無幾는 희망이 없음, 많지 않음, 오래지 않음을 뜻한다.

어찌하여 눈물을 옷깃에 뿌리게 하는가?

科場初識面　　　諫院共論心
法酒邀吾酌　　　新詩許我吟
寄懷雲靄靄　　　乘輿夜沉沉
歲月今無幾　　　胡然淚洒襟

뜻이 깨끗하여 세속을 따르기 어렵고
재주가 높아서 마음에 드는 사람[792]이 적었네.
간사한 사람을 탄핵할[793] 때에는 곧음을 팔지 않고[794]
졸렬한 사람을 양생하며[795] 절로 가난을 편안히 여겼네.[796]
옛날의 서연(書筵)에서 총애를 받았고
새로운 작록(爵祿)[797]으로 은혜를 입었네.
하늘은 어찌하여 영양(榮養)함[798]을 빼앗는가?
고당(高堂)에는 자친(慈親)이 계신다네.

志潔難趍世　　　才高少可人
擊奸非賣直　　　養拙自安貧

792) 可人은 마음에 드는 사람이다. 宋 黃庭堅의 〈次韻師厚食蟹〉에 "추창함이 비록 우스울 만하지만, 풍미는 지극히 마음에 드는 사람이네.(趨蹌雖入笑 風味極可人)"라는 구절이 있다.
793) 擊奸은 간사한 사람을 탄핵하는 것인데, 鄭樞가 恭愍王 15년(1366)에 左司議大夫일 때 李存吾와 함께 辛旽을 탄핵했다가 東萊縣令으로 좌천된 일을 가리킨다.
794) 賣直은 일부러 忠直함을 표시하여 名聲을 얻는 것이다.
795) 養拙은 재능이 낮아서 한가하게 지내며 세월을 보내는 것인데, 벼슬에서 물러나 지내면서 벼슬하지 않음의 謙辭로 쓴다.
796) 安貧은 貧窮을 스스로 달게 여기는 것이다.
797) 爵邑은 爵位와 封邑이다.
798) 榮養은 立身揚名하여 아름다운 옷과 맛있는 음식으로 부모를 봉양한다는 뜻이다.

寵在書筵舊　　恩從爵邑新
天胡奪榮養　　堂上有慈親

덧없는 삶에 누가 죽지 않으랴?
오늘 나는 특히 슬퍼하네.
공평한 도리는 하늘처럼 크고
사사로운 인정은 물같이 넓네.
가을산은 어둑하게 비껴 있는데
새벽비가 처량하게 전송하네.
상여소리[799]를 어찌 들을 수 있으랴?
명정(銘旌)이 바쁜 듯이 떠나가네.

浮生誰不死　　今日我偏傷
公道如天大　　私情與水長
秋山橫暗淡　　曉雨送凄凉
薤曲那堪聽　　銘旌去似忙

11-32-106 가을날(2수)
11-32-106 秋日

나는 늘그막에 많은 병을 버티고 있는데
가을이 서늘함이 옛 벗과 같네.
푸른 하늘[800]에는 엷은 구름이 지나가고
맑은 새벽에는 성긴 비가 뿌리네.

---

799) 薤曲은 곧 〈薤露〉인데 樂府 相和曲의 이름으로 고대의 挽歌나 喪歌이다.
800) 碧落은 道教語로 天空, 青天이다.

문을 열면 생각이 끝이 없고
붓을 뽑으면 흥취가 절로 새로워지네.
강동(江東)[801]으로 돌아갈 길이 있건만
어느 날에나 풍진(風塵)[802]을 떠나랴?

我老支多病　　秋凉似故人
薄雲行碧落　　疎雨灑淸晨
開戶思無極　　抽毫興自新
江東有歸路　　何日離風塵

아득한 가을구름이 산과 내를 덮는데
문을 닫은 서생은 기분이 울적하네.
어찌 세상을 놀라게 할 뛰어난 재주[803]가 넉넉하랴?
자못 전편에 좋은 시구가 적음을 부끄러워하네.
숲 사이의 땅에서 소초(小草)[804]를 주워 오는데
바닷가의 하늘에서 반도(蟠桃)[805]는 바라지 못하네.
어찌하면 푸른 하늘에서 작은 구름[806]마저 다 없애고

801) 江東은 晉나라 張翰의 고향인데, 『晉書』〈張翰傳〉의 다음 고사에서 유래하여 고향으로 돌아감을 비유한다. 그는 吳人으로 글을 잘 지어 당시 사람들이 '江東步兵'이라 불렀는데, 首都에서 벼슬하다가 天下가 어지러워지자, "나는 본래 山林間人이라, 세상에는 바랄 것이 없다."고 同郡의 顧榮에게 말하니, 고영도 같은 생각이라고 했다. 마침 가을바람이 이는 것을 보자 吳中의 菰菜와 蓴菜국과 농어회를 생각하면서, "인생은 뜻에 맞게 사는 것을 귀하게 여기는데 어찌 능히 수천 리나 멀리 떠나 벼슬하면서 명예와 벼슬을 구하겠는가?(人生貴得適志 何能羈宦數千里以要名爵乎)" 하고 드디어 고향으로 돌아갔다.
802) 風塵은 바람과 티끌로 속세를 비유한다.
803) 雄才는 勇德이 있는 사람을 가리킨다.
804) 小草는 藥草의 일종으로 多年生의 遠志草를 가리킨다.
805) 蟠桃는 仙境에 있는 복숭아로 삼천 년에 한 번씩 꽃이 핀다고 한다.
806) 纖翳는 조금 낀 구름이다.

오직 순일(舜日)[807]만 남겨서 요년(堯年)[808]을 비추게 하랴?

秋陰漠漠蔽山川　　閉戶書生氣鬱然
豈有雄才足驚世　　頗慚佳句少全篇
拾來小草林間地　　望絶蟠桃海上天
安得碧空纖翳盡　　唯留舜日照堯年

11-32-107 또 짓다
11-32-107 又賦

산과 시내는 얼마나 길거나 먼가?
구름과 비는 얼마나 성대한가?
군자는 한창 괴로워하거늘[809]
누가 사방 한 치의 마음을 알랴?
세도(世道)가 참으로 아름다우니[810]
덕음(德音)[811]이 세차게[812] 흐르네.
넓고 큰 물[813]이 사해를 적시고
밝은 해가 뭇 음기를 없애네.
또 가볍게 어진 바람을 부채질하니

---

807) 舜日은 舜임금의 해로 이 세상이 태평한 날을 비유한다.
808) 堯年은 堯임금이 在位한 해로, 太平盛世를 비유한다.
809) 鬱鬱은 기분이 언짢은 모양, 우울한 모양이다.
810) 休美는 아름다움이다.
811) 德音은 仁德에 부합하는 말이나 명령이다. 『國語』 「楚語 上」에 "충성과 신의로 펴고, 덕음으로 들내다.(忠信以發之 德音以揚之)"는 글이 있다.
812) 霈(沛)然은 비가 세차게 내리는 모양이다. 『孟子』 「梁惠王 上」에 "하늘에 뭉게뭉게 구름이 일어나서 세차게 비가 내리면 싹은 뾰족하게 나옵니다.(天油然作雲 沛然下雨 則苗渤然興之矣)"라는 글이 있다.
813) 汪洋은 물의 형세가 넓고 큰 모양이다.

어진 사람[814]이 숲처럼 많네.
그리하여 나는 띳집 아래에서
책을 보면서 간혹 거문고를 타네.
어찌하여 갑자기 흐릿해져서
답답증[815]이 가슴 속을 메우는가?
마땅히 큰 세상이 개면
지팡이를 짚고 곡잠(鵠岑)[816]에 오르리.

山川何漠漠　雲雨何沉沉
君子政鬱鬱　誰知方寸心
世道諒休美　霈然流德音
汪洋洽四海　白日銷群陰
仁風又微扇　吉士多如林
而我茅屋下　閱書或鳴琴
奈何忽昏曀　煩懣塡胸襟
終當萬里晴　杖策登鵠岑

11-32-108 공권[817]의 장례에 병 때문에 참석하지 못하였기에, 비통하게 탄식한[818] 나머지 또 1수를 짓다
11-32-108 公權之葬 病不果會 悲慨之餘 又題一首

814) 吉士는 어진 사람이다. 『書經』「周書」〈立政〉에 "지금부터 정사를 세움에 간사한 사람을 쓰지 말고 오직 어진 사람을 등용하여 힘써 우리 국가를 돕게 하소서.(繼自今立政 其勿以憸人 其惟吉士 用勵相我國家)"라는 글이 있다.
815) 煩懣은 漢醫學에서 말하는 속에서 열이 나서 크게 뭉친 병이다.
816) 鵠岑은 開京의 진산으로 鵠峰·鵠嶺·松嶽·松山이라고도 한다.
817) 公權은 여말의 문신 鄭樞의 初名이며 字이다.
818) 悲慨는 비통하게 탄식함이다.

뜰을 다닐 때에도 다리가 아파 지팡이를 짚거늘
진흙을 밟으며[819] 상여줄을 잡음[820]을 어찌 감당하랴?
동년(同年)이 점점 줄어드는데도 나는 아직 살아 있으니
오늘에야 분명히 사물이 고르지 않음을 알겠네.
눈에 가득한 구름이 널따랗게[821] 떠서 근심하고[822]
마음을 슬프게 하는 비가 처량하게 뿌리며 우네.
참으로 하나의 형적이 없는 이가 되었으니
어찌하면 진세(塵世)에서 다시 손을 잡으랴?

病脚行庭亦杖藜　　那堪執紼更衝泥
同年漸少吾猶在　　今日明知物不齊
滿眼雲愁浮浩浩　　傷心雨泣灑凄凄
眞成一箇無形子　　塵世何從手再携

11-32-109 빗속에
11-32-109 雨中

고생한 농민들이 수확(收穫)[823]을 바라는데
어찌하여 이어진 구름[824]에서 비만 내리고 개지 않는가?
늘그막에는 한가하게 지내며 한 가지 일도 없어
나지막한 창 가에 단정히 앉아[825] 창생(蒼生)을 염려하네.

---

819) 衝泥는 진흙을 밟고 가면서 비와 눈을 피하지 않음이다.
820) 執紼은 喪葬 때에 직접 상여 줄을 잡고 行進을 돕는 것이다.
821) 浩浩는 광대한 모양이다.
822) 雲愁는 구름 같이 많은 근심이다.
823) 秋成은 가을의 成熟, 收穫이다.
824) 連陰은 구름 낀 하늘이 이어지거나, 連日 陰雨가 내리는 것이다.
825) 危坐는 正坐와 같은 말로, 단정하게 앉는 것이다.

멀고 가까운 교외의 들판[826]은 누런 구름[827]에 묻히고
높고 낮은 산림[828]은 흰 물결로 평평해지네.
나는 늘그막이라 고향으로 가고 싶은데도
다만 이웃 마을에서 걱정하는 소리가 있음을 싫어한다네.

農家辛苦望秋成　　胡奈連陰雨不晴
老境閑居無一事　　矮窓危坐念蒼生
郊原遠近黃雲沒　　林麓高低白浪平
老矣鄕中吾欲去　　只嫌隣里有愁聲

11-32-110 유항[829]께 드리다
11-32-110 呈柳巷

버들마을[830]에 두 노인이 있는데
한 해가 다하도록 적막하고 외롭네.[831]
봄바람 속에서는 뜰의 꽃에 취하고
무더울 때에는 누대의 비를 읊네.
견우성(牽牛星)과 직녀성(織女星)[832]이 은하수에서 빛나면
또 서늘한 기운이 집에 가득함을 느끼네.
중추(中秋)에는 반드시 달을 감상하고

826) 郊原은 교외의 들판, 들판이다.
827) 黃雲은 전답의 누렇게 익은 보리나 벼를 구름에 견주어 이르는 말이다.
828) 林麓은 산과 숲, 山林이다.
829) 柳巷은 여말의 문신 韓脩의 號이다.
830) 柳里는 韓脩와 牧隱이 살던 버들이 있는 마을로 柳洞·柳村·柳巷이라고도 한다. 牧隱詩藁 권31, 〈謝西隣韓先生來過〉의 첫 구에서는 韓脩를 '柳里先生'이라고 하였다.
831) 幽獨은 적막하고 외로움, 그러한 사람이다.
832) 牛女는 牽牛星와 織女星의 두 별을 가리킨다.

구일(九日)[833]에는 반드시 국화를 감상하리.
즐거운 일을 다할 수는 없지만
그윽한 회포는 움켜잡을 길이 없네.
낮은 짧아지고 밤이 점점 길어지는데
어찌 부지런히 촛불을 잡고 놀지[834] 않으랴?
세상에는 마음에 드는 사람[835]이 많지 않은데도
이따금 귀록(鬼錄)[836]에 오른다네. *주 원재(圓齋)를 이른다
어떻게 내가 머리를 숙이면서[837]
힘써[838] 유행하는 습속을 따를 수 있으랴?
흥이 나면 곧 멀리 노닐면서
잠시 구속(拘束)[839]을 떠나리.

柳里有二老　　窮年守幽獨
園花醉春風　　樓雨吟炎溽
牛女耿銀河　　又覺涼滿屋
中秋當賞月　　九日當賞菊
樂事不可窮　　幽懷無由掬
晝短夜漸長　　胡不勤秉燭
可人世不多　　往往登鬼錄 *註謂圓齋
何能低我頭　　僶俛隨流俗
遇興卽高遊　　聊以謝羇束

833) 九日은 음력 九月 九日의 重陽節을 가리킨다.
834) 秉燭은 秉燭遊 또는 秉燭夜遊의 준말로 촛불을 잡고 논다는 뜻이다.
835) 可人은 마음에 드는 사람, 쓸 만한 사람, 일을 감내할 만한 사람이다.
836) 鬼錄은 죽은 사람의 名簿를 가리킨다.
837) 低頭는 머리를 숙이는 것으로 屈服하는 모양이다.
838) 僶俛은 애써 노력하는 모양이다.
839) 羇束은 拘束이다.

11-32-111 빗속에 홀로 앉아서 한 잔을 따르고 싶으나 술이 없어서 스스로 조롱하다
11-32-111 雨中獨坐 欲酌一杯而無酒 因自嘲

지난날에는 가득한 술잔을 애써 사양하던 일이 기억나는데
술이 없는데도 마시고 싶으니 내가 노쇠하였음을 알겠네.
평생동안 의지와 기개가 흔들리지 않았거늘
어찌 숙수(菽水)[840]를 양락(羊酪)[841]으로 바꿀 수 있으랴?
깨어 있던 굴원(屈原)[842]은 나의 무리가 아니오
취한 도잠(陶潛)[843]은 나의 스승이 아니라네.
그 가운데 중도(中道)가 있어서 내가 취할 곳인데
주선(周旋)[844]과 절선(折旋)[845]이 모두 법도[846]에 맞는다네.
욕심이 생기면 감정이 일탈함[847]을 또 어찌하랴?
힘을 다하여 물리쳐도[848] 금세 어지러워지네.[849]
지금 너는 흰 머리에다 또한 늙었거니와
드러남[850]이 이에 이르렀으니 장차 누구를 탓하랴?

---

840) 菽水는 콩과 물로 惡食을 가리킨다.
841) 羊酪은 양젖의 굳기름으로 만든 음식이름이다.
842) 醒屈은 깨어 있는 屈原으로, 屈原이 〈漁父辭〉에서 "세상사람은 다 취했지만 나는 홀로 깨어 있네.(世人皆醉我獨醒)"라고 읊은 내용을 가리킨다.
843) 醉陶는 醉한 陶潛으로, 『晋書』 〈陶潛傳〉에 도잠이 彭澤令이 되어 "나로 하여금 늘 술에 취하게 하면 족하다.(令吾常醉於酒足矣)"라고 하면서 公田에 모두 차조[秫]를 심게 하려다가, 처자의 간청으로 일부에는 메벼[秔]을 심었던 일화가 있다.
844) 周旋은 古代 行禮 때에 揖讓進退하는 동작이다.
845) 折旋은 行禮 때에 보행방향을 직각으로 꺾는 동작이다.
846) 規矩는 規矩準繩의 준말인데, 規矩準繩은 목수들의 '걸음쇠, 곱자, 수평재개, 먹줄'로서, 일상생활에서 지켜야 할 법도를 비유한다.
847) 逸情은 세속의 감정을 超脫함이다.
848) 屛去는 물리쳐서 버림이다.
849) 紛披는 산란한 모양이다.
850) 敗露는 露顯이다.

진실로 욕망을 억제하는[851] 밝은 가르침에 어둡다면[852]
어찌 도척(盜跖)[853]으로 돌아감을 피할 수 있으랴?
차라리 피할 수 있다면 얼마나 위태로운가?
앞의 공적이 아까우니 마땅히 깊이 생각하시라.

滿酌苦辭思往時　　無酒欲飮知吾衰
平生志氣不流蕩　　菽水羊酪何能移
屈之醒也非我徒　　陶之醉也非吾師
是有中道兮吾所　　周旋折旋皆矩規
奈何欲動情又逸　　盡力屛去俄紛披
汝今白頭亦老矣　　敗露至此將咎誰
窒欲明訓苟茫昧　　盜跖之歸寧可辭
寧可辭何其危　　前功可惜宜深思

11-32-112 밤이 길어지다
11-32-112 夜長

밤이 길어져서 잠이 평온(平穩)하지 않으니
곧바로 나는 삶을 버리고[854] 싶네.
새벽에는 추워서 일찍 일어나지만

---

851) 窒欲은 욕심을 억제하는 것으로, 『周易』 「損卦」 大象傳에 "산 아래에 못이 있는 것이 損卦이니, 군자는 이로써 분노를 징계하고 욕망을 억제한다.(山下有澤 損 君子以懲忿窒欲)"라는 글이 있다.

852) 茫昧는 분명하지 아니함, 어두움이다.

853) 盜跖은 중국 春秋時代의 큰 도적으로, 賢人 柳下惠의 아우이다.

854) 舍(捨)生은 生命을 버리는 것으로, 『孟子』 「告子 下」에 "삶도 내가 바라는 것이요 의로움도 내가 바라는 것인데, 두 가지를 겸할 수 없으면 삶을 버리고 의로움을 취하는 것이다.(生亦我所欲也 義亦我所欲也 二者不可得兼 舍生而取義者也)"라는 글이 있다.

정의(情意)[855]를 집중시키니 매우 기쁘네.
환한 산에서는 막 해가 솟는데
가까운 숲에서는 미풍(微風)[856]이 시원하네.
다만 속된 일이 있음을 두려워하건만
문정(門庭)[857]에서는 발자국소리가 들리네.

夜長眠不穩　　直欲舍吾生
曉冷起來早　　稍欣凝道情
山明初日出　　樹近細風淸
只恐有塵事　　門庭聞履聲

11-32-113 동갑[858]인 황회산[859]을 곡하다(2수)
11-32-113 哭同庚黃檜山

젊은 날에는 원(元)나라 조정에서 자서(姊壻)[860]에 의지하여
궁정(宮庭)에 드나들면서 지기(志氣)가 호방하였네.
음식에 표태[861]가 섞였지만 전심하여 수양함[862]이 두텁고
원비(猿臂)[863]와 같은 궁술로 전공(戰功)이 높았다네.[864]

---

855) 道情은 情意, 情理이다.
856) 細風은 微風이다.
857) 門庭은 대문이나 중문 안에 있는 뜰이다.
858) 同庚은 同甲이나 同年을 말한다.
859) 檜山은 경상도 昌原의 옛 이름으로, 黃檜山은 여말의 武臣·宰相인 檜山府院君 黃裳(?~1382)을 가리킨다.
860) 姊壻는 누나의 남편이다.
861) 豹胎는 표범의 胎盤인데, 옛날에 맛이 좋은 음식을 비유한다.
862) 蒙養은 『周易』「蒙卦」 彖辭의 "몽매함으로 바르게 수양하는 것이 성인에 이르는 공부이다.(蒙以養正 聖功也)"라는 글에서 유래한 말로, 마음을 집중시켜 수양하는 것을 가리킨다.
863) 猿臂는 원숭이와 같이 팔이 긴 것으로 활을 끌어당기는 데에 편리하여 활을 잘

少依姊壻在元朝　　出入宮庭志氣豪
食雜豹胎蒙養侈　　射同猿臂戰功高

선왕(先王)[865]의 두터운 은혜가 뭇 사람들보다 뛰어나서
아상(亞相)[866]의 높은 반열에서 우리들을 압도하였네.
문득 들려오는 상여소리[867]는 어디로 가는가?
이승에서는 다시 함께 해오(蟹螯)를 지닐[868] 수 없으리.

先王厚渥超群輩　　亞相崇班壓我曺
忽此露歌何處去　　此生無復共持鰲[869]

11-32-114 서쪽 이웃[870]
11-32-114 西隣

밝은 해가 서쪽 이웃의 띠 정자를 비추는데
줄을 이룬 꽃나무는 비단병풍과 같네.

쏘는 사람을 가리키는데, 『史記』〈李將軍傳〉의 李廣의 고사에서 유래하여 前趙의 劉淵·劉聰, 唐의 郭知運, 五代의 李存孝, 元의 木華黎 등을 지칭한다.

864) 이 구절은 黃裳이 활을 잘 쏘아 元 順帝 앞에 나아가 실제 試射한 사실을 가리킨다. 『高麗史』 권114 〈黃裳傳〉에 "黃裳이 활 잘 쏨으로써 天下에 알려지니 元 順帝가 일찍이 친히 그 팔을 끌어서 보았다."라는 기사가 있다.

865) 先王은 恭愍王을 가리킨다.

866) 亞相은 首相 다음의 宰相으로 判兵部事를 맡은 宰臣을 말한다.

867) 〈薤露〉는 樂府 相和曲의 이름으로 고대의 挽歌나 喪歌이다.

868) 持螯는 持螯把酒의 준말로 한 손에 게의 집게발을 들고 한 손에 술잔을 드는 것인데, 『晉書』〈畢卓傳〉에서 畢卓이 "오른손에 술잔을 들고 왼손에 게의 집게발을 들고, 배 안에 뜬 술을 두드리면, 문득 일생을 마쳐도 좋다.(右手持酒杯 左手持蟹螯 拍浮酒船中 便足了一生矣)"라고 했다는 고사에서 유래하여 게 안주를 놓고 술을 마시는 즐거움을 가리킨다.

869) 원문의 '鰲'는 '螯'의 착오이다.

870) 西隣은 서쪽 이웃으로, 여말의 문신 吉昌君 權適(1307~?)을 가리킨다.

가문(家門)의 부귀함을 누가 흉내내랴?[871]
동이 술의 풍류에 나는 형적을 잊네.[872]
가을이 깊으니 이끼 빛은 읊조리는 곁에서 파랗고
구름이 엷으니 산의 빛은 바라보는 너머에서 푸르리.
기구(耆舊)[873]들이 흐르는 물처럼 돌아가시는데
칠원(漆原)[874]과 함께 강녕[875]하심을 매우 다행스러워하네.

西隣白日照茅亭　　花木成行似錦屛
富貴家門誰擬跡　　風流樽酒我忘形
秋深苔色吟邊碧　　雲薄山光望外靑
耆舊凋零如逝水　　漆原深幸共康寧

11-32-115 우연히 짓다. 1수
11-32-115 偶題一首

나는 본래 기이한 기상[876]이 있는데
드러내면 채색 구름을 이루네.
감히 스스로 숨겨두고 음미할 수가 없어서
붉은 섬돌[877]에서 대군(大君)[878]에게 바쳤네.
환하게[879] 한 번 웃으시니

871) 擬跡(迹)은 모방함, 본받음이다.
872) 忘形은 忘形之交로서 形迹으로 사귀지 않고 마음으로 사귀는 것을 뜻한다.
873) 耆舊는 耆英·耆老라고도 하는데, 연로한 고위 문신들을 가리킨다.
874) 漆原은 경상도에 있는 고을 이름으로 府院君 尹桓(?~1386)의 封號이다.
875) 康寧은 五福의 하나로 건강하고 편안함이다.
876) 奇氣는 기이한, 비범한 氣勢·氣象이다.
877) 丹墀는 붉은 칠을 한 궁전의 址臺로 궁궐·대궐을 비유하며, 丹階라고도 한다.
878) 大君은 하늘, 天子, 天神을 뜻한다.
879) 粲然은 밝고 환한 것, 맑고 깨끗한 것이다.

다섯 색깔[880]이 자원(紫垣)[881]을 넘네.
백옥당(白玉堂)[882]으로 갔더니
모든 세인들이 맑은 향기[883]를 흠모하였네.
돌이켜 생각해 보면[884] 벌써 몇 해인가?
변화는 얼마나 많았던가?[885]
잠깐 사이에 창구(蒼狗)[886]와 비슷해져서
마침내 동해(東海)[887]의 물 가에 머물게 되었네.
마침 신물(神物)[888]을 만나게 되니[889]
줄곧 끝없이 남에게 은혜를 베풀리.[890]

我本有奇氣　　吐之成彩雲
不敢自秘玩　　丹墀呈大君
粲然蒙一笑　　五色凌紫□[891]
歸之白玉堂　　擧世歆淸芬
回頭今幾年　　變化何紛紛

880) 五色은 靑・赤・白・黑・黃의 다섯 가지 正色이다.
881) 紫垣은 星座의 이름으로 皇宮을 비유한다.
882) 白玉堂은 翰林院을 가리킨다.
883) 淸芬은 맑은 향기로 高潔한 德行을 비유한다.
884) 回頭는 回想이다.
885) 紛紛은 많고 성한 모양, 번잡한 모양, 어지러운 모양이다.
886) 蒼狗는 푸른 개로 고대에 상서롭지 못한 사물로 여기던 것인데, 唐 杜甫의 〈可嘆〉의 "하늘 위의 흰 구름이 백의와 같은데, 잠깐 사이에 변하여 푸른 개와 같네.(天上白雲似白衣 斯須改變如蒼狗)"라는 구절에서 유래하여 世事의 變幻이 無常함을 비유한다.
887) 東海는 渤海의 동쪽이다.
888) 神物은 神靈이다. 唐 李白의 〈梁甫吟〉에 "장공의 두 용검은, 신물이 때에 맞춘 것이네.(張公兩龍劍 神物合有時)"라는 구절이 있다.
889) 會遇는 만남, 때를 만남이다.
890) 澤物은 남에게 은혜를 베푸는 것이다.
891) 원문의 □에 들어갈 글자는 '垣'으로 추정된다.

須臾似蒼狗 竟屯東海濆
神物會有遇 澤物終無垠

11-32-116 구름과 안개
11-32-116 雲霧

구름과 안개가 자욱하니[892] 나의 뼈가 시린데
창을 닫고 부질없이 천지가 넓음을 상상하네.
들판 바깥을 가로지르는 강에서는 물결소리가 멀어지고
수풀 사이에 방울지는 이슬로 새벽 기운이 차갑네.
꿈속의 공명(功名)은 이미 넉넉하고
병을 앓은 뒤에 지내는 곳은 비로소 편안하네.
곧장 맑게 갠 하늘로 높이 날아가서
또 은하수(銀河水)를 끌어당겨 옥반(玉盤)[893]을 씻고 싶네.

雲霧冥冥我骨酸 閉窓空想地天寬
江橫野外波聲遠 露滴林間曉氣寒
夢裏功名已知足 病餘居處始求安
快晴直欲登高去 更挽銀河洗玉盤

11-32-117 일을 기록하다
11-32-117 紀事

한수(漢水)[894]가 세차게 흐르고[895]

892) 冥冥은 자욱한 모양이다.
893) 玉盤은 옥으로 만든 쟁반으로 둥근 달을 비유한다.
894) 漢水는 漢江을 가리킨다.

삼봉(三峯)[896]은 만 길이 넘네.
순환되어[897] 자리를 다스리며[898]
이어서 보호하여 막 그림자를 살피고 산에 올랐네.[899]
비록(秘錄)[900]이 태평시대[901]에 전하고
이궁(離宮)[902]은 푸른 하늘[903]에 비치네.
화원군(花原君)[904]의 외손이 번성하여
유독 사필(史筆)을 잇달아 쓰네.

漢水沄沄去　　三峯萬仞餘
營周攻位後　　胤保景岡初
秘錄傳昭代　　離宮照碧虛
花原外孫盛　　史筆獨聯書

---

895) 沄沄은 물이 힘차게 흐르는 모양이다.

896) 三峯은 三角山을 가리킨다.

897) 營周는 순환함이다.

898) 攻位는 자리를 다스리는 것으로 離宮의 터를 닦은 것을 가리키는데, 『書經』「周書」〈召誥〉에 "사흘이 지난 경술일에 태보가 곧 은나라 백성들을 데리고 낙읍의 물가에 자리를 다스리게 하니, 닷새가 지난 갑인일에 자리가 완성되었다.(越三日庚戌 太保乃以庶殷 攻位于洛汭 越五日甲寅 位成)"라는 글이 있다.

899) 景岡은 그림자를 살피고 산언덕에 오르는 것으로, 『詩經』「大雅」〈公劉〉에 "그림자를 살핀 뒤에 산언덕에 올라가서, 음지와 양지를 살폈네.(旣景迺岡 相其陰陽)"라는 구절이 있다.

900) 秘錄은 비밀스러운 기록인데, 여기에서는 三蘇에 관계되는 글을 가리킨다. 三蘇는 開京 둘레에 있는 세 산을 이르는 말로, 左蘇인 白岳山〔현재 長湍郡 소재의 白鶴山〕, 右蘇인 白馬山〔開豊郡 소재〕, 北蘇인 箕達山〔黃海道 新溪郡 소재〕을 이르는데, 明宗 4년(1174)과 禑王 4년(1378)에 地理衰旺說에 따라 국가의 基業을 연장하려고 三蘇造成都監을 설치하여 여기에 궁궐을 짓고 巡行留住하였다.

901) 昭代는 昭世와 같은 말로 政治가 淸明한 시대나 태평한 세상이다.

902) 離宮은 임금이 巡行할 때에 거처하기 위한 임시 궁궐이다.

903) 碧虛는 碧空·靑天이다.

904) 花原君은 牧隱의 장인 權仲達의 封號인데, 權近이 찬한 목은의 행장에 따르면 그는 右政丞 漢功의 아들로 본국에서 重大臣 花原君에 오르고 元나라의 明威將軍으로 諸軍萬戶府 萬戶를 지냈다고 한다.

11-32-118 채옹주[905]를 곡하다
11-32-118 哭蔡翁主

머나먼[906] 연산(燕山)[907]에서 성산(星山)[908]을 만났는데
덧없는 세상에는 슬픔과 기쁨이란 꿈결과 같다네.
적막한 구천(九泉)에서 누구와 더불어 말하랴?
구름은 희고 산은 푸른데 물이 졸졸 흐르네.

燕山迢遞接星山　　浮世悲歡一夢間
寂寞九泉誰與語　　白雲靑嶂水潺潺

11-32-119 유항[909]이 적전리[910]의 별장에 연꽃을 감상하러 가자고 초대하였는데 병으로 사양하다
11-32-119 柳巷招游藉田別墅賞蓮 以病辭

함께 노니는 사람은 오직 유항(柳巷)인데
별업(別業)[911]에는 연꽃이 피었다네.
도롱이를 입고 가랑비를 맞고
약물로 쇠년(衰年)을 지탱하네.

---

905) 翁主는 고려 忠宣王 원년(1309)부터 사용되어 임금의 後宮을 가리켰는데, 왕자의 정실부인, 임금의 동성자매·질녀, 종친들의 정실부인, 대군의 부인, 임금의 서녀 등에도 사용하였다..
906) 迢遞는 먼 모양, 높은 모양이다.
907) 燕山은 河北省 薊縣의 동남쪽에 있던 산인데, 宋나라 때에 燕山府를 두어 燕京[현재의 北京]을 가리키기도 한다.
908) 星山은 경상도에 있는 고을로 星山李氏를 가리킨다.
909) 柳巷은 여말의 문신 韓脩의 호이다.
910) 藉田里는 開京의 都城 동쪽에 있던 지명이다.
911) 別業은 別莊이다.

빈둥거리며[912] 쇠잔한 삶[913]을 보존하지만
이따금 새 시를 얻네.
고상한 흥취[914]를 없앨 길이 없거니와
또 이때에 부름을 받았네.

同游唯柳巷　　別業有蓮花
細雨簑衣在　　衰年藥物支
悠悠保殘喘　　往往得新詩
高興無由廢　　承招又此時

11-32-120 근심을 풀다
11-32-120 遣悶

음산하게 비가 내리면 뼈마디가 아프고
환하게 개면 마음이 펴지네.
어찌 기필(期必)하였으랴? 한 고깃덩어리가
짧은 시간[915] 안에도 감여(堪輿)[916]와 함께 함을.
이제 호연지기(浩然之氣)[917]를 헤아려
의(義)를 모으면[918] 마침내 넉넉해지네.

---

912) 悠悠는 빈둥거리며 노는 모양이다.
913) 殘喘은 쇠잔한 삶이나 죽음이 가까워짐, 또는 쇠로한 나이나 죽음이 가까워진 때의 喘息을 뜻한다.
914) 高興은 高尙한 興趣이다.
915) 俯仰은 一擧一動·行動擧止, 또는 짧은 시간을 뜻한다.
916) 堪輿는 만물을 포용하여 싣고 있는 물건이라는 뜻으로, 天地를 가리킨다.
917) 浩然之氣는 하늘과 땅 사이에 충만한 至大至剛한 원기, 또는 正大한 기운인데, 『孟子』「公孫丑 上」에 "(浩然之)氣가 되는 것은 지극히 크고 지극히 강하고, 곧은 것으로 길러 해침이 없으니 곧 하늘과 땅 사이에 가득 찬다.(其爲氣也 至大至剛 以直養而無害 則塞于天地之間)"라는 글이 있다.

만약 기르는[919] 방법을 찾고자 하면
추(鄒)[920]나라의 글[921]에 분명히 있다네.
어찌하여 힘쓰지 아니하고
노년에 이르러 부질없이 한탄하는가?[922]
크구나, 우주(宇宙) 안에
영웅호걸이 거처하는 곳이.
끝내 어지럽게[923] 분주하게 살아도[924]
다만 만고에 무덤[925]만 남으리.

陰雨支節痛	淸明神氣舒
那期一塊肉	俯仰同堪輿
念玆浩然氣	集義乃有餘
如求所以養	灼灼鄒國書
胡爲不用力	老至空欷歔
大哉宇宙內	英豪之所居
紛然竟馳逐	萬古唯丘墟

---

918) 集義는 義를 모으는 것으로, 『孟子』「公孫丑 上」에 "그 氣 되는 것이 義와 道를 짝하는 것이니, 이것이 없으면 주리게 된다. 이것은 義를 모아서 생기는 바요, 義가 엄습하여 취한 것이 아니다. 행하는 것이 마음에 만족하지 못함이 있으면 주리게 된다.(其爲氣也 配義與道 無是 餒也 是集義所生者 非義襲而取之也 行有不慊於心則餒矣)"라는 글이 있다.
919) 養氣는 浩然之氣를 기르는 것으로, 『孟子』「公孫丑 上」에 "나는 다른 사람의 말을 알고, 나는 나의 호연지기를 잘 배양한다.(我知言 我善養吾浩然之氣)"라는 글이 있다.
920) 鄒國은 邾나라로 춘추시대 魯나라의 附庸國이었는데, 뒤에 鄒로 개칭하였으며 지금의 山東省 鄒縣지방에 있었다. 孟子의 출생지이다.
921) 鄒國書는 『孟子』를 가리킨다.
922) 欷歔는 '한숨쉬다', '흐느끼다'의 뜻이다.
923) 紛然은 어지러운 모양, 뒤섞인 모양이다.
924) 馳逐은 말을 달려서 뒤쫓는 것인데 세상의 분주한 일을 가리킨다.
925) 丘墟는 황폐한 지역, 무덤을 가리킨다.

11-32-121 스스로 읊다
11-32-121 自詠

벼슬을 도둑질함[926]은 헛된 이름을 얻었을 따름이지만
가문에 전해질 남은 경사[927]는 있다네.
비록 가난하나 딸이 없음을 안타깝게 여기고
늙지 않았는데도 손자가 많음을 다행스러워하네.
뽕나무와 삼[928]의 길에 비가 어둑하고
토란과 밤[929]의 동산에 가을이 깊어가네.
단란하게[930] 세월을 보내니
어찌 반드시 시끄러운 속세[931]를 피하랴?

竊位虛名耳　　傳家餘慶存
雖貧恨無女　　未老幸多孫
雨暗桑麻徑　　秋深芋栗園
團圓度歲月　　何必避塵喧

---

926) 竊位는 벼슬자리를 도둑질하듯이 쓸데없이 그 자리에 있는 것인데, 『論語』 「衛靈公」에 "장문중은 벼슬자리를 도둑질하고 있는 자이다. 유하혜가 현명함을 알고서도 그와 함께 조정에 서지 않았다.(臧文仲其竊位者與 知柳下惠之賢而不與立也)"라는 글이 있다.

927) 餘慶은 자손이나 후배에게 남은 경사로, 『周易』 「坤卦」 文言傳에 "선행을 쌓은 집에는 반드시 남은 경사가 있다.(積善之家 必有餘慶)"라는 글이 있다.

928) 桑麻는 뽕나무와 삼으로 뽕나무를 심어 고치를 얻고 삼을 심어 섬유를 얻는 것을 뜻하며, 농사나 농토를 비유한다.

929) 栗芋는 밤과 토란으로, 唐 宋之問의 五言古詩 〈遊陸渾南山 自歇馬嶺 到楓香林 以詩代書答李舍人適〉의 15·16구에 "메벼와 벼는 먼 곳에서 더욱 빼어나고, 밤과 토란은 가을에 새로 익네.(秔稻遠彌秀 栗芋秋新熟)"라는 구절이 있다.

930) 團圓은 가족이 단란하게 지내는 것이다.

931) 喧塵은 세상의 시끄럽고 귀찮은 일, 俗世의 煩累이다.

11-32-122 일찍 일어나다
11-32-122 早興

중추(仲秋)에 매우 서늘하니
병든 몸에는 솜옷이 좋다네.
성근 집에는 바람이 함께 침투하고
남은 별[932]은 새벽에 마침 드무네.
인(仁)을 행함이 편안한 집[933]이요
이익을 좇음이 위험한 기틀[934]이네.
이렇게 마음에 걱정이 없는 때가 되니
지난날이 그릇되었음[935]을 분명히 깨닫네.

仲秋凉已甚　　病骨可綿衣
疎屋風相透　　殘星曉正稀
爲仁是安宅　　趍利是危機
及此心無累　　分明悟昨非

11-32-123 농사를 권면하다[936]
11-32-123 勸耕

---

932) 殘星은 새벽에 보이는 별이다.
933) 安宅은 편안한 집으로 仁을 가리키는데, 『孟子』「離婁 上」에 "인은 사람의 편안한 집이요, 의는 사람의 바른 길이다. 편안한 집을 비워두고 살지 않으며, 바른 길을 버리고 따르지 않으면 슬픈 일이다.(仁 人之安宅也 義 人之正路也 曠安宅而弗居 舍正路而不由 哀哉)"라는 글이 있다.
934) 危機는 위급한 기회, 위험한 때이다.
935) 昨非는 지난날의 잘못된 일, 以前의 過失이다. 陶潛의 〈歸去來辭〉에 "길을 잘못 들긴 하여도 아직 그렇게 멀어진 것은 아니니, 지금이 옳고 지난날이 잘못이었음을 깨달았네.(寔迷途其未遠 覺今是而昨非)"라는 글이 있다.
936) 勸耕은 勸農이다.

나라의 제도에 힘입어 전지를 나누어 받아
씨를 뿌려서 가을의 수확을 얻네.
근래에 인심이 교활해져서
흔히 지력(地力)을 쉬게 하네.
너희들은 폐단을 심하게 짓지[937] 말라.
나는 또 돌아갈 계책이 익었다네.
함께 띳집[938]을 오고가면서
좋은 날[939]에 함께 술잔을 주고받으리.[940]

分田蒙國制　　下種得秋收
近見人心巧　　多將地力休
爾無深作弊　　我亦熟歸謀
茅舍同來往　　良辰共獻酬

11-32-124 중추 전일에 유항[941]께 드리다
11-32-124 中秋前一日 呈柳巷

멀리 갠 하늘을 보니[942] 상서로운 기운이 많은데
내일은 참으로 어떠할지 알지 못하겠네.
늘그막에는 다만 가절(佳節)[943]에 수작(酬酌)함이 요긴한데
중추의 달 아래에서 도리어 흰 물결[944]을 감상하기를 기다리네.

937) 作弊는 속임수를 써서 법이나 규정을 어김, 또는 폐단을 지음이다.
938) 茅舍는 茅屋이다.
939) 良辰은 좋은 날, 吉日이다.
940) 獻酬는 술잔을 주고받는 것이다.
941) 柳巷은 여말의 문신 韓脩(1333~1384)의 호이다.
942) 目送은 작별할 때 멀리 떠나가는 사람을 바라보며 보내는 것이다.
943) 佳節은 좋은 명절이다.
944) 素波는 흰 빛의 물결이다.

만리 관산(關山)에서는 나그네[945]가 시름겨운데
오경의 바람과 이슬 속에서는 항아(姮娥)[946]에게 문안드리리.
지척에 서쪽 이웃의 높은 누대가 있으니
늘 선생께서 내가 들르기를 허락해 주시기를 기다리네.

目送晴天喜氣多　　不知來日定如何
老年祗在酬佳節　　秋月還須賞素波
萬里關山愁客子　　五更風露問姮娥
西隣咫尺高樓在　　每幸先生許我過

11-32-125 첫서리[947]
11-32-125 新霜

맑은 새벽에 마음이 놀라고 특히 몸에 한기가 돌아[948]
작은 창 가에 단정하게 앉아서[949] 게으르게 의관을 차리네.
아이종[950]이 서로 말을 하니 소리가 서로 이어지는데
서리와 이슬이 내려도 내 옷은 여전히 이렇게 홑옷이네.
물고기가 모이는 못의 빛은 깨끗하게[951] 맑고
기러기가 나는 하늘의 빛깔은 끝없이[952] 푸르네.

945) 客子는 나그네이다.
946) 姮娥는 달 속에 산다는 미인으로 흔히 달을 가리키는데, 남편인 神弓 羿가 西王母에게서 얻은 不死藥을 훔쳐 먹고 신선이 되어 달로 도망가서 과부로 살았다고 한다.
947) 新霜은 처음 내리는 서리이다.
948) 心驚體寒은 마음이 놀라고 몸에 추위를 느끼는 것으로 극도로 슬프고 두려움을 나타낸다.
949) 危坐는 正坐와 같은 말로, 단정하게 앉는 것이다.
950) 家僮(童)은 집에서 부리는 어린 사내종이다.
951) 皎皎는 희고 깨끗한 모양이다.

어찌하여 나는 홀로 오래 머무는가?
추위를 참으면서 세상살이의 어려움[953]을 높은 소리로 읊네.

清曉心驚偏體寒　　小窓危坐懶衣冠
家僮相語聲相續　　霜露吾衣尙爾單
魚聚池光淸皎皎　　雁飛天色碧漫漫
胡爲我獨長留滯　　忍凍高吟行路難

11-32-126 향교.[954] 1수
11-32-126 鄕校一首

세교(世敎)가 오래도록 무너지고 느슨해졌으니[955]
누가 다시 원류(源流)를 궁구하랴?
슬프구나, 푸른 옷[956]을 입던 사람이
머지않아 흰 머리가 됨이.
어찌 알랴? 백성이 바라는 것이
다만 주(周)로 돌아감[957]에 있음을.
풍수(灃水)[958]는 날마다 동쪽으로 흐르기에[959]

---

952) 漫漫는 높고 먼 모양, 끝이 없는 모양이다.
953) 〈行路難〉은 樂府歌曲의 이름으로, 대개 세상살이의 어려움이나 이별의 슬픔을 읊은 것이다.
954) 鄕校는 고려・조선시대에 지방에 설치하여 놓은 관립 학교이다.
955) 陵替는 綱紀가 무너지고 느슨해짐, 尊卑가 차례를 잃음이다.
956) 靑衿은 깃이 푸른 옷으로 옛날 학생이 입던 옷인데, 學生・書生을 비유한다. 『詩經』「鄭風」〈子衿〉에 "푸른 동정 멋진 옷 걸치신 임이, 그리워 생각은 아니 끊이네.(靑靑子衿 悠悠我心)"라는 구절이 있다.
957) 歸周는 周로 돌아가는 것인데, 『詩經』「小雅」〈都人士〉에 "이제 곧 周로 돌아가시면, 천만 사람 우러러 받들 것이네.(行歸于周 萬民所望)"라는 구절이 있다.
958) 灃水는 陝西省 寧陜縣 東北의 秦嶺에서 발원하여 渭水로 들어가는 강이다.
959) 東注(流)는 중국의 강물이 반드시 동쪽으로 흐른다는 말로 事必歸正을 비유한다.

걱정스럽고 또 걱정스럽네.
참으로 미인(美人)[960]을 만나기가 어렵거니와
나의 마음은 부질없이 근심만 늘어가네.

世敎久陵替　　誰復窮源流
哀哉靑衿子　　未幾成白頭
那知民所望　　只在行歸周
灃水日東注　　悠悠復悠悠
美人諒難見　　我心徒增憂

11-32-127 여강[961]의 가을
11-32-127 驪江秋

누가 죽기 전에 유후(留侯)에 봉해짐[962]에 만족하랴?
눈을 크게 뜨고[963] 서풍[964]에도 쉬지 않고 달리네.

『詩經』「大雅」〈文王有聲〉에 "풍수가 동쪽으로 흘러가니, 우임금의 공적이로다.(灃水東注 維禹之績)"라는 대목이 있다.

960) 美人은 碩人, 君子, 賢人을 가리킨다. 『詩經』「邶風」〈簡兮〉에 "저 미인은 서방의 사람이네.(彼美人兮 西方之人兮)"라는 구절이 있다.

961) 驪江은 경기도 驪州 지역을 흐르는 한강을 말한다.

962) 封留는 留侯에 봉해지는 것으로, 留侯는 漢 高祖의 謀臣 張良(?~B.C. 186)의 封號인데, 韓의 재상 집안 출신으로 한이 멸망하자 萬金을 던져 秦에 복수하는 데 사용했다. 高祖를 도와 漢나라가 천하를 평정하는 데 큰 공을 세웠으나, 공신을 봉할 때 齊나라의 食邑 三萬戶를 택하라는 제의를 거절하고 조그만 고을인 留에 봉해지기를 원하여 留侯가 되었다.

963) 蒿目은 눈을 크게 뜨고 먼 곳까지 바라보는 것인데, 『莊子』「騈拇」에 "지금 세상에 어진 사람은 눈을 크게 뜨고 세상의 환난을 근심하고, 어질지 않은 사람은 성명의 정을 터놓고 부귀를 탐한다.(今世之仁人 蒿目而憂世之患 不仁之人 決性命之情而饕富貴)"라는 글이 있다.

964) 西風은 서쪽에서 부는 바람으로, 일종의 세력 또는 경향을 비유한다.

늙은 내가 돌아가고자 한 지 이미 오래되었는데
황려강(黃驪江)[965] 가에는 또 가을이 깊다네.

何人未死足封留　蒿目西風走不休
老我欲歸今已久　黃驪江上又深秋

11-32-128 서쪽 이웃이 적전리[966]의 전장에 놀러 가자고 부르기에 매우 기뻐서 즉석에서 짓다
11-32-128 西隣邀游藉田莊 喜甚卽題

앉아서 남쪽 교외의 길을 상상하노라니
안장을 나란히 하면 흥취가 크리.
기종(騎從)[967]이 없어 쓸쓸하겠지만
신선(神仙)처럼 말쑥하리.[968]
비가 내린 뒤라 넓은 들판[969]이 깨끗하고
하늘 끝에는 겹쳐진 산봉우리가 잇닿으리.
또 우리들이 가게 하여
시골집[970]은 태평하리.[971]

---

965) 黃驪江은 경기도 驪州 북쪽에 있는 漢江의 상류로 驪江을 말한다. 『新增東國輿地勝覽』에 의하면 黃馬와 驪馬가 이 강에서 나왔기 때문에 驪州를 黃驪라 이름하였다고 하며, 또 고을 동쪽 1리에 있는 바위 이름도 그래서 馬巖이라 부른다고 한다.
966) 藉田里는 開京의 都城 동쪽에 있던 지명이다.
967) 騎從은 말을 타고 뒤따름이다.
968) 瀟洒는 말쑥하고 깨끗한 모양이다.
969) 平原은 平野이다.
970) 田舍는 시골집・농가・시골・전지와 집 등을 뜻한다.
971) 太平烟은 太平烟月의 준말로 태평시대의 몽롱한 달빛을 뜻한다.

坐想南郊路　　聯鞍興渺然
寂寥無騎從　　蕭洒似神仙
雨後平原淨　　天涯疊嶂聯
更教吾輩去　　田舍大平烟

11-32-129 적전리 농장의 길창군의 누대 위에서 연꽃과 대화하다. 2수
11-32-129 藉田庄吉昌樓上 對蓮語 二首

우리들의 지기(知己)는 염계(濂溪)[972]인데
목은 선생이 더불어 같고자 하네.
바람과 이슬이 하늘에 가득하고 가을빛은 엷은데
홀로 머물며 기다리고 있는[973] 뜻이 처량하네.[974]

我家知己是濂溪　　牧隱先生欲與齊
風露滿天秋色薄　　獨留相候意凄迷

녹정(綠淨)[975]과 홍감(紅柑)[976]은 옛날과 같은데

---

972) 濂溪는 廬山 부근의 시냇물 이름으로, 性理學의 개조 周敦頤(1017~1073)가 살았던 지역이므로 世人들이 濂溪先生이라고 부른 데서 유래하여 周敦頤를 가리킨다. 여기에서는 〈愛蓮說〉을 지은 것을 가리킨다.

973) 相候는 等候·等待와 같은 말로 이미 기다리고 있음이다.

974) 凄迷는 처량하고 아득함이다.

975) 綠淨은 푸르고 깨끗한 것으로 연꽃을 비유한다. 周敦頤의 〈愛蓮說〉에 "향기는 멀수록 더욱 맑고, 깨끗하게 우뚝 서 있네.(香遠益淸 亭亭淨植)"라는 글을 염두에 둔 것이다.

976) 紅柑은 붉은 감귤나무로, 唐 張籍이 蘇州의 풍경을 읊은 〈送從弟戴玄往蘇州〉에 "밤에는 달빛 아래 붉은 감귤나무요, 가을에는 바람 속에 흰 연꽃이네.(夜月紅柑樹 秋風白藕花)"라는 구절이 있다.

타고난 묘처(妙處)[977]를 누가 알랴?
가을이 깊어도 도성 남쪽의 길을 밟지 못하였기에
내가 지금 매우 쇠약함을 깨닫네.[978]

綠淨紅柑似舊時　　天然妙處有誰知
秋深不踏城南路　　如覺吾今甚矣衰

11-32-130 나중에 여덟 구를 짓다
11-32-130 追賦八句

연못의 바람과 이슬이 물 속의 섬[979]의 것과 같은데
앉아서 연꽃을 마주하면서 함께 누대에 기대네.
공은 동생이 따르니 쓸쓸하지 않고
나는 아이들을 데리고 왔기에 또한 편안하네.[980]
물고기[981]로 어찌 배부름을 찾으랴?[982]
술[983]로 어찌 시름을 다 씻을 수 있으랴?
초연한 흥취가 있음을 아는 사람이 적으니
지금 신세(身世)가 모래밭의 한 마리 갈매기이네.

977) 妙處는 어떤 사물의 신기하고 미묘한 곳을 뜻한다.
978) 이 구절〔吾今甚矣衰〕은 『論語』 「述而」의 "공자께서 말씀하였다. '심히도 내가 노쇠하였구나. 오랫동안 나는 주공을 꿈에 보지 못하였다.'(子曰 甚矣 吾衰也 久矣 吾不復夢見周公)"라는 글을 마음에 둔 표현이다.
979) 汀洲는 물 속의 섬이다.
980) 優游는 편안하고 한가롭게 지내는 것이다.
981) 纖鱗은 가는 비늘로 물고기〔魚〕를 가리킨다.
982) 求飽는 배부름을 구하는 것으로, 『論語』 「學而」에 "군자가 먹음에 배부름을 구하지 않고, 거처에 편안함을 구하지 않으며, 일에는 민첩하며 말은 삼가며, 도가 있는 사람에게 나아가 바룬다면, 배우기를 좋아한다고 이를 것이다.(君子食無求飽 居無求安 敏於事而愼於言 就有道而正焉 可謂好學也已)"라는 글이 있다.
983) 浮蟻는 술 표면에 뜬 거품으로 술을 가리킨다.

池塘風露似汀洲　　坐對蓮花共倚樓
公以弟隨非寂寞　　我將兒去亦優悠
纖鱗豈是求於飽　　浮蟻焉能洗盡愁
有興超然知者少　　至今身世一沙鷗

11-32-131 비를 마주하여 회포를 적다
11-32-131 對雨書懷

쇠약한 늙은이의 야흥(野興)[984]은 때마다 새로워지는데
절후(節候)가 추분(秋分)[985]에 가까운데도 비가 자주 내리네.
삼복(三伏)[986]의 위세가 높아 일찍이 숨을 죽였는데[987]
일량(一涼)[988]의 은혜는 무거워 이미 온 몸에 미치네.
향려[989]에서 떠돌아다님은 간악한 관리가 많기 때문이요
사직(社稷)의 안위(安危)에는 대신이 있네.
아마 나의 삶에 잔년(殘年)[990]을 보전할 곳은
풍진(風塵)이 적은 황려강(黃驪江) 가이리.

衰翁野興逐時新　　節近秋分雨下頻
三伏威加曾屛氣　　一涼恩重已渾身
鄕閭流徙餘奸吏　　社稷安危有大臣

984) 野興은 산야의 흥취, 또는 자연경물에서 얻는 정취이다.
985) 秋分은 24절기의 하나로 白露와 寒露 사이에 있으며, 양력 9월 23일경이다.
986) 三伏은 初伏·中伏·末伏으로 일년 중 가장 더운 時候인데, 初伏은 夏至 뒤의 세 번째 庚日, 中伏은 네 번째 庚日, 末伏은 立秋 뒤의 첫 번째 庚日에 든다.
987) 屛氣는 숨을 죽이고 가슴을 졸이는 것인데, 『論語』「鄕黨」에 "숨을 죽여 숨을 쉬지 못하는 사람처럼 하였다.(屛氣似不息者)"라는 글이 있다.
988) 一涼은 하나의 서늘한 기운이다.
989) 鄕閭는 家鄕·故里와 같은 말로 고향을 가리킨다.
990) 殘齒는 殘年·殘生과 같은 말로 얼마 남지 않은 목숨이다.

儻是吾生保殘齒　　　黃鸝江上少風塵

11-32-132 즉석에서 짓다
11-32-132 卽事

맑은 새벽에 병을 참으며[991] 여막(廬幕)에 조문을 갔다가
집으로 돌아와 오뚝이 앉아 홀로 한탄하네.
궁행(躬行)[992]에 어찌 하늘이 말이 없음을 근심하랴?
태교(胎敎)[993]는 마땅히 역사에 기록될 만함을 아네.
산 빛은 희미한데[994] 안개와 아지랑이가 엷고
가을구름은 아득한데 수풀은 성그네.
만약 흰 머리로 고향으로 돌아간다면
행색이 쓸쓸하여[995] 그림으로도 그려내지 못하리.

力疾淸晨與弔廬　　　歸家兀坐獨欷歔
躬行豈患天無語　　　胎敎須知史可書
山色依依烟靄薄　　　秋陰漠漠樹林疎
白頭儻或還鄕去　　　行李蕭然畫不如

11-32-133 가난한 사람
11-32-133 貧者

---

991) 力疾은 病을 참는 것이다.
992) 躬行은 몸소 행함이다.
993) 胎敎는 孕婦가 말과 행동을 삼가고 마음을 편안하게 하여 胎兒에게 좋은 영향을 주게 하는 것이다.
994) 依依는 희미한 모양, 분명치 않은 모양이다.
995) 蕭然은 쓸쓸한 모양이다.

가난한 사람은 남에게 버림을 받는데
말을 한다고 누가 기꺼워하랴?
그 속에서 자못 스스로 믿는 것은
외물(外物)에 따라 옮겨지지 않음이라네.
간혹 부귀(富貴)로 유혹하면
좋기는 하지만 나를 위하여 사양하네.[996)]
괴로운 세상에 무엇을 즐기는가?
읊으면 곧 시가 되네.
시 속에는 본래 흥취가 있는데
어찌 왕후(王侯)[997)]가 될 게 있으랴?
분주하게[998)] 명예와 이익을 좇으면
이따금 기울어짐과 위태로움[999)]이 많아지네.
물을 마시며 바람과 달[1000)]을 읊으면
기이(期頤)[1001)]를 보전하기에 넉넉하네.
좋은 술은 이미 바라는 것이 아니지만
돈을 아낌[1002)]은 특히 미워할 만하네.

---

996) 善辭는 잘 사양하는 것으로, 『論語』「雍也」에 "저를 위하여 잘 사양하여 주십시오, 만약 다시 나를 찾는다면, 나는 반드시 문수 가로 도망가 있을 것입니다.(善爲我辭焉 如有復我者 則吾必在汶上矣)"라는 글이 있다.
997) 侯王은 王侯이다.
998) 汲汲은 힘쓰는 모양, 서두는 모양이다.
999) 傾危는 기울어져 위태로움이다.
1000) 風月은 바람과 달, 또는 자연을 읊은 시를 가리킨다.
1001) 期頤는 백 살의 나이를 뜻하는데, 頤는 養의 뜻으로 음식 기타 일체를 남에게 보양받는 나이이다. 『禮記』에 "百年曰期頤"라는 글이 있다.
1002) 守錢은 守錢奴(虜)의 준말로 돈을 지킨다는 뜻인데, 『後漢書』 권24 〈馬援傳〉에서 牛馬 등의 가축이 수천 두에 이르고 곡식이 수만 斛에 이르자 "재물을 늘리는 것은 베풀고 진휼함을 귀하게 여기는 것인데 그렇게 하지 않으면 돈을 지키는 노예일 따름이다.(凡殖貨財産 貴其能施賑 否則守錢虜耳)"라고 한 고사에서 유래하여 인색한 사람을 비유한다.

貧者棄於人　　有言誰肯之
其中頗自恃　　不見隨物移
或誘以富貴　　曰善爲我辭
苦哉何所樂　　吟哦便成詩
詩中自有味　　焉用侯王爲
汲汲逐名利　　往往多傾危
飮水咏風月　　足以保期頤
鮮醲旣非望　　守錢尤可嗤

11-32-134 팔월 초열흘날에 곡성[1003]의 부인 권씨[1004]를 장사지내는데 비를 맞느라고 매우 피곤하였다. 다음날 돌아오다가 말을 쉬게 하면서 점심을 먹고 도성으로 들어오니 해가 이미 저녁이 되었다

11-32-134 八月初十日 葬曲城夫人權氏 冒雨困甚 明日歸歇馬午湌入城 日已西矣

비를 무릅쓰고 도성(都城) 동쪽으로 가서
영구를 전송하노라[1005] 슬픔이 많네.
흰 모래밭에서 언치에 앉고
푸른 소나무 가지에 두건을 걸었네.
밥을 보아도 배부르게 먹지 못하고
술이 있어도 나는 또 사양하였네.

1003) 曲城은 경기도 坡州의 옛 이름으로 여말의 재상 廉悌臣(1304~1382)의 封號이다.
1004) 權氏는 여말의 문신 醴泉府院君 權漢功(?~1349)의 따님으로 牧隱에게는 처고모가 된다.
1005) 送嬪은 送葬이다.

백골(白骨)을 보고 술을 마셨다는데[1006]
옛사람을 따를 수 있으랴?
도성에 들어오니 이미 저녁인데
슬퍼하면서 시를 지을 뿐이네.

冒雨城東行　　送殯有餘悲
坐韉白沙地　　掛巾青松枝
對食不能飽　　有酒吾復辭
含杯見白骨　　古人如可追
入城已晩矣　　惻愴聊題詩

11-32-135 날씨가 개다
11-32-135 天晴

갠 날에 만리를 날아가는 기러기가 보이는데
늙은이는 높은 누대에 오르고 싶어도 병을 겁내네.
빠른 그림자를 읊으며 작은 창 가에 단정히 앉아 있노라니
미풍(微風)을 만나서 흐르는 물과 완연히 같네.
서늘한 벼논에서는 개구리 울음소리[1007]가 성 아래까지 이어지고

1006) 含(銜)杯는 입에 술잔을 머금는 것으로 飮酒를 가리킨다. 唐나라 杜甫의 칠언고시 〈蘇端薛復筵簡薛華醉歌〉의 25~27구에 "갑자기 비가 내릴 때 무너진 능묘가 떠오르네. 고인의 백골에 푸른 이끼가 돋는데, 마시지 않으면 마음을 슬프게 함을 어찌하랴?(忽憶雨時秋井塌 古人白骨生青苔 如何不飮令心哀)"라는 구절이 있는데, 이 시를 인용하여 宋나라 蘇軾이 칠언고시 〈次韻孔毅父久旱已而甚雨三首〉의 셋째 수 15·16구에서 "또 무너진 능묘를 기다릴 필요 없이, 사람의 백골을 보고 바야흐로 술을 마시네.(不須更待秋井塌 見人白骨方銜杯)"라고 읊었다.

1007) 吠蛤은 개구리, 또는 개구리의 울음이다. 宋나라 蘇軾의 오언고시 〈宿餘杭法喜寺寺後綠野亭望吳興諸山 懷孫莘老學士〉의 7·8구에 "벼논에 시원한 바람이 불자 막 개구리가 울고, 버들이 늙어서 책이 반쯤 벌레를 먹었네.(稻涼初吠蛤 柳老半書

푸른 산빛은 소라 상투[1008]를 밀치고 해동(海東)[1009]에 닿네.
장요(長腰)[1010]를 실컷 먹으니 다리 힘이 늘어
천길 위에서 옷의 먼지를 털며[1011] 장공(長空)을 굽어보네.

天晴萬里見飛鴻　　欲上高樓怯病翁
端坐小窓吟迅景　　宛同流水遇微風
稻凉吠蛤連城底　　山翠排螺到海東
飽喫長腰添脚力　　振衣千仞俯長空

11-32-136 즉석에서 짓다

11-32-136 卽事

고요한 낮 빈 대청에 약간의 서늘한 기운[1012]이 생겨
깊이 생각하다가[1013] 뜻하지 않게 낮잠[1014]에 들었네.
한 줄기 새 울음소리에 갑자기 놀라 일어나니
평소에 얻으려던 좌망(坐忘)[1015]을 경험하였네.

蟲)"라는 구절이 있다.

1008) 螺髻는 소라 모양의 상투로, 매우 푸른색의 山石이 휘감은 모습이 소라 모양의 상투와 같은 데서 靑山을 가리킨다.

1009) 海東은 渤海의 동쪽이다.

1010) 長腰米는 상등급 쌀 중 매우 좋은 것으로 長腰鎗이라고도 한다.

1011) 振衣는 옷의 먼지를 터는 것으로 衣冠을 깨끗하게 하는 것인데, 『楚辭』 〈漁父〉에 "새로 머리를 감은 사람은 반드시 갓의 먼지를 털고, 새로 몸을 씻은 사람은 반드시 옷의 먼지를 터네.(新沐者必彈冠 新浴者必振衣)"라는 구절이 있다.

1012) 嫩凉은 약간 서늘함, 초가을의 서늘한 기운이다.

1013) 冥心은 마음을 가라앉혀 깊이 생각함이다.

1014) 黑甛은 낮잠을 뜻하는 북방의 俗語이다. 『詩人玉屑』 「造語」 〈點石化金〉에서 남쪽 사람들은 술을 마시는 것을 軟飽라고 하고 북쪽 사람들은 낮잠을 자는 것을 黑甛이라고 한다고 하고, 蘇軾의 〈發廣州〉의 "석 잔의 술을 마신 뒤에, 한 번 낮잠을 잤네.(三杯軟飽後 一枕黑甛餘)"라는 구절을 인용하였다.

1015) 坐忘은 잡념을 버리고 나를 잊음을 말하는데, 『莊子』 「大宗師」의 "'손발과 몸을

晝靜虛堂生嫩凉　　冥心誤入黑甛鄕
一聲啼鳥俄驚起　　驗得平生得坐忘

11-32-137 회포를 서술하다
11-32-137 述懷

나라에 몸을 바침[1016]은 늙은 신하의 뜻이요
전지(田地)를 하사함[1017]은 밝은 임금의 은혜이네.
비록 마음은 아직 붉을지라도[1018]
어두워지는 이 눈을 어찌하랴?
곡령(鵠嶺)[1019]에는 하늘이 집에 나지막하고
여강(驪江)[1020]에는 달빛이 문을 비추리.
살 곳을 어찌 기필(期必)하랴?
다만 시끄러운 세상[1021]을 벗어나고 싶네.

許國老臣意　　賜田明主恩
雖然心尙赤　　奈此眼從昏
鵠嶺天低屋　　驪江月照門
所居何用必　　只欲避塵喧

잊고 귀와 눈의 작용을 물리쳐서, 형체를 떠나고 지식을 버려 저 위대한 도와 하나가 되는 것, 이것을 좌망이라 한다.(墮肢體 黜聰明 離形去知 同於大通 此謂坐忘)"라는 말에서 유래한다.

1016) 許國은 나라에 몸을 바치는 것, 또는 몸을 잊고 나라 일을 돌보는 것이다.
1017) 賜田은 국가나 왕실에 공훈을 세운 신하에게 왕이 특별히 하사하는 토지이다.
1018) 赤心은 眞心・本心이다.
1019) 鵠嶺은 開京의 松嶽山의 다른 이름으로 鵠峰・松山・扶蘇山이라고도 하였다.
1020) 驪江은 경기도 驪州 지역을 흐르는 한강을 말한다.
1021) 喧塵은 세상의 시끄럽고 귀찮은 일, 俗世의 煩累이다.

11-32-138 안학사[1022]가 성묘하다[1023](3수)
11-32-138 安學士上塚

쌍청(雙淸)[1024] 학사가 문생(門生)[1025]을 거느리고
도성 동쪽에서 성묘하니 세인들이 영광스럽게 여기네.
또 세 아들[1026]이 이름을 냄[1027]이 기쁘거니와
또 응당 서로 차례로 문정(文貞)[1028]을 이으리.

雙淸學士領門生　　上塚城東世所榮
更喜三郞能濟美　　也應相次繼文貞

송당(松堂)[1029]의 문하에서 문형(文衡)[1030]을 관장한 이는

1022) 學士는 고려·조선시대 과거를 주관하던 試官의 별칭이다. 知貢擧를 上學士, 同知貢擧를 副學士라고 하였다. 安學士는 여말의 문신 安宗源(1325~1394)을 가리킨다.

1023) 上塚(冢)은 上墓와 같은 말로 조상의 산소를 찾아가 돌보고 참배함이다.

1024) 雙淸은 여말의 문신 安宗源(1325~1394)의 號이다. 字가 嗣淸으로 按廉使·司憲侍史·大司憲 등 여러 내외직을 거쳐 벼슬이 判門下府事에 이르고 興寧府院君에 봉해졌다. 諡號는 文簡이다.

1025) 門生은 옛날에 科擧를 주재하던 知貢擧·同知貢擧가 그 榜에서 뽑은 及第者인데, 試官에 대하여 급제자는 恩門 또는 座主라고 부르면서 평생 부모나 은사의 예를 지켰다.

1026) 三郞은 세 아들로, 安宗源의 세 아들 景溫·景良·景恭을 가리킨다. 牧隱은 05-12-111 〈安簽書開三子登科慶席 特來邀僕 以病未赴 明日病稍退 吟成一首錄呈〉(『牧隱詩藁』 권12)과 〈賀竹溪安氏三子登科詩序〉(『牧隱文藁』 권8)를 남겼다.

1027) 濟美는 후세에 전세의 아름다움을 이어서 더욱 빛나게 하는 것으로, 『左傳』 文公 十八年條의 "대대로 그 아름다움을 이루어, 그 이름을 떨어뜨리지 않는다.(世濟其美 不隕其名)"라는 글에서 유래한다.

1028) 文貞은 여말의 문신 安軸(1287~1348)의 諡號인데, 安宗源은 安軸의 막내아들이다.

1029) 松堂은 여말의 문신 金光載(?~1363)의 號이다. 李穡이 1341년 監試에 급제할 때의 試官이었다.

다만 선생[1031]과 늙은 서생[1032]일 뿐이네.
예의를 헤아리는 정당께서 몸소 전의(奠儀)를 돕는다는데
마침 몸이 피곤하여 턱을 괴고[1033] 앉아 있다네.

松堂門下掌文衡　　　只有先生與老生
揆禮政堂親助奠　　　適因身困坐支頤

한산(韓山)[1034]은 아득히 하늘 끝에 있는데
무덤 위의 나무[1035] 가지는 서리와 이슬에 젖으리.
비록 사직(辭職)하여[1036] 돌아가서 참배(參拜)할지라도[1037]
어찌 삼과(三科)[1038] 문생의 절반이 따르랴?

韓山渺渺在天涯　　　霜露霑濡宰樹枝
縱得乞身歸拜掃　　　三科豈有半人隨

1030) 文衡은 詩文을 評價하는 것을 사물을 저울질하는 것에 비유한 말로, 科擧의 試官을 가리킨다.
1031) 先生은 安宗源을 가리킨다.
1032) 老生은 牧隱 자신을 가리킨다.
1033) 支頤는 손으로 턱을 받치는 것이다.
1034) 韓山은 지금의 忠淸南道 舒川郡 韓山面 지역에 있던 郡 이름으로 목은의 고향이다.
1035) 宰樹는 무덤 위의 樹木이다.
1036) 乞身은 乞退·乞骸骨과 같은 말로 관료가 辭職을 청하는 것이다.
1037) 拜掃는 掃墳과 같은 말로 조상의 무덤에 參拜함이다.
1038) 三科는 세 번의 과거로, 牧隱이 관장한 恭愍王 14년(1365)의 乙巳科, 恭愍王 18년(169)의 己酉科, 恭愍王 20년(1371)의 辛亥科 등 세 번의 禮部試를 가리킨다.

원시 제목 색인

항목 색인

【ㄴ】

【ㄷ】

【ㅂ】

【ㅅ】

【ㅇ】

【ㅈ】

【ㅊ】

【ㅌ】

【ㅍ】

【ㅎ】

■ 역주자 약력

여운필
서울대학교 인문대학 국어국문학과 졸업.
동 대학원 석사·박사과정 수료. 문학박사.
전 신라대학교 국어국문학과 교수.

성범중
서울대학교 인문대학 국어국문학과 졸업.
동 대학원 석사·박사과정 수료. 문학박사.
현재 울산대학교 국어국문학과 교수.

최재남
부산대학교 사범대학 국어교육과 졸업.
서울대학교 대학원 석사·박사과정 수료. 문학박사.
현재 이화여자대학교 국어국문학과 교수.

역주 목은시고 11

초판 1쇄 발행 2007년 4월 30일
초판 2쇄 발행 2016년 10월 10일

역주자 여운필 · 성범중 · 최재남
발행인 박성복
발행처 도서출판 월인
01047 서울시 강북구 노해로25길 61
등록번호 제6-0364호
등록일자 1998년 5월 4일
대표전화 (02) 912-5000
팩스 (02) 900-5036
홈페이지 http://www.worin.net
E-mail worin@worin.net / dramain@kornet.net

ISBN 978-89-8477-360-8 94810
ISBN 89-88297-78-4 (세트)

가격 25,000원